D1721074

Studien zum Internationalen Wirtschaftsrecht/
Studies on International Economic Law

Herausgegeben von

Prof. Dr. Marc Bungenberg, LL.M., Universität Siegen

Prof. Dr. Christoph Herrmann, LL.M., Universität Passau

Prof. Dr. Markus Krajewski, Friedrich-Alexander-Universität Erlangen-Nürnberg

Prof. Dr. Carsten Nowak, Europa Universität Viadrina, Frankfurt/Oder

Prof. Dr. Jörg Philipp Terhechte, Leuphana Universität Lüneburg

Prof. Dr. Wolfgang Weiß, Deutsche Universität für Verwaltungswissenschaften, Speyer

Band 13

Sophie Mathäß

Die Auswirkungen staaten- und personenbezogener Embargomaßnahmen auf Privatrechtsverhältnisse

Nomos

Die Deutsche Nationalbibliothek verzeichnet diese Publikation in der Deutschen Nationalbibliografie; detaillierte bibliografische Daten sind im Internet über http://dnb.d-nb.de abrufbar.

Zugl.: Freiburg i. Br., Univ., Diss., 2015

u.d.T.: Die zivilrechtlichen Auswirkungen staaten- und personenbezogener Embargo-maßnahmen auf Privatrechtsverhältnisse

ISBN 978-3-8487-2999-9 (Print)
ISBN 978-3-8452-7382-2 (ePDF)

1. Auflage 2016

Vorwort

Die Arbeit wurde im Wintersemester 2015 von der Rechtswissenschaftlichen Fakultät der Albert-Ludwigs-Universität Freiburg als Dissertation angenommen. Sie entstand während meiner Zeit als akademische Mitarbeiterin am Freiburger Zentrum für Sicherheit und Gesellschaft im Projekt KORSE. Dank gebührt zunächst dem Bundesministerium für Bildung und Forschung für die finanzielle Förderung dieses Projekts.

Mein besonderer Dank gilt Herrn Professor Dr. Marc-Philippe Weller (Universität Heidelberg), der mich auf das Projekt aufmerksam machte und den Fortgang der Arbeit stets interessiert und unterstützend betreute. Danken möchte ich ihm auch für die lehrreiche und schöne Zeit als Mitarbeiterin an seinen Lehrstühlen in Mannheim und Freiburg. Dank gebührt ferner Frau Professorin Dr. Katharina von Koppenfels-Spies (Universität Freiburg) für ihre Bereitschaft, das Zweitgutachten zu erstellen.

Freiburg, im Dezember 2015 *Sophie Mathäß*

Inhaltsverzeichnis

Abkürzungsverzeichnis

a.A.	anderer Ansicht
Abs.	Absatz
AcP	Archiv für die civilistische Praxis
AEUV	Vertrag über die Arbeitsweise der Europäischen Union
a.F.	alte Fassung
AktG	Aktiengesetz
ArbRAktuell	Arbeitsrecht Aktuell
Aufl.	Auflage
AVR	Archiv des Völkerrechts
AWG	Außenwirtschaftsgesetz
AW-Prax	Außenwirtschaftliche Praxis
AWVO	Außenwirtschaftsverordnung
BAFA	Bundesamt für Wirtschaft und Ausfuhrkontrolle
BB	Betriebsberater
BDSG	Bundesdatenschutzgesetz
BFH	Bundesfinanzhof
BGB	Bürgerliches Gesetzbuch
BGH	Bundesgerichtshof
BGHZ	Entscheidungen des Bundesgerichtshofes in Zivilsachen
BImSchG	Bundesimmissionsschutzgesetz
BT-Drucks.	Bundestagsdrucksache
BVerfG	Bundesverfassungsgericht
bzw.	beziehungsweise
CCZ	Corporate Compliance Zeitschrift
CISG	United Nations Convention on Contracts for the International Sale of Goods
d.h.	das heißt
dpci	Droit et pratique du commerce international
DStR	Deutsches Steuerrecht
DuD	Datenschutz und Datensicherheit
DZWir	Deutsche Zeitschrift für Wirtschafts- und Insolvenzrecht
EGV	Vertrag zur Gründung der Europäischen Gemeinschaft

etc.	et cetera
EU	Europäische Union
EuG	Gericht der europäischen Union
EuGH	Europäischer Gerichtshof
EuGRZ	Europäische Grundrechte-Zeitschrift
EuR	Europarecht
EUV	Vertrag über die Europäische Union
EuZW	Europäische Zeitschrift für Wirtschafts-recht
Fn.	Fußnote
fob	free on board
GASP	Gemeinsame Außen- und Sicherheitspoli-tik
GmbHG	Gesetz betreffend die Gesellschaften mit beschränkter Haftung
GWR	Gesellschafts- und Wirtschaftsrecht
HGB	Handelsgesetzbuch
Hrsg.	Herausgeber
IPrax	Praxis des Internationalen Privat- und Verfahrensrechts
JW	Juristische Woche
JZ	JuristenZeitung
KrW-/AbfG	Gesetz zur Förderung der Kreislaufwirt-schaft und Sicherung der umweltverträgli-chen Beseitigung von Abfällen
KWG	Gesetz über das Kreditwesen
KWKG	Kriegswaffenkontrollgesetz
LAG	Landesarbeitsgericht
lit.	littera
LMK	Kommentierte BGH-Rechtsprechung Lin-denmaier-Möhring
MDR	Monatsschrift für Deutsches Recht
MMR	MultiMedia und Recht
mwN	mit weiteren Nachweisen
NJW	Neue Juristische Wochenschrift
NJW-RR	Neue Juristische Wochenschrift- Recht-sprechungs-Report
Nr.	Nummer
NZA	Neue Zeitschrift für Arbeitsrecht
NZG	Neue Zeitschrift für Gesellschaftsrecht
OLG	Oberlandesgericht
OWiG	Gesetz über Ordnungswidrigkeiten

RabelsZ	Rabels Zeitschrift für ausländisches und internationales Privatrecht
RG	Reichsgericht
RGZ	Entscheidungen des Reichsgerichts in Zivilsachen
RIW	Recht der internationalen Wirtschaft
Rn.	Randnummer
Rs.	Rechtssache
Rspr.	Rechtsprechung
SchiedsVZ	Zeitschrift für Schiedsverfahren
Slg.	Sammlung der Rechtsprechung des Gerichtshofes und des Gerichts Erster Instanz
SteuK	Steuerrecht kurzgefaßt
StGB	Strafgesetzbuch
UN-Charta	Charta der Vereinten Nationen
Urt.	Urteil
VersR	Zeitschrift für Versicherungs-, Haftungs- und Schadensrecht
vgl.	Vergleiche
VO	Verordnung
WM	Zeitschrift für Wirtschafts- und Bankrecht
ZaöRV	Zeitschrift für ausländisches öffentliches Recht und Völkerrecht
ZEuP	Zeitschrift für europäisches Privatrecht
ZHR	Zeitschrift für das gesamte Handels- und Wirtschaftsrecht
ZIP	Zeitschrift für Wirtschaftsrecht
ZJS	Zeitschrift für das Juristische Studium
ZVglRWiss	Zeitschrift für Vergleichende Rechtswissenschaft

Einführung

I. Staaten- und Personalembargos

§ 1 Abs. 1 S. 1 AWG verbürgt: „Der Güter-, Dienstleistungs-, Kapital-, Zahlungs- und sonstige Wirtschaftsverkehr mit dem Ausland… (Außenwirtschaftsverkehr) ist grundsätzlich frei." Import- und Exportverbote zählen jedoch zu den wichtigsten Instrumenten des Außenwirtschaftsrechts.[1] Sie belegen, dass der Programmsatz des AWG eher Wunschgedanke als Abbild außenwirtschaftlicher Realität ist.[2] Als Beschränkungen des Öffentlichen Wirtschaftsrechts setzen Import- und Exportverbote der Außenwirtschaftsfreiheit von Teilnehmern des internationalen Wirtschaftsverkehrs weitreichende Grenzen, sei es aus *strukturpolitischen* Gründen zum Schutz der inländischen Wirtschaft vor ausländischer Konkurrenz, aus *versorgungspolitischen* Gründen zur Sicherung knapper, heimischer Wirtschaftsgüter oder aus *gesundheitspolitischen* Gründen zur Sicherung inländischer Sicherheits- und Qualitätsstandards.[3] Ein Blick auf das tagespolitische Geschehen offenbart immer wieder, dass eine Vielzahl außenwirtschaftlicher Beschränkungen erlassen wird, um Ziele der *Außen- und Sicherheitspolitik* umzusetzen.[4] Die Embargomaßnahme dient dabei als Kerninstrument zur Durchsetzung außenpolitischer Forderungen. Sie tritt klassischerweise als Ein- oder Ausfuhrverbot von Wirtschaftsgütern auf, die für den zwischenstaatlichen Handelsverkehr bedeutsam sind. Das Embargo ermöglicht es, unterhalb der Schwelle der *vis militaris* außenpoliti-

---

1 *Rittner*, Wirtschaftsrecht, 2. Aufl. (1987), S. 513.
2 *Friedrich*, in: *Berwald/Maurer/Görtz u. a.* (Hrsg.), Außenwirtschaftsrecht, Einführung AWG, S. 28.
3 *Remien*, RabelsZ 54 (1990), 431 (434 f.).
4 „Russland lässt uns keine andere Wahl", Süddeutsche Zeitung vom 26./27.7.2014, S. 7; „Eine wirtschaftliche Mauer um die Krim", Süddeutsche Zeitung vom 1.8.2014, S. 1; „Syrer müssen draußen bleiben", zur Kündigung syrischer Konten durch die britische Großbank HSBC wegen Sanktionen gegen die syrische Regierung, Süddeutsche Zeitung vom 30./31.8.2014, S. 28; „Gelockerte Sanktionen: Deutsche Exporte in Iran steigen um ein Drittel", FAZ.net vom 4.11.2014, abrufbar unter http://www.faz.net/aktuell/wirtschaft/konjunktur/deutsche-exporte-in-den-iran -steigen-trotz-sanktionen-13246712.html, zuletzt abgerufen am 4.11.2014.

sche Forderungen gegenüber Staaten durch das Zufügen wirtschaftlicher Nachteile im Wege der *vis compulsiva* durchzusetzen.[5]

Spätestens mit den Anschlägen vom 11. September ist deutlich geworden, dass sich die weltweite sicherheitspolitische Bedrohungslage nicht in zwischenstaatlichen Kontroversen erschöpft. Internationale Sicherheitsbedrohungen gehen nicht mehr nur von staatlichen Akteuren aus. UN und EU als Embargogesetzgeber reagierten zügig auf diese neue Bedrohungsform und verengten künftige Embargomaßnahmen nunmehr *zielgerichtet* auf den einzelnen Akteur, um diesen wirtschaftlich zu isolieren und damit transnationale Terrorsysteme finanziell auszutrocknen. Die neu geschaffenen *targeted sanctions* führen den einzelnen Embargogegner namentlich in einer Liste im Embargoannex auf und ordnen an, dass seine Gelder, Vermögenswerte und wirtschaftlichen Ressourcen eingefroren werden. Zugleich ist es jedem Wirtschaftsteilnehmer untersagt, gelisteten Personen derartige Mittel bereitzustellen.[6]

II. Untersuchungsgegenstand, Forschungsstand und Themenbegrenzung

Targeted sanctions sind zum vielfachen Untersuchungsgegenstand rechtswissenschaftlicher Literatur geworden. In den Fokus gerückt wurde dabei das mit dem Embargo belegte Individuum. Sein Eigentumsrecht sowie sein Recht auf effektiven Rechtsschutz und auf ein faires Verfahren wurden vor dem Hintergrund der Kadi-Entscheidungen des EuG und des EuGH[7] beleuchtet.[8]

---

5 *Ress*, Das Handelsembargo, 2000, S. 1.
6 Siehe in diesem Zusammenhang die erheblichen Sanktionszahlungen, die die Deutsche Bank an die USA zahlen musste, weil sie Finanzgeschäfte für auf der US-Terrorliste gelistete Syrer, Iraner, Libyer und Sudanesen ausgeführt hat, http://www.faz.net/aktuell/wirtschaft/verstoesse-gegen-sanktionsrecht-deutsche-bank-zahlt-258-millionen-dollar-strafe-13894752.html, zuletzt abgerufen am 18.11.2015.
7 Der saudische Staatsangehörige Yassin Abdullah Kadi wurde im Jahr 2001 in die Terrorliste der VO (EG) Nr. 467/2001 und später in die Terrorliste der VO (EG) Nr. 881/2002 aufgenommen, EuGH vom 18.7.2013, C-584/10 P, Rn. 17 f. Kadi erhob erfolgreich Klage auf Nichtigerklärung der Verordnungen, soweit sie ihn betrafen, EuGH vom 18.7.2013, C-584/10 P, C-593/10 P, C-595/10 P; EuGH vom 3.9.2008, C-402/05 P, C-415/05 P; EuG vom 30.9.2010, T-85/09; EuG vom 21.9.2005, T-315/01.

Die Perspektive des Embargogegners soll dieser Arbeit indes nicht zu Grunde liegen. Vielmehr soll der Blick auf den inländischen, am Außenwirtschaftsverkehr teilnehmenden Unternehmer gerichtet sein. Diesen bezieht der Gesetzgeber als „unbeteiligten Dritten"[9] in die Sanktionsdurchführung ein. Erst wenn der inländische Tankstellenbetreiber kein Erdöl aus dem Irak einführt und die inländische Bank Angehörigen des Al-Qaida Netzwerks keine Kredite gewährt, kann das Embargo Erfolge zeitigen. Die Rechtsstellung des Unternehmers wurde in der Literatur im Kontext grundrechtlicher Freiheitsbeschränkungen beleuchtet,[10] ohne freilich die für ihn durch das Embargo im Einzelnen drohenden wirtschaftlichen Schäden auszumachen. Diese können derart erheblich sein, dass sie Unternehmen in die Insolvenz treiben.[11]

Das Hauptziel dieser Arbeit besteht darin, aus einer zivilrechtlichen Perspektive zu klären, wie klassische und zielgerichtete Embargomaßnahmen der UN, EU und des nationalen Gesetzgebers auf die bestehenden und zu begründenden zivilrechtlichen Rechtsverhältnisse des Unternehmers einwirken und inwiefern dieser die durch das Embargo veranlassten Vertragsstörungen durch vertragliche Vorsorge eindämmen kann. Verstößt der Unternehmer gegen geltende Embargomaßnahmen, drohen selbst bei

---

8 *Arnauld*, EuR 2013, 236 ff.; *Bartmann*, Terrorlisten, 2011; *Di Fabio*, NJW 2008, 421 ff.; *Kämmerer*, EuR Beiheft 2008, 65 ff.; *Kirschner*, ZaöRV 2010, 585 ff.; *Sauer*, NJW 2008, 3685 ff.

9 *Dahme*, Terrorismusbekämpfung durch Wirtschaftssanktionen, 2007, S. 377.

10 *Dahme*, ebenda, S. 315 ff.; *Ress*, Das Handelsembargo, 2000, S. 273 ff.; *Schöppner*, Wirtschaftssanktionen durch Bereitstellungsverbote, 2013, S. 183 ff. Völkerrechtlich kam mit den Listungen die Debatte nach der Bindung des UN-Sicherheitsrats an die Menschenrechte auf, vgl. *Macke*, UN-Sicherheitsrat und Strafrecht, S. 270 ff.

11 „Russland Sanktionen treffen deutschen Maschinenbau" mit der Prognose zunehmender Insolvenzquoten, Handelsblatt.com vom 17.9.2014, abrufbar unter http://www.handelsblatt.com/politik/international/weniger-auftraege-russland-sanktionen-treffen-deutschen-maschinenbau/10717356.html, zuletzt abgerufen am 4.11.2014; insbesondere Mittelständler sind anfällig für die Sanktionen: „Traditionsunternehmen in Potsdam: Orgelbauer meldet Insolvenz an", Tagesspiegel vom 15.11.2014, abrufbar unter: http://www.tagesspiegel.de/berlin/traditionsunternehmen-in-potsdam-orgelbauer-meldet-insolvenz-an/10983324.html, zuletzt abgerufen am 15.11.2014; „Automobil-Manufaktur AGC von Sanktionen gegen Russland betroffen. Burgdammer Firma beantragt Insolvenz", Die Norddeutsche vom 25.10.2014, abrufbar unter http://www.weser-kurier.de/region/die-norddeutsche_artikel,-Burgdammer-Firma-beantragt-Insolvenz-_arid,974206.html, zuletzt abgerufen am 15.11.2014.

fahrlässigem Handeln erhebliche Strafen und Bußgelder. Daher ist für die Teilnehmer des Außenwirtschaftsverkehrs eine verlässliche Sanktionslisten- beziehungsweise Exportkontrollprüfung elementar. Schwierigkeiten bei der Implementierung der Embargokontrolle in den Unternehmensprozess sollen identifiziert und ermittelt werden, wie der Unternehmer Embargoverstöße mit Hilfe einer unternehmensinternen Außenwirtschaftskontrolle vermeiden beziehungsweise sich haftungsrechtlich absichern kann.

III. Gang der Untersuchung

Im Folgenden sei der Gang der Untersuchung skizziert und ihr Zuschnitt präzisiert: Der erste Abschnitt der Arbeit (A.) dient als Grundlagenteil dazu, den Begriff des Embargos terminologisch aufzuarbeiten und zu ähnlichen Sanktionsinstrumenten abzugrenzen (I.). Die unterschiedlichen Wirkungsweisen von klassischen, staatenbezogenen Handelsembargos und zielgerichteten, personenbezogenen Sanktionsmaßnahmen sollen offenbart werden (II.). Der Abschnitt zu den rechtlichen Rahmenbedingungen von Embargomaßnahmen (III.) fokussiert sich darauf zu zeigen, wie die rechtlichen Grundlagen des Embargoerlasses aus dem völker-, unions- und nationalen Recht im Mehrebenensystem zusammenwirken.

Die anschließenden Abschnitte der Arbeit klären aus der Perspektive eines inländischen Wirtschaftsteilnehmers, wie im Inland geltende staaten- und personenbezogene Embargomaßnahmen *materiell-rechtlich* auf privatrechtliche Verträge einwirken und staatlichen Sicherheitsinteressen somit zur Durchsetzung verhelfen. Dabei geht die Arbeit von der Anwendbarkeit deutschen Rechts aus. Gleichwohl soll zuvor ein kurzer Überblick darüber gegeben werden, wie Embargosachverhalte *kollisionsrechtlich* einzuordnen sind (Abschnitt B.). Dieser Abschnitt ist darauf fokussiert zu zeigen, dass die Vertragsparteien das Embargo mit Hilfe kollisionsrechtlicher Rechtswahl nicht zu umgehen vermögen. Der Untersuchungsgegenstand ist begrenzt auf Fragen der aktiven Durchsetzung *inländischer* Sicherheitsinteressen durch Embargomaßnahmen, die durch die EU oder den nationalen Gesetzgebers erlassen oder umgesetzt werden. Die viel erörterte[12] Frage nach der kollisionsrechtlichen Berücksichtigung drittstaatlicher Eingriffsnormen wird daher ausgegrenzt.

Die folgenden Abschnitte widmen sich schließlich der materiell-rechtlichen Analyse des Embargosachverhalts. Der Analyseprozess wird von verschiedenen Differenzierungen durchzogen, die zunächst herausgearbeitet werden (B.). Im Folgenden wird aufgezeigt, wie Embargomaßnahmen auf Vertragsbeziehungen einwirken, die *nach* (C.) beziehungsweise *vor* (D.) dem Inkrafttreten eines Embargos geschlossen wurden. Für die beiden Fallgruppen wird nach eigenen Differenzierungskategorien jeweils beurteilt, wie staaten- und personenbezogene Embargomaßnahmen auf primäre Leistungsansprüche des Sach- und Geldleistungsschuldners wirken. Sodann wird die Kompensationsfähigkeit von embargobedingten Hauptleistungspflichtverletzungen und anlässlich des Embargos verletzten Nebenleistungspflichten sowie deren Erfüllungsmöglichkeiten im Falle andauernder Zahlungsverbote beleuchtet.

Im anschließenden Abschnitt (E.) werden die materiell-rechtlichen Auswirkungen von Staaten- und Personalembargos auf Vertragsbeziehungen resümiert und unter anderem am Beispiel der force majeure-Klauselpraxis daraufhin ausgewertet, an welcher Stelle eine embargobewusste Vertragsgestaltung ansetzen muss, um die Störung des Vertrags gering zu halten.

Der folgende Abschnitt der Arbeit (F.) widmet sich der Frage, wie außenwirtschaftlich tätige Unternehmen Staaten- und Personalembargos zuverlässig identifizieren und Embargoverstöße somit vermeiden können. Es wird aufgezeigt, welche Anforderungen Embargos jedenfalls faktisch an die Unternehmensorganisation stellen. Die rechtlichen Risiken, deren Eintritt droht, wenn die Außenwirtschaftskontrolle auf ein systematisiertes Risikokontrollsystem verzichtet, sollen aufgedeckt werden. Abschließend wird thematisiert, ob die Unternehmen diese Anforderungen auch ohne eine außenwirtschaftliche Compliance-Organisationsstruktur erfüllen können.

Die Arbeit endet mit einer zusammenfassenden Beantwortung der Forschungsfragen in Thesenform (G.).

---

12 *Allwörden*, US-Terrorlisten im deutschen Privatrecht, 2014; *Anderegg*, Ausländische Eingriffsnormen im internationalen Vertragsrecht, 1989; *Großfeld/Junker*, Das CoCom im Internationalen Wirtschaftsrecht, 1991; *Kreuzer*, Ausländisches Wirtschaftsrecht vor deutschen Gerichten, 1986; *Kuschka*, Amerikanische Exportkontrollen und deutsches Kollisionsrecht, 1989; *Neuss*, Handelsembargos zwischen Völkerrecht und IPR , 1989; *Sailer*, Einige Grundfragen zum Einfluss zwingender Normen, insbesondere der Wirtschaftsgesetzgebung, auf die inhaltliche Gültigkeit international-privatrechtlicher Verträge, 1969.

A. Grundlagen

Der erste Teil der Untersuchung ist der Funktionsweise von Embargomaßnahmen gewidmet. Ein Verständnis für diese legt den Grundstein dafür, die embargobedingte Störung von Privatrechtsverhältnissen zu erfassen. Zunächst soll eine terminologische Annäherung an den Begriff des Embargos vorgenommen werden. Sodann wird beleuchtet, inwiefern sich Staaten- und Personalembargos unterschiedlicher Mittel bedienen, um den Embargogegner zu einer Verhaltensänderung zu bewegen. Daran schließt eine Betrachtung des Rechtsrahmens an, in den Embargomaßnahmen im Mehrebenensystem eingebettet sind.

I. Terminologische Abgrenzungen und Entwicklungslinien der Embargopraxis

Der Begriff des Embargos ist kein legaldefinierter Rechtsbegriff.[13] Im gesamten Mehrebenensystem findet er sich in keiner Rechtsnorm wieder.[14] Dennoch bedarf der Embargobegriff schon für die Beschreibung des Untersuchungsgegenstandes einer inhaltlichen Ausfüllung. In der Literatur wurde der Embargobegriff anhand verschiedener Merkmale definiert und konkretisiert. Diese helfen dabei, den rechtlich unausgefüllten Begriff zu beschreiben und seine Funktionsweise zu erfassen (unter 1.).

Da im Zusammenhang mit Embargomaßnahmen regelmäßig von (Wirtschafts-) Sanktionen die Rede ist, muss auch der Sanktionsbegriff genauer betrachtet werden (unter 2.). Zuletzt bedarf es einer Abgrenzung der Embargo- und Sanktionsmaßnahme zu der teilweise synonym verwendeten Bezeichnung der Boykottmaßnahme (unter 3.).

Im Laufe der Embargopraxis wurde der Embargobegriff um die Kategorien der staaten- und personenbezogenen Embargomaßnahmen berei-

---

13 *Dahme*, Terrorismusbekämpfung durch Wirtschaftssanktionen, 2007, S. 140; *Ress*, Das Handelsembargo, 2000, S. 6; anders ohne nähere Begründung *Gornig*, JZ 1990, 113 (114 f.).

14 Seit 24.4.2013 ist auch § 629 HGB außer Kraft, der ein Rücktrittsrecht für den Fall des Schiffsembargos vorsah.

chert. Auch der Begriff der Sanktionsmaßnahme erfuhr durch die Termini der „smart/intelligent sanctions" sowie der „targeted sanctions" eine Konkretisierung. Die terminologische Erläuterung dieser (Unter-) Begriffe gibt zugleich einen Einblick in die Entwicklungslinien der Embargopraxis (unter II.).

1. Embargo

Gerade im Zusammenhang mit beschränkenden Maßnahmen gegen Staaten wird der Begriff des Embargos oder Handelsembargos[15] in der Literatur sehr häufig verwendet. Der etymologische Ursprung des Terminus Embargo liegt im spanischen „*embargar*", das sich mit „beschlagnahmen, pfänden" übersetzen lässt.[16] Erste Erwähnungen des Embargobegriffs finden sich im Hinblick auf Schiffsembargos, bei denen fremde Handelsschiffe vor den eigenen Häfen beschlagnahmt wurden, um den Flaggenstaat zu einem bestimmten Verhalten zu bewegen.[17] Außerhalb des Schiffsembargos taucht die Bezeichnung Embargo für die Unterbrechung der Handelsbeziehungen zwischen zwei Staaten erstmals[18] zu Beginn des 19. Jahrhunderts im Zusammenhang mit dem US-Embargoact gegen Großbritannien und Frankreich 1807 auf.[19] Hier wurde eine beschränkende Maßnahme erlassen, die dem heutigen, in der Literatur überwiegend vorzufindenden Verständnis entspricht:

Es handelte sich um eine hoheitliche Maßnahme auf dem Gebiet des Außenhandels, durch die die Handelsbeziehungen mit einem Staat teilweise oder vollumfänglich verboten wurden und die das Ziel verfolgte, den Embargogegner durch den so ausgeübten Druck zu einem bestimmten

---

15 Die beiden Begriffe sind synonym zu verstehen, siehe *Schneider*, Wirtschaftssanktionen, 1999, S. 35.

16 *Haberkamp de Antón*, Langenscheidt Universal-Wörterbuch Spanisch, 1. Aufl. (2008).

17 *Lindemeyer*, Schiffsembargo und Handelsembargo, 1975, S. 29 ff.

18 Vorläufer des Embargos gab es bereits in der Antike und im Mittelalter, ausführlich dazu *Hasse*, Theorie und Politik des Embargos, 1973, S. 3 ff.

19 *Friese*, Kompensation von Embargoschäden bei Embargomaßnahmen der Europäischen Union, 2000, S. 21; *Garçon*, Handelsembargen der Europäischen Union auf dem Gebiet des Warenverkehrs gegenüber Drittländern, 1997, S. 22.

Verhalten zu veranlassen.[20] Dieser klassische Definitionsansatz geht also davon aus, dass Embargomaßnahmen gegen Staaten verhängt werden.

Auf das seit Ende der 1990er Jahre auftauchende Instrument der Personalembargos scheint der Definitionsansatz nicht anwendbar zu sein. Tatsächlich ist der Embargobegriff auch seltener im Zusammenhang mit personenbezogenen Beschränkungsmaßnahmen zu finden.[21] Dies ist darin bedingt, dass der Embargogegner divergiert, der bei den personenbezogenen Maßnahmen eine natürliche oder juristische Person ist und nicht ein anderes Völkerrechtssubjekt.[22] Zudem geht es bei Personalembargos nicht nur darum, den Embargogegner zu einem bestimmten Verhalten willentlich zu beeinflussen, sondern vor allem darum, Gelder einzufrieren und Vermögentransaktionen zu unterbinden, um ihn finanziell auszutrocknen.[23] Zu Kompulsivelementen treten Elemente tatsächlichen Entzugs, und damit gleichsam der vis absoluta[24] hinzu. Die oben genannte Definition ist, entwicklungshistorisch bedingt, auf das Staatenembargo zugeschnitten.

Da der Terminus des Embargos nicht rechtlich normiert ist, kann er für diese Untersuchung jedoch über die klassische Definition hinaus ausgeweitet werden. Auch personenbezogene Maßnahmen sind hoheitliche Maßnahmen auf dem Gebiet des Außenhandels, die auf die Wirtschaftsbeziehungen mit einem zwar nicht zwingend, aber in der Realität doch zumeist ausländischen Vertragspartner[25] Einfluss nehmen. Staaten- und per-

---

20 *Dahme*, Terrorismusbekämpfung durch Wirtschaftssanktionen, 2007, S. 151; *Friese*, Kompensation von Embargoschäden bei Embargomassnahmen der Europäischen Union, 2000, S. 26; *Hasse*, Theorie und Politik des Embargos, 1973, S. 108; *Lindemeyer*, Schiffsembargo und Handelsembargo, 1975, S. 183; *Ress*, Das Handelsembargo, 2000, S. 7. Diesem Ansatz unter Aufnahme des Merkmals des Erlasses in Friedenszeiten folgend: *Bockslaff*, Das völkerrechtliche Interventionsverbot als Schranke außenpolitisch motivierter Handelsbeschränkungen, 1987, S. 21; *Garçon*, Handelsembargen der Europäischen Union auf dem Gebiet des Warenverkehrs gegenüber Drittländern, 1997, S. 23 ff.; *Gornig*, JZ 1990, 113 (114).

21 So auch *Dahme*, Terrorismusbekämpfung durch Wirtschaftssanktionen, 2007, S. 140.

22 *Dahme*, ebenda, S. 153.

23 *Dahme*, ebenda, S. 154.

24 Zur Unterscheidung der vis absoluta und compulsiva vgl. *Singer*, in: J. von Staudinger - Kommentar zum Bürgerlichen Gesetzbuch mit Einführungsgesetz und Nebengesetzen, § 123 Rn. 65.

25 Weil die embargierten Personen regelmäßig im Ausland wohnhaft beziehungsweise niedergelassen sind, erlangen Personalembargos vor allem in außenwirtschaftlichen Sachverhalten Bedeutung, siehe S. 31.

sonenbezogene Maßnahmen sind nicht derart unterschiedlich, dass sie unterschiedlicher Bezeichnungen bedürften. Der Kern der Maßnahmen ist identisch. Schließlich existieren auch staatenbezogene Waffen*embargos*, die ebenso wie Personalembargos weniger eine Druckerzeugung als vielmehr einen tatsächlichen Entzug zum Ziel haben.[26] Im Übrigen divergiert einzig der Adressat. Daher sollen in der Untersuchung auch personenbezogene Handelsbeschränkungen als personenbezogene Embargomaßnahmen beziehungsweise Individualembargos bezeichnet werden.[27] Unter dem Begriff des Embargos lassen sich demnach staaten- und personenbezogene Maßnahmen differenzieren.[28]

2. (Wirtschafts-)Sanktion

a) Der Sanktionsbegriff als Oberbegriff

Der Sanktionsbegriff hingegen kennzeichnet als Oberbegriff[29] vielfältige handelsbeschränkende Maßnahmen. Neben dem Embargo, der „wichtigste[n] Form der Wirtschaftssanktion"[30], erfasst er beispielsweise auch Blockademaßnahmen.[31] Auch der Begriff der Sanktion ist kein legaldefinierter Rechtsbegriff, sondern hat sich vor allem in der völkerrechtlichen Lite-

---

26 *Dahme*, Terrorismusbekämpfung durch Wirtschaftssanktionen, 2007, S. 155.
27 Diese Unterscheidung trifft auch das Bundesamt für Wirtschaft und Ausfuhrkontrolle (BAFA), vgl. http://www.ausfuhrkontrolle.info/ausfuhrkontrolle/de/embargos/index.html, zuletzt abgerufen am 28.10.2014.
28 Daneben lassen sich anhand verschiedener Anknüpfungspunkte eine Vielzahl weiterer Kategorien bilden: Je nach Sanktionsgesetzgeber kann zwischen Kollektiv- und Individualembargo und je nach Beschränkungsumfang zwischen Total- oder Sektoralembargo unterschieden werden. Bei Sektoralembargos lassen sich auch mit Blick auf den Embargogegenstand (Waffen, Rohöl, etc.) Abgrenzungen vornehmen. Mit Blick auf den Inhalt der Beschränkungen lassen sich die Kategorien des Import-, Export-, oder Finanzembargos bilden.
29 *Schneider*, Wirtschaftssanktionen, 1999, S. 35.
30 *Schneider*, ebenda.
31 *Schneider*, Wirtschaftssanktionen, 1999, S. 38 f. Unter einer Blockademaßnahme ist die physische Absperrung der Küsten mit Hilfe von Flugzeugen oder Schiffen des zu sanktionierenden Staates zu verstehen, ebenda und *Lindemeyer*, Schiffsembargo und Handelsembargo, 1975, S. 54, 228.

ratur[32] entwickelt. Die Definition des Terminus variiert entsprechend.[33] Allen Definitionsansätzen ist aber gemeinsam, dass die Sanktionen als Zwangsmaßnahmen hoheitlichen Charakters auf ein Verhalten eines Völkerrechtssubjekts zum Zwecke der Rechtsdurchsetzung reagieren.[34] Der Begriff der Sanktionsmaßnahme ist weiter als der Embargobegriff, weil er sich auch auf Beschränkungen außerhalb des Güter-, Kapital- und Dienstleistungsverkehrs erstreckt.[35] Seinem Wortlaut nach erfasst er jedoch wie der Embargobegriff lediglich Staatenembargos. Personalembargos reagieren jedoch ebenfalls auf normwidriges Verhalten, um dieses künftig zu verhindern. Wie beim Embargobegriff sollten personenbezogene Maßnahmen auch vom Oberbegriff der Wirtschaftssanktion nicht aufgrund der bloß fehlenden Völkerrechtssubjektqualität des Adressaten ausgegrenzt werden.

b) Zielgerichtete und intelligente Sanktionen als neue Unterkategorie

Neue Unterkategorien des Sanktionsbegriffs wurden mit den Bezeichnungen der *targeted* und *smart sanctions* geschaffen. Erstmals tauchten die Begriffe im Zusammenhang mit dem Interlaken-Prozess, einer auf die Initiative des UN-Generalsekretariats hin durchgeführten Reformierung der

---

32 Auch im europarechtlichen Kontext wird der Begriff der Sanktion genutzt. Hiermit sind indes die möglichen Folgen eines unionsrechtswidrigen Verhaltens gemeint, *Dahme*, Terrorismusbekämpfung durch Wirtschaftssanktionen, 2007, S. 142.

33 Teilweise werden „alle Arten von Retorsionen, Repressalien und sonstigen Zwangsmaßnahmen eines oder mehrerer Völkerrechtssubjekte, die gegen unfreundliche Akte anderer Völkerrechtssubjekte zur Rechtsdurchsetzung ergriffen werden" unter den Begriff gefasst, *Ress*, Das Handelsembargo, 2000, S. 11; *Petersmann*, ZVglRWiss 80 (1981), 1 (10); *Schneider*, Wirtschaftssanktionen, 1999, S. 31 f., 34; teilweise werden nur solche Maßnahmen als Sanktionen gewertet, die Reaktionen auf einen Völkerrechtsverstoß sind *Klein*, AVR 30 (1992), 101 (104). Dieser enge Begriff wird zum Teil durch die Beschränkung auf Fälle vertikaler Rechtsdurchsetzung weiter verengt, *Osteneck*, Die Umsetzung von UN-Wirtschaftssanktionen durch die Europäische Gemeinschaft, 2004, S. 9 ff. mwN.

34 *Dahme*, Terrorismusbekämpfung durch Wirtschaftssanktionen, 2007, S. 143 f.; *Mittag*, Handelsembargo und Entschädigung, 1994, S. 8; *Ress*, Das Handelsembargo, 2000, S. 11.

35 *Ress*, Das Handelsembargo, 2000, S. 11.

Embargopraxis in den Jahren 1998/1999, auf.[36] Den Auslöser für diesen Prozess bildeten die seit 1990 gegen den Irak verhängten Wirtschaftssanktionen[37] mit ihren verheerenden Folgen für die zivile Bevölkerung.[38] Um solche Katastrophen für die Zivilbevölkerung zu vermeiden sollten künftige Sanktionen zielgerichteter und damit „intelligenter" sein. Außerdem sollte vor dem Hintergrund des internationalen Terrorismus auch der Zugriff auf solche Embargogegner ermöglicht werden, die keinem bestimmten Staat zugehörig sind.

Zielgerichtete Sanktionen sind sektorale Sanktionen.[39] Dies bedeutet, dass nunmehr auf bestimmte Wirtschaftszweige beschränkte Maßnahmen wie Waffen- oder Erdölembargos, erlassen wurden, sodass nicht der gesamte Wirtschaftsverkehr des Zielstaates zum Erliegen gebracht wird.[40] Gezielte Sanktionen betreffen zudem häufig den Finanzsektor (*financial targeted sanctions*).[41] Finanzsanktionen bewirken die Einfrierung von Geldern und sonstigen Vermögenswerten und damit die finanzielle „Kaltstellung" von bestimmten natürlichen oder juristischen Personen, die in den Anhängen der Sanktionen namentlich gelistet werden.[42] Eine noch weitreichendere Dimension erlangen die Sanktionsmaßnahmen durch die Verhängung von Bereitstellungsverboten,[43] die es allen Wirtschaftsteilnehmern untersagen, dem Embargogegner Gelder oder sonstige Vermögenswerte unmittelbar oder mittelbar zukommen zu lassen.

---

36 *Laggner*, in: *Klein/Volger* (Hrsg.), Die Vereinten Nationen in den internationalen Beziehungen, 2009, S. 18. Diesem ersten Reformvorhaben schloss sich 1999/2000 der Berlin-Bonn-Prozess an, bei dem das Instrument des Waffenembargos überarbeitet sowie Reisesanktionen und Flugverbote als Sanktionsmittel auserkoren wurden. Der dritte Prozess, in Stockholm im Jahre 2002 ausgerichtet, sollte die Kontrolle und Durchsetzung von targeted sanctions verbessern, siehe *Laggner*, ebenda.

37 Res./SR Nr. 611/1990 vom 6. August 1990.

38 Zu den einzelnen Folgen siehe die Studie des Center for Economic and Social Rights, The Human Costs of War in Iraq, abrufbar unter http://www.cesr.org/downloads/Human%20Costs%20of%20War%20in%20Iraq.pdf, zuletzt abgerufen am 28.10.2014.

39 *Poeschke*, Politische Steuerung durch Sanktionen?, 2003, S. 25.

40 *Dahme*, Terrorismusbekämpfung durch Wirtschaftssanktionen, 2007, S. 148; *Poeschke*, Politische Steuerung durch Sanktionen?, 2003, S. 84; *Schöppner*, Wirtschaftssanktionen durch Bereitstellungsverbote, 2013, S. 49.

41 *Schöppner*, Wirtschaftssanktionen durch Bereitstellungsverbote, 2013, S. 49.

42 *Schaller*, Vereinte Nationen 2005, 132 (132).

43 Dazu genauer infra, S. 67.

Gezielte und intelligente Sanktionen sind also spezielle Ausprägungen der Wirtschaftssanktion und bilden unter diesem Oberbegriff eine neue Zwischenebene: Wirtschaftssanktionen müssen nunmehr in gezielte und damit zugleich intelligente sowie nicht gezielte Sanktionen unterteilt werden. Zielgerichtete Sanktionen erfassen Personalembargos sowie sektorale Staatenembargos.

3. Boykott

Bisweilen ist für die Bezeichnung von Sanktions- beziehungsweise Embargomaßnahmen auch der Terminus des Boykotts zu finden.[44] Die Etymologie geht zurück auf den irischen Gutsverwalter Charles C. Boycott und das gegen ihn von der irischen Landliga ausgesprochene Verbot, mit ihm wirtschaftliche oder gesellschaftliche Beziehungen zu pflegen.[45] Die Literatur im deutschen Rechtsraum hat sich überwiegend dahingehend entwickelt, dass unter den Begriff des Boykotts nur Maßnahmen gefasst werden, die auf privaten Initiativen beruhen.[46] Im internationalen Rechtskontext taucht der Boykottbegriff auch anstelle desjenigen der Wirtschaftssanktion beziehungsweise des Embargos auf.[47] In dieser Untersuchung soll dieses Begriffsverständnis indes nicht zu Grunde gelegt werden. Vielmehr erscheint es für einen präzisen Umgang mit den Begriffen zweckmäßig, die Rechtsunterschiede zwischen privaten und staatlichen Maßnahmen auch begrifflich zu kennzeichnen.[48]

---

44 Beispielsweise verwendet das Generalsekretariat der UN substituierend für die Begriffsbezeichnung Embargo/Wirtschaftssanktion den Begriff des Boykotts, vgl. *Elliott*, Analysing the Effects of Targeted Financial Sanctions, 1999, S. 193, 205; *Galtung*, World Politics 1967, 378 (383). Vgl. aus dem nationalen Schrifttum aber auch *Cremer*, in: *Calliess/Ruffert* (Hrsg.), EUV/AEUV, Art. 215 AEUV, Rn. 6 f.
45 *Hasse*, Theorie und Politik des Embargos, 1973, S. 110, Fn. 1; *Schneider*, Wirtschaftssanktionen, 1999, S. 42.
46 *Ress*, Das Handelsembargo, 2000, S. 8 f.
47 Siehe die Nachweise bei Fn. 44.
48 *Hasse*, Theorie und Politik des Embargos, 1973, S. 111.

II. Staaten- versus personenbezogene Embargomaßnahmen

Im Rahmen der zivilrechtlichen Beleuchtung der Embargomaßnahmen[49] wird grundlegend nach staaten- und personenbezogenen Embargomaßnahmen differenziert. Daher müssen die beiden Embargokategorien genauer betrachtet werden. Es soll im Folgenden beleuchtet werden, auf welche Art und Weise Staaten- und Personalembargos die gesetzten Embargoziele erreichen wollen und wie das politische und ökonomische Umfeld divergiert, das ihnen jeweils zu größtmöglicher Effektivität verhilft.

1. Unterschiede in den Mitteln der Zielerreichung

Staaten- und personenbezogene Embargomaßnahmen bedienen sich unterschiedlicher Mittel, um die von ihnen beabsichtigten Ziele zu erreichen.

Wie bereits gesehen dienen personenbezogene Embargomaßnahmen primär zur finanziellen Austrocknung und bedienen sich damit gleichsam eines Elements der vis absoluta. Dies zeigt sich besonders deutlich in ihrer typischen Ausprägung als Finanzsanktionen zur Bekämpfung des internationalen Terrorismus. Staatenembargos hingegen sind stärker von kompulsiven Elementen geprägt. Es lassen sich jedoch noch weitere Unterschiede festmachen:

Staatenembargos knüpfen, um das Embargoziel zu erreichen, typischerweise sektoral oder vollumfänglich an die Ein- oder Ausfuhr von Gütern an, mithin an einen Grenzübertritt.[50] Individualembargos hingegen sind gänzlich unabhängig von einem Grenzübertritt. Sie können auch den rein innerstaatlichen Bereich betreffen, zum Beispiel wenn eine in Deutschland wohnhafte beziehungsweise niedergelassene Person hierzulande Rechtsbeziehungen aufnimmt. Gleichwohl wirken Personalembargos häufiger auf grenzüberschreitende als auf innerstaatliche Rechtsbeziehungen ein, weil Finanzsanktionen regelmäßig gegen einzelne ausländische staatliche Machthaber oder anlässlich von Krisen in einem anderen Staat verhängt werden.[51] Auch Terrorismuszentren als typisches Ziel von Personalembar-

---

49 Infra, S. 57 ff.
50 Siehe etwa Art. 2 bis 5 VO (EG) Nr. 329/2007 vom 27. März 2007 über restriktive Maßnahmen gegen die Demokratische Volksrepublik Korea.
51 Als Beispiel genannt sei die VO (EU) Nr. 269/2014 vom 17. März 2014 über restriktive Maßnahmen gegen Funktionäre auf der Krim und in der Russischen Fö-

gos ballen sich regelmäßig in bestimmten Staaten. Obwohl Personalembargos tatbestandlich also keinen Auslandsbezug verlangen, betreffen sie zumeist den Außenwirtschaftsverkehr.

Aber auch innerhalb der beiden Kategorien Staaten- und Personalembargo gibt es Unterschiede in der Ausgestaltung: So sind Personalembargos mit rein personalen Bezügen sowie Personalembargos mit staatlichen Bezügen zu finden. Spiegelbildlich existieren Staatenembargos mit rein staatlichen Bezüge sowie Staatenembargos mit personalen Bezügen. Zu solchen Staatenembargos mit personalen Bezügen zählen etwa Art. 2-4 VO (EU) Nr. 883/2014 vom 31. Juli 2014 gegen Russland angesichts des Ukraine-Konflikts. Als Beispiel sei Art. 3 herausgegriffen, dessen Formulierung für zahlreiche weitere Embargoverordnungen typisch ist: „Technologien gemäß Anhang II mit oder ohne Ursprung in der Union dürfen nur mit vorheriger Genehmigung unmittelbar oder mittelbar an natürliche oder juristische Personen, Organisationen oder Einrichtungen in Russland…geliefert, verbracht oder ausgeführt werden." Wie in Personalembargos wird an natürliche und juristische Personen, Organisationen und Einrichtungen angeknüpft. Zwar findet sich im Verordnungsanhang keine Auflistung von Einzelpersonen, sondern von Waren. Allein hieraus kann jedoch noch nicht geschlossen werden, dass es sich um ein Staatenembargo handelt. Eine Sanktionierung eines leicht identifizierbaren Personenkreises ist auch ohne Liste denkbar.[52] Eine Personenliste als bloße formelle Notwendigkeit zur Identifikation des Embargogegners spricht daher allenfalls indiziell für das Vorliegen eines Personalembargos. Letztlich bedarf es einer Würdigung des Sanktionsinhalts: Die Sanktion betrifft *alle* Personen, Organisationen und Einrichtungen im *russischen Staat*. Es geht um die Bereitstellung technischer Hilfe, die an einen Staat nicht geleistet werden soll. Die Sanktionen sollen den russischen Staat und nicht gezielte Individuen treffen. Es handelt sich demnach um ein Staatenembargo.

Umgekehrt findet man in der Sanktionspraxis auch Personalsanktionen mit staatlichen Bezügen; etwa dann, wenn die Embargogegner staatliche Machthaber und deren Angehörige und Unterstützer sind, so zum Beispiel

---

deration angesichts von Handlungen, die die territoriale Unversehrtheit, Souveränität und Unabhängigkeit der Ukraine untergraben oder bedrohen.

52 Dies ist möglich, wenn die Embargokriterien lediglich auf einen einzigen oder wenige Adressaten zutreffen, beispielsweise wenn sie gegen das einzige staatliche Waffenunternehmen oder die einzige Staatsbank gerichtet sind.

die während des Arabischen Frühlings in Ägypten[53] und Tunesien[54] erlassenen Embargos. Die staatlichen Umstände bildeten zwar den Anlass für die Sanktion; die Sanktion selbst soll jedoch nicht gegen den Staat gerichtet werden, sondern nur dessen Machthaber oder einzelne Bevölkerungsgruppen treffen. So sind in den Embargomaßnahmen, die im Zuge des Arabischen Frühlings verhängt wurden, unter anderem die Machthaber Mubarak und Ben Ali, deren Familien sowie Unterstützer gelistet.[55] Lediglich ihre Gelder und Wirtschaftsressourcen werden eingefroren, nicht hingegen diejenigen der ägyptischen beziehungsweise tunesischen Bevölkerung. Bei Staatenembargos hingegen soll die Sanktion gegen den Gesamtstaat beziehungsweise gegen bestimmte Wirtschaftszweige dieses Staates, grundsätzlich unter Einbeziehung der Zivilbevölkerung, gerichtet sein.

Damit bleibt festzuhalten, dass personenbezogene Maßnahmen nicht stets jeden Staatenbezugs und staatenbezogene Maßnahmen nicht immer jeden Personalbezugs entbehren. Eine Zuordnung kann jedoch dadurch erreicht werden, dass man identifiziert, ob die Sanktion den Gesamtstaat oder nur vereinzelte Bevölkerungsgruppen oder Individuen treffen soll.

Außerhalb des Bereichs der Terrorismussanktionen wird das Embargoziel im Übrigen häufig kumulativ unter Kombination staaten- und personenbezogener Elemente in einem Rechtsakt verfolgt. Beispielhaft sei die VO (EU) Nr. 36/2012 vom 18. Januar 2012 gegen Syrien aus der Sanktionspraxis herausgegriffen: Während Art. 6 an syrische Roh- oder Erdölerzeugnisse und deren Einfuhr in die Europäische Union anknüpft, enthält Art. 14 eine Anordnung zur Einfrierung von Geldern und wirtschaftlichen Ressourcen nebst angehängter Personenliste, auf der Bashar Al-Assad und seine Anhänger gelistet sind. Auch die Russland-Sanktionen vom 31. Juli 2014 erhalten in Art. 5 einen Personalbezug durch Anknüpfen an ausgewählte russische Banken. Derartige „Mischembargos" können für die zivilrechtliche Betrachtung in ihre Einzelteile aufgespalten werden.

---

53 VO (EU) Nr. 270/2011 des Rates vom 21. März 2011 über restriktive Maßnahmen gegen bestimmte Personen, Organisationen und Einrichtungen angesichts der Lage in Ägypten.

54 VO (EU) Nr. 101/2011 des Rates vom 4. Februar 2011 über restriktive Maßnahmen gegen bestimmte Personen, Organisationen und Einrichtungen angesichts der Lage in Tunesien.

55 Siehe jeweils Anhang I der VOen (EU) Nr. 270/2011 sowie Nr. 101/2011.

2. Unterschiede in den Faktoren für die Wahl der effektiven Sanktionsart

Vor jedem Sanktionserlass stellt sich die Frage, ob das Embargoziel mit Hilfe eines Staaten- oder Personalembargos erreicht werden kann. In der ökonomischen Literatur hat man durch empirische Wirkungs- und Erfolgsanalyse einer Vielzahl von Embargomaßnahmen verschiedene Grundvoraussetzungen herausgearbeitet, die gegeben sein müssen, damit ein Embargo Erfolgswirkungen zeitigt.[56] Die für die Effektivität eines Embargos entscheidenden Faktoren sind zum einen ökonomischer, verwaltungs- und unternehmensorganisatorischer Natur.[57] Zum anderen sind die weniger berechenbaren politischen Faktoren maßgeblich für den Erfolg der Sanktionsmaßnahme.[58] Es wird sich zeigen, dass Staaten- und Personalembargos eines abweichenden ökonomischen, organisatorischen und politischen Rahmens bedürfen, um Erfolgswirkungen hervorzubringen.

a) Staatenbezogene Embargomaßnahmen

aa) Ökonomische und verwaltungsorganisatorische Faktoren

Von überragender Bedeutung für die Wahl eines Staatenembargos ist die wirtschaftliche Abhängigkeit des Ziellandes von den sanktionierenden Staaten[59] im Hinblick auf Import- und Exportlieferungen.[60] Je autarker[61] der Staat ist, desto weniger wird ihn das vermeintliche Druckmittel treffen

---

56 *Galtung*, World Politics 1967, 378 (384); *Hasse*, Intereconomics 1978, 194 (194).

57 *Donges*, Erfahrungen mit Handelssanktionen, 1982, S. 3 ff.; *Neumann*, Internationale Handelsembargos und privatrechtliche Verträge, 2001, S. 46, 48.

58 *Donges*, Erfahrungen mit Handelssanktionen, 1982, S. 3 ff.; *Poeschke*, Politische Steuerung durch Sanktionen?, 2003, S. 101; *Neumann*, Internationale Handelsembargos und privatrechtliche Verträge, 2001, S. 46, 48.

59 Daher wird die Erfolgswahrscheinlichkeit von Kollektivembargos wenigstens in diesem Punkt größer sein als die eines einzelstaatlichen Embargos, vgl. *Donges*, Erfahrungen mit Handelssanktionen, 1982, S. 8, siehe aber auch S. 9 f, wo er einen grundsätzlich höheren Effektivitätsgrad von Kollektivembargos bezweifelt. Zu den internen Problemen eines Kollektivembargos auch *Hasse*, Wirtschaftliche Sanktionen als Mittel der Außenpolitik, 1977, S. 24.

60 *Doxey*, International sanctions in contemporary perspective, 2. Aufl. (1996), S. 110 f.; *Hasse*, Intereconomics 1978, 194 (194 ff.); *Neumann*, Internationale Handelsembargos und privatrechtliche Verträge, 2001, S. 46.

und desto weniger wird er zu einer Verhaltensänderung bereit sein.[62] Selbst wenn der Grad der internen Substituierbarkeit der Embargogüter gering ist, führt dies nicht automatisch zu einem Anstieg der Erfolgswahrscheinlichkeit des Embargos.[63] Vielmehr dürfen die embargierten Güter nicht extern durch Drittländer substituierbar sein.[64] Elementar für die Effektivität eines Embargos ist auch, dass die Handelsbeziehungen zwischen Embargo- und Erlassstaat leicht überwach- und kontrollierbar sind.[65] Umgehungen der Embargobestimmungen sind etwa durch die Verlängerung von Handelswegen über neutrale Staaten, durch Produktionsverlagerungen ins Ausland oder durch die Gründung von Scheinfirmen in Nachbarstaaten möglich.[66] Eine strafrechtliche Bewehrung des Verstoßes gegen Embargobestimmungen nützt wenig, wenn er nicht entlarvt wird.[67] Ein bedeutender Risikofaktor im Überwachungsprozess sind Behörden, die die Einhaltung der Embargobestimmungen entweder nicht oder ineffektiv prüfen.[68] Umgehungstendenzen durch Wirtschaftsteilnehmer des Senderstaates, der das Embargo erlässt,[69] werden zudem minimiert, wenn Ersatzmärkte bestehen, um die embargierten Güter auf diese Weise zu ex- oder importieren.[70] Sind diese Bedingungen gegeben, bietet die Wirtschaftsstruktur des Embargostaates Idealvoraussetzungen für die Effektivität des Staatenembargos.

---

61 Eine autarke Stellung eines Staates geht einher mit einem hohen Entwicklungsstand, einer großen Marktmacht als Nachfrager und/ oder Anbieter auf dem Weltmarkt, einem hohen Diversifizierungsgrad der Produktionsstruktur oder einer geographischen Ausstattung des Staatsgebiets mit wichtigen natürlichen Ressourcen, *Donges*, Erfahrungen mit Handelssanktionen, 1982, S. 4.

62 *Donges*, Erfahrungen mit Handelssanktionen, 1982, S. 4.

63 *Donges,* ebenda.

64 *Donges*, Erfahrungen mit Handelssanktionen, 1982, S. 4, 8.

65 *Galtung*, World Politics 1967, 378 (384).

66 *Donges*, Erfahrungen mit Handelssanktionen, 1982, S. 8.

67 *Neumann*, Internationale Handelsembargos und privatrechtliche Verträge, 2001, S. 54.

68 *Neumann,* ebenda.

69 Zum Begriff „Senderstaat" *Galtung*, World Politics 1967, 378 (379).

70 *Galtung*, World Politics 1967, 378 (384); *Hasse*, Intereconomics 1978, 194 (197).

bb) Politische Faktoren

Die eben dargelegten Erfolgsvoraussetzungen sind rein wirtschaftlicher und verwaltungsorganisatorischer Natur. Embargomaßnahmen jedoch sind politische Instrumente, auf die der Zielstaat nicht zwangsläufig wirtschaftlich sinnvoll, sondern politisch motiviert reagiert.[71] Er beugt sich also trotz der wirtschaftlichen Nachteile nicht im Sinne des Embargoziels oder erlässt als Gegenschlag sogar selbst Embargomaßnahmen gegen den Senderstaat. Empirische Untersuchungen haben gezeigt, unter welchen politischen Grundfaktoren die Erfolgschance, den Zielstaat zu einem bestimmten Verhalten zu bewegen am Höchsten ist.[72]

Die Embargopraxis hat gezeigt, dass politische Ziele, die weniger radikale Veränderungen verfolgen, größere Erfolgsaussichten verzeichnen.[73] Besonders in kleinen Staaten war die Erfolgsquote in diesen Fällen hoch.[74] Während Embargos in autoritären Regimen wegen der Einführung von Zwangssparmaßnahmen häufig wirkungslos bleiben,[75] stellen sich demokratische Regierungssysteme eher auf den Willen der Bevölkerung ein.[76] So blieb das politische Ziel des im Jahre 1990 anlässlich des Einmarsches irakischer Truppen in Kuwait erlassenen Irak-Embargos[77] trotz schwerster humanitärer Folgen für die Zivilbevölkerung unter dem Regime von Saddam Hussein unerreicht.[78]

Größere Erfolgschancen haben die empirischen Fallstudien offenbart, wenn es sich bei dem Zielstaat um einen Handelspartner handelte, mit dem man ehemals gute Handelsbeziehungen pflegte.[79] Außerdem zeigten zügig erlassene Embargos größere Erfolge.[80] Bei langwierigen Entschei-

---

71 *Galtung*, World Politics 1967, 378 (395); *Neumann*, Internationale Handelsembargos und privatrechtliche Verträge, 2001, S. 48.
72 Vgl. etwa *Hufbauer/Schott/Elliott u. a.*, Economic Sanctions Reconsidered, 3. Aufl. (2007), S. 138 ff.
73 *Hufbauer/Schott/Elliott*, ebenda, S. 166 f.
74 *Hufbauer/Schott/Elliott*, ebenda, S. 167; kritisch zur Aussagekraft dieses Ansatzpunktes *Neumann*, Internationale Handelsembargos und privatrechtliche Verträge, 2001, S. 51.
75 *Donges*, Erfahrungen mit Handelssanktionen, 1982, S. 9.
76 *Hufbauer/Schott/Elliott u. a.*, Economic Sanctions Reconsidered, 3. Aufl. (2007), S. 166 f.
77 Res./SR Nr. 611/1990 vom 6. August 1990.
78 *Ress*, Das Handelsembargo, 2000, S. 97; siehe auch supra, Fn. 38.
79 *Ress*, ebenda, S. 163 f.
80 *Hasse*, Wirtschaftliche Sanktionen als Mittel der Außenpolitik, 1977, S. 23.

dungs- und Durchführungsprozessen wird dem Zielstaat hingegen zugleich die Möglichkeit eröffnet, sich auf die Störung der Handelsbeziehungen einzurichten.[81] Verzögerungen beim Erlass und bei der Durchführung des Embargos waren einer Hauptgründe für das Scheitern des Rhodesien-Embargos,[82] dem ersten von der UN erlassenen Embargo aus dem Jahr 1965.[83] Es erging als Import- und Exportembargo anlässlich der Unabhängigkeitserklärung der weißen Minderheitsregierung von Großbritannien unter Unterdrückung der schwarzen Bevölkerung.[84] Die rhodesische Regierung hatte bis zum Embargoerlass neue Handelsrouten geschaffen, um der drohenden ökonomischen Isolation auszuweichen.[85]

b) Personenbezogene Embargomaßnahmen

Im Hinblick auf Individualsanktionen sind bislang weniger ökonomische Analysen zu finden, da das Instrument wesentlich jünger ist.[86]

aa) Ökonomische, unternehmens- und verwaltungsorganisatorische Faktoren

Reine *financial freeze-outs* weisen dann den höchsten Effektivitätsgrad auf, wenn sie sich gegen Landeseliten ärmerer Staaten richten, die geringe oder keine Zugangsmöglichkeiten zu neuen Wohlstandsquellen haben.[87] Bereitstellungsverbote als typisches Instrument des Personalembargos stellen alle Wirtschaftsteilnehmer des Senderstaates vor große Herausforderungen: Bevor eine Rechtsbeziehung begründet wird, muss sichergestellt werden, dass kein Embargogegner unmittelbar oder mittelbar daran beteiligt ist. Es liegt daher bei den Wirtschaftsteilnehmern, ein effektives Embargokontrollsystem einzurichten. Dazu werden sie dadurch animiert, dass Embargoverstöße effektiv identifiziert[88] und sanktioniert werden.

---

81 *Donges*, Erfahrungen mit Handelssanktionen, 1982, S. 8.
82 *Hasse*, Intereconomics 1978, 194 (196); *Ress*, Das Handelsembargo, 2000, S. 90 f.
83 Res./SR 217/1965 vom 20. November 1965.
84 *Dahme*, Terrorismusbekämpfung durch Wirtschaftssanktionen, 2007, S. 75.
85 *Hasse*, Intereconomics 1978, 194 (196).
86 *Drezner*, International Studies Review 13 (2011), 96 (13, 96, 104).
87 *Elliott*, Analysing the Effects of Targeted Financial Sanctions, S. 196.
88 Siehe infra, S. 214.

bb) Politische Faktoren

Aufgrund des zumeist fehlenden Staatenbezugs spielen die politischen Kriterien im Rahmen der personenbezogenen Embargomaßnahmen eine geringere Rolle. Liegt der Anlass für das Embargo in einem Verhalten staatlicher Machthaber begründet, ist ein schneller Erlass ohne lange Phasen der bloßen Sanktionsandrohung elementar, da die Vermögenswerte ansonsten beiseite geschafft werden können.[89] Im Gegensatz zu staatenbezogenen Embargomaßnahmen sind personenbezogene Maßnahmen besonders erfolgreich, wenn sie gegen autoritäre Machthaber gerichtet werden.[90]

c) Effektivität

Die Fehleranfälligkeit eines Staatenembargos ist hoch, weil es stärker als Personalembargos auf willensbeugende Elemente setzt und damit schwerer berechenbar wird: „Forecasting the outcome of statecraft, like forecasting the stock market, is hazardous business."[91] Die Effektivität von Embargomaßnahmen ist im Rahmen der personenbezogenen Embargomaßnahmen aufgrund der Unsicherheiten im ökonomischen Realbereich schwer sicherzustellen. Im Rahmen des Bereitstellungsverbots ist es kaum möglich, ein Überprüfungssystem einzurichten, das die verlässliche Identifikation aller Embargogegner gewährleistet: Die Verwendung von Pseudonymen sowie Transkriptionsfehler verhindern die Identifikation des Embargogegners via Datenscreenings. Bezüglich des Verbots der mittelbaren Bereitstellung ist eine Identifikation der Verbundenheiten zwischen Nichtgelistetem und Embargogegner häufig überhaupt nicht möglich.[92]

Die im Zuge des Interlaken-Prozesses[93] verstärkt verhängten Vermögenseinfrierungen werden teilweise für effektiver als staatenbezogene Handelsembargos gehalten, weil die Einfrierung von Vermögenswerten

---

89 *UN Strategic Planning Unit*, UN Sanctions: How Effective? How Necessary?, in: Interlaken II Report, S. 113.

90 *Drezner*, International Studies Review 13 (2011), 96 (96, 100).

91 *Hufbauer/Schott/Elliott u. a.*, Economic Sanctions Reconsidered, 1. Aufl. (1985), S. 79.

92 *Schöppner*, Wirtschaftssanktionen durch Bereitstellungsverbote, 2013, S. 170.

93 Dazu bereits supra, S. 29.

für den Erlassstaat leichter durchzusetzen ist.[94] Die Aktivitäten der zur Einfrierung verpflichteten Finanzinstitute, die ohnehin schon der staatlichen Kontrolle unterstehen, sind leichter zu überwachen und Verstöße damit leichter zu sanktionieren als die Aktivitäten von Handelsunternehmen.[95] Zudem sind Banken beim Abschluss von Darlehensverträgen risikoaverser und damit zur sorgfältigen Prüfung ihres Vertragspartners eher bereit als Handelsunternehmen bei einem einmaligen Leistungsaustausch.[96] Die Bereitstellungsverbote sind jedoch an alle Wirtschaftsteilnehmer und nicht nur an die gut kontrollierbaren Banken adressiert. Außerdem besteht eine Schwierigkeit, die einzufrierenden Finanzwerte zu identifizieren, da Vermögenstransaktionen durch Nutzung des Hawala-Finanzsystems - dem traditionellen Überweisungssystem des Vorderen und Mittleren Orients,[97] das auf Vertrauen basiert und daher auf eine Dokumentation der Transaktionen weitgehend verzichtet[98]- unentdeckt bleiben können.[99] Werden die Sanktionen nicht zügig erlassen, können die einzufrierenden Vermögenswerte dem Zugriff des Senderstaats durch Transferbewegungen entzogen werden.[100] Daher sind Personalsanktionen nicht grundsätzlich effektiver als an Staaten gerichtete Sanktionen.[101] Der Bericht der Bundesregierung, in dem festgestellt wurde, dass seit Bestehen der personenbezogenen EU Anti-Terror-Verordnungen in Deutschland 11 662, 48 Euro[102] beziehungsweise 203, 96 Euro[103] eingefroren wurden, überzeugt nicht vom Gegenteil.[104] Auch die EU hegt Zweifel an der Effektivität.[105]

---

94 *Elliott*, Analysing the Effects of Targeted Financial Sanctions, S. 192 f.; *Shagabutdinova/Berejikian*, Journal of Human Rights 2006, 59 (70).

95 *Elliott*, Analysing the Effects of Targeted Financial Sanctions, S. 192.

96 *Elliott*, ebenda, S. 193.

97 *Wahlers*, Die rechtliche und ökonomische Struktur von Zahlungssystemen inner- und außerhalb des Bankensystems, 2013, S. 101.

98 *Wahlers,* ebenda, S. 111.

99 *Schneider*, EuZW 2005, 513 (513 ff.).

100 *Poeschke*, Politische Steuerung durch Sanktionen?, 2003, S. 92.

101 *Andrews*, International monetary power, 2006, S. 25; *Drezner*, International Studies Review 13 (2011), 96 (96 f.); siehe auch die Nachweise bei *Shagabutdinova/ Berejikian*, Journal of Human Rights 2006, 59 (61 f.).

102 Im Zuge der VO (EG) Nr. 881/ 2002.

103 Im Zuge der VO (EG) Nr. 2580/2001.

104 BT-Drucks. 16/11873 vom 10.02.2009.

105 ABl. C 295 E vom 4.12.2009, S. 55 Ziff. 12.

d) Fazit

Staaten- und Personalembargos versuchen das Embargoziel auf unterschiedliche Art und Weise zu erreichen, wobei nicht eine Kategorie grundsätzlich als effektiver einzustufen ist.

Beide Maßnahmen sind klar unterscheidbar danach, ob sie den Gesamtstaat oder lediglich einzelne Bevölkerungsgruppen oder Individuen unter Ausschluss der Zivilbevölkerung sanktionieren sollen. Die Abwesenheit einer Personenliste spricht indiziell für das Vorliegen eines Staatenembargos. Die heutige Sanktionspraxis ist durch die kumulative Nutzbarmachung beider Embargokategorien in einer Sanktionsmaßnahme geprägt.

III. Der Rechtsrahmen staaten- und personenbezogener Embargomaßnahmen

Im Folgenden sollen die rechtlichen Grundlagen des Erlasses einer Embargomaßnahme untersucht werden. Die Darstellung fokussiert sich auf eine Beleuchtung des Zusammenwirkens der völker-, unions- und nationalrechtlichen Rechtsquellen.

1. Völkerrechtliche Ebene

Zu den grundlegenden Aufgaben der Vereinten Nationen zählt die Bewahrung des Weltfriedens und der internationalen Sicherheit, Art. 1 Nr. 1 UN-Charta. Es erstaunt daher nicht, dass zahlreiche Embargomaßnahmen als Kollektivembargos zum Zweck der Friedenssicherung aus der Feder der UN stammen.

a) Rechtsgrundlage: Art. 39, 41 UN-Charta

Staaten- und personenbezogene Embargomaßnahmen finden ihre Rechtsgrundlage in Kapitel VII der UN-Charta.[106] Das Kapitel enthält entsprechend seines Titels Regelungen zum Vorgehen der UN bei Friedensbedrohungen, Friedensbrüchen und Angriffshandlungen. Der Sicherheitsrat ist

---

106 *Ress*, Das Handelsembargo, 2000, S. 47.

das prägende Organ für das System der kollektiven Sicherheit.[107] Stellt er eine Friedensbedrohung, einen Friedensbruch oder eine Angriffshandlung nach Art. 39 UN-Charta[108] fest, so kann er einen Beschluss über nichtmilitärische Kollektivmaßnahmen - worunter explizit auch der Erlass von Wirtschaftssanktionen aufgeführt wird - nach Art. 41 UN-Charta treffen, um den Weltfrieden und die internationale Sicherheit zu wahren oder wiederherzustellen.[109] Von der nach Art. 39 UN-Charta bestehenden Möglichkeit, eine bloße Empfehlung an die Mitgliedsstaaten abzugeben,[110] hat der Sicherheitsrat hingegen weit seltener Gebrauch gemacht.[111]

aa) Art. 39 UN-Charta

Die drei Tatbestandsvarianten des Art. 39 UN-Charta werden im Normtext der Charta nicht definiert,[112] aber durch die Sanktionspraxis gefestigt. Im Gegensatz zu den Tatbestandsvarianten des Friedensbruchs[113] und der An-

---

107 *Herdegen*, Völkerrecht, 9. Aufl. (2010), S. 316, 326.
108 Art. 39 UN-Charta: „The Security Council shall determine the existence of any threat to the peace, breach of the peace, or act of aggression and shall make recommendations, or decide what measures shall be taken in accordance with Articles 41 and 42, to maintain or restore international peace and security."
109 Art. 41 UN-Charta: „The Security Council may decide what measures not involving the use of armed force are to be employed to give effect to its decisions, and it may call upon the Members of the United Nations to apply such measures. These measures may include complete or partial interruption of economic relations."
110 *Frowein*, in: *Simma* (Hrsg.), Charta der Vereinten Nationen, Art. 29 UN-Charta, Rn. 29.
111 Es wird nämlich kontrovers beurteilt, ob den auf Empfehlung des Sicherheitsrats erlassenen einzelstaatlichen Maßnahmen tatsächlich eine Rechtfertigungswirkung zukommt, *Frowein*, in: *Simma* (Hrsg.), Charta der Vereinten Nationen, Art. 29 UN-Charta, Rn. 33. Zum anderen ist umstritten, ob sich bloße Empfehlungen auch auf Zwangsmaßnahmen nach Art. 41 UN-Charta erstrecken, ablehnend *Frowein*, in: *Simma* (Hrsg.), Charta der Vereinten Nationen, Art. 29 UN-Charta, Rn. 32. Anders hingegen, *Ress*, Das Handelsembargo, 2000, S. 77, da der Sicherheitsrat a maiore ad minus auch die Befugnis haben müsse, bloße Empfehlungen ohne Bindungswirkung abzugeben. Ausführlich zu der Praxis der ergangenen Embargoempfehlungen *Lindemeyer*, Schiffsembargo und Handelsembargo, 1975, S. 320 ff.
112 *Ress*, Das Handelsembargo, 2000, S. 48.
113 Ein Friedensbruch liegt bei Aufnahme militärischer Auseinandersetzungen zwischen Kampfeinheiten zweier Staaten vor, wobei die konkreten Kampfhandlun-

griffshandlung[114] hat sich die Auslegung des Tatbestandsmerkmals der Friedensbedrohung in der Sanktionspraxis gewandelt: Ein klassischer Definitionsansatz des Begriffs der Friedens geht davon aus, dass es sich um die Abwesenheit organisierter Gewaltanwendung zwischen zwei oder mehreren Staaten handeln muss.[115] Ein solch enges Begriffsverständnis entspricht jedoch nicht mehr der gegenwärtigen Sanktionspraxis des Sicherheitsrats.[116] Insbesondere die Elemente der Zwischenstaatlichkeit[117] und der Gewaltanwendung wurden derart aufgeweicht, dass sich der negative Friedensbegriff hin zu einem weiten, gleichsam positiven wandelte.[118] Dieser Prozess wurde damit eingeläutet, dass der Sicherheitsrat auch Fälle bloß interner Bürgerkriegssituationen als Friedensbedrohung mit der bloßen *Gefahr* der Ausbreitung auf die Nachbarstaaten als Friedensbedrohung ansah.[119] Noch weiter ging der Sicherheitsrat, als er sogar Fälle unter den Friedensbedrohungsbegriff subsumierte, in denen Nachbarstaaten nicht bedroht waren und die Friedensbedrohung durch staateninterne Menschenrechtsverletzungen entstand.[120] Heute werden auch kritische Ausnahmezustände im wirtschaftlichen, sozialen, humanitären und ökologischen Bereich als Friedensbedrohung verstanden.[121] Der internationale Terrorismus wird in der Sanktionspraxis seit dem Libyen-Embargo im Jahr 1992[122] - ebenfalls unter Aufweichung des Zwischenstaatlichkeitselements - unter den Friedensbedrohungsbegriff gefasst.[123] Art. 39 UN-Char-

---

gen nicht mehr andauern müssen, *Frowein*, in: *Simma* (Hrsg.), Charta der Vereinten Nationen, Art. 29 UN-Charta, Rn. 9.

114 Eine Angriffshandlung liegt vor, wenn direkt oder indirekt Waffengewalt eingesetzt wird, *Frowein, ebenda,* Rn. 12.

115 Dieser Definitionsansatz kursiert auch unter der Bezeichnung des negativen Friedensbegriffs; *Frowein*; in: *Simma* (Hrsg.), Charta der Vereinten Nationen, Art. 29 UN-Charta, Rn. 6; *Herdegen*, Völkerrecht, 9. Aufl. (2010), S. 330.

116 *Bartmann*, Terrorlisten, 2011, S. 135; *Ress*, Das Handelsembargo, 2000, S. 49 ff.

117 *Ress*, Das Handelsembargo, 2000, S. 49 ff.

118 *Bartmann*, Terrorlisten, 2011, S. 135.

119 *Ress*, Das Handelsembargo, 2000, S. 49, so im Zusammenhang mit Embargomaßnahmen gegen Jugoslawien und Liberia.

120 *Ress*, Das Handelsembargo, 2000, S. 50. mit Verweis auf die Fälle Somalias und Haitis, Res./SR Nr. 746/1992 vom 17. März 1992 und Res./SR Nr. 841/1993 vom 16. Juni 1993; *Vitzthum*, Völkerrecht, 5. Aufl. (2010), S. 680.

121 *Bartmann*, Terrorlisten, 2011, S. 135; *Ipsen*, Vereinte Nationen 1992, 41 ff. (42); *Vitzthum*, Völkerrecht, 5. Aufl. (2010), S. 680.

122 Res./SR Nr. 748/1992 vom 31. März 1992.

123 *Osteneck*, Die Umsetzung von UN-Wirtschaftssanktionen durch die Europäische Gemeinschaft, 2004, S. 21, 24 f.; *Ress*, Das Handelsembargo, 2000, S. 51. Dazu,

ta ebnet damit den Weg für den Erlass auch solcher personenbezogenen Sanktionen, die sich gegen Terrornetzwerke richten.[124]

bb) Art. 41 UN-Charta

Art. 39 UN-Charta eröffnet zwar den Anwendungsbereich des Kapitels VII der UN-Charta, aber erst Art. 41 UN-Charta bildet die Befugnisnorm für die Verhängung von sektoralen Embargos oder Totalembargos.[125] Erst wenn der Sicherheitsrat eine Friedensbedrohung, einen Bruch des Friedens oder eine Angriffshandlung festgestellt hat, kann er eine konkrete Maßnahme nach Art. 41 zur Unterbrechung von Wirtschaftsbeziehungen ergreifen. Der Wortlaut ist nicht abschließend, sodass die Befugnisse des Sicherheitsrats über den Erlass klassischer, staatenbezogener Wirtschaftssanktionen[126] hinausgehen.[127] Art. 41 UN-Charta enthält keine Beschränkung dahingehend, dass Embargomaßnahmen nur gegen Staaten erlassen werden dürften.[128] Das Sanktionssystem ist einer dynamischen Interpretation[129] der veränderten Bedrohungslage anzupassen.[130] Damit ist der Weg zum Erlass von Personalsanktionen zur Terrorismusbekämpfung geebnet. So hat der Sicherheitsrat als Reaktion auf die Anschläge vom 11. Septem-

---

weshalb der Weltfriede auch durch Einzelpersonen bedroht oder gebrochen werden kann *Ohler*, EuR 2006, 848 (852); *Ipsen*, Vereinte Nationen 1992, 41 ff. (42); *Herdegen*, Völkerrecht, 9. Aufl. (2010), S. 332 f.

124 Vgl. die Res./SR Nr. 1377/2001 vom 12. November 2001 und Res./SR Nr. 1373/2001 vom 28. September 2001.

125 *Röben*, Außenverfassungsrecht, 2007, S. 233.

126 *Ohler*, EuR 2006, 848 (854).

127 *Ress*, Das Handelsembargo, 2000, S. 54.

128 *Dahme*, Terrorismusbekämpfung durch Wirtschaftssanktionen, 2007, S. 215 f.; *Dörr*, JZ 2005, 905 (914); kritisch mit Blick auf entstehende Rechtsschutzlücken der Individuen *Kotzur*, EuGRZ 2006, 19 (22 f.); *Ohler*, EuR 2006, 848 (854); für offene Handlungsformen des Sicherheitsrats *Herdegen*, Die Befugnisse des UN-Sicherheitsrates, 1998, S. 25 f.

129 *Ohler*, EuR 2006, 848 (854). In diesem Zusammenhang wird auf den ohnehin weiten Ermessensspielraum des Sicherheitsrats im Rahmen des Art. 41 UN-Charta hingewiesen, *Bartmann*, Terrorlisten, 2011, S. 140; *Dahme*, Terrorismusbekämpfung durch Wirtschaftssanktionen, 2007, S. 219. Zudem ist der Wortlaut des Art. 41 UN-Charta offen und sein Beispielskatalog nicht abschließend zu verstehen, womit der Weg zum Erlass abstrakt-genereller Maßnahmen eröffnet ist, *Bartmann*, Terrorlisten, 2011, S. 140. Angeführt wird auch, dass

ber am 28. September 2001 und 12. November 2001 Personalembargos zur Bekämpfung des internationalen Terrorismus erlassen.

b) Bindungswirkung der Sicherheitsratsresolution für UN-Mitgliedsstaaten und EU

Mit dem Erlass einer staaten- oder personenbezogenen Embargomaßnahme durch die UN tritt eine Bindungswirkung an die erlassene Sicherheitsratsresolution gemäß Art. 25 und 48 UN-Charta für die Mitgliedsstaaten ein.[131] Darüber hinaus statuiert Art. 103 UN-Charta eine Vorrangwirkung gegenüber Verträgen, die der Resolution zuwider laufen.[132]

Nach Art. 48 Abs. 1 und 2 UN-Charta unterliegt die BRD einer Umsetzungspflicht. Dass die Sicherheitsratsresolutionen in der heutigen Sanktionspraxis nicht durch die Mitgliedsstaaten, sondern durch die Europäische Union umgesetzt werden,[133] erstaunt zunächst, da die EU als solche nicht Mitglied der UN ist,[134] sondern nur ihre Mitgliedsstaaten.[135] Es kann ge-

---

„Sinn und Zweck des Art. 41 UN-Charta unter besonderer Berücksichtigung des Effektivitätsgrundsatzes" für eine Befugnis des Sicherheitsrats spricht, *Dahme*, Terrorismusbekämpfung durch Wirtschaftssanktionen, 2007, S. 218 f. Der spiegelbildlichen Beziehung von Art. 39 und Art. 41 UN-Charta ist es geschuldet, dass bei Annahme der abstrakt-dauerhaften Friedensbedrohung in Art. 39 UN-Charta dem Sicherheitsrat auch eine Kompetenz nach Art. 41 UN-Charta zur Bekämpfung mittels abstrakt-genereller Maßnahmen zustehen muss, *Bartmann*, Terrorlisten, 2011, S. 140; *Dahme*, Terrorismusbekämpfung durch Wirtschaftssanktionen, 2007, S. 214, 218; *Ohler*, EuR 2006, 848 (855); für eine fehlende Kompetenz des Sicherheitsrats hingegen *Macke*, UN-Sicherheitsrat und Strafrecht, S. 258.

130 *Bartmann*, Terrorlisten, 2011, S. 139.

131 *Herdegen*, Völkerrecht, 9. Aufl. (2010), S. 220.

132 *Bernhardt*, in: *Simma* (Hrsg.), Charta der Vereinten Nationen, Art. 103 UN-Charta, Rn. 6.

133 *Ress*, Das Handelsembargo, 2000, S. 192.

134 Es überzeugt nicht, dass einige Stimmen in der Literatur anführen, die Mitgliedschaft sei für eine Bindungswirkung aufgrund des verfassungsähnlichen Charakters der UN-Charta nicht nötig, so *Lavranos*, Nordic Journal of Law 2007, 1 (10); *Schreuer*, in: *Ginther/Hafner/Lang u. a.* (Hrsg.), Völkerrecht zwischen normativem Anspruch und politischer Realität, 1984, S. 237. Dieser Ansatz ist nicht dem sich eindeutig an die Mitglieder richtenden Wortlaut der Art. 25, 41 und 48 Abs. 2 UN-Charta vereinbar und liefe zudem der völkerrechtlichen Souveränität der Staaten zuwider, *Bartmann*, Terrorlisten, 2011, S. 148.

135 *Bartmann*, Terrorlisten, 2011, S. 147.

genüber der EU daher keine unmittelbare Bindungswirkung im Außenverhältnis eintreten.[136] Die UN-Mitgliedsstaaten trifft die völkerrechtliche Verpflichtung, die unionsrechtlichen Handlungsmöglichkeiten zum Erlass von Embargomaßnahmen zu nutzen, Art. 48 Abs. 2 UN-Charta.[137] Die EU wird, wie das EuG in ständiger Rechtsprechung annimmt,[138] kraft einer dem Unionsrecht immanenten Verpflichtung an die Embargoresolutionen gebunden; eine Bindungswirkung an die Resolutionen erfolgt mithin im Innenverhältnis der EU zu den Mitgliedsstaaten.[139] Soweit die Mitgliedsstaaten Kompetenzen auf die EG beziehungsweise EU übertragen haben,[140] wollten die Mitgliedsstaaten sich nicht ihrer völkerrechtlichen Verpflichtungen entledigen, sondern haben vielmehr ihren Willen erkennen lassen, die EG beziehungsweise EU an ihre völkerrechtlichen Verpflichtungen zu binden.[141]

---

136 Deutlich EuG, Rs. T-215/01, Urt. vom 21.09.2005- Kadi, Rn. 192, das hervorhebt: „...dass die Gemeinschaft als solche, anders als ihre Mitgliedstaaten, nicht unmittelbar durch die Charta der Vereinten Nationen gebunden ist und dass für sie daher keine allgemeine völkerrechtliche Verpflichtung besteht, die Resolutionen des Sicherheitsrats gemäß Artikel 25 der Charta anzunehmen und durchzuführen. Der Grund dafür besteht darin, dass die Gemeinschaft weder Mitglied der UNO noch Adressatin der Resolutionen des Sicherheitsrats, noch Nachfolgerin in die Rechte und Pflichten ihrer Mitgliedstaaten im Sinne des Völkerrechts ist."

137 *Cremer*, in: *Calliess/Ruffert* (Hrsg.), EUV/AEUV, Art. 215 AEUV, Rn. 9 mwN Fn. 42.

138 EuG, Rs. T-306/01, Urt. vom 21.09.2005- Yusuf, Rn. 243, 250, 253, 257; EuG, Rs. T-215/01, Urt. vom 21.09.2005- Kadi, Rn. 207.

139 *Dahme*, Terrorismusbekämpfung durch Wirtschaftssanktionen, 2007, S. 254.

140 Vgl. Art. 215 AEUV, 207 AEUV sowie Art. 75 AEUV im Hinblick auf Sanktions- und handelsbeschränkende Maßnahmen.

141 EuG, Rs. T-215/01, Urteil vom 21.09.2005- Kadi, Rn. 198, 200; EuG, Rs. T-306/01, Urteil vom 21.09.2005, Slg. 2005, II-3533- Yusuf, Rn. 250, 253. Dieser Begründung schließt sich ein Großteil der Literatur an *Arnauld*, AVR 2006, 201 (205 f.); *Dahme*, Terrorismusbekämpfung durch Wirtschaftssanktionen, 2007, S. 254 f.; *Garçon*, Handelsembargen der Europäischen Union auf dem Gebiet des Warenverkehrs gegenüber Drittländern, 1997, S. 230; *Klein*, AVR 30 (1992), 101 (109); *Kotzur*, EuGRZ 2006, 19 (24); *Ress*, Das Handelsembargo, 2000, S. 192 ff. Zieht man nun zusätzlich noch den Gedanken der Unionstreue aus Art. 5 AEUV heran, „verdichtet sich in dem vorliegenden Spannungsverhältnis zwischen völkerrechtlicher Bindung der Mitgliedstaaten an die VN-Satzung und der Embargokompetenz der Gemeinschaft angesichts des Bekenntnisses der Präambel des EGV zur Satzung der Vereinten Nationen sowie der Völkerrechtsfreundlichkeit des Vertrages zu einer internen Bindung an die Sanktionsbeschlüsse des Sicherheitsrats.", *Ress*, Das Handelsembargo, 2000, S. 193. Damit wird

2. Unionsrechtliche Ebene

a) Rechtsgrundlagen

Die rechtliche Grundlage zum Erlass autonomer sowie zur Umsetzung UN-basierter Embargomaßnahmen staaten- und personenbezogener Natur ist in Art. 215 AEUV und Art. 75 AEUV zu finden.

Art. 215 AEUV[142] ersetzt nicht nur Art. 301 EGV, sondern enthält neben der Ermächtigung zum Erlass von Staatenembargos in Abs. 2 eine Kompetenzerweiterung zum Erlass von Embargomaßnahmen „gegen natürliche oder juristische Personen sowie Gruppierungen oder nichtstaatliche Einheiten".[143] Der Erlass von auf Art. 215 AEUV gestützten Embargomaßnahmen erfolgt im Wege eines zweistufigen Verfahrens.[144] Auf der

---

eine mittelbare, mitgliedsstaatlich vermittelte Bindungswirkung ausgelöst, *Brandl*, AVR 38 (2000), 376 (394 f.). Bartmann hingegen will eine Bindungswirkung erst aus dem Gebrauch der Kompetenznorm selbst ausgelöst sehen, in Verbindung mit dem zuvor erlassenen GASP-Beschluss. Den Normen lasse sich nach ihrer Auffassung nur das Gebot entnehmen, die Mitgliedstaaten nicht an der Erfüllung ihrer völkerrechtlichen Verpflichtungen zu hindern; eine aktive Durchsetzung sei aber nicht möglich, *Bartmann*, Terrorlisten, 2011, Rn. 152.

142   Art. 215 AEUV: „(1) Sieht ein nach Titel V Kapitel 2 des Vertrags über die Europäische Union erlassener Beschluss die Aussetzung, Einschränkung oder vollständige Einstellung der Wirtschafts- und Finanzbeziehungen zu einem oder mehreren Drittländern vor, so erlässt der Rat die erforderlichen Maßnahmen mit qualifizierter Mehrheit auf gemeinsamen Vorschlag des Hohen Vertreters der Union für Außen- und Sicherheitspolitik und der Kommission. Er unterrichtet hierüber das Europäische Parlament.
(2) Sieht ein nach Titel V Kapitel 2 des Vertrags über die Europäische Union erlassener Beschluss dies vor, so kann der Rat nach dem Verfahren des Absatzes 1 restriktive Maßnahmen gegen natürliche oder juristische Personen sowie Gruppierungen oder nichtstaatliche Einheiten erlassen. […]"

143   *Bartmann*, Terrorlisten, 2011, S. 164. Zum Streitstand, ob vor Einfügung des Art. 215 Abs. 2 AEUV im Zuge der Lissabon-Reform eine Ermächtigungsgrundlage zum Erlass von Personalsanktionen bestand *Bartmann*, Terrorlisten, 2011, S. 156 ff.; *Schöppner*, Wirtschaftssanktionen durch Bereitstellungsverbote, 2013, S. 53 Fn. 129 f. Zu den Kompetenzproblemen vor dem Vertrag von Maastricht ausführlich *Garçon*, Handelsembargen der Europäischen Union auf dem Gebiet des Warenverkehrs gegenüber Drittländern, 1997, S. 42 ff., insbesondere S. 65 ff.; *Neumann*, Internationale Handelsembargos und privatrechtliche Verträge, 2001, S. 191 f.

144   Zur historischen Entstehung der Zweistufenstruktur *Cremer*, in: *Calliess/Ruffert* (Hrsg.), EUV/ EGV, Art. 301 EGV, Rn. 1 f.

ersten Stufe ist ein Beschluss[145] nach Titel V, Kapitel 2 EUV im Rahmen der Gemeinsamen Außen- und Sicherheitspolitik (GASP) zu treffen.[146] Für die gemeinsame Außen- und Sicherheitspolitik gelten nach Art. 24 Abs. 1 UAbs. 2 EUV besondere Bestimmungen und Verfahren, die den Mitgliedsstaaten Einflussmöglichkeiten sichern:[147] So ist nach Art. 31 EUV ein einstimmiger Beschluss des Europäischen Rates und des Rates der Europäischen Union erforderlich, wobei Art. 30 Abs. 1 EUV jedem Mitgliedsstaat ein Initiativrecht einräumt.

Nachdem der GASP-Beschluss gefasst wurde, erlässt der Rat auf Vorschlag des Hohen Vertreters der Union für Außen- und Sicherheitspolitik und der Kommission die Embargomaßnahme mit qualifizierter Mehrheit. Erst hierdurch wird ein verbindlicher Rechtsakt geschaffen.[148]

Neben Art. 215 AEUV ermöglicht Art. 75 AEUV[149] unter Beteiligung von Rat und Parlament zur Verhütung und Bekämpfung des Terrorismus Verordnungen zu erlassen, die das Einfrieren von Geldern, finanziellen Vermögenswerten oder sonstigen Wirtschaftserträgen vorsehen.[150] Wegen des fehlenden Bezugs zur GASP können die Mitgliedsstaaten im Gesetzgebungsverfahren weniger Einfluss nehmen. Der EuGH hat in seinem Urteil vom 19.7.2012, Rs. C-130/10,[151] klargestellt, dass es sich bei Art. 215

---

145 In Betracht kommen insoweit Art. 28 oder 29 EUV, *Cremer*, in: *Calliess/Ruffert* (Hrsg.), EUV/AEUV, Art. 215 AEUV, Rn. 10.

146 *Cremer*, ebenda, Rn. 14.

147 *Cremer*, ebenda, Rn. 2.

148 *Cremer*, ebenda, Rn. 3, Art. 25 EUV, Rn. 6.

149 Art. 75 AEUV: „Sofern dies notwendig ist, um die Ziele des Artikels 67 in Bezug auf die Verhütung und Bekämpfung von Terrorismus und damit verbundener Aktivitäten zu verwirklichen, schaffen das Europäische Parlament und der Rat gemäß dem ordentlichen Gesetzgebungsverfahren durch Verordnungen einen Rahmen für Verwaltungsmaßnahmen in Bezug auf Kapitalbewegungen und Zahlungen, wozu das Einfrieren von Geldern, finanziellen Vermögenswerten oder wirtschaftlichen Erträgen gehören kann, deren Eigentümer oder Besitzer natürliche oder juristische Personen, Gruppierungen oder nichtstaatliche Einheiten sind. Der Rat erlässt auf Vorschlag der Kommission Maßnahmen zur Umsetzung des in Absatz 1 genannten Rahmens [...].“

150 Die konkreten Umsetzungsmaßnahmen ergehen nach Art. 75 Abs. 2 AEUV in einem gleichsam „semi-exekutiven Verordnungswege“ ohne Beteiligung des Parlaments, *Bröhmer*, in: *Calliess/Ruffert* (Hrsg.), EUV/AEUV, Art. 75 AEUV, Rn. 4.

151 Dem Urteil lag folgender Sachverhalt zu Grunde: Das Europäische Parlament ging mit einer Nichtigkeitsklage gegen eine Änderungsverordnung zur Anti-Terror VO (EG) Nr. 881/2002 vor, die auf Art. 215 AEUV gestützte VO

AEUV und Art. 75 AEUV um zwei voneinander unabhängige, nebeneinander stehende Rechtsgrundlagen handelt.[152] Wird die Embargomaßnahme auf Art. 75 AEUV gestützt, so ist sie im ordentlichen Gesetzgebungsverfahren, mithin unter Beteiligung des Europäischen Parlamentes zu erlassen. Bei einem Vorgehen nach Art. 215 AEUV wird das Embargo durch den Rat der Europäischen Union verhängt. Das Europäische Parlament hingegen ist lediglich zu unterrichten, Art. 215 Abs. 1 S. 2 AEUV. Das Spannungsverhältnis zwischen den beiden Normen sei im Folgenden ausgeleuchtet.

b) Das Spannungsverhältnis zu Art. 75 AEUV

Das Spannungsverhältnis besteht zwischen Art. 75 und Art. 215 Abs. 2 AEUV und fokussiert sich damit auf den Erlass von Personalembargos zum Zwecke der Terrorismusbekämpfung.[153]

Das entscheidende[154] Abgrenzungskriterium liegt nach dem EuGH[155] darin, ob Anlass für den Erlass der Embargoverordnung eine autonome Entscheidung der EU war oder ob „die Union ein vom Sicherheitsrat beschlossenes Vorgehen zur Wahrung des Weltfriedens und der internationalen Sicherheit umgesetzt hat".[156] Art. 215 Abs. 2 AEUV stellt „die geeignete Rechtsgrundlage für Maßnahmen […] dar[…], deren Adressaten an terroristischen Handlungen beteiligt sind, die angesichts ihrer weltweiten Aktivitäten und der internationalen Dimension der durch sie darge-

---

Nr. 1286/2009 des Rates der Europäischen Union vom 22. Dezember 2009. Es brachte vor, Art. 75 AEUV sei die anzuwendende Ermächtigungsgrundlage gewesen, sodass eine Beteiligung, nicht nur eine Unterrichtung des Parlaments hätte erfolgen müssen, EuGH, Urt. vom 19.7.2012, Rs. C-130/10 (EP/Rat), Rn. 10 ff. Hilfsweise rügt das Parlament die Nichteinhaltung der Voraussetzungen des Art. 215 AEUV, Rn. 87 ff.

152 EuGH, Urteil v. 19.7.2012, Rs. C-130/10, Rn. 50 ff.
153 *Herrnfeld*, EuR 2013, 87 (94).
154 Als nicht maßgebend hingegen hat der EuGH die bei Art. 75 AEUV erforderliche Parlamentsbeteiligung im Wege eines ordentlichen Gesetzgebungsverfahrens angesehen, EuGH, Urteil v. 19.7.2012, Rs. C-130/10, Rn. 79 f.: es „[…] sind nämlich nicht die Verfahren für die Wahl der Rechtsgrundlage eines Rechtsakts maßgebend, sondern die Rechtsgrundlage ist maßgebend für die beim Erlass des Rechtsakts anzuwendenden Verfahren."
155 Vgl. bereits den Schlussantrag des Generalanwalts, BeckRS 2012, 80571, Rn. 79.
156 EuGH, Urteil v. 19.7.2012, Rs. C-130/10, Rn. 76.

stellten Bedrohung hauptsächlich das auswärtige Handeln der Union berühren."[157] und deshalb eines GASP-Beschlusses bedürfen.[158]

Wann für Art. 75 AEUV Raum bleibt, klärt der EuGH nicht ausdrücklich. In seine Argumentation fügt es sich jedoch ein, die Rechtsgrundlage als einschlägig anzusehen, wenn Ziel und Inhalt der Sanktionsmaßnahme darauf gerichtet sind, eine Terrorismusbekämpfung zur Verwirklichung des Raums der Freiheit, der Sicherheit und des Rechts (Art. 267 AEUV) zu bewirken.[159]

Nicht überzeugend ist es hingegen, wie der Rat der Europäischen Union darauf abzustellen, ob die terroristische Bedrohung EU-internen oder -externen Ursprungs ist, wobei in ersterem Fall Art. 75 AEUV einschlägig sein soll.[160] Das Europäische Parlament und der Generalanwalt erachten den Terrorismus zu Recht als grenzüberschreitendes Phänomen als einer solchen Abgrenzung nicht zugänglich.[161] Da die innere Sicherheit auch von außen bedroht werden kann,[162] spricht nicht der Bedrohungsursprung, sondern nur das Bedrohungsziel des Raums der Freiheit, der Sicherheit und des Rechts dafür, dass die Embargomaßnahme auf Art. 75 AEUV zu stützen ist. Erging berechtigterweise ein GASP-Beschluss, entweder zur Umsetzung einer Sicherheitsrats-Resolution oder kraft autonomer Sanktionsbefugnis der EU, ist die Maßnahme unter den Voraussetzungen des Art. 215 Abs. 2 AEUV zu erlassen, andernfalls unter denjenigen des Art. 75 AEUV.[163]

Personalsanktionen können daher über Art. 215 AEUV in vielen Fällen auch ohne Beteiligung des europäischen Parlaments erlassen werden.

c) Abgrenzung zu Maßnahmen im Rahmen der gemeinsamen Handelspolitik nach Art. 207 AEUV

Embargomaßnahmen nach Art. 215 Abs. 1 AEUV sind, weil sie ebenfalls den Außenwirtschaftsverkehr beschränken, von handelspolitischen

---

157 Ebenda, Rn. 78.
158 Ebenda, Rn. 65, 75.
159 *Herrnfeld*, EuR 2013, 87 (98).
160 EuGH, Urteil v. 19.7.2012, Rs. C-130/10, Rn. 22.
161 Ebenda, Rn. 16; BeckRS 2012, 80571, Rn. 75.
162 *Herrnfeld*, EuR 2013, 87 (103).
163 *Herrnfeld*, ebenda, S. 104.

Schutzmaßnahmen nach Art. 207 AEUV zu unterscheiden. Art. 215 Abs. 2 AEUV und Art. 75 AEUV werfen hingegen keine Abgrenzungsfragen auf, da sich die gemeinsame Handelspolitik nicht auf Handelsbeziehungen zu natürlichen oder juristischen Personen bezieht, sondern nur zwischen Völkerrechtssubjekten Anwendung findet.[164]

Während Art. 215 Abs. 1 AEUV die allgemeinen zwischenstaatlichen Beziehungen betrifft, ermächtigt Art. 207 AEUV zum Erlass restriktiver Maßnahmen zur Regelung der Handelspolitik, der internen Wirtschaftsförderung oder der Bevölkerungsversorgung.[165] So fallen etwa Ein- oder Ausfuhrbeschränkungen zum Schutz der Bevölkerung nach dem Lebensmittelschutzgesetz genauso wie Dual-Use Gegenstände, die nicht an ein spezifisches, außenpolitisches Ereignis anknüpfen,[166] unter die gemeinsame Handels- und Außenpolitik.[167]

Den auf der Grundlage des Art. 215 Abs. 1 AEUV erlassenen Sanktionen muss stets ein GASP-Beschluss vorhergehen.[168] Sie sollen nur so lange von Dauer sein, bis das im Rahmen der GASP definierte Ziel durch Willensbeugung des Adressaten oder sonstigen Wegfall des Konflikts erreicht wird,[169] während handelspolitische Schutzmaßnahmen einem autonomen Zweck zum Schutz der eigenen Wirtschaft oder Bevölkerung dienen und kein kompulsives Mittel der Außenpolitik sind.[170]

---

164 *Weiß*, in: *Nettesheim* (Hrsg.), Das Recht der Europäischen Union, Art. 207 AEUV, Rn. 57.

165 *Kokott*, in: *Streinz* (Hrsg.), EUV/AEUV, Art. 207 AEUV, Rn. 5 f.; *Weiß*, in: *Nettesheim* (Hrsg.), Das Recht der Europäischen Union, Art. 207 AEUV, Rn. 57.

166 Dual-Use Gegenstände sind häufig Bestandteil von Embargomaßnahmen, wenn sie im Kontext eines außenpolitischen Ereignisses stehen, vgl. z.B. Art. 2 VO (EU) Nr. 833/2014 vom 31. Juli 2014 gegen Russland.

167 *Weiß*, in: *Nettesheim* (Hrsg.), Das Recht der Europäischen Union, Art. 207 AEUV, Rn. 58.

168 *Weiß*, ebenda, Rn. 57.

169 *Cremer*, in: *Calliess/Ruffert* (Hrsg.), EUV/AEUV, Art. 215 AEUV, Rn. 19; *Weiß*, in: *Nettesheim* (Hrsg.), Das Recht der Europäischen Union, Art. 207 AEUV, Rn. 57.

170 *Cremer*, in: *Calliess/Ruffert* (Hrsg.), EUV/AEUV, Art. 215 AEUV, Rn. 19.

3. Ebene des nationalen Rechts

a) Die Vorschriften des AWG und deren Anwendungsbereich im Lichte des Unionsrechts

Die zentrale Vorschrift zur Beschränkung des Außenwirtschaftsverkehrs durch Embargomaßnahmen der Bundesrepublik ist in § 4 Abs. 1 und Abs. 2 AWG (Teil 1) zu finden.[171] Sie ermächtigt zu Beschränkungen zum Schutz der öffentlichen Sicherheit und der auswärtigen Interessen im Wege von Rechtsverordnungen. Die bedeutendste Rechtsverordnung ist die AWVO, die eine Zusammenfassung der aufgrund der AWG-Ermächtigung erlassenen Verfahrens-, Melde- und Bußgeldvorschriften darstellt.[172]

Die Embargoresolutionen des Sicherheitsrats werden durch die EU im Wege von Verordnungen mit unmittelbarer Geltungswirkung in den Mitgliedsstaaten (Art. 288 Abs. 2 AEUV) umgesetzt.[173] Gleiches gilt für die autonomen unionsrechtlichen Embargomaßnahmen, zu deren Erlass die EU kraft weitreichender Kompetenzübertragung berechtigt ist.[174] Eine Sonderstellung nehmen hingegen Waffenembargos ein. Die auf unionsrechtlicher Ebene getroffenen GASP-Beschlüsse sind einer Umsetzung auf dieser Ebene nicht zugänglich, weil sie gemäß Art. 346 lit. b) AEUV in den ausschließlichen Kompetenzbereich der Mitgliedsstaaten fallen und damit auf Grundlage des § 4 Abs. 2 Nr. 1 AWG umgesetzt werden müssen.[175] Darüber hinaus muss der nationale Gesetzgeber auch dann autonome Maßnahmen treffen, soweit die EU-Verordnungen die Mitgliedsstaaten nur dazu verpflichten, geeignete Maßnahmen zu ergreifen.[176]

Eine im Verhältnis zum Unionsrecht eigenständige Bedeutung kommt dem Außenwirtschaftsgesetz neben den Vorschriften zur Durchführung

---

171 Vgl. §§ 5 und 7 AWG a.F.

172 *Friedrich*, in: *Berwald/Maurer/Görtz u. a.* (Hrsg.), Außenwirtschaftsrecht, Einführung AWG, S. 1, 3.

173 Supra, S. 44 ff.

174 Supra, S. 46.

175 *Beutel*, in: *Wolffgang/Simonsen* (Hrsg.), AWR-Kommentar, § 2 AWG, Rn. 4. Häufig werden Waffenembargos jedoch dadurch umgesetzt, dass das BAFA die Erteilung von Ausfuhrgenehmigungen in das Embargoland versagt. Dies ist dann möglich, wenn § 5 Abs. 1 AWV schon eine Genehmigungspflicht iVm der Ausfuhrliste vorsieht, *Beutel*, ebenda Rn. 9.

176 *Friedrich*, in: *Berwald/Maurer/Görtz u. a.* (Hrsg.), Außenwirtschaftsrecht, Einführung AWG, Rn. 19.

der Beschränkungen (Teil 2) vor allem auch durch §§ 17 ff. AWG (Teil 3) zu. Diese ermächtigen als Blankettnormen zur Strafbewehrung des konkreten Embargoverstoßes.[177] Der Union selbst fehlt es an der Strafrechtskompetenz.[178] Damit eine Strafbewehrung rechtlich ausgelöst werden kann, werden daher auch die grundsätzlich nicht verkündungsbedürftigen EU-Verordnungen, die eine Strafbarkeit anordnen, im Bundesgesetzblatt veröffentlicht.[179] Sieht die EU-Verordnung selbst keine Strafbarkeit vor, erfolgt auf Grundlage der §§ 17 ff. AWG eine Umsetzung in der AWVO, vgl. §§ 80 ff. AWVO.

b) Restkompetenzen der BRD zum Erlass autonomer Embargomaßnahmen

Angesichts des umfangreichen Erlasses unionsrechtlicher Embargomaßnahmen stellt sich die Frage, inwieweit der BRD „Restkompetenzen" zum Erlass autonomer Embargomaßnahmen verbleiben, die außerhalb des Zweckes liegen, Waffenembargos umzusetzen oder unionsrechtliche Embargoverbote mit einer Straf- und Bußgeldbewehrung zu versehen.

aa) Ausschließliche Kompetenz der Union

In Art. 3 Abs. 1 lit. e) AEUV ist die ausschließliche Zuständigkeit der Union für den Bereich der gemeinsamen Handelspolitik normiert. Wie supra gesehen, werden Embargomaßnahmen jedoch nicht auf der Grundlage des Art. 207 AEUV erlassen.[180] Die Embargokompetenz der EU aus Art. 215 und 75 AEUV stellt jedoch nach herrschender Auffassung gleich der Kompetenz in den Bereichen der Gemeinsamen Handelspolitik eine ausschließliche Kompetenz dar.[181] Nach Art. 2 Abs. 1 AEUV dürfen die Mit-

---

177 *Bieneck*, in: *Bieneck* (Hrsg.), Handbuch des Außenwirtschaftsrechts, § 23 Rn. 47.
178 BGH, NJW 1995, 2174 ff.
179 Ebenda; *Bartmann*, Terrorlisten, 2011, S. 69.
180 Supra, S. 49.
181 Vertiefend dazu *Ress*, Das Handelsembargo, 2000, S. 176 f. und *Cremer*, in: *Calliess/Ruffert* (Hrsg.), EUV/AEUV, Art. 215 AEUV, Rn. 29; unter ausführlicher Analyse nach den Regeln der juristischen Methodenlehre *Schneider*, Wirtschaftssanktionen, 1999, S. 178 ff.

gliedsstaaten in Bereichen der ausschließlichen Zuständigkeit ohne Er-mächtigung durch die Union nicht gesetzgeberisch tätig werden.

Mangels Anwendbarkeit des Subsidiaritätsprinzips auf ausschließliche Zuständigkeiten der EU, Art. 2 Abs. 2 AEUV, Art. 5 Abs. 3 EUV[182], be-gründet ein ausbleibender Sanktionserlass auf EU-Ebene keine Restkom-petenz für den Erlass autonomer Embargomaßnahmen. Diese könnte sich allenfalls aus Abweichungskompetenzen der Mitgliedsstaaten ergeben.

bb) Abweichungskompetenz der Mitgliedsstaaten

Der EuGH zeigt sich im Hinblick auf Abweichungskompetenzen der Mit-gliedsstaaten im Außenwirtschaftsrecht sehr restriktiv: Gewährleistet eine unionsrechtliche Vorschrift ausreichenden Schutz, ist eine nationale Rege-lung selbst dann unzulässig, wenn eine Ermächtigung der Mitgliedsstaaten vorgesehen ist, strengere Vorschriften zu erlassen.[183] Derartige Abwei-chungsklauseln sind im Übrigen nicht typisch für EU-Embargoverordnun-gen.

Vor diesem Hintergrund erstaunt es nicht, dass auch die allgemeinere Vorschrift des Art. 346 Abs. 1 lit. b) AEUV[184] allenfalls in seltenen Aus-nahmefällen eine Abweichungskompetenz zu begründen vermag. Sie er-öffnet den Mitgliedsstaaten zur Wahrung ihrer wesentlichen Sicherheitsin-teressen zwar die Möglichkeit, nationale Maßnahmen zu erlassen, die den unionsrechtlichen Vorschriften zuwider laufen.[185] Diese können auch im Erlass von Ausfuhrbeschränkungen im Handel mit Drittstaaten im Hin-blick auf Waffen, Munition oder Kriegsmaterial liegen.[186] Der EuGH je-

---

182 *Calliess*, in: *Calliess/Ruffert* (Hrsg.), EUV/AEUV, Art. 3 AEUV, Rn. 2.

183 EuGH, Urt. vom 14.01.1997, C-J012/95- Centro Com Srl, Rn. 46.

184 „Die Vorschriften der Verträge stehen folgenden Bestimmungen nicht entgegen: […] b) jeder Mitgliedstaat kann die Maßnahmen ergreifen, die seines Erachtens für die Wahrung seiner wesentlichen Sicherheitsinteressen erforderlich sind, so-weit sie die Erzeugung von Waffen, Munition und Kriegsmaterial oder den Han-del damit betreffen; diese Maßnahmen dürfen auf dem Binnenmarkt die Wettbe-werbsbedingungen hinsichtlich der nicht eigens für militärische Zwecke be-stimmten Waren nicht beeinträchtigen."

185 Zu den wesentlichen Sicherheitsinteressen siehe *Jaeckel*, in: *Nettesheim* (Hrsg.), Das Recht der Europäischen Union, Art. 346 AEUV, Rn. 14 f.

186 *Cremer*, in: *Calliess/Ruffert* (Hrsg.), EUV/AEUV, Art. 215 AEUV, Rn. 29 Fn. 95; *Neumann*, Internationale Handelsembargos und privatrechtliche Verträge, 2001, S. 196.

doch deutlich gemacht, dass sich aus Art. 346 Abs. 1 lit. b) AEUV keine grundlegende Kompetenz der Mitgliedsstaaten ableiten lässt, unter Berufung auf die öffentliche Sicherheit abweichende Regelungen zu treffen.[187] Es handelt sich um eine eng auszulegende Ausnahmevorschrift.[188] Auch im Hinblick auf den Notstandsvorbehalt in Art. 347 AEUV[189] wird diskutiert, inwieweit die Norm eine Reserve nationaler Souveränität[190] begründet. Die Norm steht im Regelungskontext der Funktionsfähigkeit des Binnenmarktes, enthält nach herrschender Auffassung aber zugleich eine Abweichungsermächtigung selbst für Gegenstände, die der ausschließlichen Kompetenz der EU zugewiesen sind.[191] Die drei Tatbestandsvarianten des Art. 347 AEUV zeigen jedoch deutlich, dass eine Durchbrechung der Unionszuständigkeit nur in Ausnahmefällen möglich ist: Es muss eine schwerwiegende innerstaatliche Störung der öffentlichen Ordnung (Var. 1) oder ein Kriegsfall oder eine Kriegsgefahr (Var. 2), in die der Mitgliedsstaat wenigstens als Anrainerstaat involviert sein muss,[192] nachgewiesen werden. Am ehesten scheint mit Blick auf Embargomaßnahmen die Abweichungskompetenz wegen einer Übernahme von Verpflichtungen gegen eine Bedrohung der internationalen Sicherheit (Var. 3) einschlägig zu sein. Der praktisch wichtigste Anwendungsfall, in dem die Mitgliedsstaaten derartige Verpflichtungen übernehmen, ist der Abschluss völkerrechtlicher Verträge zwischen UN und den Mitgliedsstaaten. Da die UN-

---

187 EuGH, Rs. C-38/06, Urt. vom 4.3.2010, Rn. 62 mwN.
188 Ebenda, Rn. 63 mwN.
189 Art. 347 AEUV: „Die Mitgliedstaaten setzen sich miteinander ins Benehmen, um durch gemeinsames Vorgehen zu verhindern, dass das Funktionieren des Binnenmarkts durch Maßnahmen beeinträchtigt wird, die ein Mitgliedstaat bei einer schwerwiegenden innerstaatlichen Störung der öffentlichen Ordnung, im Kriegsfall, bei einer ernsten, eine Kriegsgefahr darstellenden internationalen Spannung oder in Erfüllung der Verpflichtungen trifft, die er im Hinblick auf die Aufrechterhaltung des Friedens und der internationalen Sicherheit übernommen hat."
190 *Schneider*, Wirtschaftssanktionen, 1999, S. 200.
191 *Calliess*, in: *Calliess/Ruffert* (Hrsg.), EUV/AEUV, Art. 347 AEUV, Rn. 3; *Jaeckel*, in: *Nettesheim* (Hrsg.), Das Recht der Europäischen Union, Art. 347 AEUV, Rn. 2. Im Hinblick auf Var. 1 ist dies zweifelsfrei zu bejahen, da die EU hier ohnehin keine Kompetenz hat (schwerwiegende, innerstaatliche Störung der öffentlichen Ordnung). Die Var. 2 und 3 hingegen bereiten größere Probleme, da diese grundsätzlich in den Kompetenzbereich der EU fallen, implizit *Cremer*, in: *Calliess/Ruffert* (Hrsg.), EUV/AEUV, Art. 215 AEUV, Rn. 29.
192 *Calliess*, in: *Calliess/Ruffert* (Hrsg.), EUV/AEUV, Art. 347 AEUV, Rn. 5; *Jaeckel*, in: *Nettesheim* (Hrsg.), Das Recht der Europäischen Union, Art. 347 AEUV, Rn. 17.

Sanktionen heute jedoch auf der Unionsebene umgesetzt werden, hat auch diese Abweichungskompetenz weitgehend an Bedeutung eingebüßt.[193]

4. Zusammenfassung

Das klassische Staatenembargo, das an die Ein- und Ausfuhr von Waren in einen bestimmten Staat anknüpft, ist nicht mehr das einzige Mittel, um internationalen Konflikten mit Wirtschaftssanktionen zu begegnen. Zu Beginn des 21. Jahrhunderts treten neben staatenbezogene Embargomaßnahmen vermehrt solche mit Personalbezug. Personalembargos wollen den Adressaten ebenso wie Staatenembargos durch die Ausübung von Druck zu einem bestimmten Verhalten bewegen. Daneben zielen sie darauf ab, dem Embargogegner die tatsächlichen Ressourcen zur Finanzierung des zu sanktionierenden Verhaltens zu entziehen. Der Erfolg von Staaten- und Personalembargos ist gleichermaßen von vielschichtigen politischen und ökonomischen Umständen im Ziel- und Senderstaat abhängig. Daher begegnet es Bedenken, eine der beiden Embargokategorien als grundsätzlich effektiver einzustufen. Auch der Embargogesetzgeber macht sich die Wirkungen beider Sanktionsarten zu Nutze und kombiniert häufig staatliche und personale Elemente in einer einzigen Sanktionsmaßnahme.

Die meisten Embargomaßnahmen entstammen der Feder der Union, die auch völkerrechtliche Verpflichtungen umsetzt. Das nationale Embargorecht wird insofern überlagert. Die nationale Ebene nimmt die Rolle eines bloßen Um- und Durchsetzungsmechanismus unionsrechtlicher Bestimmungen ein.[194] Waffenembargos bilden insoweit eine Ausnahme. Seit dem Vertrag von Maastricht ist der Dienstleistungs- und Kapitalverkehr von der Unionskompetenz erfasst, sodass auch im Fall von Finanzembargos keine ergänzenden Verordnungen mehr erforderlich sind.[195] Seit der Einführung des Art. 34 Abs. 4 AWG a.F.[196] im Jahr 1992 ist eine Umset-

---

193 *Schneider*, Wirtschaftssanktionen, 1999, S. 204.

194 *Friedrich*, in: *Berwald/Maurer/Görtz u. a.* (Hrsg.), Außenwirtschaftsrecht, § 2 AWG, Rn. 27; *Hofmann*, Grundrechte und grenzüberschreitende Sachverhalte, 1994, S. 246.

195 *Cremer*, in: *Calliess/Ruffert* (Hrsg.), EUV/AEUV (30); *Neumann*, Internationale Handelsembargos und privatrechtliche Verträge, 2001, S. 194 f.

196 „Mit Freiheitsstrafe von sechs Monaten bis zu fünf Jahren wird bestraft, wer 1. einer Rechtsverordnung nach § 2 Abs. 1 in Verbindung mit § 5 oder § 7 Abs. 1 oder 3 Satz 1 zuwiderhandelt, die der Durchführung

zung auch nicht mehr zur Anordnung der in der Embargoverordnung normierten Strafbarkeit erforderlich.[197] Die Embargoverordnung muss wegen der fehlenden Strafrechtskompetenz der EU jedoch im Bundesgesetzblatt verkündet werden.[198] Abweichungskompetenzen der BRD zum Erlass autonomer Sanktionsmaßnahmen bestehen nur in extremen Ausnahmefällen.

a) einer vom Sicherheitsrat der Vereinten Nationen nach Kapitel VII der Charta der Vereinten Nationen oder
b) einer vom Rat der Europäischen Union im Bereich der Gemeinsamen Außen- und
Sicherheitspolitik beschlossenen wirtschaftlichen Sanktionsmaßnahme dient, soweit die Rechtsverordnung für einen bestimmten Tatbestand auf diese Strafvorschrift verweist und die Tat nicht in Absatz 6 Nr. 3 mit Strafe bedroht ist,
2. einem im Bundesanzeiger veröffentlichten, unmittelbar geltenden Ausfuhr-, Einfuhr-, Durchfuhr-, Verbringungs-, Verkaufs-, Liefer-, Bereitstellungs-, Weitergabe-, Dienstleistungs-, Investitions-, Unterstützungs- oder Umgehungsverbot eines Rechtsaktes der Europäischen Gemeinschaften oder der Europäischen Union zuwiderhandelt, der der Durchführung einer vom Rat der Europäischen Union im Bereich der Gemeinsamen Außen- und Sicherheitspolitik beschlossenen wirtschaftlichen Sanktionsmaßnahme dient oder
3. einer im Bundesanzeiger veröffentlichten unmittelbar geltenden Vorschrift eines Rechtsaktes der Europäischen Gemeinschaften oder der Europäischen Union zuwiderhandelt, die eine Genehmigungspflicht für eine Ausfuhr, Einfuhr, Durchfuhr, Verbringung, einen Verkauf, eine Lieferung, Bereitstellung, Weitergabe, Dienstleistung, Investition oder Unterstützung vorschreibt und die der Durchführung einer vom Rat der Europäischen Union im Bereich der Gemeinsamen Außen- und Sicherheitspolitik beschlossenen wirtschaftlichen Sanktionsmaßnahme dient."

197 *Neumann*, Internationale Handelsembargos und privatrechtliche Verträge, 2001, S. 204; *Ress*, Das Handelsembargo, 2000, S. 243. Ress geht ausführlich auf die Umsetzungspraxis der BRD vor und nach des Erlasses des § 34 Abs. 4 AWG ein. Er beobachtet, dass die BRD vor dem Erlass der Norm über die Zwecke der Strafbarkeitsanordnung weit hinausging, indem sie wortgleiche Parallelembargos im Rahmen der AWVO erließ und dabei darauf verzichtete, auf die EG-Verordnung zu verweisen, S. 237 f., 242 ff. Zur daraus möglicherweise resultierenden Entschädigungspflicht der Bundesrepublik, S. 275 ff. sowie *Neumann*, Internationale Handelsembargos und privatrechtliche Verträge, 2001, S. 203 ff.
198 Siehe Fn. 178.

B. Die materiell-rechtlichen Auswirkungen von Embargomaßnahmen auf Privatrechtsverhältnisse

Im ersten Abschnitt der Untersuchung wurde dargestellt, unter welchen rechtlichen Voraussetzungen der Staat Außenhandelsbeziehungen durch Staatenembargos und grenzüberschreitende sowie innerstaatliche Handelsbeziehungen durch Personalembargos beschränken kann. Im Folgenden soll untersucht werden, wie sich diese beiden Embargoarten auf Privatrechtsverhältnisse auswirken. Zuvor werden die Embargosachverhalte kollisionsrechtlich eingeordnet (I.) und grundlegende Kriterien ausgemacht, nach denen in der weiteren rechtlichen Analyse zu differenzieren sein wird (II.). Von besonderer Bedeutung ist dabei die zeitliche Unterscheidung zwischen vor und nach Embargoerlass begründeten Rechtsverhältnissen. So wird im Anschluss analysiert, wie Embargomaßnahmen auf Vertragsbeziehungen einwirken, die nach (C.) beziehungsweise vor (D.) dem Inkrafttreten eines Embargos geschlossen wurden. Es wird sich zeigen, dass die Einwirkungen für die Parteien in beiden Fällen deutlich zu spüren sind, weil der Leistungsaustausch vollständig untersagt oder von Genehmigungen abhängig gemacht wird. Zudem wird sich zeigen, dass erlittene Embargoschäden grundsätzlich nicht kompensationsfähig sind. Angesichts dessen wird der Fokus der folgenden Untersuchung auf den Schutz vor Embargostörungen gerichtet. Es wird geklärt, inwiefern die vertragliche Vorsorge für den Embargofall (E.) sowie die Einrichtung einer unternehmensinternen Außenwirtschaftskontrolle (F.) embargobedingte Störungen der Rechtsverhältnisse vermeiden oder abfedern können.

Die gesamte folgende Analyse erfolgt aus der Perspektive eines deutschen Unternehmers, der mit einer im Embargostaat ansässigen Partei beziehungsweise mit einer gelisteten Person einen Vertrag schließt, dessen Abschluss und/ oder Abwicklung ein von europäischer[199] oder deutscher Seite erlassenes Embargo entgegen steht. Es wird dabei unterstellt, dass im embargogestörten Rechtsverhältnis kraft parteiautonomer Rechtswahl oder kollisionsrechtlicher Verweisung deutsches Recht zur Anwendung

---

199 Gegebenenfalls handelt es sich um ein zur Umsetzung völkerrechtlicher Verpflichtungen erlassenes Embargo, dazu supra S. 44 f.

gelangt.[200] Die folgende kollisionsrechtliche Einordnung von Embargo-
sachverhalten beschränkt sich darauf darzulegen, dass die Vertragspartei-
en das Embargo mit Hilfe kollisionsrechtlicher Rechtswahl nicht abzu-
streifen vermögen. Im Hinblick auf die Frage, ob auch drittstaatliche Embargovorschriften im deutschen Privatrecht Berücksichtigung finden, sei
auf die umfangreiche Aufarbeitung im Schrifttum verwiesen.[201]

I. Keine kollisionsrechtliche Abwahl von Embargobeschränkungen

Für eine international-privatrechtliche Berücksichtigung europäischer beziehungsweise deutscher Embargovorschriften ist nicht Voraussetzung,
dass deutsches oder europäisches Recht auf den Vertragssachverhalt zur
Anwendung berufen ist, denn Embargomaßnahmen sind nicht Teil des
Schuldstatuts.[202] Damit ist den Vertragsparteien die Flucht in eine embargofreie lex contractus verwehrt.[203] Vielmehr sind Embargomaßnahmen
Paradefall einer unabhängig vom Schuldstatut anzuknüpfenden Eingriffs-

---

200 Zwar ist auch das UN-Kaufrecht verbindlicher Teil bei Warenkaufverträgen von
     Parteien mit Niederlassungen in verschiedenen Staaten, vgl. Art. 1-3 CISG. In der
     Praxis wird es aber häufig abbedungen beziehungsweise an die individuellen Be-
     dürfnisse der Vertragsparteien angepasst, so zum Beispiel im Fall OLG Ham-
     burg, Urt. vom 24.06.2011, BeckRS 2011, 16888, 3a).
201 Die kollisionsrechtliche Berücksichtigung drittstaatlicher Terrorsperrlisten ablehn-
     end, *Allwörden*, US-Terrorlisten im deutschen Privatrecht, 2014, S. 62 ff. Er
     spricht sich dafür aus, die Listen materiell-rechtlich zu berücksichtigen, insbes.
     S. 169 f. Inwieweit drittstaatliche Eingriffsnormen aus dem Embargo- bezie-
     hungsweise Exportkontrollrecht in Deutschland Geltung beanspruchen, klären
     auch die Monographien von *Anderegg*, Ausländische Eingriffsnormen im inter-
     nationalen Vertragsrecht, 1989; *Großfeld/Junker*, Das CoCom im Internationalen
     Wirtschaftsrecht, 1991; *Kreuzer*, Ausländisches Wirtschaftsrecht vor deutschen
     Gerichten, 1986; *Kuschka*, Amerikanische Exportkontrollen und deutsches Kolli-
     sionsrecht, 1989; *Neuss*, Handelsembargos zwischen Völkerrecht und IPR , 1989
     und *Sailer*, Einige Grundfragen zum Einfluss zwingender Normen, insbesondere
     der Wirtschaftsgesetzgebung, auf die inhaltliche Gültigkeit international-privat-
     rechtlicher Verträge, 1969.
202 Siehe nur *Remien*, RabelsZ 54 (1990), 431 (462) mwN.
203 Vgl. *Remien,* ebenda, S. 463.

norm.[204] Im Anwendungsbereich der Rom I-VO setzen sich die Embargo-maßnahmen nach Art. 9 Abs. 2 Rom I-VO durch.

Die Vertragsparteien vermögen sich eines Embargos auch nicht da-durch zu entledigen, dass sie mit Hilfe einer Gerichtsstandvereinbarung einer drittstaatlichen lex fori Geltung verschaffen.[205] Hat der Drittstaat selbst kein Embargo erlassen und enthalten seine Kollisionsregeln keine dem Art. 9 Abs. 3 Rom I-VO[206] vergleichbare Norm oder verhelfen die drittstaatlichen Gerichte trotz einer solchen Norm dem fremdländischen Embargo nicht zur Anwendung, bliebe der Vertrag vom Embargo zwar grundsätzlich ungestört.

Die ständige Rechtsprechung jedoch erachtet Gerichtsstandsvereinba-rungen, die international zwingende Bestimmungen ausschalten, unter zwei Voraussetzungen als unwirksam[207]:

Erstens muss der zwingende inländische Rechtssatz, von dem abgewi-chen wird, „von so grundlegender und weittragender Bedeutung sein, daß

---

204 *Martiny*, in: Münchener Kommentar zum BGB, Art. 9 Rom I-VO, Rn. 61; *Oeter*, IPrax 1996, 73 (77); *Thorn*, in: *Rauscher* (Hrsg.), Europäisches Zivilprozess- und Kollisionsrecht EuZPR/ EuIPR, Art. 9 Rom I-VO, Rn. 35.

205 In praxi wählen die Vertragsparteien häufig das neutrale Schweizer Recht, *Hocke*, in: *Berwald/Maurer/Görtz u. a.* (Hrsg.), Außenwirtschaftsrecht, Einfüh-rung in das Außenwirtschaftsrecht, S. 14.

206 Hierzu ausführlich *Allwörden*, US-Terrorlisten im deutschen Privatrecht, 2014, S. 63 ff.

207 BGH, NJW 1984, 2037; BGH, NJW 1983, 2772; BGH, NJW 1961, 1061, 1062; LAG Hessen, NJOZ 2001, 45. Aus dieser Rechtsprechungspraxis geht nicht her-vor, auf welcher dogmatischen Grundlage die Entscheidungen fußen, ob etwa auf einer ordre public-Kontrolle kollisions- oder vollstreckungsrechtlicher Natur, weswegen die genauen Voraussetzungen, unter denen die Gerichtsstandsverein-barungen unwirksam sind, offen bleiben, *Rühl*, IPrax 2007, 294 (297); *Weller*, Ordre-public-Kontrolle internationaler Gerichtsstandsvereinbarungen im autono-men Zuständigkeitsrecht, 2004, S. 299 f. Das Schrifttum spricht sich überwiegend für eine Versagung der Anerkennung der Entscheidung mit Hilfe des vollstre-ckungsrechtlichen ordre public aus, *Geimer*, Internationales Zivilprozessrecht, 5. Aufl. (2005), Rn. 1770; *Hausmann*. in: *Reithmann/Martiny* (Hrsg.), Internatio-nales Vertragsrecht, Rn. 3169; *Weller*, Ordre-public-Kontrolle internationaler Ge-richtsstandsvereinbarungen im autonomen Zuständigkeitsrecht, 2004, S. 164 ff., 193 f. Teilweise wird den Eingriffsnormen gleichsam eine prozessrechtliche Wir-kung beigemessen, *Thorn*, in: *Rauscher* (Hrsg.), Europäisches Zivilprozess- und Kollisionsrecht EuZPR/ EuIPR, Art. 9 Rom I-VO, Rn. 33, und die Eingriffsnorm unmittelbar auf die Gerichtsstandsvereinbarung angewandt, *Bar/Mankowski*, In-ternationales Privatrecht, 2. Aufl. (2003), S. 546 f.; *Wagner*, Prozessverträge, 1998, S. 366.

er abweichende ausländische Regelungen ausschließen will."[208] Die Abweichungen müssen so erheblich sein, „daß durch die Anwendung des ausländischen Rechts die Grundlagen des deutschen staatlichen oder gesellschaftlichen Lebens angegriffen würden."[209] Zweitens muss der ausländische Rechtsspruch die praktische Durchsetzung von Eingriffsnormen gefährden, das heißt es muss zumindest die Gefahr bestehen, dass der ausländische Spruchkörper zwingendes inländisches Recht nicht zur Anwendung bringt.[210] Embargomaßnahmen sind grundlegende politische Entscheidungen des Senderstaates. Sie sind so weitreichend gefasst, dass sie auch Umgehungsgeschäfte, wie etwa den Warenaustausch über embargofreie Drittstaaten, verbieten.[211] Der Sinn und Zweck des Embargos fordert daher zwingend die Nichtigkeit von Gerichtsstandsvereinbarungen, die zu einer Umgehung des Embargos führen würden. Die Prognoseentscheidung, ob das ausländische Gericht dem Embargo zur Anwendung verhilft, bleibt dem Einzelfall vorbehalten.

Auch die Zuweisung der Streitsache zu einem Schiedsgericht, das aus der Parteiautonomie resultiert und daher grundsätzlich nicht an nationales Recht gebunden ist,[212] vermag nicht die Ausschaltung der Eingriffsnorm auszulösen. Beachtet das Schiedsgericht international zwingende Bestimmungen nicht, droht ein Aufhebungsverfahren der Entscheidung vor den staatlichen Gerichten.[213] Die Rechtsprechung setzt Schiedsvereinbarungen dabei dieselben Grenzen wie Gerichtsstandsvereinbarungen, die international zwingende Bestimmungen ausschalten.[214] Mithin führt eine das Embargo umgehende, schiedsgerichtliche Vereinbarung regelmäßig zu deren

---

208 BGH, NJW 1961, 1061, 1062.
209 BGH, NJW 1961, 1061, 1062 mwN.
210 OLG München, IPRax 2007, 322.
211 Dazu im Einzelnen infra, S. 124 ff.
212 *Thorn*, in: *Rauscher* (Hrsg.), Europäisches Zivilprozess- und Kollisionsrecht EuZPR/ EuIPR, Art. 9 Rom I-VO, Rn. 89.
213 *Thorn, ebenda*, Rn. 91.
214 BGH, NJW-RR 1988, 172, 173; BGH, NJW 1987, 3193, 3194; OLG München, WM 2006, 1556, 1557 f.; *Horn*, SchiedsVZ 2008, 208 (209) mit Verweis auf BGH, SchiedsVZ 2006, 161, 163 ff.
Mit kritischer Stimme zur Entscheidung des OLG *Rühl*, IPrax 2007, 294 ff. Die Literatur spricht sich mit Blick auf Schiedsvereinbarungen für die Berücksichtigung von Eingriffsnormen im Wege eines vollstreckungsrechtlichen ordre public-Vorbehalts aus, *Hausmann*, in Reithmann/Martiny, Internationales Vertragsrecht, Rn. 3477; *Horn*, SchiedsVZ 2008, 208 (216 ff.); *Quinke*, SchiedsVZ 2008, 246 (247 f.); *Schnyder*, RabelsZ 59 (1995), 293 (302 ff.). Offen lassend *Drobnig*,

Unwirksamkeit, wenn die Gefahr besteht, dass das Schiedsgericht dem Embargo nicht zur Anwendung verhilft.

Die inländischen Wertvorstellungen setzen sich letztlich durch, eine kollisionsrechtliche Abwahl von Embargovorschriften ist ausgeschlossen. Die Parteiautonomie der Vertragsparteien reicht nicht so weit, dass sie ein Abstreifen der staatlichen Beschränkungen zulässt.

II. Grundlegende Differenzierungskriterien

Der materiell-rechtliche Analyseprozess wird von verschiedenen Differenzierungen durchzogen, die zur Einführung in die Problemstellungen im Anschluss herausgearbeitet werden.

1. Zeitliches Kriterium: Vertragsschluss vor und nach Inkrafttreten des Embargos

In zeitlicher Hinsicht muss danach differenziert werden, ob die Embargomaßnahme vor oder nach Abschluss des schuldrechtlichen Vertrages erlassen wird.[215] Während die Vertragsparteien bei nachträglichem Embargoerlass auf die Embargofreiheit vertrauten, kann ihnen ein bewusster Gesetzesverstoß vorzuwerfen sein, wenn sie das Vertragsverhältnis trotz eines bestehenden Embargos abschließen oder durchführen. Die Beurteilung der Vertragswirksamkeit und folglich auch die sekundärrechtlichen Ansprüche divergieren daher je nach Zeitpunkt des Vertragsschlusses.

2. Tatbestandliche Ausgestaltung des Embargos

Embargomaßnahmen ordnen Verbote oder Genehmigungsvorbehalte an. Diese wiederum haben entweder das Rechtsgeschäft oder die Erfüllungshandlung zum Gegenstand.

---

in: *Musielak/Schurig* (Hrsg.), Festschrift für Gerhard Kegel, zum 75. Geburtstag 26. Juni 1987, S. 114 f.

215 Danach differenzieren auch *Neumann*, Internationale Handelsembargos und privatrechtliche Verträge, 2001, S. 210, 221, 276 und *Bittner*, RIW 1994, 458 (459).

a) Verbot und Genehmigungsvorbehalt

Embargomaßnahmen können den Handelsverkehr als absolute Verbote be-beschränken.[216] Vielfach entfalten sie ihre beschränkende Wirkung jedoch nur als präventive Verbote mit Erlaubnisvorbehalt (Genehmigungsvorbehalt).[217] Vor Abwicklung des Rechtsgeschäfts muss eine Genehmigung beim Bundesamt für Wirtschaft und Ausfuhrkontrolle (BAFA) oder der Bundesbank[218] eingeholt werden, die bei Vorliegen der Genehmigungsvoraussetzungen des § 8 AWG erteilt wird. Im Gegensatz zu absoluten Verboten kann die Störung des Rechtsgeschäfts durch eine Embargomaßnahme, die lediglich ein präventives Verbot anordnet, sogar durch die nachträgliche Erteilung der Genehmigung beseitigt werden, § 15 Abs. 1 S. 2 AWG.[219]

b) Rechtsgeschäft und Erfüllungshandlung

Bedeutsam für die Bestimmung der zivilrechtlichen Auswirkungen von Embargomaßnahmen ist auch die Differenzierung zwischen Rechtsge-

---

216 Siehe zum Beispiel für Staatenembargos Art. 2 lit. a) der Syrien-Verordnung (EU) Nr. 36/2012: „(1) Es ist verboten, a) die in Anhang I aufgeführte Ausrüstung, die zur internen Repression verwendet werden kann, mit oder ohne Ursprung in der Union unmittelbar oder mittelbar an syrische Personen, Organisationen oder Einrichtungen oder zur Verwendung in Syrien zu verkaufen,[...]" und für Personalembargos Art. 2 Abs. 2 VO (EU) Nr. 269/2014 vom 17. März 2014 über restriktive Maßnahmen im Zusammenhang mit dem Ukraine-Konflikt : „Den in Anhang I aufgeführten natürlichen Personen…dürfen weder unmittelbar noch mittelbar Gelder oder wirtschaftliche Ressourcen zur Verfügung gestellt werden oder zugute kommen."

217 *Friedrich*, in: *Berwald/Maurer/Görtz u. a.* (Hrsg.), Außenwirtschaftsrecht, § 3 AWG, Rn. 1 ff.; *Landry*, Festschrift für Friedrich Graf von Westphalen 2011, S. 456 f.

218 Die Bundesbank ist zuständig für die Erteilung von Genehmigungen zur Freigabe von Geldern, das BAFA für Genehmigungen im Zusammenhang mit Maßnahmen des Güter- und Dienstleistungsverkehrs, vgl. BAFA-Merkblatt zum Außenwirtschaftsverkehr mit dem Iran S. 5, abrufbar unter http://www.bafa.de/ausfuhrkontrolle/de/arbeitshilfen/merkblaetter/merkblatt_iran_2012_07.pdf, zuletzt abgerufen am 24.10.2014.

219 Hierzu infra, S. 89 f.

schäften und Erfüllungshandlungen.[220] Während Verbote oder Genehmigungsvorbehalte von Rechtsgeschäften Auswirkungen auf die vertragliche Abrede zeitigen, betreffen Verbote oder Genehmigungsvorbehalte von Erfüllungshandlungen die Durchführung des Vertrags. Die Mehrheit der Embargomaßnahmen setzt erst an dieser Stelle an. Sie verbieten diejenigen Handlungen, die zur tatsächlichen Erfüllung des Rechtsgeschäfts notwendig sind. Es wird sich zeigen, dass diese bei Staatenembargos in der tatsächlichen Verbringung der geschuldeten Ware über die Grenze und bei Personalembargos in der Bereitstellungshandlung liegen.[221] Verbote von Erfüllungshandlungen können daher auch als Verbringungsverbote bezeichnet werden, Verbote des Rechtsgeschäfts setzen früher an und sind daher Verpflichtungsverbote.[222]

---

220 *Friedrich*, in: *Berwald/Maurer/Görtz u. a.* (Hrsg.), Außenwirtschaftsrecht, § 2 AWG, Rn. 10 f.; *Neumann*, Internationale Handelsembargos und privatrechtliche Verträge, 2001, S. 222. Vgl. zur Differenzierung zwischen Rechtsgeschäft und Handlung den Wortlaut der nationalen Ermächtigungsgrundlage zur Beschränkung des Außenwirtschaftsverkehrs durch Embargomaßnahmen, § 4 Abs. 1, Abs. 3 AWG und noch eindeutiger in § 2 Abs. 1 AWG a.F., *Friedrich*, in: *Berwald/Maurer/Görtz u. a.* (Hrsg.), Außenwirtschaftsrecht, § 2 AWG, Rn. 5
221 Infra S. 66 ff.
222 *Neumann*, Internationale Handelsembargos und privatrechtliche Verträge, 2001, S. 222 f.

C. Vertragsschluss nach Inkrafttreten der Embargomaßnahme

Auf Grundlage der soeben herausgearbeiteten Differenzierungskriterien soll die zivilrechtliche Untersuchung mit der Fallkonstellation eingeleitet werden, in der sich die Zivilparteien schuldrechtlich oder dinglich zu einem Zeitpunkt einig werden, zu dem das Embargo bereits in Kraft getreten ist. Differenziert nach Verboten des Rechtsgeschäfts und Verboten der Erfüllungshandlung soll zunächst geklärt werden, wie Embargomaßnahmen als Verbotsnormen des Öffentlichen Wirtschaftsrechts eine zivilrechtliche Vertragsnichtigkeit auslösen. Anschließend werden die Fälle beleuchtet, in denen das Embargo eine Genehmigungsbedürftigkeit vorsieht. Es soll gezeigt werden, dass Schuldverträge, die ohne das Vorliegen einer Genehmigung abgeschlossen werden, nicht zwingend mit der Nichtigkeitssanktion zu belegen sind.

Sodann wird beleuchtet, ob sekundärrechtliche Ansprüche bestehen: Bei einer Vertragsnichtigkeit können keine Schadensersatzansprüche aus der Verletzung primärer Leistungspflichten geltend gemacht werden. Es stellt sich daher die Frage nach einer Kompensation der Embargoschäden mit Hilfe vor- und außervertraglicher Haftungsinstrumente.

Abschließend wird geklärt, wie embargogestörte Rechtsverhältnisse bereicherungsrechtlich rückabzuwickeln sind.

I. Embargoverbote und ihre Auswirkungen auf die Wirksamkeit des Vertrags

Die zivilrechtliche Untersuchung nimmt zunächst in den Blick, wie sich in Embargomaßnahmen angeordnete Verbote des Rechtsgeschäfts auf die Wirksamkeit des schuldrechtlichen Vertrags auswirken.

1. Verbote des Rechtsgeschäfts und ihre Wirkungen auf den schuldrechtlichen Vertrag

Stellvertretend für ein Verbot von Rechtsgeschäften sei Art. 2 lit. a) der Syrien-Verordnung (EU) Nr. 36/2012 herausgegriffen: „(1) Es ist verboten, a) die in Anhang I aufgeführte Ausrüstung, die zur internen Repression verwendet werden kann, mit oder ohne Ursprung in der Union unmittelbar oder mittelbar an syrische Personen, Organisationen oder Einrichtungen oder zur Verwendung in Syrien zu verkaufen,[...]".

Dieses Beispiel verdeutlicht, dass einige Embargomaßnahmen lediglich das Verbot bestimmter Rechtsgeschäfte anordnen. Zu den zivilrechtlichen Konsequenzen dieser Anordnung schweigen Embargos hingegen regelmäßig.[223] Da auch das Außenwirtschaftsgesetz die zivilrechtlichen Folgen bei Verbotsverstößen[224] nicht regelt, bedarf es eines Rückgriffs auf § 134 BGB. § 134 BGB beschränkt die Privatautonomie der Parteien,[225] in Embargofällen aus außen- und sicherheitspolitischen Gründen.[226] Gesetzliche Verbote stehen nicht zur Disposition der Parteien.[227] Rechtsgeschäfte, die gegen gesetzliche Verbote verstoßen, werden daher mit der Nichtigkeit sanktioniert.[228] Auch die europäische Embargoverordnung ist ein Verbotsgesetz im Sinne des § 134 BGB.[229] Daher löst die allgemeine BGB-Norm die Nichtigkeit des Rechtsgeschäfts aus, das nach dem Inkrafttreten eines Embargoverbots abgeschlossen wurde.[230]

---

223 Soweit eine europäische Embargoverordnung eine ausdrückliche Anordnung der Nichtigkeit enthielte, bedürfe es des § 134 BGB aufgrund der unmittelbaren Wirkung der Verordnung nicht, siehe BGH, NJW 1994, 858 f. zur unmittelbaren Wirkung des Irak-Embargos.

224 Im Hinblick auf genehmigungsbedürftige Geschäfte hingegen statuiert § 15 Abs. 1 S. 1 AWG ausdrücklich die Rechtsfolge der Nichtigkeit.

225 *Ellenberger*, in: *Palandt* (Hrsg.), Bürgerliches Gesetzbuch, § 134 BGB, Rn. 1.

226 *Neumann*, Internationale Handelsembargos und privatrechtliche Verträge, 2001, S. 259.

227 BGH, NZM 2008, 496, 497.

228 Ob sich in Embargofällen aus dem Verbotsgesetz „ein anderes" im Sinne des § 134 BGB a.E. ergibt, wird infra geklärt, S. 83 f.

229 *Armbrüster*, in: Münchener Kommentar zum BGB, § 134 BGB, Rn. 37.

230 *Friedrich*, in: *Berwald/Maurer/Görtz u. a.* (Hrsg.), Außenwirtschaftsrecht, Einführung AWG, S. 13; *Metschkoll*, Eingriffe in Außenhandelsverträge, 1992, S. 82; *Neumann*, Internationale Handelsembargos und privatrechtliche Verträge, 2001, S. 222.

2. Verbote der Erfüllungshandlungen und ihre Wirkungen auf den schuldrechtlichen Vertrag

Während die Vertragsnichtigkeit bei Embargoverboten des *Rechtsgeschäfts* in wenigen Worten begründet war, bedarf die Beurteilung der Vertragswirksamkeit einer ausführlicheren Analyse, wenn der Embargogesetzgeber die *Erfüllungshandlung* verbietet.[231] Dies liegt zum einen darin begründet, dass Personenembargos ihrem bloßen Wortlaut nach noch keinen Aufschluss darüber geben, ob das Rechtsgeschäft oder die Erfüllungshandlung Verbotsgegenstand ist. Zum anderen stellt sich die Frage, ob auch der Verstoß gegen das Verbot der Erfüllungshandlung zur Nichtigkeit des schuldrechtlichen Kausalgeschäfts nach § 134 BGB führt. Es bedarf der Klärung, wie die tatsächliche Erfüllungshandlung und das schuldrechtliche Kausalgeschäft im Lichte des Embargozwecks zueinander in Beziehung stehen.

a) Staatenembargos

Das Verbot der tatsächlichen Erfüllungshandlung ist nicht als unmittelbares Verbot des dinglichen Geschäfts zu verstehen.[232] Es knüpft an eine tatsächliche Handlung, nicht an einen rechtlichen Erfolg an. So verbietet der nationale Gesetzgeber[233] neben dem Verkauf auch die *Ausfuhr* und *Durchfuhr* von den in Teil I Abschnitt A der Ausfuhrliste der AWVO erfassten Güter (Waffen, Munition und Rüstungsmaterial). Eine typische Reihung tatsächlicher Erfüllungshandlungen findet sich auch in Art. 2 Abs. 1 der VO (EU) Nr. 1263/2012 gegen den Iran. Das Embargo umfasst neben dem Verkauf auch die *Lieferung*, *Weitergabe* und *Ausfuhr* von Dual-Use Gütern und Technologien. Nicht alle Verbote der Erfüllungshandlungen belegen zugleich das Rechtsgeschäft mit einem Verbot, wie Art. 11 und 13 derselben Verordnung zeigen: Sie knüpfen einzig an Ein- und Ausfuhr

---

231 Grundlegend zur Differenzierung zwischen Verbot des Rechtsgeschäfts und Verbot des rechtsgeschäftlichen Handelns, *Flume*, Allgemeiner Teil des bürgerlichen Rechts, 1965, S. 343 ff.
232 *Neumann*, Internationale Handelsembargos und privatrechtliche Verträge, 2001, S. 222.
233 Zu seiner Kompetenz als Embargogesetzgeber im Hinblick auf Waffenembargos siehe supra S. 51.

von Rohölerzeugnissen und petrochemischen Erzeugnissen in die Union beziehungsweise in den Iran an.

b) Personalembargos

Während bei Staatenembargos bereits aus dem Wortlaut der Embargovorschrift deutlich wird, ob sie Rechtsgeschäft oder Erfüllungshandlung verbieten, ist der Verbotsgegenstand bei den in Personalembargos normierten Bereitstellungsverboten nicht ohne genauere Beleuchtung zugänglich. Als typisches Beispiel eines Bereitstellungsverbots sei Art. 2 Abs. 2 VO (EU) Nr. 269/2014 herausgegriffen, die im März 2014 in Ausführung des Drei-Stufen-Plans als Sanktion der zweiten Stufe[234] gegen Russland verhängt wurde: „Den in Anhang I aufgeführten natürlichen Personen oder mit diesen in Verbindung stehenden natürlichen oder juristischen Personen, Einrichtungen oder Organisationen dürfen weder unmittelbar noch mittelbar Gelder oder wirtschaftliche Ressourcen zur Verfügung gestellt werden oder zugute kommen."

Die Tatbestandsmerkmale des Bereitstellungsverbots sind regelmäßig im Definitionsapparat des Art. 1 der jeweiligen Verordnung legal definiert, legen aber nicht ausdrücklich fest, ob bereits die Kausalgeschäfte von dem Verbot erfasst sein sollen. Daher bedarf es einer Auslegung des Bereitstellungsverbots mit Hilfe des juristischen Auslegungskanons.

aa) Wortlaut

Das Bereitstellungsverbot untersagt es, gelisteten Personen Gelder oder wirtschaftliche Ressourcen unmittelbar oder mittelbar[235] zur Verfügung zu stellen.[236] Die Tatbestandsmerkmale „Gelder" und „wirtschaftliche Res-

---

234 „Krim-Krise: EU und USA beschließen Sanktionen", Exportmanager vom 12. März 2014, S. 5 f., http://www.exportmanager-online.de/archiv/?c=ausgabe-2-2014, zuletzt abgerufen am 15.3.14.

235 Dazu genauer infra, S. 206 ff.

236 Vgl. Art. 2 Abs. 2 VO (EG) Nr. 1183/2005 vom 18. Juli 2005 gegen die Demokratische Republik Kongo: „Für oder zu Gunsten der in Anhang I aufgeführten natürlichen oder juristischen Personen, Organisationen oder Einrichtungen werden weder direkt noch indirekt Gelder oder wirtschaftliche Ressourcen bereitgestellt." Synonym ist häufig auch folgende Formulierung verwendet: „Den in An-

sourcen" könnten schuldrechtliche Ansprüche erfassen, sodass sich das Bereitstellungsverbot auf das Verschaffen eben dieser bezieht.

Als Bereitstellung von Geldern könnte der Abschluss solcher Kausalgeschäfte gelten, in denen die gelistete Person als Sachleistungsschuldner auftritt und gegenüber dem Sachleistungsgläubiger einen Anspruch auf Kaufpreiszahlung erwirbt. Der Begriff der „Gelder" wird im Definitionskanon der verschiedenen Embargoverordnungen nicht wortlautidentisch, aber im Wesentlichen gleich definiert.[237] Die Legaldefinitionen führen Ansprüche aus Kausalgeschäften nicht ausdrücklich auf. Jedoch werden unter den Begriff der „Gelder" finanzielle Vermögenswerte oder wirtschaftliche Vorteile jeder Art - beispielhaft auch „Geldforderungen" und „Zahlungsansprüche" - gefasst.[238] Darunter könnte man auch durch den Abschluss von Kausalgeschäften entstehende Zahlungsansprüche fassen. Die isolierte Betrachtung des Wortlauts vermittelt daher, dass ein Kaufpreisanspruch als Zahlungsanspruch unter den Begriff der „Gelder" fällt.

Nimmt die gelistete Person die Position des Geldleistungsschuldners ein, stellt sich mangels eines zu ihren Gunsten bestehenden Zahlungsanspruchs die Frage, ob eine Subsumtion des schuldrechtlichen Anspruchs

---

hang I aufgeführten natürlichen Personen...dürfen weder unmittelbar noch mittelbar Gelder oder wirtschaftliche Ressourcen zur Verfügung gestellt werden oder zugute kommen.", Art. 2 Abs. 2 VO (EU) Nr. 269/2014 vom 17. März 2014. Zum synonymen Gehalt der Begriffe *Dahme*, Terrorismusbekämpfung durch Wirtschaftssanktionen, 2007, S. 114. Wegen seiner Prägnanz wird in den folgenden Ausführungen zumeist der Begriff des Bereitstellungsverbots verwendet.

237 Die Legaldefinition des Art. 1 der VO (EU) Nr. 269/2014 lautet: „Für die Zwecke dieser Verordnung gelten folgende Begriffsbestimmungen...
g) "Gelder" finanzielle Vermögenswerte und Vorteile jeder Art, die Folgendes einschließen, aber nicht darauf beschränkt sind: i) Bargeld, Schecks, Geldforderungen, Wechsel, Zahlungsanweisungen und andere Zahlungsmittel, ii) Einlagen bei Finanzinstituten oder anderen Einrichtungen, Guthaben auf Konten, Zahlungsansprüche und verbriefte Forderungen, iii) öffentlich und privat gehandelte Wertpapiere und Schuldtitel einschließlich Aktien und Anteilen, Wertpapierzertifikate, Obligationen, Schuldscheine, Optionsscheine, Pfandbriefe und Derivate, iv) Zinserträge, Dividenden und andere Einkünfte oder Wertzuwächse aus Vermögenswerten, v) Kredite, Rechte auf Verrechnung, Bürgschaften, Vertragserfüllungsgarantien und andere finanzielle Ansprüche, vi) Akkreditive, Konnossemente, Übereignungsurkunden und vii) Dokumente zur Verbriefung von Anteilen an Fondsvermögen oder anderen Finanzressourcen;..."
Vgl. auch die nahezu identischen Legaldefinitionen in Art. 1 der VO (EG) Nr. 1183/2005 und VO (EU) Nr. 270/2011 vom 21. März 2011 gegen Ägypten.

238 Ebenda.

unter das Tatbestandsmerkmal der „wirtschaftlichen Ressourcen" möglich ist. In den Embargoverordnungen werden wirtschaftliche Ressourcen regelmäßig definiert als „Vermögenswerte jeder Art, unabhängig davon, ob sie materiell oder immateriell, beweglich oder unbeweglich sind, bei denen es sich nicht um Gelder handelt, die aber für den Erwerb von Geldern, Waren oder Dienstleistungen verwendet werden können".[239] Das Tatbestandsmerkmal erfasst alle Gegenstände von Handelsgeschäften, die keine Gelder sind.[240] Die *Erfüllung* des Anspruchs als solche fällt zweifelsohne unter das Tatbestandsmerkmal der Wirtschaftsressource. An dieser Stelle steht jedoch die Frage in Rede, ob das bloße Bestehen des Anspruchs unter der Forderungsinhaberschaft des Embargogegners ausreicht, um einen Verstoß gegen das Bereitstellungsverbot anzunehmen. Ein schuldrechtlicher Anspruch als immaterieller Vermögenswert kann nach den §§ 398 ff. BGB abgetreten werden. Das der Abtretung regelmäßig zu Grunde liegende Kausalgeschäft, der Rechtskauf, verschafft der gelisteten Person einen Anspruch auf Zahlung des Forderungskaufpreises und ermöglicht damit den Erwerb von Geldern.[241] Das Verschaffen eines schuldrechtlichen Anspruchs kann mithin als Verschaffen einer Wirtschaftsressource verstanden werden.

bb) Systematik

Jedoch sprechen zweierlei systematische Erwägungen dafür, dass das Bereitstellungsverbot nicht den Abschluss des Rechtsgeschäfts, sondern nur die Vornahme der Erfüllungshandlungen verbietet: Der Kontext des Definitionskanons, in den die Tatbestandsmerkmale „Gelder" und „wirtschaftliche Ressourcen" eingewoben sind, sowie ihr Bezug zum Tatbestandsmerkmal „zur Verfügung stellen".

---

239 Vgl. etwa die Wortlautidentität in den Verordnungen (EU) Nr. 269/2014, Nr. 270/2011 und VO (EG) Nr. 1183/2005.

240 BAFA-Merkblatt zu länderunabhängigen Embargomaßnahmen zur Terrorismusbekämpfung S. 5, abrufbar unter: http://www.ausfuhrkontrolle.info/ausfuhrkontrolle/de/arbeitshilfen/merkblaetter/merkblatt_ebt.pdf, zuletzt abgerufen am 24.10.2014; *Schöppner*, Wirtschaftssanktionen durch Bereitstellungsverbote, 2013, S. 125. Zum bebauten Grundstück als wirtschaftliche Ressource, EuGH, Urt. vom 11.10.2007, Rs. C-117/06 - Möllendorf, Rn. 46.

241 *Schöppner*, Wirtschaftssanktionen durch Bereitstellungsverbote, 2013, S. 133.

Beachtet man jedoch den Kontext des Definitionskanons, fällt auf, dass „Geldforderungen" im Zusammenhang mit „Bargeld, Schecks,…, Wechsel[n], Zahlungsanweisungen und andere[n] Zahlungsmittel" aufgeführt werden. Ein bloßer schuldrechtlicher Anspruch ist kein Zahlungsmittel. „Zahlungsansprüche" stehen im Kontext von „Einlagen bei Finanzinstituten oder anderen Einrichtungen, Guthaben auf Konten,… und verbriefte[n] Forderungen". Sie alle sind bereits erworbene finanzielle Vermögenswerte, auf die der Embargogegner tatsächlich zugreifen kann. Erst ein erfüllter schuldrechtlicher Anspruch würde sich in ihren Kontext einfügen. Der Grund für die Aufnahme von „Zahlungsansprüchen" in den Definitionskanon erschließt sich vor dem Hintergrund der in den Embargoverordnungen ausgesprochenen Einfrierungsanordnungen. Der den Embargoverordnungen in Art. 1 zu Grunde gelegte Definitionsapparat bezieht sich stets auf die Gesamtverordnung und damit auf die regelmäßig in Art. 2 enthaltenen Einfrierungsanordnungen.[242] Durch die Aufnahme von Zahlungsansprüchen wird sichergestellt, dass der Embargogegner den Anspruch nicht geltend machen kann. Die systematische Einbettung spricht daher dafür, die bloße schuldrechtliche Einräumung des Leistungsanspruchs nicht als Bereitstellung zu verstehen.

Zudem müssten dem Embargogegner die Gelder und Wirtschaftsressourcen auch „zur Verfügung gestellt"[243] werden. Dieser Begriff wird zwar nicht legal definiert. Dem Wortlaut ist aber ein natürliches, tatsächliches Element zu entnehmen.[244] Mit diesen Erwägungen stimmt auch die Rechtsprechung des EuGH überein. In seiner Entscheidung „Möllendorf" sieht das Gericht in der Umschreibung des Grundbuchs zu Gunsten einer gelisteten Person eine verbotene Bereitstellung der Wirtschaftsressource „bebautes Grundstück" und stellt in diesem Zusammenhang fest: „Desgleichen ist die Wendung „zur Verfügung gestellt werden" in einem wei-

---

242 Vgl. zum Beispiel die Einfrierungsanordnung in Art. 2 Abs 1. VO (EU) Nr. 269/2014: „Sämtliche Gelder und wirtschaftlichen Ressourcen, die Eigentum oder Besitz von in Anhang I aufgeführten natürlichen Personen oder mit diesen in Verbindung stehenden natürlichen oder juristischen Personen, Einrichtungen oder Organisationen sind oder von diesen gehalten oder kontrolliert werden, werden eingefroren."

243 Teilweise enthalten die Verordnungen als zweite Tatbestandsalternative „zu Gute kommen". Dies ist ein Auffangtatbestand für all die Fälle, die keine Übertragung der unbedingten und endgültigen Verfügungsbefugnis zum Gegenstand haben, *Schöppner*, Wirtschaftssanktionen durch Bereitstellungsverbote, 2013, S. 142.

244 *Schöppner*, Wirtschaftssanktionen durch Bereitstellungsverbote, 2013, S. 136.

ten Sinn zu verstehen, da sie sich nicht auf eine besondere rechtliche Qualifizierung bezieht, sondern jede Handlung erfasst, die nach dem anwendbaren nationalen Recht erforderlich ist, damit eine Person tatsächlich die vollständige Verfügungsbefugnis in Bezug auf die betreffende Sache erlangen kann."[245] So reicht eine Grundbucheintragung aus, wenn dadurch ein vollständiger Eigentumserwerb eintritt. Entscheidendes Kriterium für die Bereitstellung von Geldern oder Wirtschaftsressourcen an den Embargogegner ist also das Erlangen einer vollständigen Verfügungsbefugnis.[246] Der bloße Abschluss eines schuldrechtlichen oder dinglichen Vertrags passt hierauf nicht, da der Embargogegner hierdurch keine tatsächliche Sachherrschaft oder sonstige Verfügungsbefugnis erlangt.[247] So liegt es dann auch fern, dass der Embargogesetzgeber den Abschluss des schuldrechtlichen Vertrags unter das Tatbestandsmerkmal der Gelder oder wirtschaftlichen Ressourcen fassen wollte, wenn hierin kein zur Verfügung stellen liegen kann.

cc) Telos

Embargovorschriften mit Personalbezug verfolgen den Zweck, die Gelisteten beziehungsweise deren (Terror-)Netzwerke und Organisationen durch tatsächlichen Ressourcenentzug finanziell auszutrocknen. Aus einer schuldrechtlichen Forderung kann die gelistete Person zwar grundsätzlich Zahlung verlangen und damit Vermögenswerte erwerben. Ein tatsächlicher Vermögensfluss tritt durch die Begründung einer schuldrechtlichen Forderung indes noch nicht ein. Das Embargoziel wird erst durch die tatsächliche Zuwendung, sei es im Rahmen eines wirksamen Übereignungsaktes, sei es durch rein faktischen Zugriff gefährdet. Auch bei Staatenembargos hat es der Gesetzgeber in einer Vielzahl von Fällen als ausreichend erachtet, lediglich die tatsächliche Verbringungshandlung zu untersagen. Die Begründung eines schuldrechtlichen Anspruchs durch Vertragsschluss fällt daher nach ihrem Sinn und Zweck nicht unter das Tatbestandsmerkmal der „Gelder" beziehungsweise der „wirtschaftlichen Ressourcen".

---

245 EuGH, Urt. vom 11.10.2007, Rs. C-117/06 - Möllendorf, Rn. 51.
246 So auch *Schöppner*, Wirtschaftssanktionen durch Bereitstellungsverbote, 2013, S. 139.
247 *Dahme*, Terrorismusbekämpfung durch Wirtschaftssanktionen, 2007, S. 117; *Schöppner*, Wirtschaftssanktionen durch Bereitstellungsverbote, 2013, S. 139 ff.

Wenngleich der Wortlaut der Bereitstellungsverbote einer weiten Ausdehnung zugänglich ist, belegen doch ihre Systematik und ihr Telos, dass
sie die tatsächlichen Erfüllungshandlungen, nicht aber bereits schuldrechtliche Vertragsabschlüsse untersagen.[248]

c) Nichtigkeit des Kausalgeschäfts bei Verstößen gegen
     Erfüllungshandlungen

Personalembargos verbieten also ebenso wie zahlreiche Staatenembargos
zumeist nicht den Abschluss des Rechtsgeschäfts, sondern die *tatsächliche*
Verbringungs- oder Bereitstellungshandlung. Mangels außenwirtschaftsrechtlicher Spezialvorschrift ist die Nichtigkeit anhand von § 134 BGB zu
beurteilen. Die Norm sieht die Nichtigkeit für *Rechtsgeschäfte* vor, die gegen ein gesetzliches Verbot verstoßen. Ob auch Kausalgeschäfte nichtig
sind, die zwar nicht als solche verboten, aber deren Erfüllungshandlungen
untersagt sind, ist im Folgenden zu untersuchen.

Die Problematik lässt sich nicht mit dem Argument bewältigen, dass
der Embargogesetzgeber die Kausalgeschäfte verboten hätte, hätte er deren Nichtigkeit gewollt. Erstens trifft der EU-Embargogesetzgeber keinerlei Aussagen über die zivilrechtlichen Konsequenzen eines Verstoßes.[249]
Zweitens ist die Ausgestaltung von Embargomaßnahmen vor einem wirt-
schaftsverwaltungsrechtlichen Hintergrund zu sehen: Embargos sind nicht
bloß Sanktionsinstrument und Schranke privatautonomer Gestaltungs-
macht, sondern auch Vorschriften, deren Durchführung die Verwaltung
bewältigen muss.[250] Eine Kontrolle der nicht nach außen tretenden, außerhalb der tatsächlichen Erfüllungshandlungen liegenden Vorgänge ist für
Zoll und Genehmigungsbehörden jedoch weder praktisch durchführbar
noch dazu geeignet, Embargoverstöße effektiv zu verhindern oder aufzu-
decken. Nur durch die Kontrolle der tatsächlichen Verbringung oder Be-

---

248 So auch *Dahme*, Terrorismusbekämpfung durch Wirtschaftssanktionen, 2007,
      S. 118 f.; *Schöppner*, Wirtschaftssanktionen durch Bereitstellungsverbote, 2013,
      S. 133 ff. Anders hingegen *Schmucker*, DNotZ 2008 2008, 688 (697), die von
      einer Nichtigkeit auch des Verpflichtungsgeschäfts nach § 134 BGB ausgeht, oh-
      ne sich mit der Auslegung des Tatbestandsmerkmals auseinander zu setzen.
249 Siehe Fn. 224.
250 *Neumann*, Internationale Handelsembargos und privatrechtliche Verträge, 2001,
      S. 161.

reitstellung können Handelsbeziehungen tatsächlich unterbunden werden.[251]

Wie sich ein Verbot der bloßen Leistungshandlung auf das Kausalgeschäft auswirkt, ist durch Rechtsprechung und Literatur im allgemeinen Zivilrecht und im außenwirtschaftsrechtlichen Kontext aufgearbeitet worden. Das Verbot von Erfüllungshandlungen ist jedoch kein Alleinstellungsmerkmal des Außenwirtschaftsrechts, sondern auch in anderen Bereichen des Öffentlichen Wirtschaftsrechts, etwa im Gewerberecht oder im Arzneimittelrecht[252] vorzufinden. Daher wird im Folgenden auch auf Rechtsprechung und Literatur aus diesen Rechtsgebieten rekurriert und auf den Embargofall übertragen. Da das Instrument der Personalembargos neuerer Natur ist, finden sich in Rechtsprechung und Literatur noch keine direkten Bezüge zu dieser Sanktionsart. Daher wird auch zu prüfen sein, inwiefern sich die zu Staatenembargos ergangenen Ausführungen auf Personalembargos übertragen lassen.

Rechtsprechung und Literatur ziehen zur Lösung der Nichtigkeitsproblematik folgende Kriterien heran: Nach einigen Stimmen soll die Nichtigkeit des Kausalgeschäfts nur eintreten, wenn die Vertragsparteien sich darüber bewusst waren, dass sie bei der Durchführung des Rechtsgeschäfts gegen das Verbot der Erfüllungshandlung verstoßen (aa). Teilweise wird hingegen darauf abgestellt, ob das Verbot von den Vertragsparteien zum Inhalt des Vertrags gemacht wurde (bb). Von anderen Strömungen in Rechtsprechung und Literatur wird die Vertragsnichtigkeit am Sinn und Zweck der Verbotsnorm (cc) sowie anhand eines engen Zusammenhangs zwischen Kausalgeschäft und verbotener Erfüllungshandlung beurteilt (dd).

Es wird sich zeigen, dass sich hinter diesen unterschiedlichen Kriterien sehr ähnliche Inhalte verbergen, die sich häufig überschneiden.

aa) Bewusster Verstoß

Im Jahre 1924 hatte das Reichsgericht über die Nichtigkeit eines Kaufvertrags nach § 134 BGB zu entscheiden, bei dessen Erfüllung ein Einfuhrverbot für alle ausländischen Waren, deren Einfuhr zuvor nicht geneh-

---

251 *Metschkoll*, Eingriffe in Außenhandelsverträge, 1992, S. 71.
252 Vgl. beispielsweise § 73 AMG, siehe Fn. 77.

migt[253] wurde, verletzt wurde.[254] Das Gericht nahm nicht nur dann eine Vertragsnichtigkeit an, wenn die Verbotsvorschrift das schuldrechtliche Geschäft ausdrücklich untersagte, „*...sondern auch dann, wenn es zwar an sich gesetzlich statthaft ist, wenn es aber zu einem verbotswidrigen Zwecke vorgenommen ist.*"[255] Die Zuwiderhandlung muss damit Vertragszweck sein, mithin bewusst erfolgen.[256]

Ähnliche Ansätze verfolgte auch der BGH in seiner Entscheidung vom 14.11.1960: Die Vertragsparteien verstießen gegen Bewirtschaftungsvorschriften, da die Lieferung und der Bezug von Kupfermaterialien ohne Vorlage eines Metallbelegscheins - also die tatsächlichen Erfüllungshandlungen - mit einem Verbot belegt waren.[257] Der BGH nahm eine Nichtigkeit des Kausalgeschäfts an, weil der Verstoß bewusst erfolgte. Zudem begründete er die Nichtigkeit damit, dass das Lieferverbot die Veränderung in den Privatrechtsverhältnissen, den eintretenden Leistungserfolg, und nicht nur die tatsächliche Leistungsvornahme[258] sanktionieren will.[259] Damit stellt er zugleich auf den Sinn und Zweck der Verbotsnorm ab.

bb) Vertragsinhalt

Wie soeben gesehen, ging bereits das Reichsgericht im Jahre 1924 von einem bewussten Verstoß gegen das Verbot der Erfüllungshandlung aus,

---

253 Die Frage danach, ob eine verbotene oder genehmigungsbedürftige Erfüllungshandlung zur Nichtigkeit des Kausalgeschäfts führt, ist im Kern identisch. In beiden Fällen ist zu untersuchen, wie sich das Verbot beziehungsweise die Genehmigungsbedürftigkeit der bloßen *Leistungshandlung* auf das Kausalgeschäft auswirkt. Explizit zu den genehmigungsbedürftigen Erfüllungshandlungen siehe ferner infra S. 92.
254 RG, JW 1924, 1710 ff.
255 RG, JW 1924, 1710, 1711.
256 *Baum*, JW 1924, 1710 (1710).
257 BGH, JZ 1961, 227 ff.
258 Zur Differenzierung zwischen Leistungsvornahme und Leistungserfolg Flume, infra, S. 77.
259 BGH, JZ 1961, 227, Rn. 13. Die Nichtigkeit des *Verfügungs*geschäfts bemisst der BGH ebenfalls danach, ob Sinn und Zweck des Verbotsgesetzes eine Nichtigkeit erfordern. Er bejaht dies, wenn sich das Verbot „(...) gegen die rechtliche Wirkung des Geschäfts, nicht nur gegen die tatsächliche Vornahme, richtet und die durch das Geschäft beabsichtigte Veränderung in den Privatrechtsverhältnissen verhindern will.", ebenda.

wenn aus dem Vertragsinhalt deutlich wird, dass bei der Durchführung des Kausalgeschäfts gegen das Verbot verstoßen wird. Noch deutlicher stellen folgende Stimmen aus Rechtsprechung und Literatur auf den vertraglichen Inhalt ab:

Der BGH hatte die Wirksamkeit eines Vertrags über eine Lieferung koreanischer Textilien zu beurteilen, deren Einfuhr in den EWG-Zollbereich aufgrund fehlender Einfuhrlizenzen scheiterte.[260] Er lehnte eine Vertragsnichtigkeit ab, weil der Verstoß gegen das Einfuhrverbot nicht Inhalt des Vertrages war. Zwar wird nach dem BGH ein Rechtsgeschäft grundsätzlich auch dann mit der Nichtigkeitswirkung belegt, wenn sich das gesetzliche Verbot gegen dessen Vornahme richtet. Aus dem zwischen den Parteien geschlossenen Vertrag ging jedoch nicht hervor, dass die Ware aus Korea beschafft werden sollte. Der Gegenstand des Verbots, die Einfuhr von Waren, war also nicht Inhalt des Kaufvertrags. Der Kaufvertrag blieb *„ohne jeden Hinweis auf eine Auslandsbeziehung".*[261] Die Verschaffung der Textilien war einzig Sache des Verkäufers und hätte auch innerstaatlich erfolgen können.

Einen ähnlich gelagerten Fall hatte das Reichsgericht bereits im Jahre 1920[262] zu entscheiden: Der Kaufvertrag wurde in Belgien geschlossen und dort vollständig abgewickelt. Der Käufer führte die Ware später nach Deutschland aus und verstieß damit gegen ein belgisches Ausfuhrverbot. Die spätere Verbringung der Ware nach Deutschland war nicht Inhalt des Vertrages. Das Gericht sah das Kausalgeschäft als bloße Vorbereitungshandlung zur Umgehung des Ausfuhrverbots an und lehnte daher eine Vertragsnichtigkeit ab. Das Verbotsgesetz selbst lässt nämlich nicht erkennen, „daß neben der Strafandrohung gleichzeitig jegliches die Verbotsübertretung bezweckendes rechtsgeschäftliches Handeln für nichtig erklärt werden sollte."[263] Mit dieser Aussage bemüht das Gericht zugleich Sinn und Zweck des Verbots zur Begründung der Vertragswirksamkeit.

Eng am Vertragsinhalt argumentiert auch *Bittner*: Werden die Vertragspartner rein inländisch tätig, ist Voraussetzung für eine Nichtigkeit, dass die Warenein- oder -ausfuhr selbst zum Vertragsgegenstand oder -bestandteil geworden ist.[264] Zum Vertragsinhalt kann eine Ein- oder Aus-

---

260 BGH, NJW 1983, 2873.
261 Ebenda.
262 RG, JW 1920, 432.
263 RG, JW 1920, 433.
264 *Bittner*, RIW 1994, 458 (459).

fuhrhandlung auch dann geworden sein, wenn der Käufer Mitwirkungspflichten bei der Beschaffung der ausländischen Ware übernommen hat.[265] Sie muss nicht ausdrücklich im Vertrag niedergeschrieben sein.

Auch *Roth* ist der Ansicht, dass § 134 BGB eine Nichtigkeitswirkung nur bei Verträgen auslösen kann, die zur Wareneinfuhr verpflichten.[266] Zugleich macht er ein Eingreifen des § 134 BGB davon abhängig, ob das gesetzliche Verbot gegen Vornahme oder Inhalt des Rechtsgeschäfts gerichtet ist,[267] mithin von Sinn und Zweck der Verbotsnorm.

Kegel geht davon aus, dass der schuldrechtliche Vertrag nichtig ist, wenn er zum Zweck der verbotswidrigen Verbringung abgeschlossen wird.[268] Dies soll dann der Fall sein, wenn die Versendung der Ware über die Grenze Inhalt des Kaufvertrags ist.[269] Ist die Versendung jedoch nicht ausdrücklicher Vertragsinhalt, soll selbst die Kenntnis der Vertragsparteien von dem Verstoß gegen ein Ein- oder Ausfuhrverbot nichts an der Wirksamkeit ändern.[270]

Auf Embargofälle übertragen haben diese Ansichten zur Folge, dass eine Nichtigkeit des Kausalgeschäfts nur ausgelöst wird, wenn die Vertragsparteien die tatsächliche, regelmäßig grenzüberschreitende Verbringungshandlung zum Inhalt des Vertrags machen. Wie dies geschehen muss, wird in Rechtsprechung und Literatur nicht genauer konkretisiert. Einzig Bittner macht deutlich, dass es ausreicht, wenn äußere Umstände darauf hindeuten, dass die Ware über eine Grenze verbracht werden soll.

Im Hinblick auf Personalembargos wird man indes von einer Vertragsnichtigkeit ausgehen können. Das Bereitstellungsverbot reicht weiter als das Verbot der Verbringungshandlung: Es untersagt das „Ob" der Bereitstellung von Geldern und wirtschaftlichen Ressourcen an eine bestimmte Person, nicht nur das „Wie" der grenzüberschreitenden Leistungsverbringung. Das „Ob" der Bereitstellung, etwa die Zahlung des Kaufpreises, wird von den Parteien regelmäßig sogar zum ausdrücklichen Vertragsbestandteil erhoben.

---

265 *Bittner,* ebenda.
266 *Roth*, IPrax 1984, 76 (77).
267 *Roth,* ebenda.
268 *Kegel/Rupp/Zweigert*, Die Einwirkung des Krieges auf Verträge, 1941, S. 61 f.
269 *Kegel/Rupp/Zweigert* , ebenda, S. 60.
270 *Kegel/Rupp/Zweigert* , ebenda, S. 61.

cc) Sinn und Zweck

Während Rechtsprechung und Literatur die Nichtigkeit nur neben anderen Kriterien auch nach Sinn und Zweck der Verbotsnorm beurteilen,[271] legte das OLG Karlsruhe im Anschluss an eine Entscheidung des BGH aus dem Jahre 1968[272] den Schwerpunkt auf die Frage, ob Sinn und Zweck des Verbots den Eintritt der Nichtigkeitsfolge erforderten.[273] Das OLG hatte über die Nichtigkeit eines Kaufvertrags zu entscheiden, der die Lieferung nicht zugelassener Arzneimittel aus den Niederlanden nach Deutschland unter Verstoß gegen das Verbringungsverbot aus §§ 21 Abs. 1 S. 1, 73 Abs. 1 AMG[274] zum Gegenstand hatte.[275] Während der BGH feststellte, dass es sich bei einem Verstoß gegen die Zulassungspflicht um bloßes Verwaltungsunrecht handele,[276] das den Eintritt der Nichtigkeitsrechtsfolge nicht erfordert, bejaht das OLG die Unwirksamkeit des Vertrags.[277] Der Verstoß gegen § 73 Abs. 1 AMG sei nicht nur typisches Verwaltungsunrecht, das bloß die Art und Weise der Erfüllung, die *zulassungslose* Verbringung, sanktionieren will.[278] Vielmehr soll nach dem Sinn und Zweck der Verbotsnorm das wirtschaftliche Ergebnis, der Verbleib der nicht zugelassenen und damit ungeprüften Medikamente in Deutschland, missbilligt werden.[279]

Anhand von Sinn und Zweck der Verbotsnorm argumentiert auch *Flume*.[280] Er nimmt eine Vertragsnichtigkeit zunächst dann an, wenn der Leistungserfolg verboten ist. Aber auch in Fällen, in denen die Leistungshandlung verboten ist, bejaht er eine Vertragsnichtigkeit, weil kein Erfüllungsanspruch auf Vornahme einer verbotenen Leistung entstehen kann.

---

271 BGH, JZ 1961, 227; *Roth*, IPrax 1984, 76 (77).
272 BGH, NJW 1968, 2286, 2287.
273 OLG Karlsruhe, NJW-RR 2002, 1207.
274 Verbringungsverbot des § 73 Abs. 1 AMG: „Arzneimittel, die der Pflicht zur Zulassung oder Genehmigung nach § 21 a oder zur Registrierung unterliegen, dürfen in den Geltungsbereich dieses Gesetzes nur verbracht werden, wenn sie zum Verkehr im Geltungsbereich dieses Gesetzes zugelassen, nach § 21 a genehmigt, registriert oder von der Zulassung oder der Registrierung freigestellt sind […]."
275 OLG Karlsruhe NJW-RR 2002, 1206 ff.
276 BGH, NJW 1968, 2286, 2287. Für die Unwirksamkeit hingegen auch LG Düsseldorf, NJW 1980, 647 ff.; LG Stuttgart, NJW 1965, 354 f.
277 OLG Karlsruhe, NJW-RR 2002, 1207.
278 Ebenda.
279 Ebenda.
280 *Flume*, Allgemeiner Teil des bürgerlichen Rechts, 1965, S. 347.

Wurde jedoch bereits gegen das Verbot der Leistungshandlung verstoßen, soll der Vertrag wirksam sein. Dies setzt aber voraus, dass tatsächlich nur die Leistungshandlung und nicht der Leistungserfolg von dem Sinn und Zweck des Gesetzes erfasst sein soll.

Will man diese Stimmen auf Embargoverbote übertragen, stellt sich die Frage, ob nach deren Sinn und Zweck auch der Leistungserfolg verboten sein soll. Staatenembargos sollen den tatsächlichen Warenaustausch zwischen den Zivilparteien unterbinden.[281] Bei Personalembargos soll die tatsächliche Ressourcenzuwendung vermieden werden, um die Sanktionssubjekte und deren Organisationen finanziell auszutrocknen.[282] Nach dem Wortlaut der Verbotsvorschriften kommt es auf die Entstehung des schuldrechtlichen Anspruchs beziehungsweise auf einen rechtlich wirksamen Eigentumswechsel zwar nicht an. Zu bedenken ist jedoch, dass die Erfüllung des schuldrechtlichen Vertrags durch die Verbringung der Ware über die Grenze zu einem Embargoverstoß führen würde.[283]

Das primäre Ziel von Embargoverboten besteht darin, die Handelsbeziehungen zwischen Staaten auszutrocknen oder den Wirtschaftsverkehr mit bestimmten Personen lahm zu legen. Wäre ein nach Inkrafttreten des Embargos geschlossenes Kausalgeschäft wirksam, hätten die Vertragsparteien während des Bestehens der Sanktionsmaßnahme jedoch erfolgreich eine Handelsbeziehung begründet. Sie könnten sich dem Embargo somit sanktionslos widersetzen.[284] Sekundäres Ziel von Embargomaßnahmen ist das Hervorrufen eines symbolischen Effekts.[285] Er geht über die konkrete wirtschaftliche Beeinträchtigung hinaus und soll deutlich machen, dass sich der Senderstaat gegen Rechtsverstöße des Zielstaates oder der gelisteten Person wendet und deshalb Distanz in den Wirtschaftsbeziehungen wahrt. Diese Zielsetzung würde unterlaufen, wenn es den Zivilparteien möglich wäre, sich während des andauernden Embargos wirksam zu verpflichten.

---

281 *Neumann*, Internationale Handelsembargos und privatrechtliche Verträge, 2001, S. 227.
282 Siehe supra S. 31.
283 *Neumann*, Internationale Handelsembargos und privatrechtliche Verträge, 2001, S. 227.
284 *Neumann*, ebenda, S. 239.
285 *Galtung*, World Politics 1967 378 (395); *Schneider*, Wirtschaftssanktionen, 1999, S. 34.

dd) Enger Zusammenhang

Zahlreiche Literaturstimmen beurteilen die Nichtigkeit nach einem engen Zusammenhang zwischen verbotener Handlung und Vertragsinhalt. Hinter dem Begriff des engen Zusammenhangs verbirgt sich kein neuer Gehalt, nimmt er doch Vertragsinhalt sowie Sinn und Zweck der Verbotsnorm zugleich in den Blick.

So stellt *Neumann* auf den Normzweck des Verbotsgesetzes ab und sieht den engen Zusammenhang zwischen verbotener Verbringungshandlung und vertraglich geschuldeter Handlung in Embargofällen als maßgeblich für die Nichtigkeit des Kausalgeschäfts an.[286]

Metschkoll stützt den engen Zusammenhang zwischen Verbringungshandlung und Verbot vor allem auf den Vertragsinhalt.[287] In Außenhandelsverträgen ist Hauptzweck des Vertrags der Grenzübertritt. Bei der Schickschuld begründet er dies mit der Pflicht zur Versendung der Ware, bei Bring- und Holschuld mit der Verbringung der Ware zum Mittelpunkt der einen Vertragspartei.[288] Dies rechtfertigt einen derart engen Zusammenhang zwischen Aus- und Einfuhrhandlung und dem Rechtsgeschäft, sodass eine Nichtigkeit des Kausalgeschäfts nach § 134 BGB anzunehmen ist.[289]

Westphal befasst sich mit der Nichtigkeit von Verträgen, die gegen gewerberechtliche Verbotsgesetze verstoßen, welche wie Embargovorschriften häufig lediglich Leistungshandlungen untersagen. Er hält ein Rechts-

---

286 *Neumann*, Internationale Handelsembargos und privatrechtliche Verträge, 2001, S. 234 f. Sie betont zwar, dass für die Beurteilung der Nichtigkeit von Embargofällen weder der ausdrückliche (denn die Parteien verstießen auch bei fehlender vertraglicher Fixierung der Verbringungshandlung gegen das Embargo) noch der konkludente Vertragsinhalt (dies führe zu willkürlichen Unterschieden je nach vereinbartem Erfüllungsort) maßgeblich sein dürften. Zu dieser Aussage steht allerdings in Widerspruch, dass sie den konkreten Vertragsinhalt jedenfalls dann in den Blick nimmt, wenn sie Fälle wie die Entscheidung des BGH, NJW 1983, 2873 von der Nichtigkeit ausgenommen sehen will. Dies zeigt umso mehr, dass eine strikte Trennung der Abgrenzungskriterien weder möglich noch sinnvoll ist.

287 *Metschkoll*, Eingriffe in Außenhandelsverträge, 1992, S. 88 ff., der sich insoweit zur Steuerhinterziehung ergangenen Rechtsprechung anschließt, hierzu *Canaris*, Gesetzliches Verbot und Rechtsgeschäft, 1983, S. 50 f.

288 *Metschkoll*, Eingriffe in Außenhandelsverträge, 1992, S. 93, 98 ff.

289 *Metschkoll*, Eingriffe in Außenhandelsverträge, 1992, S. 98.

geschäft für nichtig, wenn eine enge Beziehung[290] zum Rechtsgeschäft besteht und der Unwertgehalt des tatsächlichen Verbotselements, also der Leistungshandlung, eine solche Schwelle übersteigt, dass der Kernpunkt des Geschäfts mit seinen rechtlichen Erfolgen von der gesetzlichen Missbilligung erfasst wird.[291]

Canaris hingegen geht grundsätzlich von einer Wirksamkeit des Rechtsgeschäfts aus, da der Vertrag als gleichsam bloße Vorbereitungshandlung eines Gesetzesverstoßes aus Gründen der Rechtsstaatlichkeit noch nicht sanktioniert werden darf.[292] Von diesem Grundsatz macht er eine Ausnahme, wenn ein besonders enger Zusammenhang zwischen Vertrag und Gesetzesverstoß besteht und es somit bei der Durchführung des Vertrags notwendigerweise zu einem Gesetzesverstoß kommt.[293]

Schuldig bleiben die Stimmen aus der Literatur eine Konkretisierung, wann der nichtigkeitsauslösende hinreichende Zusammenhang besteht. Neumann lehnt unter Verweis auf das zu den koreanischen Textillieferungen im Jahre 1983 ergangene BGH-Urteil[294] eine Vertragsnichtigkeit dann ab, wenn es sich um einen rein inländischen Fall handelt und Verbot und geschuldete Handlung nicht hinreichend eng verwoben sind.[295] Die Anwendung der allgemeinen, aber präzisen Formel von Canaris führt zum gleichen Ergebnis: Bei der Durchführung des Vertrags kommt es nicht notwendigerweise zu einem Gesetzesverstoß, wenn weder der Vertrag selbst noch sonstige Vertragsumstände dafür sprechen, dass Embargoware eingeführt werden soll. Der Vertrag hätte auch ohne Embargoverstoß erfüllt werden können und ist daher wirksam. Wendet man das Kriterium des engen Zusammenhangs auf Personalembargos an, ergibt sich eine Vertragsnichtigkeit: Ein enger Zusammenhang zwischen Bereitstellungsverbot und vertraglich geschuldeter Leistung besteht regelmäßig, da durch die Erfüllung der vertraglich geschuldeten Leistung notwendigerweise Gelder oder Wirtschaftsressourcen bereitgestellt werden.

---

290 *Westphal*, Zivilrechtliche Vertragsnichtigkeit wegen Verstoßes gegen gewerberechtliche Verbotsgesetze, 1985, S. 77.
291 *Westphal*, ebenda, S. 78.
292 *Canaris*, Gesetzliches Verbot und Rechtsgeschäft, 1983, S. 48.
293 *Canaris*, ebenda, S. 48, 49 f.
294 BGH, NJW 1983, 2873.
295 *Neumann*, Internationale Handelsembargos und privatrechtliche Verträge, 2001, S. 235.

ee) Bewertung und Fazit

Die Begründungsansätze von Rechtsprechung und Literatur sind zwar nicht identisch, liegen jedoch inhaltlich nahe beieinander. Nach nahezu allen Positionen muss im Parteiwillen zum Ausdruck kommen, dass die verbotene Handlung vorgenommen werden soll. Daher muss sie zum ausdrücklichen oder konkludenten Inhalt des Vertrags gemacht worden sein oder sich aus den sonstigen Vertragsumständen ergeben. Soweit zur Beurteilung der Nichtigkeit der enge Zusammenhang zwischen Kausalgeschäft und Verbot der Erfüllungshandlung als maßgeblich erachtet wird, wird ebenfalls auf den Vertragsinhalt abgestellt. Soll nach dem Vertragsinhalt die Erfüllungshandlung durchgeführt werden, ist ein enger Zusammenhang zu bejahen. Eng wird der Zusammenhang zudem nur dann sein, wenn der Sinn und Zweck des Verbotsgesetzes auch darauf abzielt, den Leistungserfolg zu verhindern.

Denjenigen Stimmen aus Rechtsprechung und Literatur, die nur solche Verträge sanktionieren wollen, denen ein bewusster oder sogar bezweckter Verstoß zu Grunde liegt, sollte im Zusammenhang mit Embargofällen nicht gefolgt werden. Auch wenn die Vertragsparteien das Embargo nicht kannten, fordert dessen Sinn und Zweck eine Nichtigkeit des Kausalgeschäfts. Dem Embargo gelänge es nicht, die Wirtschaftsbeziehungen zum Zielstaat oder zur Zielperson umfassend auszutrocknen, wenn es nur bewusste Verstöße sanktionierte. Im Übrigen fordert § 134 BGB kein subjektives Element,[296] da die Norm zivilrechtliche Rechtsfolgen regelt und keine Strafe festlegt.[297]

Gleichwohl bleibt der Parteiwille zur Beurteilung der Vertragsnichtigkeit elementar. Wenn die Parteien ausdrücklich vereinbaren, dass die vertraglichen Pflichten erst nach Aufhebung des Embargos erfüllt werden sollen, besteht kein Grund, das Kausalgeschäft mit der Nichtigkeitssanktion zu belegen.

Die Vertragsnichtigkeit darf auch dann nicht eintreten, wenn es sich um einen Vertrag handelt, bei dessen Durchführung zwar gegen ein Embargo verstoßen wurde, sich dies jedoch im Parteiwillen nicht abzeichnete. Dies ist nur dann der Fall, wenn sich weder aus dem ausdrücklichen oder kon-

---

296 BGH, NJW 1991, 2955 mwN; BGH, NJW 1993, 1638, 1640; *Armbrüster*, in: Münchener Kommentar zum BGB, § 134 BGB, Rn. 110; *Canaris*, Gesetzliches Verbot und Rechtsgeschäft, 1983, S. 23.
297 BGH, NJW 1984, 722, 724.

kludenten Vertragsinhalt[298] noch aus den sonstigen Vertragsumständen (beispielsweise ist die zu liefernde Ware ausschließlich im Embargostaat zu beschaffen) eine embargowidrige Vertragsdurchführung abzeichnet und der Vertrag auch ohne Embargoverstoß hätte erfüllt werden können. So liegt es etwa im Sachverhalt des im Jahre 1983 ergangenen BGH-Urteils zur Lieferung koreanischer Textilien: Der Vertrag entbehrte jeglichen Auslandsbezugs. Der Verkäufer entschied sich autonom für einen Bezug der Ware aus Korea. Dann muss jedoch der Käufer die Erfüllung des Vertrages weiterhin verlangen können. Zudem sollen ihm die vertraglichen Schadensersatzansprüche erhalten bleiben. In derartigen Fällen muss der Embargoverstoß zivilrechtlich vielmehr in demjenigen Rechtsverhältnis mit der Nichtigkeitswirkung sanktioniert werden, in dem er tatsächlich eintritt, mithin in dem Rechtsverhältnis des Verkäufers zum ausländischen Hersteller oder Lieferanten.

Es sei klargestellt, dass derartige Fallgestaltungen einzig im Bereich von staatenbezogenen Verbringungsverboten denkbar sind. Im Hinblick auf Personalembargos hingegen gelten diese Ausführungen nicht, weil der Vertrag *nie* ohne Embargoverstoß erfüllt werden kann, wenn Gelder oder wirtschaftliche Ressourcen an eine gelistete Person bereitgestellt werden sollen.

Zudem hat der Embargogesetzgeber das Bereitstellungverbot auch auf Fälle mittelbarer Bereitstellungen erstreckt: Gelder und wirtschaftliche Ressourcen dürfen der gelisteten Person weder direkt noch indirekt über eine Mittelsperson zukommen.[299] Ein Verstoß gegen das mittelbare Bereitstellungsverbot liegt vor, wenn tatsächliche Zugriffsmöglichkeiten des Embargogegners auf die vermittelten Vermögenswerte bestehen.[300] So würde ein inländischer Unternehmer selbst dann gegen das Bereitstellungsverbot aus der Anti-Terror-Verordnung[301] verstoßen, wenn er einem

---

298 Die Abgrenzung nach Leistungspflichten (Vereinbarung einer Holschuld, Bringschuld oder Schickschuld) kann grundsätzlich ein relevantes Kriterium sein. Zu bedenken ist aber, dass an dieser Stelle die Vertragsnichtigkeit in Rede steht und nicht die Festlegung von Leistungspflichten. Selbst wenn im Vertrag eine Holschuld vereinbart wurde, aber sich aus dem sonstigen Vertragsinhalt oder den -umständen ergibt, dass die Ware sodann über die Grenze verbracht werden soll, ist der Vertrag nichtig.

299 Zur Reichweite des mittelbaren Bereitstellungsverbots genauer infra, S. 206 f.

300 EuGH, Urt. vom 11.10.2007, Rs. C-117/06 - Möllendorf, Rn. 50 f. und infra, S. 206 f.

301 Vgl. zum Beispiel Art. 2 Abs. 2, 3 VO (EG) Nr. 881/2002 vom 27. Mai 2002.

nicht auf der Sanktionsliste aufgeführten Unternehmen eine Ware liefern würde und dieses Unternehmen von einem weiteren Unternehmen kontrolliert wird, dessen Anteilseigner gelistet ist.[302] Ist dies der Fall, kann ein Vertrag mit der Mittelsperson nie ohne Embargoverstoß durchgeführt werden, sodass das der Bereitstellung zu Grunde liegende Kausalgeschäft nichtig ist. Beruht die Weitergabe an den Embargogegner hingegen auf einem eigenständigen Entschluss der Mittelsperson und resultiert sie nicht aus den tatsächlichen Zugriffsmöglichkeiten des Embargogegners, fehlt es nach der Rechtsprechung hingegen an einem Verstoß gegen das Bereitstellungsverbot.[303] Dann ist freilich Raum für die Wirksamkeit des Kausalgeschäfts.

Zusammenfassend bleibt festzuhalten, dass die Nichtigkeit von Kausalgeschäften, deren Erfüllungshandlungen verboten sind, anhand zweier Kriterien beurteilt werden sollte, die kumulativ erfüllt sein müssen. Im Gegensatz zum ausfüllungsbedürftigen Begriff des engen Zusammenhangs ermöglichen diese Kriterien, den maßgeblichen Inhalt, nach dem sich die Nichtigkeit der Kausalgeschäfte richten sollte, unmittelbar zu erfassen: Erstens muss der Sinn und Zweck des Verbots eine Nichtigkeit des Kausalgeschäfts erfordern. Bei Embargomaßnahmen ist dies der Fall, weil andernfalls erfolgreich Wirtschaftsbeziehungen begründet werden könnten.[304] Zweitens bedarf es eines Blickes auf den Vertragsinhalt und die sonstigen Vertragsumstände: Ergibt sich aus dem Vertrag weder ausdrücklich noch konkludent, dass der Vertrag unter Verstoß gegen ein Embargo erfüllt wird (die Parteien vereinbaren, dass die vertraglichen Verpflichtungen erst nach Aufhebung des Embargos erfüllt werden sollen) und deuten auch die sonstigen Vertragsumstände (etwa eine Partei erklärt sich gegenüber der anderen bereit, Einfuhrformalitäten zu regeln; die zu liefernde Ware ist so genau definiert, dass sie tatsächlich nur aus dem embargierten Staat bezogen werden kann) nicht darauf hin, ist der Vertrag wirksam.

d) Keine Ausnahme nach § 134 BGB a.E.

§ 134 BGB begründet keinen absoluten, aber doch einen „grundsätzlichen Vorrang der staatlichen Wirtschaftsordnung und -lenkung gegenüber der

---

302 *Hehlmann/Sachs*, EuZW 2012, 527, 529.
303 Infra, S. 206 f.
304 Supra S. 77.

Privatautonomie".[305] Die die Effizienz der staatlichen Eingriffsregelung befördernde Regelfolge des § 134 BGB ist die Nichtigkeit.[306] Nur wenn sich aus dem Verbotsgesetz „ein anderes" ergibt, bleibt sie unausgelöst. Ob sich „ein anderes" ergibt, bemisst sich nach Sinn und Zweck des Verbotsgesetzes.[307] Supra[308] ist deutlich geworden, dass das Rechtsgeschäft nach dem Sinn und Zweck der Embargovorschrift nichtig sein muss. Möglicherweise ist jedoch nur die Rechtsfolge einer teilweisen Nichtigkeit angebracht. § 134 BGB a.E. eröffnet Raum für eine schwebende Unwirksamkeit, wenn diese Rechtsfolge dem Sinn und Zweck des Verbotsgesetzes besser gerecht wird als eine absolute Unwirksamkeit.[309] Ein Embargo ist als reaktives Mittel auf eine akute Krise oder Notsituation grundsätzlich vorübergehender Natur.[310] Die begrenzte Dauer der Sanktionen könnte gegen eine dauerhafte Vertragsnichtigkeit sprechen, weil der Vertrag nach Aufhebung des Embargos durchgeführt werden kann.[311] Die Rechtsfolge der schwebenden Unwirksamkeit unterliefe jedoch das Embargoziel. Den Vertragsparteien gelänge es, sich dem geltenden Embargo durch die langfristig erfolgreiche Begründung von Handelsbeziehungen zu widersetzen. Zwar hat sich soeben gezeigt, dass ein Vertrag, aus dessen Inhalt und Umständen hervorgeht, dass das Rechtsgeschäft erst nach Aufhebung des Embargos durchgeführt werden soll, wirksam ist.[312] Auch hierin liegt die erfolgreiche Begründung einer Handelsbeziehung. Sie ist ausnahmsweise

---

305 *Canaris*, Gesetzliches Verbot und Rechtsgeschäft, 1983, S. 19. BGH, NJW 1974, 1374, 1377; BGH, NJW 1966, 1265, 1266; *Köhler*, JZ 2010, 767 (768); *Medicus*, Allgemeiner Teil des BGB, 9. Aufl. (2010), Rn. 646.; *Westphal*, Zivilrechtliche Vertragsnichtigkeit wegen Verstoßes gegen gewerberechtliche Verbotsgesetze, 1985, S. 75 ff.

306 *Canaris*, Gesetzliches Verbot und Rechtsgeschäft, 1983, S. 18.

307 BGH, NJW 2011, 373, 374; BGH, NJW 1992, 2557, 2558; BGH, NJW 1984, 1175 mwN; BGH, NJW 1981, 399; *Armbrüster*, in: Münchener Kommentar zum BGB, § 134 BGB, Rn. 103; *Medicus*, Allgemeiner Teil des BGB, 9. Aufl. 2010, Rn. 646.

308 Supra S. 77.

309 *Sack/Seibl*, in: *Staudinger* (Hrsg.), J. von Staudingers Kommentar zum Bürgerlichen Gesetzbuch mit Einführungsgesetz und Nebengesetzen, § 134 BGB, Rn. 87, 103 ff.

310 *Neumann*, Internationale Handelsembargos und privatrechtliche Verträge, 2001, S. 238.

311 *Reuter*, Außenwirtschafts- und Exportkontrollrecht Deutschland - Europäische Union, 1995, Rn. 758.

312 Supra, S. 83.

zulässig, weil die Parteien das Embargo ausdrücklich respektieren. Hingegen darf solchen Parteien, die einen Vertrag mit dem Ziel der embargowidrigen Durchführung schließen, der Abschluss eines wirksamen Vertrags nicht gelingen. Der Verstoß gegen das Embargoverbot würde letztlich mit einem wirksamen Vertrag belohnt. Wirtschaftliches und symbolisches Embargoziel verlangen eine absolute Nichtigkeit des Kausalgeschäfts.

Eine Parallele zu § 15 Abs. 1 S. 1, 2 AWG[313] lässt sich im Übrigen nicht ziehen. Die in der Norm angeordnete schwebende Unwirksamkeit trägt der möglichen Genehmigungsfähigkeit der Aus-, Einfuhr- oder Bereitstellungshandlung Rechnung. Während bei den nach § 15 Abs. 1 AWG zu beurteilenden, präventiven Verboten mit Erlaubnisvorbehalt die Erlaubnis erteilt werden könnte und der Embargoverstoß dann ausbliebe, ist er bei den nach § 134 BGB zu beurteilenden, *absoluten* Embargoverboten gewiss.

e) Fazit

Selbst wenn der Embargogesetzgeber nicht den Abschluss eines embargowidrigen Vertrages, sondern nur die Vornahme der Erfüllungshandlung explizit verboten wird, ist es vor dem Hintergrund des Sinn und Zweck der Embargoverbote zwingend, das Kausalgeschäft mit der Nichtigkeitssanktion zu belegen.

Diese Konsequenz trifft die Vertragsparteien nicht mit unbilliger Härte. Ihr Interesse an einem Vertrag, der ohnehin nicht durchgeführt werden darf, kann kein erhebliches sein. Es erschöpft sich in zweierlei Aspekten: Erstens könnten durch eine Vertragswirksamkeit vertragliche Schadensersatzansprüche bewahrt werden. Es wird sich jedoch zeigen, dass diese Ansprüche wegen des grundsätzlich fehlenden Verschuldens für eine Embargomaßnahme selten sind.[314] Im Übrigen sind die Vertragsparteien durch

---

313 § 15 Abs. 1 AWG: „Ein Rechtsgeschäft, das ohne die erforderliche Genehmigung vorgenommen wird, ist unwirksam. Es wird vom Zeitpunkt seiner Vornahme an wirksam, wenn es nachträglich genehmigt wird oder das Genehmigungserfordernis nachträglich entfällt. […]"den genehmigungspflichtigen Geschäften ausführlich infra, S. 89 ff.
314 Infra insbesondere S. 174 ff.

die vorvertraglichen Schadensersatzansprüche hinreichend abgesichert.[315] Zweitens können die Parteien bestrebt sein, Transaktionskosten im Zusammenhang mit einem erneuten Vertragsschluss zu vermeiden. Vielfach besteht jedoch kein Interesse der Parteien, am Vertrag nach Aufhebung des Embargos unverändert festzuhalten. Staatenembargos greifen häufig in die Wirtschaftsstruktur des Zielstaates ein und führen dadurch zu grundlegenden Veränderungen im Wirtschaftsgefüge.[316] Neuverhandlungen sind ohnehin unentbehrlich. Zahlreich wird auch der Fall sein, dass eine Partei am Vertragsschluss jedes Interesse verloren hat, weil sie die Embargoware inzwischen anderweitig beschafft hat. Die Vertragswirksamkeit entspricht vielfach also nicht dem Parteiinteresse.

3. Dingliche Einigung

Nicht nur der schuldrechtliche Vertrag, sondern auch die trotz eines bestehenden Embargos erzielte dingliche Einigung könnte mit der zivilrechtlichen Nichtigkeit zu sanktionieren sein. Dabei sei noch einmal klargestellt, dass das Verbot der tatsächlichen Erfüllungshandlung nicht als unmittelbares Verbot des dinglichen Geschäfts zu verstehen ist.[317] Es verbietet die tatsächliche Verbringung der Ware über die Grenze beziehungsweise die tatsächliche Bereitstellung von Vermögenswerten, unabhängig davon, ob dadurch ein Eigentumserwerb eintritt. Das Verbot knüpft an eine tatsächliche Handlung, nicht an einen rechtlichen Erfolg an.

Wie supra gesehen, würde die Durchführung der schuldrechtlichen Verpflichtung zu einem Embargoverstoß führen.[318] Deswegen muss der schuldrechtliche Vertrag, selbst wenn nur die Erfüllungshandlung verboten ist, mit der Rechtsfolge der Nichtigkeit belegt werden. Im Wege eines Erst-recht-Schlusses ergibt sich sodann die Nichtigkeit der dinglichen Einigung, die unmittelbar auf die Durchführung der tatsächlichen Erfül-

---

315 Infra S. 104 ff.
316 Dazu im Rahmen des § 313 BGB, infra S. 160 ff.
317 *Neumann*, Internationale Handelsembargos und privatrechtliche Verträge, 2001, S. 222.
     Siehe bereits supra S. 66.
318 Supra S. 77 ff.

lungshandlung gerichtet ist und sogar das Eigentum übertragen will.[319] Dies gilt sowohl für Staaten-, als auch für Personalembargos.

Es stellt sich jedoch die Frage, ob nur die Einigung über die Übereignung der Sache oder auch die Einigung über die Übereignung der vertraglich geschuldeten Gegenleistung nichtig ist. Bei Staatenembargos ergreift § 134 BGB lediglich die dingliche Einigung über die Eigentumsübertragung des Embargogegenstands, denn das Verbot bezieht sich bei Ein- und Ausfuhrverboten ausschließlich auf die Warenverbringung, nicht auf die Gegenleistung.[320] Ein dadurch entstehender einseitiger Vermögensfluss muss durch ausdrückliche Verbote verhindert werden.[321] Letztlich ist der Empfänger aufgrund der Vertragsnichtigkeit jedoch ohnehin einem bereicherungsrechtlichen Rückforderungsanspruch ausgesetzt.[322]

Anders gestaltet sich die Rechtslage, wenn eine mit einem Personalembargo belegte Person zur Gegenleistung verpflichtet ist. Im Rahmen von Personalembargos wird das Vermögen der gelisteten Person eingefroren: „Sämtliche Gelder und wirtschaftlichen Ressourcen, die Eigentum oder Besitz von in Anhang I aufgeführten natürlichen Personen oder mit diesen in Verbindung stehenden natürlichen oder juristischen Personen, Einrichtungen oder Organisationen sind oder von diesen gehalten oder kontrolliert werden, werden eingefroren."[323] Die Verordnung selbst entfaltet eine unmittelbare Verbotswirkung für den Gelisteten, seine Vermögenswerte zu verwenden.[324] Dass von der nach Art. 288 Abs. 2 AEUV unmittelbar

---

319 BGH, JZ 1961, 227, Rn. 13; vgl. auch *Metschkoll*, Eingriffe in Außenhandelsverträge, 1992, S. 100.

320 *Metschkoll*, Eingriffe in Außenhandelsverträge, 1992, S. 101.

321 So etwa in VO (EWG) Nr. 3541/92 vom 7. Dezember 1992 zum Verbot der Erfüllung irakischer Ansprüche. Zu den Erfüllungsverboten ausführlich im Rahmen der Kompensationsansprüche infra S. 113 ff.

322 Hierzu genauer infra S. 98 ff.

323 Art. 2 Abs. 1 VO (EU) Nr. 269/2014 vom 17. März 2014 gegen Russland stellvertretend für die in den anderen Verordnungen identisch formulierten Einfrierungsanordnungen.

324 *Dahme*, Terrorismusbekämpfung durch Wirtschaftssanktionen, 2007, S. 111. Siehe zum Begriff des Einfrierens auch infra, S. 131. Vgl. auch die Definition des Einfrierens, beispielhaft in Art. 1 lit. e), f) der VO (EU) Nr. 269/2014: „Für die Zwecke dieser Verordnung gelten folgende Begriffsbestimmungen: [...] e) „Einfrieren von wirtschaftlichen Ressourcen" die Verhinderung der Verwendung von wirtschaftlichen Ressourcen für den Erwerb von Geldern, Waren oder Dienstleistungen, die auch den Verkauf, das Vermieten oder das Verpfänden dieser Ressourcen einschließt, sich aber nicht darauf beschränkt; f) „Einfrieren von

wirkenden EU-Verordnung eine Sperrwirkung ausgeht und nicht erst ein zusätzlicher Hoheitsakt die Einfrierung auslöst, zeigt deutlich der Wortlaut „werden eingefroren".[325] Dies hat aber auch zur Folge, dass die Gelder und Wirtschaftsressourcen selbst dann eingefroren sind, wenn die gelistete Person darauf tatsächlich noch Zugriff hat. Die dingliche Einigung über eingefrorene Gelder oder wirtschaftliche Ressourcen ist dann jedoch wegen des Verstoßes gegen das Verbot der Verwendung der Vermögenswerte nichtig.[326]

4. Fazit

Schuldrechtliche und dingliche Verträge, die einer bestehenden Embargovorschrift zuwider laufen, sind nach § 134 BGB nichtig. Dies gilt sowohl dann, wenn das Embargo das Verbot eines Rechtsgeschäfts normiert, als auch dann, wenn es lediglich die tatsächliche Erfüllungshandlung mit einem Verbot belegt. Die zivilrechtliche Sanktion der Vertragsnichtigkeit stellt sicher, dass die erfolgreiche Begründung von Wirtschaftsbeziehungen verhindert wird.

Raum für eine Vertragswirksamkeit bleibt lediglich dann, wenn Vertragsinhalt und -umstände erkennen lassen, dass die Vertragsdurchführung ohne Embargoverstoß möglich ist. Die Nichtigkeitssanktion ist eine absolute. Sinn und Zweck des Embargos lassen nicht zu, dass sich die Parteien mit Hilfe einer schwebenden Unwirksamkeit einem bestehenden Embargo durch die pro futuro erfolgreiche Begründung von Handelsbeziehungen widersetzen.

Damit unterscheiden sie sich von der im Folgenden zu untersuchenden Fallgruppe solcher Embargovorschriften, die keine absoluten Verbote, sondern Genehmigungsbedürfnisse anordnen. Die Nichtigkeitsprüfung könnte von den hier getroffenen Feststellungen abweichen: Ein Vertrag

---

Geldern" die Verhinderung jeglicher Form der Bewegung, des Transfers, der Veränderung und der Verwendung von Geldern sowie des Zugangs zu ihnen oder ihres Einsatzes, wodurch das Volumen, die Höhe, die Belegenheit, das Eigentum, der Besitz, die Eigenschaften oder die Zweckbestimmung der Gelder verändert oder sonstige Veränderungen bewirkt werden, die eine Nutzung der Gelder einschließlich der Vermögensverwaltung ermöglichen [...].“

325 *Bartmann*, Terrorlisten, 2011, S. 79 und *Dahme*, Terrorismusbekämpfung durch Wirtschaftssanktionen, 2007, S. 110 im Gegensatz zu „sind einzufrieren".

326 *Schmucker*, DNotZ 2008 2008, 688 (697).

könnte wirksam sein, auch wenn er ohne Genehmigung abgeschlossen wird, weil diese in Zukunft noch eingeholt werden kann.

II. Genehmigungsbedürfnisse und ihre Auswirkungen auf die Wirksamkeit des Vertrags

Die Differenzierung zwischen Rechtsgeschäft und Erfüllungshandlung durchzieht auch Embargomaßnahmen, die kein Verbot, sondern Genehmigungsbedürfnisse anordnen. Im Folgenden soll geklärt werden, inwieweit sie den schuldrechtlichen und dinglichen Vertrag mit der Nichtigkeit sanktionieren. Zuvor wird gezeigt, wie Genehmigungsbedürfnisse im embargobeeinflussten Rechtsverkehr im Gegensatz zu Verboten wirken.

1. Grundlagen

In nahezu jeder Sanktionsmaßnahme hat der Embargogesetzgeber den Teilnehmern des Außenwirtschaftsverkehrs neben *absoluten* Verboten zugleich präventive Verbote mit *Erlaubnisvorbehalt,*[327] mithin die Genehmigungsbedürftigkeit von Rechtsgeschäften oder Handlungen auferlegt. Während der Genehmigungsvorbehalt als solcher in der EU-Embargoverordnung angeordnet ist, obliegt die Durchführung des mit der Genehmigungsbedürftigkeit einhergehenden Verwaltungsverfahrens regelmäßig den EU-Mitgliedsstaaten.[328] Die zentralen Vorschriften, die die Genehmigungserteilung regeln, entstammen daher dem autonomen nationalen Außenwirtschaftsrecht. Sie sind in §§ 8, 15 AWG zu finden. § 8 AWG[329]

---

327 *Beutel*, in: *Wolffgang/Simonsen* (Hrsg.), AWR-Kommentar, § 2 AWG, Rn. 6. Eine Erlaubnis mit Verbotsvorbehalt findet sich jedoch eine Ebene höher gelagert, in § 1 Abs. 2 AWG, der von der grundsätzlichen Freiheit des Außenhandelsverkehrs ausgeht, *Fürstenwerth*, Ermessensentscheidungen im Außenwirtschaftsrecht, 1985, S. 159. Zu präventiven Verboten mit Erlaubnisvorbehalt grundlegend *Maurer*, Allgemeines Verwaltungsrecht, 18. Aufl. (2011), Nr. § 9 Rn. 51 ff.

328 *Friedrich*, in: *Berwald/Maurer/Görtz u. a.* (Hrsg.), Außenwirtschaftsrecht, § 2 AWG, Rn. 3, 5.

329 § 8 Abs. 1, 2 AWG: „(1) Bedürfen Rechtsgeschäfte oder Handlungen nach einer Vorschrift dieses Gesetzes oder einer Rechtsverordnung auf Grund dieses Gesetzes einer Genehmigung, so ist die Genehmigung zu erteilen, wenn zu erwarten ist, dass die Vornahme des Rechtsgeschäfts oder der Handlung den Zweck der Vorschrift nicht oder nur unwesentlich gefährdet. In anderen Fällen kann die Ge-

normiert, unter welchen Voraussetzungen eine Genehmigung erteilt werden muss beziehungsweise kann. Der unbestimmte Rechtsbegriff der „wesentlichen Gefährdung" vermittelt der Behörde dabei auf der Tatbestandsseite einen Beurteilungsspielraum.[330] § 8 Abs. 1 S. 2 AWG räumt ihr einen Ermessensspielraum ein: Eine Genehmigung kann erteilt werden, wenn das volkswirtschaftliche Interesse an der Genehmigungserteilung den Beschränkungszweck überwiegt.[331] § 15 Abs. 1 AWG[332] regelt die zivilrechtlichen Folgen einer fehlenden Genehmigung. Wird ein genehmigungslos vorgenommenes und damit schwebend unwirksames Rechtsgeschäft[333] nachträglich genehmigt, erstarkt es zur Wirksamkeit. Nur bei endgültiger Versagung der Genehmigung tritt die absolute Unwirksamkeit ein.[334]

---

nehmigung erteilt werden, wenn das volkswirtschaftliche Interesse an der Vornahme des Rechtsgeschäfts oder der Handlung die damit verbundene Beeinträchtigung des in der Ermächtigung angegebenen Zwecks überwiegt.

(2) Die Erteilung der Genehmigung kann von sachlichen und persönlichen Voraussetzungen, insbesondere der Zuverlässigkeit des Antragstellers, abhängig gemacht werden. Dasselbe gilt bei der Erteilung von Bescheinigungen des Bundesamtes für Wirtschaft und Ausfuhrkontrolle (BAFA), dass eine Ausfuhr keiner Genehmigung bedarf."

330 *Friedrich*, in: *Berwald/Maurer/Görtz u. a.* (Hrsg.), Außenwirtschaftsrecht, § 3 AWG, Rn. 10. Zur Entscheidungsprärogative der Genehmigungsbehörde, *Simonsen*, in: *Ehlers/Wolffgang/Lechleitner* (Hrsg.), Risikomanagement im Exportkontrollrecht, 2004, S. 77 ff.

331 *Friedrich*, in: *Berwald/Maurer/Görtz u. a.* (Hrsg.), Außenwirtschaftsrecht, § 3 AWG, Rn. 14.

332 „Ein Rechtsgeschäft, das ohne die erforderliche Genehmigung vorgenommen wird, ist unwirksam. Es wird vom Zeitpunkt seiner Vornahme an wirksam, wenn es nachträglich genehmigt wird oder das Genehmigungserfordernis nachträglich entfällt. Durch die Rückwirkung werden Rechte Dritter, die vor der Genehmigung an dem Gegenstand des Rechtsgeschäfts begründet worden sind, nicht berührt."

333 *Friedrich*, in: *Berwald/Maurer/Görtz u. a.* (Hrsg.), Außenwirtschaftsrecht, § 31 AWG, Rn. 7.

334 *Mankowski*, in: *Wolffgang/Simonsen* (Hrsg.), AWR-Kommentar, § 31 AWG, Rn. 28 ff.

2. Schuldrechtlicher Vertrag

a) Genehmigungsbedürftigkeit des Rechtsgeschäfts

Da Personalembargos durch das an die tatsächliche Erfüllungshandlung anknüpfende Bereitstellungsverbot dominiert werden, ist die Genehmigungsbedürftigkeit von Rechtsgeschäften vor allem in Staatenembargos vorzufinden.[335] Hier sei beispielhaft § 76 AWVO herausgegriffen, der unter anderem Ausnahmen von Verkaufsverboten für in Teil I Abschnitt A der Ausfuhrliste erfasste Güter normiert.[336] Ihr Verkauf kann unter den Voraussetzungen des § 76 Abs. 1 AWVO genehmigt werden, etwa wenn nichtletale militärische Güter für ausschließlich humanitäre Zwecke oder Schutzzwecke in Rede stehen.[337]

§ 15 AWG bezieht sich ausdrücklich auf genehmigungsbedürftige Rechtsgeschäfte.[338] Er ordnet die grundsätzliche Nichtigkeit eines ohne Genehmigung vorgenommenen Rechtsgeschäfts an, wobei es durch nachträgliche Genehmigung ex tunc oder bei Entfall des Genehmigungserfordernisses wirksam werden kann.

---

335 Von ebenfalls großer Relevanz ist die Genehmigungsbedürftigkeit im Bereich der Exportkontrolle außerhalb bestimmter Embargosanktionen vgl. etwa §§ 8-11 AWVO für die Ausfuhr und Verbringung von Waffen, Munition und Rüstungsmaterial aus dem Inland; §§ 46 und 47 AWVO für Handels- und Vermittlungsgeschäfte unter anderem für anderem Waffengeschäfte; §§ 49-52 AWVO für technische Unterstützung unter anderem im Zusammenhang mit chemischen oder biologischen Waffen oder Kernwaffen oder im Zusammenhang mit einer militärischen Endverwendung.

336 *Friedrich*, in: *Berwald/Maurer/Görtz u. a.* (Hrsg.), Außenwirtschaftsrecht, § 69 g AWG, Rn. 11. Seit der Außenwirtschaftsnovelle 2013 werden keine Einzelregelungen mehr für jedes embargierte Land getroffen, §§ 69 a ff. a.F. §§ 74 ff. AWVO knüpfen nun primär an die verbotenen Güter an.

337 § 76 Abs. 1 AWVO: „Abweichend von § 74 Absatz 1 und § 75 können der Verkauf [...] unter den Voraussetzungen der Absätze 2 bis 17 genehmigt werden."

338 Dazu, dass sich diese Rechtsfolge bei Nichteingreifen einer Spezialnorm auch aus § 134 BGB ergeben kann siehe nur BAG, NZA 2000, 1006, 1007 und *Metschkoll*, Eingriffe in Außenhandelsverträge, 1992, S. 232 ff. mwN. *Sack/Seibl*, in: *Staudinger* (Hrsg.), J. von Staudingers Kommentar zum Bürgerlichen Gesetzbuch mit Einführungsgesetz und Nebengesetzen, § 134 BGB, Rn. 168 und *Armbrüster*, in: Münchener Kommentar zum BGB, § 134 BGB, Rn. 7 hingegen wollen die Nichtigkeitsfolge aus dem Wesen der Genehmigungsbedürftigkeit selbst ableiten.

b) Genehmigungsbedürftigkeit der Erfüllungshandlung

Wie bei den Verbotstatbeständen, die sich wie gesehen zumeist auf die Vornahme der tatsächlichen Erfüllungshandlungen beziehen, macht der Embargogesetzgeber auch bei der Anordnung einer Genehmigungsbedürftigkeit häufig die Erfüllungshandlung zum Anknüpfungspunkt der gesetzlichen Sanktion.

So bestimmt beispielsweise Art. 3 der VO (EU) Nr. 267/2012 gegen den Iran: „Die in Anhang III aufgeführten Güter und Technologien mit oder ohne Ursprung in der Union dürfen nur mit vorheriger Genehmigung unmittelbar oder mittelbar an iranische Personen, Organisationen oder Einrichtungen oder zur Verwendung in Iran [...] geliefert, weitergegeben oder ausgeführt werden." Auch im Rahmen von Personalembargos ist die Genehmigungsbedürftigkeit ein beliebtes und extensiv verwendetes Mittel, um Ausnahmen von Vermögenseinfrierungen und Bereitstellungsverboten zuzulassen. So enthält etwa Art. 5 Abs. 2 Nr. 3 der VO (EG) Nr. 2580/2001 der Anti-Terror-Verordnung vom 27. Dezember 2001 ein Genehmigungserfordernis für die Bereitstellung von Geldern oder wirtschaftlichen Ressourcen durch eine dritte Person, die auf einen vor Embargoerlass begründeten Altvertrag leistet. Typisch für Personalembargos ist auch das Genehmigungsbedürfnis für Grundausgaben, welches beispielsweise in Art. 5 Abs. 2 Nr. 1, Nr. 2 lit. a), b) derselben Verordnung zu finden ist: Ausgaben der embargierten Person, die der Deckung des Grundbedarfs, der Zahlung von Steuern und Gebühren sowie Kontoführungsgebühren an ein Finanzinstitut dienen, bedürfen der Genehmigung.[339]

Im Zusammenhang mit verbotenen Erfüllungshandlungen stellte sich supra die Frage, ob auch solche Rechtsgeschäfte nach § 134 BGB nichtig sind, die zwar in den Embargomaßnahmen nicht selbst mit einem Verbot belegt werden, aber zur Vornahme einer verbotenen Handlung verpflichten. Es ist zu untersuchen, ob § 15 AWG die Nichtigkeit solcher schuldrechtlichen Verträge bewirkt, die eine Verpflichtung zur Vornahme der genehmigungsbedürftigen Erfüllungshandlung enthalten. Aufgrund der Identität des beiden Fragestellungen zu Grunde liegenden Kernproblems ist die Nichtigkeit des schuldrechtlichen Kausalgeschäfts auch an dieser

---

339 Vgl. auch den sehr ähnlichen Art. 5 Var. 2 der VO (EU) Nr. 269/2014 vom 17. März 2014 angesichts der Lage in der Ukraine sowie Art. 4 VO (EU) Nr. 101/2011 vom 4. Februar 2011 über restriktive Maßnahmen gegen bestimmte Personen, Organisationen und Einrichtungen angesichts der Lage in Tunesien.

Stelle nach Sinn und Zweck der Embargobeschränkung unter Würdigung des Vertragsinhalts und der sonstigen Vertragsumstände zu beurteilen.[340]

aa) Sinn und Zweck des Genehmigungsbedürfnisses

Die Genehmigung als privatrechtsgestaltender Verwaltungsakt[341] verdeutlicht das Spannungsverhältnis zwischen dem Kontrollbedürfnis des Staates und dem Autonomiestreben der Wirtschaft.[342] Der Gesetzgeber „[...] versucht damit, die Wirtschaft nicht durch starre, ein für allemal gültige Bestimmungen zu bändigen, sondern sie an leichten Zügeln, die je nach Bedarf lockerer oder straffer gehalten werden, zu führen."[343] Die Genehmigungsbehörde soll im Einzelfall prüfen, ob die Vornahme der Erfüllungshandlung den Embargozweck gefährden würde, § 8 Abs. 1 S. 1 AWG. Um den Sinn und Zweck des Genehmigungsbedürfnisses in Embargofällen zu erfassen, soll folgendes Beispiel gebildet werden:[344] Ein deutsches Unternehmen schließt mit einem in Russland niedergelassenen Unternehmen einen Vertrag über die Lieferung von Rohren zur Erdölförderung. Ein Embargo sieht vor, dass zur Ausfuhr der Ware nach Russland eine Ausfuhrgenehmigung durch das Bundesamt für Wirtschafts- und Ausfuhrkontrolle (BAFA) erteilt worden sein muss. Zum Zeitpunkt des Abschlusses des Rechtsgeschäfts haben die Vertragsparteien diese noch nicht beantragt. Der deutsche Unternehmer holte die Genehmigung jedoch vor der Ausfuhr ein, sodass die Rohre nach Russland geliefert werden können.

Der Beispielsfall verdeutlicht, dass Unterschiede zum Fall der die Nichtigkeit auslösenden, verbotenen Erfüllungshandlungen bestehen. *Verbietet das Embargo die Erfüllungshandlung, verpflichtet das schuldrechtliche Kausalgeschäft notwendigerweise zu einem Verstoß.*[345] Handelsbeziehun-

---

340 Zumal die supra analysierte Rechtsprechung zum Teil explizit genehmigungsbedürftige Rechtsgeschäfte zum Gegenstand hatte, S. 73.

341 *Bayreuther*, in: Münchener Kommentar zum BGB, Vorbemerkung §§ 182-185 BGB, Rn. 17.

342 *Bogdandy*, Verwaltungsarchiv 1992, 53 (54).

343 *Lange*, Archiv für die civilistische Praxis 1952/1953, 241 (241).

344 Vgl. zu einem solchen Embargo Art. 3 Abs. 1, 3, Anhang II VO (EU) Nr. 833/2014 vom 21. Juli 2014 über restriktive Maßnahmen angesichts der Handlungen Russlands, die die Lage in der Ukraine destabilisieren.

345 Sofern nicht dem Vertrag entnommen werden kann, dass eine Erfüllung erst nach Aufhebung des Embargos stattfinden soll, supra S. 83.

gen würden dann entgegen dem Embargo begründet. Während bei einem Verbot sicher ist, dass die Durchführung des Kausalgeschäfts zu einem Embargoverstoß führt, muss bei Genehmigungsbedürfnissen zusätzlich die Genehmigungserteilung ausbleiben, damit ein Verstoß eintritt. Die Parteien können die Genehmigung nach Abschluss des Kausalgeschäfts beantragen. Steht ein Embargoverstoß nicht fest, werden auch keine Handelsbeziehungen entgegen dem Embargo erfolgreich begründet. Folglich verlangen Sinn und Zweck des Embargos keine Nichtigkeit des Rechtsgeschäfts.

Selbst wenn die Genehmigung nicht erteilt wird, beispielsweise weil das deutsche Unternehmen nicht alle zur Bescheidung erforderlichen Dokumente beibringt, verpflichtet das Kausalgeschäft nicht notwendigerweise zu einem Verstoß. Zum Zeitpunkt des Abschlusses des Rechtsgeschäfts ist nicht ersichtlich, dass der deutsche Unternehmer nicht alle notwendigen Unterlagen bei der Behörde vorlegen wird.

Der Embargogesetzgeber normiert keine Pflicht, dass die Genehmigung bereits zum Zeitpunkt des Abschlusses des Kausalgeschäfts vorliegen muss. Die Parteien bewegen sich im Rahmen des gesetzlich Zulässigen, wenn sie eine Partei nicht vorvertraglich, sondern erst im schuldrechtlichen Hauptvertrag zur Einholung der Genehmigung verpflichten. Die Einholung einer Genehmigung zur Durchführung eines Rechtsgeschäfts, zu dem sich die Parteien nicht einmal verpflichtet haben, ist wenig sinnvoll.

Der genaue Zeitpunkt der Genehmigungserteilung ist für die Vertragsparteien zudem nicht exakt vorhersehbar, da sich das außenwirtschaftliche Genehmigungsverfahren als aufwendig und langwierig erweisen kann.[346] Es ist zu weitgehend, das Rechtsgeschäft vor diesem Hintergrund einer absoluten oder schwebenden[347] Unwirksamkeit auszusetzen und die vertraglichen Verpflichtungen damit vollständig abzuschneiden.[348] Vielmehr trägt das Risiko der Nichterteilung der Genehmigung die für deren Einholung zuständige Vertragspartei,[349] ohne dass das Rechtsgeschäft selbst mit

---

346 *Landry*, Festschrift für Friedrich Graf von Westphalen 2011, S. 458.
347 A.A. *Metschkoll*, Eingriffe in Außenhandelsverträge, 1992, S. 234 ff., der für die Anwendung des § 134 BGB mit der Rechtsfolge der schwebenden Unwirksamkeit plädiert.
348 Ähnlich *Friedrich*, in: *Berwald/Maurer/Görtz u. a.* (Hrsg.), Außenwirtschaftsrecht, § 3 AWG, Rn. 14.
349 Sie ist beispielsweise Sekundäransprüchen wegen Verzugsschäden der anderen Partei ausgesetzt, dazu infra S. 183 ff.

der Nichtigkeitsfolge sanktioniert werden muss.[350] So kann der in Russland ansässige Vertragspartner von dem deutschen Unternehmer, der sich vertraglich zur Einholung der Genehmigung verpflichtet hat, weiterhin die Vorlage der fehlenden Dokumente verlangen und einklagen. Kommt er dem nicht nach, stehen ihm vertragliche Schadensersatzansprüche zu.

Nach dem Sinn und Zweck von Embargomaßnahmen ist eine Vertragsnichtigkeit in Fällen genehmigungsbedürftiger Erfüllungshandlungen daher grundsätzlich abzulehnen.

bb) Vertragsinhalt und Vertragsumstände

Anders hingegen zu beurteilen sind diejenigen Fälle, in denen bereits zum Zeitpunkt des Abschlusses des Kausalgeschäfts feststeht, dass die Durchführung des Vertrags notwendigerweise zu einem Embargoverstoß führen wird. Ist von vornherein ausgeschlossen, dass die Genehmigung erteilt wird, wirkt das Genehmigungsbedürfnis wie ein absolutes Verbot, das das Kausalgeschäft mit der Nichtigkeit sanktionieren muss.

Ein solcher Fall tritt ein, wenn sich aus dem Vertragsinhalt oder den sonstigen Vertragsumständen ergibt, dass die Parteien nicht beabsichtigen, eine Genehmigung einzuholen. Es steht fest, dass die Parteien mit der Durchführung des Kausalgeschäfts einen Embargoverstoß begehen werden. Ein Kausalgeschäft, das zur Durchführung einer verbotenen Handlung verpflichtet, ist unwirksam.[351]

Das Kausalgeschäft ist auch dann nichtig, wenn die Genehmigungsbehörde deutlich gemacht hat, dass keine Genehmigung erteilt wird, etwa weil sich Vertragsparteien in der Vergangenheit als unzuverlässig erwiesen haben. Gleiches gilt, wenn überhaupt kein genehmigungsfähiger Gegenstand vorliegt. Auch dann wirkt das Genehmigungsbedürfnis wie ein absolutes Verbot, gegen welches die Parteien bei der Durchführung des Kausalgeschäfts notwendigerweise verstoßen. Die Vertragsnichtigkeit verhindert, dass dem Embargo zuwiderlaufende Wirtschaftsbeziehungen begründet würden.

---

350 *Friedrich*, in: *Berwald/Maurer/Görtz u. a.* (Hrsg.), Außenwirtschaftsrecht, § 3 AWG, Rn. 15. Im Ergebnis so auch *Neumann*, Internationale Handelsembargos und privatrechtliche Verträge, 2001, S. 258.

351 Im Ergebnis auch *Lange*, Archiv für die civilistische Praxis 1952/1953, 241 (253).

3. Dingliche Einigung

§ 15 Abs. 1 S. 1 AWG ordnet die Nichtigkeitssanktion für genehmigungspflichtige Rechtsgeschäfte an. Ist lediglich die Vornahme der Erfüllungshandlung mit einer Genehmigungspflicht belegt, sind die Kausalgeschäfte wie soeben gesehen grundsätzlich wirksam. Die Norm könnte jedoch die Nichtigkeit des dinglichen Rechtsgeschäfts auslösen, denn die dingliche Einigung ist unmittelbar auf die Durchführung des genehmigungspflichtigen Realakts gerichtet. Die Genehmigung könnte zwar bis zur Vornahme der Erfüllungshandlung eingeholt werden, sodass ein Verstoß gegen die Genehmigungspflicht nicht notwendigerweise eintreten muss. Die Wirksamkeit der dinglichen Einigung liefe jedoch Sinn und Zweck des Embargos zuwider, da somit trotz des bestehenden Embargos rechtlich wirksam Eigentum an den Embargogegner übertragen werden könnte. Embargovorschriften wollen Handelsbeziehungen umfassend austrocknen und sind daher als absolute Verfügungsverbote ausgestaltet: Gemäß der Gesetzesbegründung zu § 29 AWG a.F. – im Kern wortlautidentisch mit § 15 Abs. 1 AWG –, ist „die öffentlich-rechtliche Genehmigung ein außerhalb der privatrechtlichen Verfügungsbefugnis stehendes zusätzliches Erfordernis der Wirksamkeit einer Verfügung".[352] Die ohne Vorliegen einer Genehmigung erfolgte dingliche Einigung über die Vornahme einer genehmigungsbedürftigen Erfüllungshandlung ist daher unwirksam.[353] Eine bis zur Einholung der Genehmigung schwebende Unwirksamkeit gemäß § 15 Abs. 1 S. 2 AWG ist jedoch ausreichend, um dem Embargoziel Rechnung zu tragen.

Bei der Beurteilung der Nichtigkeit sind freilich Inhalte und Umstände des dinglichen Vertrags zu würdigen: Haben die Parteien die dingliche Einigung unter die aufschiebende Bedingung der Genehmigungserteilung gestellt, ist sie wirksam.[354]

---

[352] Begründung der Bundesregierung zum Entwurf des AWG vom 15.10.1959, BT-Drucks. 3/1285, S. 251.

[353] Auch *Lange*, Archiv für die civilistische Praxis 1952/1953, 241 (252 ff., 260) geht davon aus, dass bei der Genehmigungsbedürftigkeit der tatsächlichen Erfüllungshandlung lediglich die Erfüllung des Vertrags von der Nichtigkeit ergriffen wird, die Verpflichtung indes unberührt bleibt.

[354] Im Hinblick auf die Frage, ob sich die Nichtigkeit auch auf die Einigung über die Übereignung der Gegenleistung erstreckt, gelten die supra getroffenen Ausführungen, S. 87.

4. Fazit

Schuldrechtliche und dingliche Verträge, die einem bestehenden Embargo*verbot* zuwider laufen, sind in der Regel nach § 134 BGB nichtig. Dies gilt sowohl, wenn sich das Verbot auf den Abschluss des Rechtsgeschäfts bezieht, als auch dann, wenn es sich gegen die Vornahme der Erfüllungshandlung richtet.

Hingegen ist im Hinblick auf *genehmigungsbedürftige* Verträge ein differenzierteres Ergebnis zu treffen: Genehmigungsbedürftige Rechtsgeschäfte sind nach § 15 Abs. 1 S. 1, 2 AWG (schwebend) unwirksam, wenn sie ohne Genehmigung abgeschlossen wurden. Hingegen sind genehmigungslos abgeschlossene Rechtsgeschäfte bei bloßer Genehmigungsbedürftigkeit der Erfüllungshandlungen grundsätzlich nicht von der Nichtigkeitssanktion betroffen, da sie nicht notwendigerweise zu einem Embargoverstoß verpflichten. Etwas anderes gilt lediglich dann, wenn Vertragsinhalt und Vertragsumstände darauf hindeuten, dass die Erteilung der Genehmigung von vorneherein für die Parteien erkennbar ausgeschlossen ist. Die dingliche Einigung über eine genehmigungsbedürftige Erfüllungshandlung hingegen ist unwirksam. Im Lichte des Embargoziels darf eine rechtlich wirksame Eigentumsübertragung keinesfalls möglich sein.

III. Die Rechtsfolgen der Nichtigkeit

Die obigen Ausführungen haben gezeigt, dass schuldrechtliches und dingliches Rechtsgeschäft in vielen Fällen nichtig sind, wenn die Vertragsparteien es zu einem Zeitpunkt begründen, in dem das Embargo bereits in Kraft getreten ist. Bei vollständig oder teilweise erfülltem Vertrag muss der Leistungsaustausch rückabgewickelt werden. Welche Besonderheiten bei der Rückabwicklung von embargogestörten Verträgen zu beachten sind, wird im Folgenden erläutert.

Die Analyse erfolgt sowohl aus der Perspektive des Sachleistungsgläubigers als auch aus derjenigen des Geldleistungsschuldners, ohne danach zu differenzieren, ob dieser jeweils im Inland oder im Embargostaat ansässig ist. Diese Unterscheidung ist für die erst an späterer Stelle aufzulösende Frage bedeutend, ob bestehende Bereicherungsansprüche trotz eines fortdauernden Embargos erfüllt werden dürfen. Rückabwicklungsansprüche des gelisteten Embargogegners sind für die Dauer der Listung freilich eingefroren.[355]

Weil der Eigentumserwerb wegen der Nichtigkeit der dinglichen Einigung regelmäßig scheitert, kann der Eigentümer das Embargogut nach § 985 BGB herausverlangen. Wird die durch den Erwerber erbrachte Gegenleistung aber wie üblich in Form der Geldüberweisung erbracht, ist diese nicht mit Hilfe des § 985 BGB vindizierbar.[356] Daher sind bereicherungsrechtliche Ansprüche für den Erwerber des Embargoguts von besonderer Bedeutung.

1. Die bereicherungsrechtliche Rückabwicklung von durch Staatenembargos gestörten Vertragsbeziehungen

a) condictio indebiti bei Leistungen auf nichtige Verträge

Dem Abnehmer der Embargoware, der den Kaufpreis bereits gezahlt, die Ware wegen eines Exportverbots jedoch nie erhalten und damit rechtsgrundlos geleistet hat, steht ein Anspruch auf Rücküberweisung der Geldsumme aus der Leistungskondiktion des § 812 Abs. 1 S. 1 Alt. 1 BGB zu. Der Lieferant der Embargoware kann Rückgabe und Rückübereignung des Leistungsgegenstandes verlangen, wenn er die Ware unter Verstoß gegen ein Embargo rechtsgrundlos geliefert[357] hat.

§ 814 Var. 1 BGB bewirkt dabei nur dann eine Kondiktionssperre, wenn die leistende Partei nicht nur das Embargo, sondern auch seine Auswirkungen auf die Leistungsverpflichtung jedenfalls im Wege einer Parallelwertung in der Laiensphäre[358] erfasst hat.

---

355 Art. 2 Abs. 1 lit. a) in Verbindung mit Art. 1 Nr. 2 VO (EG) Nr. 2580/2001 vom 27. Dezember 2001 zur Bekämpfung des Terrorismus. Dazu, dass Ansprüche eingefroren werden können, die bloße Anspruchsbegründung jedoch nicht unter das Bereitstellungsverbot fällt, supra S. 69 ff.

356 Zur Geldwertvindikation *Gursky*, in: *Staudinger* (Hrsg.), J. von Staudingers Kommentar zum Bürgerlichen Gesetzbuch mit Einführungsgesetz und Nebengesetzen, § 985 BGB, Rn. 92 ff. mwN.

357 Die Lieferung wird in diesen Fällen - abgesehen von Grenzschmuggel - insbesondere dadurch möglich, dass sie über einen embargofreien Drittstaat erfolgt. Zu diesem Umgehungsfällen genauer infra, S. 124 ff.

358 *Schwab*, in: Münchener Kommentar zum BGB, § 814 BGB, Rn. 4; *Wendehorst*, in: *Bamberger/Roth* (Hrsg.), BeckOK BGB, § 814 BGB, Rn. 10.

b) condictio ob rem bei Leistungen auf schwebend unwirksame Verträge

Der Fall der Leistung auf einen schwebend unwirksamen Vertrag ist ein Fall der condictio ob rem. Wird trotz fehlender Genehmigung auf einen nach § 15 Abs. 1 S. 1 AWG schwebend unwirksamen Vertrag geleistet, gibt der Leistende zu erkennen, dass er eine Gegenleistung erwartet und damit in der Erwartung der späteren Genehmigungserteilung handelt. Billigt der Empfänger die Leistungserbringung, ist ein „Rechtsgeschäft" mit der Zweckabrede der Heilung des schwebend unwirksamen Vertrags zu Stande gekommen.[359] Dem Leistenden steht dann ein Herausgabeanspruch zu, wenn die Genehmigung tatsächlich nicht erteilt wird. War dem Leistenden bewusst, dass das Geschäft nicht genehmigungsfähig ist, greift die Kondiktionssperre des § 815 BGB, dem wie § 814 BGB der Gedanke zu Grunde liegt, dass dem widersprüchlich und damit treuwidrig Handelnden kein Anspruch zukommen soll.[360]

c) Rückabwicklung und Kondiktionssperre nach § 817 BGB

Jedenfalls bei Eingreifen des § 815 BGB erlangt auch § 817 S. 1 BGB[361] neben der condictio ob rem eine eigenständige Bedeutung.[362] Die Kondiktionssperre des § 815 BGB greift nämlich nicht für die condictio ob turpem vel iniustam causam, weil der Gesetzesverstoß auf Seiten des Empfängers schwerer wiegt als das bloße Bewusstsein des Leistenden über die fehlende Genehmigungserteilung.[363] Mit Blick auf die Leistungskondikti-

---

359 *Schwab*, in: Münchener Kommentar zum BGB, § 812 BGB, Rn. 375.

360 *Schwab*, in: Münchener Kommentar zum BGB, § 815 BGB, Rn. 1.

361 Die herrschende Meinung beschränkt § 817 S. 1 BGB auf Fälle, in denen ein gesetzes- oder sittenwidriger Zweck als Erfolg im Sinne der condictio ob rem vereinbart wurde, *Wendehorst*, in: *Bamberger/Roth* (Hrsg.), BeckOK BGB, § 814 BGB, Rn. 7 mwN. Zur dogmatischen Einordnung der Norm ausführlich *Schwab*, in: Münchener Kommentar zum BGB, § 817 BGB, Rn. 4 ff. Zur Einschlägigkeit des § 817 S. 1 in Embargofällen *Wehlau*, DZWir 1994, 37 (39).

362 *Sprau*, in: *Palandt* (Hrsg.), Bürgerliches Gesetzbuch, § 817 BGB, Rn. 7; *Medicus/Petersen*, Bürgerliches Recht, 22. Aufl. (2009), Rn. 694.

363 *Schwab*, in: Münchener Kommentar zum BGB, § 815 BGB, Rn. 5, obwohl er den § 817 S. 1 BGB als Sondertatbestand der condictio ob rem ansieht; *Medicus/ Petersen*, Bürgerliches Recht, 22. Aufl. (2009), Rn. 694; *Prütting*, in: *Prütting/ Wegen/Weinrich* (Hrsg.), BGB Kommentar, § 817 BGB, Rn. 1.

on erlangt § 817 S. 1 BGB bei Eingreifen des § 814 BGB eine eigenständige Bedeutung.[364]

Der Embargoverstoß als Verstoß gegen ein gesetzliches Verbot verpflichtet den Leistungsempfänger nach § 817 S. 1 BGB grundsätzlich zur Herausgabe des Bereicherungsgegenstands.[365] Nach der Rechtsprechung ist eine Rückforderung nur möglich, wenn der Empfänger den Verstoß kannte oder sich ihm leichtfertig verschlossen hat.[366] Mit der Literatur hingegen sollte auf eine Kenntnis oder ein leichtfertiges Sich-Verschließen im Rahmen des § 817 S. 1 BGB verzichtet werden,[367] da sich das Ziel des § 817 S. 1 BGB in der Wiederherstellung der materiell richtigen Güterzuordnung erschöpft.[368] Die Verbote und Genehmigungsvorbehalte der Embargovorschriften stellen außerhalb der strafrechtlichen Sanktionierung keine subjektiven Anforderungen, sodass für solche auch im Rahmen des § 817 S. 1 BGB kein Raum ist. Wenn der Vertrag wegen des Embargos mit der Nichtigkeit bestraft wird, ohne dass subjektive Hürden zu überschreiten sind, soll dem Empfänger das Erlangte auch bei fehlender Kenntnis über den Verstoß nicht verbleiben und dem Leistungsaustausch zum Erfolg verhelfen.

Der Herausgabe des Empfängers könnte in Embargofällen regelmäßig die Kondiktionssperre des § 817 S. 2 BGB entgegenstehen, sei es im Rahmen des § 817 S. 1 BGB, der condictio ob rem oder condictio indebiti.[369] Sie verfolgt generalpräventive Zwecke, indem sie einen adversen ökonomischen Anreiz setzt, gesetzeswidrige Geschäfte einzugehen, weil die

---

364 Anders *Wendehorst*, in: *Bamberger/Roth* (Hrsg.), BeckOK BGB, § 814 BGB, Rn. 6, die § 817 S. 1 BGB bei Überschneidungen im Anwendungsbereich als speziellere Norm Vorrang vor § 812 Abs. 1 S. 1 Var. 1 BGB gewährt.

365 *Wehlau*, DZWir 1994, 37 (39).

366 BGH, NJW 1992, 310, 311; BGH, NJW 1989, 3217; BGH, NJW 1980, 452; OLG Celle, NJW 1996, 2660 mwN.

367 *Lorenz*, in: *Staudinger* (Hrsg.), J. von Staudingers Kommentar zum Bürgerlichen Gesetzbuch mit Einführungsgesetz und Nebengesetzen, § 817 BGB, Rn. 9; *Prütting*, in: *Prütting/Wegen/Weinrich* (Hrsg.), BGB Kommentar, § 817 BGB, Rn. 6; *Schwab*, in: Münchener Kommentar zum BGB, § 817 BGB, Rn. 67; *Wendehorst*, in: *Bamberger/Roth* (Hrsg.), BeckOK BGB, § 817 BGB, Rn. 9.

368 *Schwab*, in: Münchener Kommentar zum BGB, § 817 BGB, Rn. 68.

369 BGH, NJW 2014, 1805 zur Anwendung des § 817 S. 2 BGB auf einseitige Verstöße des Leistenden; OLG Koblenz, NJW 1999, 2904, 2905; *Lorenz*, LMK 2006, 164413; *Schulze*, in: *Schulze* (Hrsg.), Bürgerliches Gesetzbuch, § 817 BGB, Rn. 6.

Leistung endgültig verloren ist.[370] Eine Rückforderung des Geleisteten kommt nicht in Betracht, „wenn dem Leistenden gleichfalls ein solcher Verstoß zur Last fällt". Auch im Rahmen des § 817 S. 2 BGB hält die Rechtsprechung[371] an ihrer subjektiven Linie fest, was an dieser Stelle mehr zu überzeugen vermag: Im Gegensatz zu § 817 S. 1 BGB dient § 817 S. 2 BGB nämlich nicht zur bloßen Korrektur des Zustands der gesetzlich missbilligten Güterzuordnung, sondern enthält ein sanktionierendes Element, indem die Norm die Herstellung der materiell-rechtlich korrekten Güterzuordnung versagt.[372]

Die Anwendung des § 817 S. 2 BGB auf Embargofälle könnte jedoch zu misslichen Ergebnissen führen. Die Norm bewirkt, dass der Leistungsempfänger für sein gesetzeswidriges Verhalten nicht sanktioniert würde, weil die Leistung bei ihm verbliebe. Damit ist die Frage nach einer teleologischen Reduktion des § 817 S. 2 BGB aufgeworfen.[373] Diese ist in solchen Fällen zu befürworten, in denen der Schutzzweck der Norm, gegen die verstoßen wurde, nur dann erreicht wird, wenn der Leistungsempfänger zur Herausgabe verpflichtet ist.[374] Ist der Leistungsempfänger im Embargostaat ansässig, ist eine teleologische Reduktion zu befürworten. Denn das Embargo will nach seiner Zielsetzung bewirken, dass Handelsbeziehungen vollständig unterbleiben und nicht nach einer Seite hin, jedenfalls nicht auf Seiten des Embargogegners, Erfolg haben sollen, da der gesetzeswidrige Zustand perpetuiert würde.[375] Mit dem Sinn und Zweck des Embargos ist es unvereinbar, den Leistungsgegenstand im Embargostaat zu belassen. Die Anwendung des § 817 S. 2 BGB würde zu einer vollständigen Vereitelung des Embargos führen. Es besteht daher ein Bedürfnis, § 817 S. 2 BGB im Wege der teleologischen Reduktion außer Kraft zu setzen.

---

370 *Schwab*, in: Münchener Kommentar zum BGB, § 817 BGB, Rn. 9.
371 RG JW 1931, 1924; BGH, ZIP 2006, 1101, 1104; BGH, NJW 2000, 1560, 1562 mwN; BGH, NJW-RR 1992, 1110.
372 *Schwab*, in: Münchener Kommentar zum BGB, § 817 BGB, Rn. 68 mwN auf die sich der subjektiven Linie anschließenden Literatur, Fn. 273.
373 BGH, NJW 2014, 1805, 1806 (Schwarzarbeiterfall); BGH NJW 2006, 45, 46 (Schneeballsystem); BAG NJW 1983, 783 (Lehrstellenkauf).
374 *Sprau*, in: *Palandt* (Hrsg.), Bürgerliches Gesetzbuch, § 817 BGB, Rn. 18; *Wendehorst*, in: *Bamberger/Roth* (Hrsg.), BeckOK BGB, § 817 BGB, Rn. 23 mwN.
375 BGH, NStZ 2010, 391; BGH, NJW 2010, 297; *Schwab*, in: Münchener Kommentar zum BGB, § 817 BGB, Rn. 21.

2. Die bereicherungsrechtliche Rückabwicklung von durch Personalembargos gestörten Vertragsbeziehungen

Die Rückforderung infolge von Embargoverstößen gegen Personalembargos gestaltet sich grundsätzlich identisch wie im Falle durch Staatenembargos gestörter Vertragsbeziehungen, sodass im Folgenden lediglich auf einige Besonderheiten eingegangen sei. Besondere Bedeutung kommt § 817 S. 2 BGB zu, da ein Verstoß gegen Personalembargos regelmäßig beiderseitige Gesetzesverstöße hervorruft. Ist die gelistete Person Leistungsempfänger, steht dem Leistenden gegen sie ein Rückforderungsanspruch aus § 817 S. 1 BGB zu, weil sie sich entgegen der Einfrierungsanordnung zur Erbringung von Vermögenswerten oder Wirtschaftsressourcen verpflichtet und damit einen Gesetzesverstoß begeht.[376] Der Leistende verstößt bei Kenntnis der Listung in diesen Fällen jedoch gegen das Bereitstellungsverbot, sodass eine Rückforderung nicht möglich ist und die Gelder oder wirtschaftlichen Ressourcen bei der gelisteten Person verblieben. Dies läuft gerade dem Ziel personenbezogener Embargomaßnahmen zuwider, die Vermögenszuwendung von der nicht gelisteten hin zur gelisteten Person zu unterbinden. Deswegen bedarf es auch an dieser Stelle einer teleologischen Reduktion des § 817 S. 2 BGB.

Tritt die gelistete Person als Leistender auf, verstößt der Leistungsempfänger durch die Erbringung der Gegenleistung zwar gegen das Bereitstellungsverbot. Da der Verstoß jedoch nicht durch die Annahme, sondern durch die Zuwendung der Leistung eintritt, liegt kein Fall des § 817 S. 1 BGB vor, sodass der gelisteten Person keine Rückforderungsansprüche zustehen.

3. Fazit

Die bereicherungsrechtliche Rückabwicklung stellt sicher, dass die embargowidrige Handelsbeziehung letztlich erfolglos bleibt. Dieses Ziel wird durch das Eingreifen der Kondiktionssperre des § 817 S. 2 BGB unterlaufen, sodass diese teleologisch zu reduzieren ist. Auf die Frage nach der Zulässigkeit der Erfüllung dergestalt bestehender Bereicherungsansprüche

---

376 Zur Verbotswirkung der freezing order für die Gelisteten *Dahme*, Terrorismusbekämpfung durch Wirtschaftssanktionen, 2007, S. 111.

während eines andauernden Embargos wird an späterer Stelle einzugehen sein.[377]

IV. Kompensation der embargobedingten Störung

Embargomaßnahmen bergen ein großes Schadenspotenzial in sich:[378] Die Lieferung der benötigten Embargogüter bleibt aus, sodass sie von anderer Stelle und möglicherweise zu höheren Preisen beschafft werden müssen. Typische Embargoschäden sind bedingt durch Verzögerungen oder Ausfälle in der Produktions- und Lieferkette. Aus der Perspektive des Sachleistungsschuldners misslingt der Absatz des Embargogutes, mithin entgehen Gewinne.

Derartige positive Schadensposten, die über das negative Interesse hinausgehen, sind jedoch nicht ersatzfähig, wenn die Parteien den schuldrechtlichen Vertrag geschlossen haben, nachdem das Embargo erlassen wurde und das Kausalgeschäft daher nichtig ist.[379] Sie folgen aus der embargobedingten Nichterfüllung oder verzögerten Erfüllung vertraglicher Pflichten. Die Erfüllung lässt das Embargo nicht zu und sanktioniert den schuldrechtlichen Vertrag deshalb mit der Nichtigkeit. Mangels Bestehens vertraglicher Pflichten kann Schadensersatz daher nur gewährt werden, soweit der Schadensposten nicht auf das Embargo als solches zurückzuführen ist, sondern aus der Verletzung einer Pflicht resultiert, die sich von der Pflicht zur Leistung des Embargogutes unterscheidet. Neben einem deliktsrechtlichen Anspruch wegen vorsätzlicher, sittenwidriger Schädigung ist insbesondere an eine Haftung aus culpa in contrahendo wegen der Verletzung von Aufklärungspflichten zu denken.

Vertragliche Schadensersatzansprüche können freilich bestehen, sofern die nach dem Embargoerlass abgeschlossenen Kausalgeschäfte wirksam sind, etwa wenn die Erfüllungshandlung lediglich genehmigungsbedürftig ist.[380] Diese Fälle werden jedoch nicht an dieser Stelle, sondern gemeinsam mit den Kompensationsansprüchen untersucht, die entstehen, wenn

---

377 Infra, S. 113 ff.
378 *Wehlau*, DZWir 1994, 37 (40).
379 Zu Ansprüchen bei wirksamem Kausalgeschäft infra S. 173 ff.
380 Supra, S. 92 ff.

der schuldrechtliche Vertrag vor Erlass des Embargos geschlossen wurde und daher wirksam ist.[381]

Freilich ist das Bestehen eines Schadensersatzanspruchs in hohem Maße einzelfallabhängig. Im Folgenden sollen jedoch Grundtendenzen für den typischen Embargofall, der sich außerhalb individueller Haftungsvereinbarungen abspielt, aufgezeigt werden.

1. Kompensation durch culpa in contrahendo

Eine Schadenskompensation mit Hilfe der Grundsätze der culpa in contrahendo ist dann möglich, wenn ein Vertragspartner den anderen schuldhaft nicht über ein bestehendes Embargoverbot aufklärt und ihm daraus ein Schaden erwächst. Die Vertragsnichtigkeit führt nur dazu, dass die vertraglichen Primärpflichten ausgeschlossen werden. Die im vorvertraglichen Bereich aus dem gesteigerten sozialen Kontakt resultierenden Schutz- und Rücksichtnahmepflichten (§ 311 Abs. 2 iVm § 241 Abs. 2 BGB) bleiben grundsätzlich weiter bestehen.[382]

a) Staatenbezogene Embargomaßnahmen

aa) Anknüpfungspunkt des Verschuldens

Einigen sich Importeur und Exporteur, wenn auch rechtlich wirkungslos, über den Verkauf und die Lieferung eines Embargogutes, entsteht regelmäßig nach § 311 Abs. 2 BGB ein Schuldverhältnis mit solchen Pflichten, die Schadensersatzansprüche aus § 241 Abs. 2 BGB auszulösen vermögen. Grund der Haftung ist nicht der Verstoß gegen die Embargovorschrift, sondern das Verschulden bei Vertragsverhandlungen.[383] Der Anknüpfungspunkt des Verschuldens liegt in der Verletzung von Aufklärungspflichten.[384]

---

381 Ebenda.
382 *Emmerich*, in: Münchener Kommentar zum BGB, § 311 BGB, Rn. 53.
383 *Neumann*, Internationale Handelsembargos und privatrechtliche Verträge, 2001, S. 265.
384 *Emmerich*, in: Münchener Kommentar zum BGB, § 311 BGB, Rn. 68 ff.; *Gehrlein/Sutschet*, in: *Bamberger/Roth* (Hrsg.), BeckOK BGB, § 311 BGB, Rn. 52 ff.

Kennt eine Partei die der Vertragswirksamkeit entgegenstehenden Vorschriften, hegt sie selbst Zweifel an der Vertragswirksamkeit oder verneint sie bei Nachfrage der anderen Vertragspartei das Entgegenstehen von Hindernissen ohne genaue Kenntnis hierüber, so ist es treuwidrig, die andere Partei glauben zu lassen, der Vertrag sei zweifelsohne wirksam.[385] Haftungsauslösend ist in erster Linie der Fall, bei dem typischerweise eine Informationsasymmetrie zwischen den Parteien zu erkennen ist,[386] mithin ein überlegenes Sachwissen einer Partei besteht. So trifft eine juristische Person des öffentlichen Rechts die Pflicht, den privaten Vertragspartner über bestehende Genehmigungserfordernisse aufzuklären.[387] Ein derartiges strukturelles Ungleichgewicht, wie es zwischen der öffentlichen Hand und ihren Vertragspartnern oder Verbrauchern und Unternehmern besteht, ist zwischen den Vertragsparteien, die im Widerspruch zu einer Embargovorschrift handeln und typischerweise beide Unternehmer sind, nicht grundsätzlich angelegt. Daher muss für Embargofälle geprüft werden, inwieweit einer Partei wegen Aufklärungsbedürftigkeit der anderen Partei eine Aufklärungspflicht zukommt.

bb) Aufklärungspflicht

Nach einigen Stimmen in der Literatur schuldet diejenige Partei Aufklärung, deren Wirtschaftsgebiet das Embargo entstammt.[388] Auch der BGH hat im Hinblick auf eine Änderung der einheimischen Devisengesetzgebung festgestellt, dass ein im Ausland ansässiges Exportunternehmen überfordert wäre, wenn es die Einfuhrbeschränkungen jedes Staates, in

---

auch zur culpa-Haftung wegen Verletzung von Schutzpflichten, Abbruch der Vertragsverhandlungen und der Verhinderung der Wirksamkeit eines Vertrags; *Klingler*, Aufklärungspflichten im Vertragsrecht, 1981, S. 17; *Paefgen*, Haftung für mangelhafte Aufklärung aus culpa in contrahendo, 1999, S. 48 f.

385 *Emmerich*, in: Münchener Kommentar zum BGB, § 311 BGB, Rn. 79; *Fleischer*, Informationsasymmetrie im Vertragsrecht, 2001, Rn. 256 ff.

386 *Emmerich*, in: Münchener Kommentar zum BGB, § 311 BGB, Rn. 79; *Fleischer*, Informationsasymmetrie im Vertragsrecht, 2001, Rn. 455, 456 ff.

387 BGH, NVwZ 2001, 116; BGH, NJW 1999, 3335.

388 *Emmerich*, in: Münchener Kommentar zum BGB, vor § 275 BGB, Rn. 88, 91; *Neumann*, Internationale Handelsembargos und privatrechtliche Verträge, 2001, S. 269.

den es Lieferungen erbringt, detailgenau kennen müsste.[389] Die im Senderstaat ansässige Partei findet aufgrund der größeren Nähe zu den eigenen Rechtsvorschriften sowie durch die Abwesenheit sprachlicher Hemmschwellen leichter Zugang zu den geltenden Beschränkungen des Außenwirtschaftsverkehrs, die durch den eigenen Staat erlassen wurden.

Das bloße „Ob" des Bestehens eines Embargos ist für ein Exportunternehmen grundsätzlich leicht zu erfassen. In ihrer konkreten rechtlichen Ausgestaltung und in ihrem konkreten rechtlichen Umfang[390] sind Embargomaßnahmen jedoch äußerst komplex. Teilweise ist nur unter Hinzuziehung von Experten zu erfassen, ob die zu exportierende Ware einem Embargo unterfällt.[391]

Eine Aufklärungspflicht setzt voraus, dass die Aufklärung nach Treu und Glauben unter Berücksichtigung der Verkehrsanschauung im Einzelfall von der anderen Vertragspartei erwartet werden darf.[392] So hat das OLG München festgestellt, dass eine Haftung wegen Verschuldens bei Vertragsanbahnung nicht ausgelöst wird, wenn „der Importeur [...] den ausländischen Lieferer schuldhaft veranlaßt, im Vertrauen auf die Gültigkeit des Vertrages zu liefern [...], daß der ausländische Lieferer hätte erkennen können und müssen, daß der Durchführung des Vertrages die Notwendigkeit einer devisenrechtlichen Genehmigung im Wege steht."[393]

Eine Aufklärungspflicht ist wegen fehlenden Aufklärungsbedürfnisses dann abzulehnen, wenn von der ausländischen Partei eine Kenntnis der Embargobestimmungen erwartet werden kann, etwa weil sie als Hauptexportpartner in der Vergangenheit regelmäßig Waren gleicher Natur in den Senderstaat exportierte und daher besonders geschäftserfahren[394] ist. So stellt auch der BGH fest, dass eine Kenntnis grundlegender Bestimmungen der Devisenwirtschaft von einem ausländischen Kaufmann im Exportgewerbe erwartet werden kann.[395] Sogar eine Aufklärungspflicht des im Zielstaat ansässigen geschäftserfahrenen Unternehmers bei einem beste-

---

389 BGH, Urt. vom 14.06.1957, VIII ZR 73/56, Rn. 29.
390 Vgl. hierzu nur den Anhang der VO (EU) Nr. 267/2010 vom 23. März 2012 über restriktive Maßnahmen gegen Iran.
391 Siehe infra, Fn. 843.
392 BGH, NJW 2006, 3139, 3142; BGH, NJW 1993, 2107; BGH, NJW 1988, 394; BGH, NJW 1973, 752.
393 OLG München, BB 1955, 205, 206.
394 BGH NJW 1974, 849, 851 negativ gewendet zur Aufklärungspflicht gegenüber geschäftlich Unerfahrenen.
395 BGH, Urteil vom 14.06.1957, VIII ZR 73/56, Rn. 29.

henden Informationsgefälle zwischen ihm und einer wenig erfahrenen Partei im Senderstaat ist nicht ausgeschlossen. Eine Sondersituation besteht ohnehin, wenn der Vertragspartner im Zielstaat keine neutrale Zivilpartei, sondern ein Unternehmen in staatlicher Hand und damit Adressat des Embargos ist, denn als solcher kann er kaum ein Aufklärungsbedürfnis geltend machen.[396]

Zu bedenken ist zudem, dass es auch für die Partei im Senderstaat trotz des grundsätzlich leichteren Zugangs zu den Embargovorschriften ein schwieriges Unterfangen ist zu ermitteln, ob ein Embargogut Vertragsgegenstand ist.

Hat sie selbst weder positive Kenntnis vom Embargo und hegt sie keine Zweifel an der Embargofreiheit, kann die Missachtung von Nachforschungspflichten haftungsauslösend wirken. Der Aufklärungspflicht müsste insoweit eine Nachforschungspflicht vorgeschaltet sein.[397] Den im Senderstaat ansässigen Vertragspartner trifft eine Pflicht zur Einhaltung des Embargos. Um dieser Pflicht nachzukommen, muss er auch prüfen, ob die zu liefernde Ware Embargogut ist.[398] Jedoch besteht diese Pflicht im Verhältnis Unternehmer – Staat und nicht gegenüber der anderen Partei, zu der nach der Zielsetzung des Embargos keine geschäftlichen Beziehungen aufgebaut werden sollen. Gehen beide Parteien davon aus, dass kein Embargo besteht, ist das Scheitern des Vertrags nicht allein der Partei im Senderstaat anzulasten. Andernfalls würde einzig an die Nichtermittlung einer für beide Parteien gleichermaßen wesentlichen Information angeknüpft.

Es besteht mithin *nicht* regelmäßig eine Nachforschungspflicht des im Senderstaat ansässigen Vertragspartners, weil er gesetzlich zur Einhaltung der Embargovorschriften verpflichtet ist. Die Intensität der Nachforschungspflicht lässt sich nur im konkreten Einzelfall bestimmen. Sie hängt insbesondere davon ab, inwieweit dem Vertragspartner selbst Untersuchungsmöglichkeiten zur Verfügung stehen oder er sich auf seinen Vertragspartner verlassen muss.[399] Hat sich dieser zur Einholung einer Exportgenehmigung verpflichtet, reicht seine Nachforschungspflicht freilich weiter als in Fällen, in denen die Pflicht keiner Vertragspartei oder sogar der im Ausland ansässigen Partei wegen deren besonderer Geschäftserfah-

---

396 Zur force majeure-Wirkung von Embargomaßnahmen bei Staatsunternehmen siehe infra S. 150 ff.
397 *Henssler*, Risiko als Vertragsgegenstand, 1994, S. 153.
398 Zur Reichweite dieser Pflicht genauer infra S. 202 ff.
399 BGH, NJW 1999, 3777; BGH, NJW-RR 1999, 173; BGH, NJW 1984, 355.

rung aufgebürdet wurde. Eine Nachforschungspflicht kommt jedenfalls dann auf, wenn die im Senderstaat ansässige Partei selbst Zweifel an der Embargofreiheit hegt oder sich ihnen bewusst verschließt. Auch eine gezielte Nachfrage des Vertragspartners nach der Embargofreiheit darf er bei nicht sicherer Kenntnis nicht ohne weitere Nachforschung bejahen.

cc) Fazit

Die Partei im Senderstaat verletzt keine Aufklärungspflichten im Vorvertragsstadium, wenn sie selbst weder Kenntnis von der Beschränkung noch Zweifel an der Embargofreiheit hatte. Eine Haftung wird mithin zumindest *nicht* regelmäßig dann ausgelöst, wenn ein Aufklärungsbedürfnis der Partei im Zielstaat besteht und die Partei im Senderstaat über Embargovorschriften aus dem eigenen Wirtschaftsgebiet nicht aufklärt. In der Regel kann eine Haftung jedoch bejaht werden, wenn der im Senderstaat Ansässige die andere Partei trotz positiver Kenntnis nicht aufklärte oder über Zweifel an der Embargofreiheit nicht informierte.

Freilich ist im Einzelfall auch eine Haftung der im Zielstaat ansässigen Partei denkbar, wenn diese wegen ihrer Geschäftserfahrenheit über ein überlegenes Sachwissen verfügt und ausnahmsweise ein Aufklärungsbedürfnis der im Senderstaat ansässigen Partei besteht, beispielsweise weil diese üblicherweise nicht im Auslandsverkehr tätig ist und dies für die im Zielstaat ansässige Vertragspartei auch offenbar wurde.

b) Personenbezogene Embargomaßnahmen

Bei Personalembargos liegt das den Vertrag mit der Nichtigkeitsfolge sanktionierende Element in der Listung einer Partei. Im Gegensatz zu einem Staatenembargo stehen die Zivilparteien dem Embargo nicht neutral gegenüber, da es aufgrund des (völker)rechtswidrigen Handelns einer Partei ergeht.[400] Die gelistete Person verletzt im vorvertraglichen Bereich Treuepflichten, wenn sie einen Vertrag unter Verstoß gegen die Einfrierungsanordnung, also ohne ihn erfüllen zu dürfen, abschließt. Sie wird

---

400 Ausführlich zur Verantwortlichkeit des Gelisteten infra, S. 149 ff.

über ihre Listung informiert.[401] Ist sie davon überzeugt, dass die Listung zu Unrecht erfolgte, kann sie dagegen vorgehen.[402]

Der Embargogesetzgeber stellt an die nicht gelistete Partei im Wege des Bereitstellungsverbots die Anforderung, die Listung zu erkennen. Ihr fällt jedoch kein Mitverschulden zur Last, selbst wenn sie bei ordnungsgemäßem Datenscreening[403] die Listung hätte erkennen können. Anknüpfungsmoment der Haftung ist allein die vertragliche Beziehung, das treuwidrige Verhalten des Gelisteten. Die Pflicht, an eine gelistete Person keine Gelder und Wirtschaftsressourcen bereitzustellen, besteht gegenüber dem Staat und dient dem Wohle der Allgemeinheit. Es ist keine Pflicht, die in den vorvertraglichen Pflichtenkanon hineinwirkt.

Auf die Frage, ob die Erfüllung eines Schadensersatzanspruchs durch eine gelistete Person, deren Vermögen eingefroren ist, aussichtsreich ist, soll sogleich eingegangen werden.[404]

c) Ergebnis und Umfang des Ersatzanspruchs

Eine Haftung aus culpa in contrahendo wird ausgelöst, wenn eine Partei ihren vorvertraglichen Aufklärungspflichten über ein bestehendes Staaten-, oder Personalembargo nicht nachgekommen ist. Während bei Personalembargos der gelisteten Person regelmäßig eine Aufklärungspflicht zuzuweisen ist, ist bei Staatenembargos das Bestehen des Anspruchs von den Aufklärungsbedürfnissen des Einzelfalls abhängig.

Der geschädigten Vertragspartei ist der erlittene Vertrauensschaden zu ersetzen.[405] Ein Ersatz des positiven Interesses ist im Rahmen der culpa in contrahendo hingegen nur dann möglich, wenn der Geschädigte beweisen kann, dass bei pflichtgemäßer Aufklärung ein wirksamer oder günstigerer

---

401 *Macke*, UN-Sicherheitsrat und Strafrecht, S. 145 mwN zu der seit Res./SR 1735 (2006) vom 22. Dezember 2006 verbesserten Benachrichtigungspraxis.
402 *Bartmann*, Terrorlisten, 2011, S. 167 ff.; *Macke*, UN-Sicherheitsrat und Strafrecht, S. 147 ff.
403 Zur Zulässigkeit der EDV-basierten Überprüfung von Sanktionslisten infra, S. 233 ff.
404 S. 113 ff.
405 BGH, NJW 2001, 2875, 2876; BGH, NJW 1999, 2032, 2034. Zu den im Einzelnen ersatzfähigen Posten eines Vertrauensschadens siehe *Lange/Schiemann*, Handbuch des Schuldrechts, S. 64 f.

Vertrag zu Stande gekommen wäre.[406] Die Parteien können jedoch keinen wirksamen Vertrag schließen, wenn der Zeitpunkt des Vertragsschlusses nach dem Inkrafttreten des Embargos liegt und die Abwicklung während des Embargos erfolgen soll.

2. Deliktische Ansprüche

Neben quasi-vertraglichen Schadensersatzansprüchen könnten §§ 823, 826 BGB eine Kompensation erlittener Embargoschäden ermöglichen.

a) Haftung aus § 823 BGB

Ansprüche aus § 823 Abs. 1 BGB scheiden aus. Dies liegt daran, dass kein absolutes Recht im Sinne der Norm verletzt ist. Durch die Nichtigkeit des Vertrags werden lediglich Forderungsrechte berührt.[407] Diese sind keine „sonstigen Rechte" in Sinne des § 823 Abs. 1 BGB, da auch jene absoluter Natur sein müssen.[408] Vertragliche Forderungsrechte berechtigen und verpflichten als relative Rechte lediglich die individuelle Vertragspartei.[409]

Haftungsansprüche aus § 823 Abs. 2 BGB setzen voraus, dass Embargoregelungen Gesetze sind, die den Schutz von Individualinteressen der geschädigten Partei bezwecken.[410] Embargos verwirklichen außen-, sicherheitspolitische und wirtschaftliche Interessen des Embargogesetzgebers zum Schutz der Allgemeinheit[411] und wollen nicht die kontrahierenden Parteien schützen, die durch ihr Verhalten sogar gegen das Embargo

---

406 BGH, NJW 2006, 3139; BGH, NJW 2001, 2875; BGH, NJW 1993, 520; BGH, NJW 1988, 2236; *Emmerich*, in: Münchener Kommentar zum BGB, § 311 BGB, Rn. 199; *Schulze*, in: *Schulze* (Hrsg.), Bürgerliches Gesetzbuch, § 313 BGB, Rn. 26.

407 *Neumann*, Internationale Handelsembargos und privatrechtliche Verträge, 2001, S. 259.

408 *Neumann*, ebenda; *Wagner*, in: Münchener Kommentar zum BGB, § 823 BGB, Rn. 223 mwN.

409 *Fikentscher/Heinemann*, Schuldrecht, 10. Aufl. (2006), Rn. 64, 1557.

410 *Wagner*, in: Münchener Kommentar zum BGB, § 823 BGB, Rn. 405, 418.

411 *Neumann*, Internationale Handelsembargos und privatrechtliche Verträge, 2001, S. 259.

verstoßen.[412] Lediglich in Betrugsfällen kommt eine Haftung über das Schutzgesetz § 263 StGB in Betracht, wenn der Embargoverstoß bewusst verschwiegen wird.[413]

b) Haftung aus § 826 BGB

Aussichtsreicher ist eine Haftung wegen vorsätzlicher, sittenwidriger Schädigung, da die Norm den Grundsatz durchbricht, dass eine Restitution reiner Vermögensschäden im Deliktsrecht grundsätzlich nicht möglich ist.[414] Der BGH hat sich mit einer Kompensation von Embargoschäden durch § 826 BGB befasst.[415]

In dem zu entscheidenden Fall scheiterte die Lieferung an die in Bangkok ansässige Klägerin an einem thailändischen Importverbot für südafrikanischen Stahl. Die beklagte Verkäuferin, die in Deutschland ansässig war, gab als Verladehafen wahrheitswidrig Hamburg an und stellte somit falsche Transportbegleitpapiere aus.[416] Der BGH hat festgestellt, dass ein Anspruch wegen vorsätzlicher sittenwidriger Schädigung besteht, wenn durch die bewusste Verletzung von Embargobestimmungen „sehenden Auges die Gefährdung von Vermögensinteressen unbeteiligter Dritter herbeigeführt wird und somit eine besondere Bedenkenlosigkeit gegenüber diesen fremden Vermögensbelangen zum Ausdruck kommt."[417] Weil sogar aktiv falsche Dokumente ausgestellt wurden, um über das Bestehen des Embargos zu täuschen, lässt sich ein Anspruch aus § 826 BGB bejahen.[418] Es stellt sich die Frage, ob sich die sittenwidrige Schädigung in solchen aktiven Täuschungen erschöpft oder ob sie auch in Verschleie-

---

412 *Wehlau*, DZWir 1994, 37 (40).
413 *Wehlau*, ebenda. Zum Bestehen von Vermögensschäden *Neumann*, Internationale Handelsembargos und privatrechtliche Verträge, 2001, S. 259, Fn. 1177.
414 *Sprau*, in: *Palandt* (Hrsg.), Bürgerliches Gesetzbuch, § 826 BGB, Rn. 3.
415 BGH, NJW 1993, 194 ff.; BGH, NJW 1991, 634 ff.
416 BGH, NJW 1993, 194, 194 f.
417 BGH, NJW 1993, 194, 195. Vgl. schon BGH, NJW 1991, 634, 636 gegenüber denselben Streitparteien im Hinblick auf den von der Klägerin geltend gemachten Anspruch auf Freistellung von Schadensersatzansprüchen: „Eine in dem schädigenden Verhalten zum Ausdruck kommende besondere Bedenkenlosigkeit gegenüber fremden Vermögensinteressen kann die Schädigung als Verstoß gegen die guten Sitten qualifizieren."
418 *Neumann*, Internationale Handelsembargos und privatrechtliche Verträge, 2001, S. 263.

rungshandlungen liegen kann. Dann wäre diejenige Partei, die über das Embargo Bescheid weiß, die andere Partei darüber jedoch nicht aufklärt, neben einer Haftung aus §§ 311 Abs. 2 iVm 241 Abs. 2 BGB auch einer Haftung aus § 826 BGB ausgesetzt.[419]

Das Unterlassen steht einer aktiven sittenwidrigen Täuschung gleich, wenn ein sittliches Gebot Handlungspflichten fordert.[420] Dabei wird eine sittliche Handlungspflicht nur dann begründet, wenn die Pflichtverletzung über das schlichte Unterlassen allgemeiner Rechtspflichten hinausgeht.[421] Nach der herrschenden Meinung mündet dies darin, dass das Unterlassen durch eine verwerfliche Einstellung des Täters geprägt sein muss.[422]

Der geschädigten Partei darf der Embargoverstoß selbst weder bekannt gewesen sein, noch darf sie eine Nachforschungspflicht treffen.[423] Verschweigt eine Partei das Bestehen eines Staatenembargos, stellt sich daher auch im Rahmen des § 826 BGB die Frage nach einem Aufklärungsbedürfnis der anderen Partei. Wie im Rahmen der culpa in contrahendo dargelegt, wird man ein solches annehmen können, wenn die verschweigende Partei an Fachkunde und wirtschaftlicher Erfahrung überlegen ist und somit ein Machtgefälle zwischen den Parteien entsteht.[424] Es muss ein erkennbares Vertrauen der geschädigten Partei bestehen, dass außenwirtschaftliche Hindernisse wie Embargoregelungen von der anderen Partei abgeklärt und beseitigt werden.[425]

Dass die sittenwidrige Handlung vorsätzlich vorgenommen worden sein muss, scheint für eine Haftung hohe Hürden aufzustellen. Relativiert wird

---

419 Eine Haftung aus culpa in contrahendo kann freilich leichter nachzuweisen sein, weil bereits eine fahrlässige Nichtaufklärung ausreichend ist.

420 BGH, NJW 1963, 148, 149; *Spindler*, in: *Bamberger/Roth* (Hrsg.), BeckOK BGB, § 826 BGB, Rn. 7; *Wagner*, in: Münchener Kommentar zum BGB, § 826 BGB, Rn. 8.

421 *Oechsler*, in: *Staudinger* (Hrsg.), J. von Staudingers Kommentar zum Bürgerlichen Gesetzbuch mit Einführungsgesetz und Nebengesetzen, § 826 BGB, Rn. 92; *Spindler*, in: *Bamberger/Roth* (Hrsg.), BeckOK BGB, § 826 BGB, Rn. 7.

422 Nachweise bei *Oechsler*, in: *Staudinger* (Hrsg.), J. von Staudingers Kommentar zum Bürgerlichen Gesetzbuch mit Einführungsgesetz und Nebengesetzen, § 826 BGB, Rn. 92, der die Sittenwidrigkeit jedoch allein aus objektiven Verhaltensnormen ableiten will und die Einstellung des Täters lediglich zur Begründung des Vorsatzschuldvorwurfs heranzieht.

423 *Wehlau*, DZWir 1994, 37 (40).

424 Supra S. 105, Fn. 386, 387.

425 *Neumann*, Internationale Handelsembargos und privatrechtliche Verträge, 2001, S. 264.

dieser Eindruck jedoch dadurch, dass weder dolus directus ersten Grades noch arglistiges Verhalten vorliegen müssen.[426] Dem verschweigenden Vertragspartner muss es also nicht gezielt auf die Schädigung ankommen, sogar Eventualvorsatz kann ausreichend sein, wenn der Verschweigende die die Sittenwidrigkeit begründenden Tatsachen kennt oder sich ihnen bewusst verschließt.[427] Auch dann, wenn eine Partei die Abwesenheit eines Embargos ohne sichere Kenntnis davon zu haben, gegenüber der anderen Vertragspartei gleichsam „ins Blaue hinein" bejaht, kann eine Haftung aus § 826 BGB ausgelöst werden.[428]

Das im Hinblick auf die Vertragsentstehung erbrachte, aber enttäuschte Vertrauen ist zu kompensieren.[429] Das Erfüllungsinteresse wird nicht ersetzt. Der Ersatz solcher Schadensposten, die das Vertragsrecht aufgrund der Vertragsnichtigkeit nicht gewährt, weil auch die geschädigte Partei einen Embargoverstoß begangen hat, darf nicht mit Hilfe des Deliktsrechts zugesprochen werden.[430]

c) Erfüllung der Schadensersatzansprüche

Zweifelhaft ist, ob die nach den obigen Ausführungen bestehenden Schadensersatzansprüche sowie bereicherungsrechtlichen Rückzahlungs- und Herausgabeansprüche erfüllt werden dürfen, solange das Embargo in Kraft ist. Schließlich sind die Ansprüche Ausfluss einer Handelsbeziehung, die durch das Embargo verboten ist.

---

426 *Wagner*, in: Münchener Kommentar zum BGB, § 826 BGB, Rn. 26.
427 Siehe nur BGH, NJW-RR 2009, 1207, 1209; BGH, NJW 2008, 2245, 2249 jeweils mwN. Kritisch zu diesen Anforderungen *Mayer-Maly*, Das Bewußtsein der Sittenwidrigkeit, 1971, S. 37 ff.
428 BGH, NJW 1991, 3282, 3283; BGH, NJW 1962, 1766. Zur Kontroverse in der Literatur, ob diese Rechtsprechung die Gefahr der Ausweitung des § 826 BGB zu einer allgemeinen Fahrlässigkeitshaftung in sich birgt *Oechsler*, in: *Staudinger* (Hrsg.), J. von Staudingers Kommentar zum Bürgerlichen Gesetzbuch mit Einführungsgesetz und Nebengesetzen, § 826 BGB, Rn. 84 mwN.
429 *Spindler*, in: *Bamberger/Roth* (Hrsg.), BeckOK BGB, § 826 BGB, Rn. 16; *Schlechtriem*, Vertragsordnung und außervertragliche Haftung, 1972, S. 302 ff.
430 Im grundsätzlichen Kontext *Wagner*, in: Münchener Kommentar zum BGB, § 826 BGB, Rn. 57.

aa) Staatenbezogene Embargomaßnahmen

Staatenbezogene Embargomaßnahmen wollen Handelsbeziehungen zum Zielstaat austrocknen und dadurch dessen Wirtschaft schädigen, um eine Willensbeugung oder einen tatsächlichen Ressourcenentzug zu erzeugen.[431] Die Erfüllung von Ansprüchen einer im *Senderstaat* ansässigen Partei gerät mit dem Embargoziel nicht in Konflikt. Steht der Partei im Senderstaat ein Schadensersatzanspruch zu, soll dessen Erfüllung auch für die Dauer des bestehenden Embargos nicht unterbunden werden. Dass sie selbst einen Embargoverstoß begangen hat, ist auf straf- oder verwaltungsrechtlicher[432] Ebene zu sanktionieren, schlägt jedoch nicht auf die zivilrechtliche Ebene durch. Dies wird durch die in Embargomaßnahmen regelmäßig angeordneten *Erfüllungsverbote*[433] belegt, die trotz der ähnlichen begrifflichen Bezeichnung nicht mit den Verboten der *Erfüllungshandlungen* zu verwechseln sind. Erfüllungsverbote haben nicht zum Ziel, die Partei im Senderstaat durch die Versagung der Erfüllung ihrer Ansprüche gegen die Partei im Zielstaat zu sanktionieren, sondern wollen sie vielmehr begünstigen: Sie verbieten zum Schutz der inländischen Wirtschaft die Erfüllung von Schadensersatzansprüchen, die der Vertragspartei im Zielstaat gegen eine deutsche Partei wegen der Nichterfüllung des Vertrags aufgrund des Embargos zustehen.[434] Das Erfüllungsverbot besteht nicht nur während der Dauer des Embargos, sondern verhindert sogar nach Aufhebung der Embargomaßnahme die Durchsetzung von Schadensersatzansprüchen, die dem im Zielstaat ansässigen Unternehmen gegen den deutschen Vertragspartner zustehen.[435] Das andauernde Embargo steht der

---

431 Supra, S. 31 ff.

432 Infra, S. 214 ff.

433 Vgl. BAFA-Merkblatt zum Irak-Embargo, abrufbar unter http://www.ausfuhrkontrolle.info/ausfuhrkontrolle/de/embargos/irak, zuletzt geprüft am 22.04.2014.

434 So zum Beispiel die stets noch geltende VO (EWG) Nr. 3541/92 vom 7. Dezember 1992 zum Verbot der Erfüllung irakischer Ansprüche in Bezug auf Verträge und Geschäfte, deren Durchführung durch die Resolution 661 (1990) des Sicherheitsrates der Vereinten Nationen und mit ihr in Verbindung stehende Resolutionen berührt wurde. Zu der Erfüllungsverbotsproblematik bei Altverträgen infra S. 181 f.

435 Vgl. BAFA-Merkblatt zum Außenwirtschaftsverkehr mit „Embargo-Ländern" S. 6 f., abrufbar unter http://www.ausfuhrkontrolle.info/ausfuhrkontrolle/de/arbeitshilfen/merkblaetter/merkblatt_embargo.pdf, zuletzt abgerufen am 28.10.2014. Dem inländischen Vertragspartner steht es frei, auf den Schutz der Erfüllungsverbote zu verzichten. Da der Vermögensfluss in den Zielstaat nur bei

Erfüllung der Schadensersatz- und Bereicherungsansprüche zu Gunsten der im Senderstaat ansässigen Vertragspartei daher nicht entgegen.

Jedoch könnten Erfüllungsverbote der Erfüllung von Ansprüchen einer im *Zielstaat* ansässigen Partei entgegenstehen. Sie versagen Ansprüche, die im Zusammenhang mit Geschäften oder Verträgen stehen, deren *Durchführung* durch das Embargo berührt wurde.[436] Erfüllungsverbote wollen die Partei im Senderstaat nur vor solchen Schadensersatzansprüchen bewahren, die der Partei im Zielstaat wegen der Verletzung einer Pflicht aus dem wirksam vor Embargoerlass abgeschlossenen Vertrag zustehen.[437] Die Pflicht muss verletzt worden sein, weil das Embargo die Pflichterfüllung untersagte. Jedoch finden die hier in Rede stehenden Schadensersatzansprüche ihren Entstehungsgrund in der Verletzung der zwischen den Parteien bestehenden Aufklärungs- und Rücksichtnahmepflichten beziehungsweise in der Begehung einer bewussten Täuschung.[438] Sie gewähren keine Kompensation für eine infolge des Embargoverbots gescheiterte Handelsbeziehung, sondern für ein treuwidriges Fehlverhalten des Vertragspartners.[439] Jene Schadensersatzansprüche finden ihren Anlass, jedoch nicht ihren Grund im Embargo und dürfen daher auch zum Zeitpunkt einer bestehenden Embargomaßnahme erfüllt werden.

bb) Personenbezogene Embargomaßnahmen

Bei Personalembargos ist die Erfüllung der Schadensersatzansprüche durch die *gelistete Person* nicht möglich, da deren Vermögenswerte infolge der unmittelbar von der Embargomaßnahme ausgehenden Sperrwir-

---

bestehendem Embargo unterbunden werden soll, entfaltet das *Verbot* der Erfüllung nur bis zur Aufhebung des Embargos Wirkung.

436 Vgl. zum Beispiel den Wortlaut des Art. 2 VO (EWG) Nr. 3541/92.

437 BAFA-Merkblatt, abrufbar unter http://www.ausfuhrkontrolle.info/ausfuhrkontrolle/de/arbeitshilfen/merkblaetter/merkblatt_embargo.pdf, zuletzt abgerufen am 24.11.2014.

438 Supra S. 103 ff.

439 Im Ergebnis auch *Neumann*, Internationale Handelsembargos und privatrechtliche Verträge, 2001, S. 388, die darauf verweist, dass nach dem Embargo abgeschlossene Verträge nicht in ihrer Durchführung von diesem „berührt" werden können, weil das Embargo schon ihr Entstehen verhindert.

kung[440] eingefroren sind, was sie daran hindert, über ihr Vermögen zu verfügen.[441] Zwar sehen die meisten Embargos die Möglichkeit der Freigabe von Geldern vor: Neben der Freigabe von Geldern zur Befriedigung von Grundbedürfnissen[442] kann die Bundesbank[443] eine Freigabe auch genehmigen, wenn der Embargogegner Zahlungen aufgrund von Verträgen, Vereinbarungen oder Verpflichtungen[444] schuldet. Die Freigabeklauseln beschränken sich jedoch auf aus *vor* der Listung entstandene Verpflichtungen.[445]

Die Erfüllung der Ansprüche ist daher nur aussichtsreich, sofern das Personalembargo aufgehoben wird, mithin eine Streichung von der Liste erfolgt. Während eine Erfüllung des Schadensersatzanspruchs zu Gunsten der Partei im Senderstaat trotz des bestehenden Staatenembargos zulässig wäre, wirkt sich die Einfrierung bei Personalembargos zum Nachteil des nicht Gelisteten aus. Sie bewirkt eine faktische Sanktionierung wegen des intendierten Vertragsabschlusses mit dem Embargogegner. Dies sollte ihn jedenfalls zur gewissenhaften Prüfung von gegen seinen potenziellen Vertragspartner bestehenden Personalembargos veranlassen.

---

440 *Bartmann*, Terrorlisten, 2011, S. 79; *Dahme*, Terrorismusbekämpfung durch Wirtschaftssanktionen, 2007, S. 110 f.

441 EU-Vermerk 15115/05 vom 29.11.2005 „Bewährte Praktiken der EU für die wirksame Umsetzung restriktiver Maßnahmen", S. 10, Rn. 28.

442 Dazu zählen etwa der Erwerb von Nahrungsmitteln und Medikamenten sowie Kosten der Wohnungsmiete, aber auch die Begleichung von Steuerschulden, vgl. nur Art. 4 VO (EU) Nr. 269/2014.

443 Supra Fn. 218.

444 Vgl. zum Beispiel Art. 7 VO (EU) Nr. 359/2011 vom 12. April 2011 gegen Iran: „Schuldet eine in Anhang I aufgeführte Person [...] *Zahlungen aufgrund von Verträgen, Vereinbarungen oder Verpflichtungen* die von der betreffenden Person [...] *vor* dem Datum geschlossen wurden beziehungsweise für sie entstanden sind, an dem diese Person, Organisation oder Einrichtung benannt wurde, so können die [...] zuständigen Behörden der Mitgliedstaaten abweichend von Artikel 2 die Freigabe bestimmter eingefrorener Gelder oder wirtschaftlicher Ressourcen unter ihnen geeignet erscheinenden Bedingungen genehmigen, wenn die folgenden Voraussetzungen erfüllt sind: [...]." [Kursivsetzung durch Verf.]

445 Ebenda und vgl. auch Art. 7 VO (EU) Nr. 270/2011 vom 21. März 2011 gegen Ägypten und Art. 6 VO (EU) Nr. 269/2014 vom 17. März 2014 gegen Russland.

3. Fazit

Schadensersatzansprüche aus culpa in contrahendo und vorsätzlicher sittenwidriger Schädigung können auch dann entstehen, wenn die Parteien einem bereits bestehenden Embargo zuwider handelten. Der Grund für den Schadensersatz liegt in einem treuwidrigen Verhalten bei Vertragsschluss beziehungsweise in einer Täuschung der anderen Partei und der damit einhergehenden besonderen „Bedenkenlosigkeit gegenüber fremden Vermögensinteressen".[446] Schadensposten, die aufgrund der Embargostörung als solcher entstanden sind, sich mithin im positiven Interesse erschöpfen, sind jedoch nicht ersatzfähig.

Die Geltendmachung von Schadensersatzansprüchen gegen eine gelistete Person ist wegen der Einfrierung von deren Vermögen nicht aussichtsreich. Im Zusammenhang mit Staatenembargos ist hingegen eine sofortige Erfüllung in den Senderstaat zulässig. Der Anspruchsinhaber wird jedoch ein geringes Interesse an der gerichtlichen Durchsetzung seines Anspruchs haben, da er sich zugleich dem Risiko aussetzen würde, wegen des Verstoßes gegen das Embargo sanktioniert zu werden. Daher ist es für den Unternehmer umso wichtiger, Schäden durch eine effiziente vertragliche Risikovorsorge von vornherein zu vermeiden. Eine funktionierende Compliance-Organisation kann nicht nur bei der Vermeidung strafbarer Handlungen, sondern auch bei der Abwehr von Schäden helfen.[447]

---

446 Siehe supra Fn. 417.
447 Hierzu ausführlich infra, S.219 ff.

D. Vertragsschluss vor Inkrafttreten der Embargomaßnahme

Wird ein Embargo erst im Zeitraum zwischen Vertragsschluss und Erfüllung erlassen, liegt der Vertragsschluss mithin *vor* dem Embargoerlass, ergeben sich grundlegende Unterschiede zu den Ausführungen unter C. Da die Vertragsparteien nicht gegen ein gesetzliches Verbot verstoßen, kann der Vertrag nicht mit der Rechtsfolge der Nichtigkeit sanktioniert werden. Da das Embargo jedoch die Erfüllung des wirksam begründeten Anspruchs nicht zulässt, löst es Leistungsstörungen aus.

Gegenstand der folgenden Untersuchung sind zunächst die Auswirkungen von staaten- und personenbezogenen Sanktionsmaßnahmen auf die primären vertraglichen Leistungspflichten. Es soll untersucht werden, inwieweit Embargomaßnahmen die Erbringung der Leistungspflichten wegen Unmöglichkeit ausschließen und wie sich dies auf die Gegenleistungspflicht auswirkt. Dabei sind Grenzziehungen zum Rechtsinstitut des Wegfalls der Geschäftsgrundlage vorzunehmen. Ferner soll der Blick auf die Frage nach einer Schadenskompensation gerichtet werden, wo nunmehr auch vertragliche Schadensersatzansprüche eine Rolle spielen.

Bei der Untersuchung gelten die supra gebildeten Differenzierungskriterien[448] (Verbot/Genehmigung; Rechtsgeschäft/Erfüllungshandlung) fort.

I. Auswirkungen auf die primären Vertragspflichten

1. Keine Vertragsnichtigkeit infolge echter Rückwirkung

Der Vertrag ist nicht nach § 134 BGB nichtig, da zum Zeitpunkt des Vertragsschlusses kein gesetzliches Verbot existiert, gegen das die Parteien verstoßen. § 134 BGB zeitigt nach seinem Wortlaut auch keine echte[449] Rückwirkung, die den abgeschlossenen Vertrag mit der Nichtigkeit sank-

---

448 S. 61 f.
449 Dazu grundlegend und in Abgrenzung zur unechten Rückwirkung *Maurer*, Staatsrecht I, 6. Aufl. (2010), Nr. § 17 Rn. 105 ff.

tioniert: Die Norm ordnet an, dass ein Rechtsgeschäft nichtig *ist*, nicht, dass es nichtig *ist oder wird*.[450]

Eine im Hinblick auf ihre Verfassungsmäßigkeit häufig beleuchtete[451] Ermächtigung zur unechten Rückwirkung[452] findet sich in § 4 Abs. 4 S. 3 AWG,[453] der im Zuge der Europäisierung des Außenwirtschaftsrechts jedoch an Bedeutung verloren hat.[454] Wie diese Norm ordnen auch die europäischen Embargomaßnahmen zumeist unechte Rückwirkungen an:[455] Das Embargo lässt die vor Embargoerlass geschlossenen Altverträge als solche unberührt, untersagt jedoch die Erfüllung der in ihnen begründeten Verpflichtungen.[456] Nur wenn der Erfüllungsvorgang vor Embargoeintritt vollständig abgeschlossen ist, bleibt die Erfüllung zulässig. Der EuGH hat im Fall „Möllendorf" einen Verstoß gegen das Bereitstellungsverbot angenommen, in dem die Auflassungserklärung, nicht aber die Umschreibung des Grundbuchs zeitlich vor der Listung des Erwerbers lag.[457]

---

450 *Armbrüster*, in: Münchener Kommentar zum BGB, § 134 BGB, Rn. 20; *Metschkoll*, Eingriffe in Außenhandelsverträge, 1992, S. 119; *Sack/Seibl*, in: *Staudinger* (Hrsg.), J. von Staudingers Kommentar zum Bürgerlichen Gesetzbuch mit Einführungsgesetz und Nebengesetzen, § 134 BGB, Rn. 55.

451 *Beutel*, in: *Wolffgang/Simonsen* (Hrsg.), AWR-Kommentar, § 2 AWG, Rn. 15, 12; *Gramlich*, Außenwirtschaftsrecht, 1991, S. 145 ff.; *Reuter*, Außenwirtschafts- und Exportkontrollrecht Deutschland - Europäische Union, 1995, Rn. 759. *Ress* stellt wegen des Fehlens einer Entschädigungsregel die Verfassungswidrigkeit des § 2 Abs. 3 S. 2 AWG a.F. fest, Das Handelsembargo, 2000, S. 279 ff.

452 Siehe Fn. 449.

453 § 4 Abs. 4 S. 3 AWG: „Beschränkungen und Handlungspflichten dürfen abgeschlossene Verträge nur berühren, wenn der in der Ermächtigung angegebene Zweck erheblich gefährdet wird."

454 *Friedrich*, in: *Berwald/Maurer/Görtz u. a.* (Hrsg.), Außenwirtschaftsrecht, § 2 AWG, Rn. 27.

455 *Friedrich*, in: *Berwald/Maurer/Görtz u. a.* (Hrsg.), Außenwirtschaftsrecht, § 2 AWG, Rn. 27; *Reuter*, Außenwirtschafts- und Exportkontrollrecht Deutschland - Europäische Union, 1995, Rn. 759; im Hinblick auf Art. 9 VO (EG) Nr. 881/2002 EuGH, Urt. vom 11.10.2007, Rs. C-117/06 - Möllendorf, Rn. 62.

456 *Beutel*, in: *Wolffgang/Simonsen* (Hrsg.), AWR-Kommentar, § 2 AWG, Rn. 15; *Friedrich*, in: *Berwald/Maurer/Görtz u. a.* (Hrsg.), Außenwirtschaftsrecht, § 2 AWG, Rn. 23; *Ress*, Das Handelsembargo, 2000, S. 246; *Neumann*, Internationale Handelsembargos und privatrechtliche Verträge, 2001, S. 297 ff. Echte Rückwirkungen hingegen würden sich auf die Verpflichtungsgeschäfte erstrecken. Zur grundsätzlichen Unzulässigkeit der echten Rückwirkung BVerfG, JuS 2011, 189 ff.

457 EuGH, Urt. vom 11.10.2007, Rs. C-117/06 - Möllendorf, Rn. 61.

Enthalten Embargomaßnahmen keine Ausnahmetatbestände, die zumindest teilweise die Erfüllung vor Erlass des Embargos begründeter Verpflichtungen erlauben,[458] treten Leistungsstörungen auf. Verbieten Embargomaßnahmen die Erfüllungshandlung oder sehen sie eine Genehmigungsbedürftigkeit der Erfüllungshandlung vor, stellt sich die Frage, ob die Leistung unmöglich ist. Beschränkt sich das Verbot oder die Genehmigungsbedürftigkeit hingegen auf das Rechtsgeschäft, ist aufgrund der bloß unechten Rückwirkung des Embargos eine ungestörte Vertragsabwicklung möglich.[459]

Die Nichtigkeit der dinglichen Einigung ist nach Maßgabe der oben in Abschnitt I. getroffenen Feststellungen zu beurteilen, sofern sie nach dem Embargo erfolgte.[460]

2. Ausschluss der Leistungspflicht wegen rechtlicher Unmöglichkeit bei verbotenen Erfüllungshandlungen

Zunächst soll beleuchtet werden, ob die vor Embargoerlass rechtlich wirksam begründete Sachleistungspflicht wegen rechtlicher Unmöglichkeit nach § 275 Abs. 1 BGB ausgeschlossen ist, wenn das Embargo die Erfüllungshandlung verbietet. Wie sich das Embargo bei Genehmigungsbedürftigkeit der Erfüllungshandlung auswirkt, wird später untersucht.[461]

---

458 An die Verbote in Art. 6, Art. 9 und Art. 13 Abs. 1 der VO (EU) Nr. 36/2012 vom 18. Januar 2012 über restriktive Maßnahmen angesichts der Lage in Syrien schließen sich die Ausnahmetatbestände des Art. 7, Art. 10 und Art. 13 Abs. 4 an. Vgl. auch Art. 10 als Ausnahmetatbestand zu Art. 8 und 9, Art. 12 zu Art. 11 und Art. 14 zu Art. 13 der VO (EU) Nr. 267/2012 vom 23. März 2012 über restriktive Maßnahmen gegen Iran. Auch die Anti-Terror-Verordnungen enthalten derartige Ausnahmen in Art. 5 Abs. 2 Nr. 3 der VO (EU) Nr. 2580/2001 vom 27. Dezember 2001 und in Art. 2a Abs. 4 lit. b) der VO (EU) Nr. 881/2002 vom 27. Mai 2002. Die gegen Russland angesichts der Ukraine-Krise am 31. Juli 2014 erlassenen Wirtschaftssanktionen beschränken sogar ausschließlich künftige Handelsbeziehungen, vgl. etwa Art. 2 Abs. 2, Art. 4 Abs. 2, Art. 5 Abs. 2 der VO (EU) Nr. 833/2014 des Rates vom 31. Juli 2014.
459 *Neumann*, Internationale Handelsembargos und privatrechtliche Verträge, 2001, S. 300.
460 Supra, S. 86 f.
461 S. 139 ff.

Die Unmöglichkeitsregeln greifen nicht nur bei tatsächlicher[462] Unmöglichkeit der Leistungserbringung, sondern auch dann, wenn die Leistung etwa aufgrund eines öffentlich-rechtlichen Verbots nicht erbracht werden darf.[463] Anknüpfungspunkt ist also die rechtliche Unmöglichkeit.[464] Die Leistungspflicht wird nachträglich unmöglich, wenn die Leistung wegen des Verstoßes gegen ein gesetzliches Verbot nicht erbracht werden darf.[465] Entscheidend für den Eintritt der nachträglichen Unmöglichkeit ist, welche Leistungspflichten die Parteien, möglicherweise auch konkludent, vereinbart haben. Bei staatenbezogenen Embargomaßnahmen tritt der Verstoß in solchen Fällen ein, in denen die Ware über die Grenze verbracht wird. Haben die Parteien den Verbringungsvorgang nicht ausdrücklich einer Partei zugewiesen, muss der Leistungsinhalt genauer in den Blick genommen werden.[466]

a) Inhalt und Reichweite der Sachleistungspflicht bei Staatenembargos

Staatenembargos verbieten regelmäßig die Verbringung einer Ware über eine Grenze und damit die Sachleistung. Ob eine Unmöglichkeit eintritt, soll für den typischen Embargofall ungeachtet besonderer vertraglicher Risikovereinbarungen untersucht werden.

---

462 Im Embargofall ist die Leistungserbringung nur dann tatsächlich unmöglich, wenn die Verbringung der Ware oder die Bereitstellung der Gelder im Einzelfall scheitert. Tatsächlich unmöglich wäre die Leistung auch nicht im Fall von Embargoumgehungen, so der BGH im Hinblick auf Grenzschmuggel, NJW 1983, 2873. Zu Umgehungsgeschäften genauer infra, S. 124 ff.

463 *Ernst*, in: Münchener Kommentar zum BGB, § 275 BGB, Rn. 44 mwN.

464 OLG Köln, NJW-RR 1995, 671, 672 im Hinblick auf die Zurückweisung von Frachtgut an der Grenze; BGH, NJW 1983, 2473 f.; *Ernst*, in: Münchener Kommentar zum BGB, § 275 BGB, Rn. 40 ff. Zum Verhältnis zwischen rechtlicher Unmöglichkeit und § 134 BGB siehe ebenda, Rn. 44. Zur Abgrenzung zwischen faktischer und wirtschaftlicher Unmöglichkeit infra im Rahmen des § 313, S. 160 ff.

465 Siehe den Fall des BGH, BB 1965, 399, in dem öffentlich-rechtliche Vorschriften den in der sowjetischen Zone ansässigen Schuldner an der Leistung an den in der BRD ansässigen Gläubiger hinderten.

466 *Metschkoll*, Eingriffe in Außenhandelsverträge, 1992, S. 136 ff.; *Neumann*, Internationale Handelsembargos und privatrechtliche Verträge, 2001, S. 300 ff.

aa) Vereinbarung einer Hol-, Bring- oder Schickschuld

Es ist danach zu differenzieren, ob die Vertragsparteien eine Hol-, Bring- oder Schickschuld vereinbart haben. Wurde eine *Holschuld*[467] vereinbart, findet die Erfüllung der Leistungspflichten rein innerstaatlich statt. Die Pflicht zur Übergabe der Ware ist in der Weise zu erfüllen, dass der Sachleistungsschuldner die Sache bei sich aussondert und dem Gläubiger zur Abholung bereitstellt.[468] Die Eigentumsübertragung erfolgt bei Abholung. Damit hat der Schuldner seinen Leistungspflichten Genüge getan, sodass sie nach § 362 BGB wegen Erfüllung erlöschen.

Dass bei scheiternder Verbringung der Ware über die Grenze möglicherweise der Sekundärzweck des Vertrags gestört wird, weil der Abnehmer die Ware in sein Wirtschaftsgebiet verbringen wollte, führt nicht zum Eingreifen der Unmöglichkeitsregeln.[469] Dies liegt schon daran, dass Sekundärzwecke grundsätzlich rechtlich unbeachtlich sind, wenn sie nicht durch Parteivereinbarung zum Vertragsinhalt aufrücken.[470] Der Leistungsbegriff würde durch Einbeziehung des Verwendungszwecks überdehnt,[471] weil nur der mit der Leistung verfolgte sekundäre Zweck nicht mehr erreicht werden kann und eine Partei daher in ihrem Vertragsmotiv enttäuscht wird,[472] die Leistung selbst aber noch möglich ist. In diesen spezifischen Fällen kann die Partei gerade ein Interesse am Leistungserhalt haben, wenn sie das mit einem Importverbot belegte Embargogut vom Inland aus anderweitig absetzen oder weiterverarbeiten kann. Auch der BGH hat in seinem sogenannten „Bierlieferungsfall" eine Unmöglichkeit

---

467 Zur Bedeutung von Hol-, Bring- und Schickschuld im Rahmen des § 134 BGB siehe supra, Fn. 298.

468 *Huber*, in: *Staudinger/Beckmann* (Hrsg.), Eckpfeiler des Zivilrechts, D. Der Inhalt des Schuldverhältnisses, Rn. 131.

469 *Neumann*, Internationale Handelsembargos und privatrechtliche Verträge, 2001, S. 301 ff.

470 *Huber*, JuS 1972, 57 (59); *Klinke*, Causa und genetisches Synallagma, 1983, S. 56 ff.; *Oetker*, Das Dauerschuldverhältnis und seine Beendigung, 1994, S. 236; *Weller*, Die Vertragstreue, 2009, S. 325 f.

471 *Grüneberg*, in: *Palandt* (Hrsg.), Bürgerliches Gesetzbuch, § 275 BGB, Rn. 20; *Löwisch*, in: *Staudinger* (Hrsg.), J. von Staudingers Kommentar zum Bürgerlichen Gesetzbuch mit Einführungsgesetz und Nebengesetzen, § 275 BGB, Rn. 21. Der BGH beurteilt Sekundärzweckvereitelungen nicht nach den Regeln der Unmöglichkeit, sondern über § 313 BGB, vgl. etwa BGH, NJW 1979, 1818 und BGH, NJW 1984, 1746, 1747 (sog. Bierlieferungsfall).

472 *Weller*, Die Vertragstreue, S. 325.

der Leistungserbringung bei bloßer Sekundärzweckvereitelung abgelehnt: Der deutsche Verkäufer sollte eine Bierlieferung „fob deutscher Hafen" an den im Iran ansässigen Käufer erbringen. Die fob-Klausel löst eine Zuständigkeit des Exporteurs für die Einholung der Ausfuhr- sowie eine Zuständigkeit des Importeurs für die Einholung der Einfuhrgenehmigung aus.[473] Sie bewirkt als besondere Regelung der Leistungspflichten, dass der Verkäufer mit der Einholung der Exportgenehmigung seinen Leistungspflichten genüge getan hat.[474] Es handelt sich nicht um einen Fall der (sogleich zu behandelnden) Schickschuld. Der Import nach Iran zählte nicht zu den Pflichten des deutschen Verkäufers.[475] Er war vielmehr Sekundärzweck und daher nicht unmöglichkeitsauslösend, weil der Verkäufer bereits durch die Lieferung des Bieres an Bord des am Verladehafen befindlichen Schiffes von seiner Leistungspflicht frei wurde.[476]

An diesem Punkt bleibt demnach festzuhalten, dass das gestörte Vertragsverhältnis in Fällen der Sekundärzweckstörung nicht nach den Regeln der Unmöglichkeit abgewickelt werden kann, sondern andere Rechtsinstrumente zur Problemlösung heranzuziehen sind. Zurückzukommen sein wird in diesem Zusammenhang auf die Vorschrift über den Wegfall der Geschäftsgrundlage.[477]

Anders fällt das Ergebnis in Fällen aus, in denen die Parteien eine *Bringschuld* oder *Schickschuld* ausdrücklich oder konkludent[478] vereinbart haben. Da der Grenzübertritt aufgrund des Embargos als gesetzliches Verbot nicht erfolgen darf, ist die Übergabe und Übereignung der Ware und damit die Erfüllung der Leistungspflicht rechtlich unmöglich. Die Befreiung von den Leistungspflichten tritt erst am Erfolgsort ein,[479] der im Embargostaat liegt.[480] Damit zeigt sich zugleich, dass eine Subsumtion der

---

473 *Weick*, ZJS 2012, 584 (587), abrufbar unter http://www.zjs-online.com/dat/artikel/2012_5_612.pdf, zuletzt abgerufen am 28.10.2014. Die fob-Klausel ist Bestandteil der Incoterms, die zu den meist verbreiteten internationalen Handelsklauseln zählen, *Hopt*, in: *Hopt/Merkt* (Hrsg.), Handelsgesetzbuch, Einleitung 2. Teil, Handelsrechtliche Nebengesetze, Rn. 3 ff.
474 *Weick*, ZJS 2012, 584 (587).
475 BGH, NJW 1984, 1746.
476 Ebenda.
477 Infra, S. 160 ff.
478 Zu beachten ist die gesetzliche Auslegungsregel in § 269 Abs. 3 BGB.
479 *Oetker/Maultzsch*, Vertragliche Schuldverhältnisse, 2013, Rn. 390.
480 *Huber*, in: *Staudinger/Beckmann* (Hrsg.), Eckpfeiler des Zivilrechts, D. Der Inhalt des Schuldverhältnisses, Rn. 131.

einzelnen Leistungspflichten unter § 243 Abs. 2 BGB von keiner Relevanz für den embargobedingten Unmöglichkeitseintritt ist. Die Ware, ganz gleich ob Stück- oder Gattungsschuld, darf nicht über die Grenze verbracht werden.[481]

bb) Umgehung von Embargomaßnahmen

Es sind Fallgestaltungen denkbar, in denen es trotz eines bestehenden Embargos möglich bleiben könnte, die Ware zum Sachleistungsgläubiger zu verbringen. Es stellt sich jedoch die Frage, inwieweit dies als unzulässige Umgehung geltender Embargobeschränkungen zu werten und daher rechtlich unmöglich ist.

Zunächst seien die betroffenen Fälle veranschaulicht: Erstens könnte die Durchführung des Geschäfts trotz eines Exportverbotes tatsächlich möglich sein, wenn der Sachleistungsschuldner die Ware in einem Drittstaat, der selbst kein Embargo gegen den Zielstaat erlassen hat, beschaffen und den dort ansässigen Vertragspartner anweisen würde, direkt in den Embargostaat zu liefern.[482] Damit sind Fallgestaltungen wie die folgende erfasst: Ein in Deutschland ansässiger Verkäufer schließt mit einem in Russland ansässigen Käufer einen Kaufvertrag über die Lieferung von Maschinen, die zur Erdölförderung eingesetzt werden. Der Lieferung aus Deutschland steht ein deutsches Exportembargo entgegen. Der Verkäufer kann die Maschinen aus Qatar beziehen und lässt sie von dort aus direkt nach Russland liefern.

Zweitens könnte die Erfüllung der Leistungspflicht trotz eines bestehenden Exportverbots auch in folgenden Fällen zulässig sein: Der Sachleistungsschuldner könnte die Deutschland befindliche geschuldete Ware zunächst an einen Zwischenhändler veräußern, der in einem Drittstaat ansässig ist, der kein Embargo gegen den Zielstaat erlassen hat. Dieser könnte die Güter seinerseits in den embargierten Staat verkaufen und liefern.

---

481 Allenfalls dann, wenn die Sache bei einem erstmaligen Lieferungsversuch zerstört wird und danach ein Embargo erlassen wird, ist die Erbringung der Leistung wegen § 243 Abs. 2 BGB tatsächlich unmöglich. Der Eintritt der Unmöglichkeit liegt jedoch nicht im Embargoerlass begründet.
482 *Neumann*, Internationale Handelsembargos und privatrechtliche Verträge, 2001, S. 305.

Drittens könnte die Leistungserfüllung auch bei bestehenden Importverboten möglich bleiben. Scheitert der Import einer Ware aus einem bestimmten Staat an einem Einfuhrembargo, kann die Sache jedoch aus einem embargofreien Drittstaat importiert werden, ist eine Leistungserbringung weiterhin denkbar: Zwei in Deutschland ansässige Vertragsparteien schließen einen Kaufvertrag über die Lieferung von 1000 Barrel Rohöl, wobei der Kaufvertrag offen lässt, woher das Erdöl stammen soll. Der Verkäufer bezieht das Öl üblicherweise aus Russland. Der Lieferung russischen Erdöls steht jedoch ein deutsches Importembargo entgegen. Er kann jedoch Rohöl gleicher Menge und Qualität aus Saudi-Arabien liefern.

Mag die Erfüllung der Leistungspflichten in diesen Fällen auch tatsächlich möglich sein, begegnet sie doch rechtlichen Bedenken. Ob das Erbringen der Leistungspflicht rechtlich unmöglich wird, ist zunächst vom konkreten Vertragsinhalt abhängig. Verpflichtet das Kausalgeschäft zur Verbringung der Ware aus dem Inland und nicht aus einem Drittstaat, ist die Leistung bei Bring- und Schickschulden gemäß den unter aa) getroffenen Feststellungen rechtlich unmöglich. Denn die Verpflichtung darf, so wie sie vertraglich vereinbart ist, vom Schuldner nicht erfüllt werden. Soweit der schuldrechtliche Vertrag darüber schweigt, ob eine Ware aus dem Inland verbracht werden soll, könnte eine Leistungspflicht weiterhin bestehen.

Jedoch ist sich der Embargogesetzgeber darüber bewusst, dass Wirtschaftssanktionen zu erheblichen Einbußen für inländische Unternehmen führen können und diese jedenfalls legale Möglichkeiten ausschöpfen könnten, um Embargomaßnahmen zu umgehen. Diese Gefahr besteht vor allem vor dem Hintergrund multinationaler Konzernstrukturen, die es ohne großen Aufwand ermöglichen, einen Strohmann in einem embargofreien Drittstaat einzuschalten. Daher ist es deutschen Staatsangehörigen beziehungsweise Unionsbürgern sowie Firmen mit Sitz in Deutschland oder in der Union untersagt, sogenannte Vermittlungsgeschäfte abzuschließen: So verbietet beispielsweise Art. 4 lit. c) VO (EU) Nr. 833/ 2014 vom 31. Juli 2014 gegen Russland, Vermittlungsdienste im Zusammenhang mit Dual-Use-Gütern bereitzustellen.[483] Der Embargogesetzgeber definiert

---

483 Auch in § 75 AWV (vgl. auch die Genehmigungsbedürfnisse in § 46-48 AWV) ist ein Verbot von Vermittlungsgeschäften zu finden im Hinblick auf Güter, die in Teil A I der Ausfuhrliste erfasst sind und in bestimmte Zielstaaten geliefert werden sollen.

den Begriff der Vermittlungsgeschäfte regelmäßig, etwa in Art. 1 lit. d) der genannten Verordnung[484] wie folgt:

> „Für die Zwecke dieser Verordnung gelten folgende Begriffsbestimmungen...
> d) Vermittlungsdienste
> i) die Aushandlung oder Veranlassung von Geschäften zum Kauf, zum Verkauf oder zur Lieferung von Gütern [...], auch von einem Drittland aus in ein anderes Drittland, oder
> ii) der Verkauf oder Kauf von Gütern [...], auch dann wenn sie sich in Drittländern befinden, zwecks Verbringung in ein anderes Drittland; [...]."

Der Gesetzgeber hat erkannt, dass es nicht ausreicht, in Embargoverboten lediglich an die tatsächliche Warenverschiebung anzuknüpfen. Vielmehr untersagt er neben dieser auch die rechtsgeschäftliche Vermittlungstätigkeit von Embargogütern, um zu verhindern, dass die erlassenen Sanktionen durch Umgehungsgeschäfte ausgehöhlt werden.[485] Variante i) erfasst daher Konstellationen, in denen der Verkauf oder die Lieferung des Embargogutes über einen Zwischenhändler als Strohmann erfolgt, das innerhalb der Union ansässige Unternehmen jedoch als Vermittler von dessen Ankauf und Weiterlieferung auftritt. Ferner untersagt Variante ii) unionsansässigen Unternehmen, eine in einem embargofreien Drittland befindliche Ware zu verkaufen, wenn der Verkauf dem Zweck dient, die Ware in den embargierten Staat zu verbringen. Vermittlungsgeschäfte verhindern damit, dass Embargomaßnahmen umgangen werden können, weil das Vertragsgut europäischen Boden nicht passiert.[486]

---

484 Der Embargogesetzgeber legt den Embargomaßnahmen diese Definition regelmäßig zu Grunde, vgl. etwa den identischen Wortlaut in Art. 1 lit. b) VO (EU) Nr. 267/2012 vom 23. März 2012 über restriktive Maßnahmen gegen Iran.

485 *Ehrlich*, in: *Bieneck* (Hrsg.), Handbuch des Außenwirtschaftsrechts, § 10 Rn. 9.

486 Zwar ist das Verhalten nicht nach §§ 17 Abs. 7 und 18 Abs. 10 AWG strafbar. Danach werden zwar Verstöße bei deutscher Staatsangehörigkeit des Täters als Durchbrechung des § 2 StGB unabhängig vom Tatort geahndet. Ihre Hauptbedeutung entfalten die Normen jedoch im Bereich von Tätigkeiten mit personalem Ansatz, *Friedrich*, in: *Berwald/Maurer/Görtz u. a.* (Hrsg.), Außenwirtschaftsrecht, § 35 AWG, Rn. 1. Im Hinblick auf die Ausfuhrhandlungen des Umgehungsbeispiels greifen die Anordnungen wegen des notwendigen Inlandsbezugs der verbotenen Handlung nicht, weil die Inlandsgrenze nicht überquert wird, *Bieneck*, in: *Wolffgang/Simonsen* (Hrsg.), AWR-Kommentar, § 35 AWG, Rn. 12. Jedoch sind Vermittlungsgeschäfte bereits unmittelbar nach § 18 Abs. 1 Nr. 1 AWG mit einer Strafe beziehungsweise nach § 19 Abs. 1 AWG mit einem Bußgeld belegt.

Mit Blick auf die gebildeten Fallgruppen lassen sich folgende Schluss-folgerungen ziehen: Die erstens und zweitens genannten Fälle sind unzu-lässige Vermittlungsgeschäfte. Im ersten Fall befand sich das Embargogut zwar nie in der Union. Jedoch wurde die in einem Drittland befindliche Ware an den Vertragspartner im Embargostaat zum Zwecke der Verbrin-gung in den Embargostaat verkauft. Dies ist gemäß Art. 4 lit. c) iVm Art. 1 lit. d) i) der VO (EU) Nr. 833/ 2014 untersagt.

Im zweiten Fall wird zwar ein Zwischenhändler in einem embargofrei-en Staat eingeschaltet. Der Verkauf und die Lieferung des Embargogutes wurden jedoch von der Union heraus ausgehandelt und damit gemäß Art. 4 lit. c) iVm Art. 1 lit. d) i) der VO (EU) Nr. 833/ 2014 untersagt.

Anders liegt es hingegen in der dritten Fallgruppe. Eine Gattungsschuld soll aus einem anderen Staat beschafft werden, um zu verhindern, dass ein Importembargo der Erfüllung der vertraglichen Pflichten entgegensteht. Der Sachleistungsschuldner handelt dem Embargo nicht zuwider, weil kei-ne Ware aus dem Embargostaat importiert wird. Unzulässig wäre nur, die Güter aus dem Embargostaat über einen Zwischenhändler in einem em-bargofreien Drittstaat nach Deutschland liefern zu lassen. Hingegen wer-den geltende Embargomaßnahmen nicht umgangen, wenn die Ware als Ursprungsware eines nicht embargierten Staates bezogen wird. Der Sach-leistungsschuldner ist daher weiterhin zur Leistung verpflichtet. Die Einre-de des grob unverhältnismäßigen Aufwands nach § 275 Abs. 2 S. 1 BGB wird er in der Regel nicht erheben können, selbst wenn mit der Beschaf-fung der Ware aus einem anderen Staat eine Preissteigerung einhergeht. Ein Fall der faktischen Unmöglichkeit des § 275 Abs. 2 S. 1 BGB lässt sich nur dann bejahen, wenn dem unverhältnismäßigen Kostenanstieg für den Schuldner ein gleich niedri bleibendes Leistungsinteresse des Gläubi-gers gegenüber steht.[487] Durch den Anstieg des Preisniveaus der Embar-goware auf dem Weltmarkt steigt jedoch typischerweise das Leistungsin-

---

[487] *Looschelders*, Schuldrecht Allgemeiner Teil, 10. Aufl. (2012), S. 479; *Pfeiffer*, in: *Herberger/Martinek/Rüßmann u. a.* (Hrsg.), juris PraxisKommentar BGB, § 313 BGB, Rn. 52; *Schulze*, in: *Schulze* (Hrsg.), Bürgerliches Gesetzbuch, § 313 BGB, Rn. 8; *Unberath*, in: *Bamberger/Roth* (Hrsg.), BeckOK BGB, § 313 BGB, Rn. 22; *Finkenauer*, in: Münchener Kommentar zum BGB, § 313 BGB, Rn. 160 f., der jedoch die „artifizielle Aufspaltung" in Maßgeblichkeit des Schuldner- und Gläubigerinteresses grundsätzlich ablehnt, Rn. 163 f. Über § 275 Abs. 2 BGB zu lösen ist etwa der Fall eines Lagervertrags, in dem das Lagergut infolge höherer Gewalt umgelagert werden muss und dadurch erhebliche Kosten entstehen, BGH NJW-RR 1995, 1117. Das Gläubigerinteresse bleibt gleich und

teresse des Gläubigers an.[488] Eine Leistungsbefreiung könnte allenfalls auf § 313 BGB gestützt werden,[489] dazu genauer infra, S. 160 ff.

b) Inhalt und Reichweite der Geldleistungspflicht bei Staatenembargos

Staatenbezogene Embargomaßnahmen verbieten zwar ihrem Schwerpunkt nach, aber nicht ausschließlich die Verbringung von Waren über die Grenze. In Erfüllungs- und Finanzierungsverboten wird angeordnet, dass keine Geldleistungen in den Embargostaat fließen dürfen.[490] Im Hinblick auf die Geldleistung scheint sich die Frage nach der Unmöglichkeit nicht zu stellen, da die Regeln der Unmöglichkeit wegen des Grundsatzes „Geld hat man zu haben"[491] grundsätzlich keine Anwendung auf Geldschulden finden.[492] In Embargofällen trifft diese Überlegung indes nicht zu, da die Leistungspflichten nicht aus *tatsächlichen* Gründen, sondern wegen des Embargoverbots aus *rechtlichen* Gründen unmöglich werden.[493]

Stellvertretend für im Zusammenhang mit Staatenembargos ergangenen Erfüllungsverbote sei Art. 2 VO (EWG) Nr. 3541/92 genannt, eine eigenständige Verordnung, die die Erfüllung von wegen des Embargoerlasses entstandener Ansprüche irakischer Gläubiger regelt: „Es ist verboten, Ansprüche folgender Personen zu erfüllen oder Maßnahmen im Hinblick auf ihre Erfüllung zu treffen, wenn diese Ansprüche auf einen Vertrag oder ein Geschäft zurückzuführen sind [...] dessen Durchführung [...] durch die [...] beschlossenen Maßnahmen berührt wurde: Ansprüche a) natürli-

---

lediglich der Aufwand des Schuldners steigt, was ihn zur Leistungsverweigerung nach § 275 Abs. 2 BGB berechtigt.

488 Vgl. *Ernst*, in: Münchener Kommentar zum BGB, § 275 BGB, Rn. 93.
489 *Ernst*, ebenda.
490 Zu Erfüllungsverboten siehe Art. 11 VO (EU) Nr. 833/2013 vom 31. Juli 2014 angesichts der Handlungen Russlands, die die Lage in der Ukraine destabilisieren; Art. 27 VO (EU) Nr. 36/212 vom 18. Januar 2012 über restriktive Maßnahmen angesichts der Lage in Syrien. Ein Finanzierungsverbot wird etwa in Art. 17 Abs. 1 lit. a) VO (EU) Nr. 267/2012 vom 23. März 2012 gegen Iran angeordnet: „Folgendes ist verboten: a) die Gewährung von Darlehen oder Krediten an in Absatz 2 genannte iranische Personen, Organisationen oder Einrichtungen...".
491 Dazu *Weller*, Die Grenze der Vertragstreue von (Krisen-)Staaten, 2013, S. 27 ff.
492 *Grüneberg*, in: *Palandt* (Hrsg.), Bürgerliches Gesetzbuch, § 275 BGB, Rn. 3.
493 *Allwörden*, US-Terrorlisten im deutschen Privatrecht, 2014, S. 150 f.; *Willamowski*, in: *Derleder/Knops/Bamberger* (Hrsg.), Handbuch zum deutschen und europäischen Bankrecht, S. 1848.

cher oder juristischer Personen in Irak oder von Personen, die durch eine natürliche oder juristische Person in Irak handeln; [...]".

Sie bietet Schutz vor Schadensersatzverpflichtungen, indem sie ein Verbot für die im Senderstaat ansässige Vertragspartei statuiert, die Geldleistung in den Zielstaat zu erbringen.[494]

Soweit die Erbringung der Sachleistung rechtlich unmöglich ist, entfällt die Gegenleistungspflicht bereits nach § 326 Abs. 1 S. 1 BGB. Einen konstitutiven Gehalt erlangen Erfüllungsverbote jedenfalls dann, wenn § 326 Abs. 1 S. 1 BGB nicht greift, weil die Sachleistungspflicht nicht (dauerhaft) unmöglich oder die Preisgefahr vom Geldleistungsschuldner zu tragen ist.[495]

Demnach bleibt festzuhalten: Ist der Geldleistungsschuldner im Senderstaat ansässig, ist seine Leistungspflicht wegen rechtlicher Unmöglichkeit ausgeschlossen, sofern Erfüllungsverbote angeordnet sind. Hingegen ist die Geldleistungspflicht des Schuldners im Zielstaat nicht rechtlich unmöglich, weil die Erfüllungsverbote den Vermögensfluss in diese Richtung nicht untersagen.[496]

c) Inhalt und Reichweite der Sachleistungspflicht bei Personalembargos

Personenbezogene Embargomaßnahmen enthalten häufig Ausnahmetatbestände, die die Erfüllung von vor der Listung abgeschlossenen Altverträgen erlauben.[497] Außerhalb dieser Ausnahmetatbestände ist im Folgenden auch für Personalembargos zu untersuchen, inwieweit das Embargo die rechtliche Unmöglichkeit der Leistungserbringung auslöst.

Im Rahmen von Personalembargos wird die unmittelbare sowie mittelbare Bereitstellung von Geldern oder Wirtschaftsressourcen an bestimmte natürliche oder juristische Personen oder Organisationen verboten.[498] Da

---

494 Eine Verbotswirkung entfaltet sie freilich nur während des Bestehens des Embargos. Selbst nach Aufhebung des Embargos steht der Partei des Senderstaates jedoch ein Recht zur Leistungsverweigerung zu, siehe supra, S. 114 f.

495 Nach § 326 Abs. 2 BGB oder den besonderen Gefahrtragungsregeln des Kauf- und Werkvertragsrechts, dazu infra S. 141 ff., 154 ff.

496 Dazu schon supra, S. 114 f.

497 Siehe Fn. 458.

498 So beispielsweise in Art. 2 Abs. 1 lit. b) der Anti-Terror-VO (EG) Nr. 2580/2001: „Sofern nicht eine Ausnahme nach Artikel 5 oder 6 vorliegt [...] „werden weder direkt noch indirekt Gelder, andere finanzielle Vermögenswerte und wirtschaftli-

es bei personenbezogenen Embargomaßnahmen nicht auf die Verbringung einer Ware über eine Grenze ankommt, gestaltet sich die Bestimmung der Unmöglichkeit der Sachleistungspflicht weniger komplex: Die Erfüllung der Leistungspflicht erfordert stets die Bereitstellung an die gelistete Person und ist daher vom Embargoverbot erfasst. Zwar sind Umgehungskonstruktionen auch im Hinblick auf Bereitstellungsverbote denkbar, sei es dadurch, dass ein im Namen, unter Kontrolle oder auf Weisung des Embargogegners handelnder Dritter dem Embargogegner die Wirtschaftsressource weiterleitet,[499] sei es durch formale Vorschaltung neu gegründeter und damit nicht gelisteter juristischer Personen oder Organisationen.[500] Diese Umgehungshandlungen fallen jedoch unter das Bereitstellungsverbot, das nicht nur unmittelbare, sondern auch mittelbare Vermögenszuflüsse (über eine nicht gelistete Person) zu Gunsten der gelisteten Person untersagt.[501] Nur wenn kein tatsächlicher Zugriff des Embargogegners besteht, scheidet ein Verstoß gegen das Bereitstellungsverbot aus.[502] Angesichts dieses weiten Verbotstatbestands wird der Sachleistungsschuldner zumeist von seiner Leistungspflicht wegen rechtlicher Unmöglichkeit befreit.

---

che Ressourcen für eine in der Liste nach Artikel 2 Absatz 3 aufgeführte natürliche oder juristische Person, Vereinigung oder Körperschaft oder zu ihren Gunsten bereitgestellt." Vgl. auch die in den meisten Embargoverordnungen vorzufindende Formulierung, so etwa in Art. 2 Abs. 2 VO (EU) Nr. 208/2014 über restriktive Maßnahmen gegen bestimmte Personen, Organisationen und Einrichtungen angesichts der Lage in der Ukraine: „Den in Anhang I aufgeführten natürlichen oder juristischen Personen, Einrichtungen oder Organisationen dürfen weder unmittelbar noch mittelbar Gelder oder wirtschaftliche Ressourcen zur Verfügung gestellt werden oder zugute kommen."

Zur Unmöglichkeit, wenn das Verbot einer drittstaatlichen Terrorsperrliste entstammt, *Allwörden*, US-Terrorlisten im deutschen Privatrecht, 2014, S. 153 ff. Siehe auch OLG Frankfurt a.M., ZIP 2011, 1354 ff. zur Einfrierung des Vermögens einer Bank auf Grundlage einer US-amerikanischen Exekutivorder. Es beurteilt die Unmöglichkeit der Leistungspflicht allein auf Grundlage europäischen Rechts und lehnt mangels Listung auf einer europäischen Anti-Terror-Verordnung zum Zeitpunkt des Vertragsschlusses eine Unmöglichkeit der Leistungserbringung ab.

499 *Schöppner*, Wirtschaftssanktionen durch Bereitstellungsverbote, 2013, S. 145.
500 *Schöppner*, ebenda, S. 146.
501 *Schöppner*, ebenda, S. 145; *Dahme*, Terrorbekämpfung durch Wirtschaftssanktionen, 2007, S. 115.
502 Supra, S. 82 und infra, S. 206 f.

d) Inhalt und Reichweite der Geldleistungspflicht bei Personalembargos

Bezieht sich das Embargoverbot auf eine Geldleistungspflicht, kann die Erbringung dieser rechtlich unmöglich werden. Erfüllungsverbote werden nicht nur im Zusammenhang mit Staaten-, sondern auch im Zusammenhang mit Personalembargos angeordnet.[503] Da jede Erfüllung von Ansprüchen ohnehin gegen das Bereitstellungsverbot verstieße, zeitigt die Anordnung des Erfüllungsverbots für den Zeitraum der Listung lediglich eine deklaratorische Wirkung. Die Pflicht zur Geldleistung an die gelistete Person ist jedenfalls rechtlich unmöglich.

Auch die Erbringung der Geldleistungspflicht durch die gelistete Person ist rechtlich grundsätzlich nicht möglich, da ihre Vermögenswerte infolge einer unmittelbar von der Verordnung ausgehenden Sperrwirkung[504] eingefroren sind. Der Begriff des Einfrierens ist im Definitionskanon der Embargoverordnungen regelmäßig als Verhinderung der Verwendung von wirtschaftlichen Ressourcen und Geldern definiert.[505] Die Anordnung der Einfrierung statuiert nicht nur ein Verbot für den Gelisteten, seine Vermögenswerte zu verwenden, sondern sie enthält zugleich ein Verfügungsverbot an Dritte, die Verwendung der Gelder und Wirtschaftsressourcen zu verhindern.[506] Dies lässt sich der aktiven Formulierung „Verhinderung der Verwendung" entnehmen.[507] Beispielsweise dürfen Banken keine Überweisungsaufträge an oder von gelisteten Personen ausführen.[508]

Jedoch enthalten die Embargomaßnahmen regelmäßig Freigabeklauseln für die Erfüllung von Zahlungsverpflichtungen aus Verträgen, die vor der

---

503 So beispielsweise in Art. 11 VO (EU) Nr. 269/2014 vom 17. März 2014.
504 *Bartmann*, Terrorlisten, 2011, S. 79; *Dahme*, Terrorismusbekämpfung durch Wirtschaftssanktionen, 2007, S. 110 f.
505 Siehe beispielhaft supra, Fn. 324.
506 *Dahme*, Terrorismusbekämpfung durch Wirtschaftssanktionen, 2007, S. 111.
507 *Dahme*, ebenda.
508 *Dahme*, Terrorismusbekämpfung durch Wirtschaftssanktionen, 2007, S. 122. Vgl. auch die erheblichen Sanktionszahlungen, die die Deutsche Bank an die USA zahlen musste, weil sie Finanzgeschäfte für auf der US-Terrorliste gelistete Syrer, Iraner, Libyer und Sudanesen ausgeführt hat, supra, Fn. 6.

Listung abgeschlossen wurden.[509] Der im Senderstaat ansässige Unternehmer kann seinen Zahlungsanspruch insofern weiterhin geltend machen.

e) Dauerhaftigkeit der Leistungsunmöglichkeit

Die obigen Ausführungen stehen unter der Prämisse, dass die embargobedingten Leistungshindernisse dauerhafter Natur sind oder jedenfalls dauerhaften Leistungshindernissen gleichzustellen sind. Tritt das Leistungshindernis nur für eine bestimmte Zeit auf, ist der Schuldner grundsätzlich nur für diesen Zeitraum von der Leistung befreit.[510] Für die Rechtsfolge der Unmöglichkeit, die die Leistungspflichten vollumfänglich zum Erlöschen bringt, ist kein Raum. Vielmehr könnte das Rechtsinstrument des Wegfalls der Geschäftsgrundlage in diesen Fällen zu einer für die Parteien angemessenen Lösung führen.[511]

aa) Fehlende Dauerhaftigkeit des Leistungshindernisses bei Staaten- und Personalembargos

Das staatenbezogene Embargo ist ein Druckmittel, das den Adressaten zu einem bestimmten Verhalten bewegen soll.[512] Embargomaßnahmen können über mehrere Jahrzehnte andauern,[513] auf einen endgültigen Zustand

---

509 Art. 6 Abs. 1 VO (EU) Nr. 269/ 2014 vom 17. März 2014 (Genehmigungspflicht); Art. 2 a Abs. 4 lit. b) VO (EG) Nr. 881/2002; Art. 20 (Genehmigungspflicht), Art. 21 VO (EU) Nr. 36/2012 des Rates vom 18. Januar 2012 über restriktive Maßnahmen angesichts der Lage in Syrien; Art. 6 Abs. 1 lit. b) VO (EU) Nr. 270/2011 vom 21. März 2011 über restriktive Maßnahmen gegen bestimmte Personen, Organisationen und Einrichtungen angesichts der Lage in Ägypten; Art. 4 Abs. 1 lit. b) VO (EG) Nr. 765/2006 vom 18. Mai 2006 über restriktive Maßnahmen gegen Präsident Lukaschenko und verschiedene belarussische Amtsträger.
510 *Löwisch*, in: *Staudinger* (Hrsg.), J. von Staudingers Kommentar zum Bürgerlichen Gesetzbuch mit Einführungsgesetz und Nebengesetzen, § 275 BGB, Rn. 34.
511 Infra, S. 160 ff.
512 Supra, S. 31 ff.
513 So das in 1990 in Kraft getretene Totalembargo gegen den Irak, VO (EWG) 2340/1990 des Rates vom 8. August 1990 zur Verhinderung des Irak und Kuwait betreffenden Handelsverkehrs der Gemeinschaft, das 2003 durch Teilembargos ersetzt wurde, VO (EG) Nr. 1210/2003 vom 7. Juli 2003. Das in den frühen

sind sie jedoch nicht angelegt: Konnte das Verhalten des Embargogegners entsprechend des Embargoziels beeinflusst werden oder ist die Willensbeeinflussung nicht mehr notwendig, weil eine Krise im Embargostaat aus anderen Gründen beendet wurde, hat dies die Aufhebung des Embargos zur Folge. Staatenembargos sind daher nicht auf eine dauerhafte Geltung angelegt.

Zahlreiche Embargomaßnahmen setzen jedoch weniger auf kompulsive Elemente[514] als auf einen tatsächlichen Ressourcenentzug, so etwa die Anti-Terror-Verordnungen zur tatsächlichen Austrocknung des globalen Terrornetzwerks.[515] Die terroristische Bedrohungslage ist, wie die Erfahrung lehrte, dauerhafter Natur.[516] Von der Aufhebung der Anti-Terror-Grundverordnung[517] ist nicht auszugehen. Da es sich um personenbezogene Embargomaßnahmen handelt, ginge es jedoch fehl, auf die Grundverordnung als solche abzustellen. Richtiger Anknüpfungspunkt ist vielmehr die Dauerhaftigkeit der Listung der individuellen Person. Die Listung erfolgt grundsätzlich auf unbestimmte Zeit.[518] Die zahlreichen Änderungsverordnungen[519] zeigen jedoch, dass die Liste nicht starr bleibt. Außerdem kann ein De-listing-Verfahren in Fällen grundloser Listung die Streichung von

---

1960er Jahren erlassene Kuba-Embargo der Vereinigten Staaten (hierzu ausführlich *Kaplowitz*, Anatomy of a failed embargo, 1998) wurde erst Anfang 2015 gelockert, http://www.spiegel.de/politik/ausland/kuba-usa-lockern-embargo-a-1013 169.html, zuletzt abgerufen am 18.11.2015.

514 Supra, S. 31.

515 Die Mehrheit der personenbezogenen Embargomaßnahmen hingegen knüpft an Regierungsvertreter oder bestimmte Gruppierungen im Zielstaat und damit an eine gewisse Ausnahmesituation in diesem Staat an. Dies bedeutet jedoch nicht, dass die Embargomaßnahmen nach Beendigung der Staatskrise aufgehoben werden, vgl. zum Beispiel VO (EU) Nr. 270/2011 vom 21. März 2011 über restriktive Maßnahmen gegen bestimmte Personen, Organisationen und Einrichtungen angesichts der Lage in Ägypten.

516 *Bartmann*, Terrorlisten, 2011, S. 37 ff.; *Dahme*, Terrorismusbekämpfung durch Wirtschaftssanktionen, 2007, S. 43 ff. mwN.

517 Die Grundverordnung ist zu unterscheiden von dem sich verändernden Anhang der Verordnung, in dem die embargierten Personen namentlich gelistet sind. In ihr werden grundlegend Bereitstellungsverbot und Einfrierung der Vermögenswerte angeordnet.

518 *Macke*, UN-Sicherheitsrat und Strafrecht, S. 146 im Hinblick auf die UN-Terrorlisten.

519 Einsehbar unter http://www.ausfuhrkontrolle.info/ausfuhrkontrolle/de/embargos/ terrorismus/alqaida/durchfuehrungsverordnung/index.html, zuletzt abgerufen am 28.10.2014.

der UN-Terrorliste[520] bewirken.[521] Auch die erfolgreiche Geltendmachung des Rechtsschutzes auf europäischer Ebene in Gestalt einer Nichtigkeitsklage vor dem EuG kann zu einer Streichung führen.[522] Die Listung und somit das Leistungshindernis können nachträglich wegfallen. Während Staatenembargos in der Regel vorübergehende Leistungshindernisse sind, ist Dauerhaftigkeit des Leistungshindernisses bei Personalembargos lediglich ungewiss.

bb) Gleichstellung von vorübergehender und dauerhafter Unmöglichkeit:
   Zumutbarkeits- und Interessenabwägung

Vorübergehende Leistungshindernisse beziehungsweise in ihrer Dauerhaftigkeit ungewisse Leistungshindernisse können dauerhaften Leistungshindernissen nach ständiger Rechtsprechung jedoch gleichstehen,[523] wenn dem Leistungsschuldner ein Festhalten am Vertrag unter Berücksichtigung von Treu und Glauben und gemessen am sekundären[524] Vertragszweck,

---

520 Diese bildet die Grundlage für die EU-Liste, *Bartmann*, Terrorlisten, 2011, S. 61 ff.

521 Zum Verfahren im Einzelnen *Macke*, UN-Sicherheitsrat und Strafrecht, S. 147 ff. Nach dem EuGH muss jedoch auch eine effektive gerichtliche Kontrolle der Listung gewährleistet sein, EuGH, Urt. vom 3. 9. 2008, Rs. C-402/05 P u. C-415/05 P (Kadi und Al Barakaat).

522 Zur Nichtigkeit der Verlängerung des Einfrierens der Gelder und Wirtschaftsressourcen von Ben Ali, Neffe des ehemaligen tunesischen Präsidenten, EuG, Urt. vom 2.4.2013, Rs. T-133/12. Das Gericht hat bloße strafrechtliche Ermittlungen wegen Geldwäsche nicht für eine Listung ausreichend erachtet. Eine rechtskräftige Verurteilung ist gleichwohl keine Listungsvoraussetzung, siehe EuG, Urt. vom 2.9.2009, Rs. T-37/07 und T-323/07: In dem Verfahren wurde die Nichtigkeitsklage des Klägers Mohamed El Morabit abgewiesen, der Berufung gegen seine Verurteilung durch das Strafgericht Rotterdam eingelegt hat.

523 Inwiefern dies der Fall ist, ist nur im Hinblick auf Fälle zu thematisieren, in denen der Leistungsinhalt nicht im Sinne eines absoluten Fixgeschäfts festgelegt ist und damit bereits die Nichtleistung zum vereinbarten Zeitpunkt zur Unmöglichkeit führt, weil das Leistungsinteresse nach dem festgelegten Zeitpunkt gemäß der Parteivereinbarung ausdrücklich als verloren gilt, *Löwisch*, in: *Staudinger* (Hrsg.), J. von Staudingers Kommentar zum Bürgerlichen Gesetzbuch mit Einführungsgesetz und Nebengesetzen, § 275 BGB, Rn. 34.

524 *Bittner*, RIW 1994, 458 (460), die eine Parallele zur Bestimmung der Erheblichkeit im Rahmen des Wegfalls der Geschäftsgrundlage erkennt. So auch *Beuthien*, Zweckerreichung und Zweckstörung im Schuldverhältnis, 1969, S. 64.

also dem hinter den Primärpflichten stehenden Leistungsinteresse, nicht zumutbar ist.[525] Eine Gleichstellung wird in der Regel dann angenommen, wenn der Zeitpunkt, zu dem das Leistungshindernis behoben werden kann, völlig ungewiss ist.[526] Maßgeblich für die Beurteilung ist dabei die Lage ex ante, wie sie sich unmittelbar nach der Verhängung des Embargos darstellt.[527] Der BGH und RG haben die Erbringung der Leistungspflicht als dauerhaft unmöglich beurteilt, wenn Kriegswirren oder politische Unruhen die Vertragserfüllung hinderten.[528]

Für den Embargofall ist also zu ermitteln, wie groß das Gläubigerinteresse an einer nachträglichen Erfüllung ist und inwieweit diese dem Schuldner zugemutet werden kann.[529] Letztlich ist dies Frage des Einzelfalls. Jedoch können grundsätzliche Aussagen zur Interessenverteilung getroffen werden, wenn der Embargofall danach aufgegliedert wird, wie weit die Erfüllung der Sach- beziehungsweise Geldleistungspflicht zum Zeitpunkt des In-Kraft-Tretens des Embargos bereits vorangeschritten ist.[530] So kann identifiziert werden, welche Leistungspflichten in Zukunft noch ausstehen und ob das Bereithalten zu diesen künftig zu erbringenden Leistungen zumutbar ist. Bei der Beurteilung wird der typische Embargofall zu Grunde gelegt, also ein solcher, in dem das Embargoende weder voraussehbar ist noch individuelle Gefahrtragungsregeln vereinbart wurden.[531]

Im Hinblick auf Personalembargos ist zu berücksichtigen, dass sie in einem gegenüber Staatenembargos erhöhtem Maße dazu tendieren, als dauerhaftes Leistungshindernis eingestuft zu werden. Personalembargos sind keine vorübergehenden, sondern in ihrer Dauerhaftigkeit lediglich ungewisse Leistungshindernisse. Die Erfahrungen seit Beginn der Personalembargopraxis haben gezeigt, dass sich die Listen stetig erweitern. Es ist zu berücksichtigen, weshalb die Listung erfolgte und ob sich eine Streichung im konkreten Fall abzeichnet. Dies kann beispielsweise der Fall

---

525 RGZ 94, 45, 49; RGZ 101, 79, 80; BGHZ 83, 197; BGH, NJW 1967, 721, 722; BGH, Urt. v. 9.7.1955, VI ZR 108/54 mwN; BGH, Urt. vom 27.5.1953, VI ZR 230/52 Rn. 14 mwN; BGH, MDR 1951, 153, 154.

526 BGH, NJW 1982, 1458; BGH, LM § 275 BGB Nr. 4 Bl. 1, 3,7; BGH, WM 1970, 983.

527 *Löwisch*, in: *Staudinger* (Hrsg.), J. von Staudingers Kommentar zum Bürgerlichen Gesetzbuch mit Einführungsgesetz und Nebengesetzen, § 275 BGB, Rn. 37.

528 RGZ 93, 341, 342; 106, 247, 249; BGH, NJW 1982, 1458.

529 So BGH, NJW 1982, 1458 f. im Zusammenhang mit Unruhen im Iran.

530 *Bittner*, RIW 1994, 458 (463 f.).

531 Vgl. *Bittner*, RIW 1994, 458 (463).

sein, wenn eine Klage gegen die Listung erhoben wurde und diese nicht offensichtlich aussichtslos ist. Bei Personalembargos mit staatlichen Bezügen[532] ist denkbar, dass sich der staatliche Konflikt aufgelöst hat und daher auch die erlassenen Personalsanktionen gelockert oder aufgehoben werden.[533] Jedenfalls sind dies Ausnahmesituationen.

Wurden von keiner Partei Erfüllungshandlungen vorgenommen, sprechen die Interessen des Sachleistungsschuldners gegen eine Zumutbarkeit:[534] Er müsste sich nämlich bis zur Aufhebung des Embargos in unbestimmbarer Zukunft ständig leistungsbereit halten. Bei Vertragsabschluss rechnete der Schuldner mit einem effizient und zügig abzuwickelnden einmaligen Leistungsaustausch, und nicht damit, die Sache über mehrere Jahre zur Leistung bereithalten zu müssen. Eine Stückschuld müsste kostenverursachend eingelagert werden, möglicherweise ist sogar eine Instandhaltung nötig.[535] Bei Gattungsschulden müsste der Sachleistungsschuldner die Sache zu einem ungewissen Zeitpunkt herstellen oder beschaffen.[536] Dies kann er aufgrund der Ungewissheit des Wegfalls des Leistungshindernisses nicht in seinen Betriebsablauf einplanen.

Zwar dürfte für den Sachleistungsgläubiger das Bereithalten der Gegenleistung regelmäßig möglich sein,[537] seine Interessen sprechen aber gegen ein Festhalten an der Leistung; es ist nicht davon auszugehen, dass der sekundäre Vertragszweck nach der Embargoaufhebung in unbestimmter Zukunft noch erreicht werden kann.[538] Im Regelfall wird er die Sache längst anderweitig beschafft haben.

Der grenzüberschreitende Außenwirtschaftsverkehr ist auf eine zügige und effiziente Abwicklung insbesondere der Primärpflichten angewiesen, um einen geordneten Betriebsablauf zu gewährleisten.[539] So verneint auch der BGH die durch politische Unruhen gestörte Ausführung einer Montageverpflichtung in ungewisser Zukunft mit der Begründung, dass eine Ge-

---

532 Dazu supra S. 33 f.
533 Dies wird indes vor allem für Maßnahmen wie Einreiseverbote gelten. Wurde eine Person durch Bereitstellungsverbote derart umfassend finanziell kaltgestellt, ist von einer schnellen Aufhebung nicht auszugehen, vgl. oben Fn. 515.
534 *Bittner*, RIW 1994, 458 (463).
535 *Neumann*, Internationale Handelsembargos und privatrechtliche Verträge, 2001, S. 311.
536 *Neumann*, ebenda.
537 RGZ 75, 335, 337.
538 So auch *Bittner*, RIW 1994, 458 (463).
539 BGH, NJW 1983, 1458.

bundenheit an die Verpflichtung nicht zumutbar ist, weil die Leistungsschuldnerin „in der Disposition über ihre Betriebsmittel und den Einsatz ihrer Monteure auf klare Verhältnisse angewiesen" ist und „unerledigte Verpflichtungen über Jahre hinweg, deren Erfüllung nicht vorhersehbar ist, [...] eine erhebliche Belastung dar[stellen] und [...] jede sachgerechte Betriebsführung" verhindern.[540]

Anders könnte es indes bei Dauerschuldverhältnissen liegen, die wiederkehrende Leistungspflichten hervorrufen. Der sekundäre Vertragszweck kann auch in der Zukunft noch erreicht werden. Die Parteien gingen zwar von der einmaligen Abwicklung des konkreten Einzelgeschäfts aus, durch die langfristig angelegte Rahmenverpflichtung kann der punktuelle Leistungsaustausch jedoch überlagert werden. Für den Sachleistungsschuldner, der die Sache dauerhaft für den Gläubiger bezieht, ist eine Lieferung in der Zukunft regelmäßig möglich.[541] Seine Dispositionsfreiheit ist weniger stark berührt, da ihn ohnehin wiederkehrende Leistungspflichten treffen. Auch Langfristverträge, deren Erfüllung einen längeren Zeitraum in Anspruch nimmt, werden in ihren sekundären Vertragszielen jedenfalls weniger schnell vereitelt als eine auf einen punktuellen Leistungsaustausch gerichtete Vertragsbeziehung.

In Fällen, in denen der Leistungsaustausch noch nicht erfolgt ist, führt eine Zumutbarkeits- und Interessenabwägung zu dem Ergebnis, dass die vorübergehende Unmöglichkeit außerhalb von dauerhaften Schuldverhältnissen im Regelfall der dauerhaften Unmöglichkeit gleichzustellen ist. Bei langfristigen Geschäften oder Dauerschuldverhältnissen hingegen ist eine Unzumutbarkeit des Bereithaltens der Leistung im individuellen Einzelfall jedenfalls einer kritischen Prüfung zu unterwerfen.

Ist der Geldleistungsschuldner im Zielstaat ansässig oder wurde ein Personalembargo gegen ihn verhängt, ist die Leistungserbringung trotz des bestehenden Embargos zulässig.[542] In diesen Fällen bedürfen die Interessen des Geldleistungsschuldners, die ein Bereithalten der Geldleistung unzumutbar werden lassen könnten, keiner Betrachtung: Er kann die Leistung sofort erbringen und muss sie nicht bereithalten.[543]

---

540 BGH, NJW 1983, 1458 f.
541 So im Ergebnis auch *Neumann*, Internationale Handelsembargos und privatrechtliche Verträge, 2001, S. 314f.
542 Dazu supra, S. 114.
543 *Bittner*, RIW 1994, 458 (464).

Soweit die Erbringung der Geldleistung während des bestehenden Embargos nicht zulässig ist oder sich der Geldleistungsschuldner auf § 320 BGB beruft, gilt Folgendes: Das Schicksal der Geldleistungspflicht als solcher kann nicht im Sinne einer dauernden Unmöglichkeit beurteilt werden, „Geld hat man immer zu haben"[544] und „kann es immer gebrauchen",[545] sodass ein Bereithalten der Geldleistung für den Geldleistungsschuldner weder unzumutbar belastend wirkt, noch der sekundäre Vertragszweck gefährdet werden kann.[546] Insoweit wirkt der Grundsatz „Geld hat man zu haben" in die Beurteilung der Dauerhaftigkeit der Unmöglichkeit der Geldleistungspflicht hinein.

Wenngleich die Geldleistungspflicht also regelmäßig nicht nach § 275 Abs. 1 BGB wegen rechtlicher Unmöglichkeit untergeht, so entfällt sie Embargofällen gleichwohl nach § 326 Abs. 1 S. 1 BGB, soweit die Sachleistungspflicht gemäß den supra[547] getroffenen Ausführungen rechtlich unmöglich ist.

Bei teilweise vollzogenem Leistungsaustausch ist eine differenzierende Betrachtung notwendig: Ist lediglich die Zahlung erfolgt, hat der Sachleistungsschuldner die Ware aber noch nicht geliefert, ergeben sich zunächst keine Unterschiede zu den obigen[548] Ausführungen. Die Interessenverteilung liegt wie in dem Fall, in welchem die Parteien noch keinerlei Erfüllungshandlungen vorgenommen haben. Die bloß erfolgte Zahlung rechtfertigt mit Blick auf die Schwierigkeit des Schuldners, sich leistungsbereit zu halten sowie auf die Sekundärinteressen des Gläubigers keine abweichende Beurteilung der Interessenabwägung. Freilich ist die Gegenleistung nach § 275 Abs. 4 BGB zurück zu gewähren.[549]

Anders verhält es sich hingegen, wenn die Vertragspflicht des Sachleistungsschuldners vor Embargoerlass durch die Warenlieferung erfüllt wurde. Ist die Geldleistung wegen Eingreifens eines Erfüllungsverbots beziehungsweise wegen der Pflicht zur Leistung an eine gelistete Person rechtlich unmöglich, vermag sich der Geldleistungsschuldner freilich nicht in die günstige Position zu bringen und seine Geldleistungspflicht mit Verweis auf eine dauernde Unmöglichkeit der Leistungserbringung verwei-

---

544 Siehe S. 114 ff. und Fn. 491.
545 *Bittner*, RIW 1994, 458 (464).
546 *Bittner*, ebenda.
547 S. 137.
548 Ebenda.
549 Zum Schicksal der Gegenleistung genauer infra, S. 141 ff.

gern, denn „Geld hat man zu haben", auch zum Zeitpunkt nach Aufhebung des Embargos.

cc) Zwischenergebnis

Das Embargo als grundsätzlich vorübergehendes beziehungsweise in seiner Dauer ungewisses Leistungshindernis steht in seiner Wirkung einem dauerhaften Leistungshindernis und damit einer Unmöglichkeit zumeist gleich. Im Hinblick auf die *Sachleistungspflicht* sprechen die Interessen von Gläubiger und Schuldner im typischen Embargofall gleichermaßen gegen das Fortbestehen der Leistungspflicht. Dauerschuldverhältnisse und langfristige Verträge hingegen sind einer kritischeren Prüfung der Interessenlagen zu unterziehen. Im Rahmen von Personalembargos wird eine Gleichstellung von vorübergehender und dauerhafter Unmöglichkeit nur ausnahmsweise abzulehnen sein. Weil Personalembargos im Gegensatz zu Staatenembargos keine vorübergehenden, sondern in ihrer Dauerhaftigkeit lediglich ungewisse Leistungshindernisse sind, muss sich die Aufhebung des Embargos in besonderer Weise abzeichnen. Vor allem im Zusammenhang mit Embargomaßnahmen zur Terrorismusbekämpfung ist eine Streichung von der Liste nicht zu erwarten.

Sofern die *Geldleistungspflicht* überhaupt von einem Embargoverbot erfasst ist, scheidet ein Fortfall der Leistungspflicht nach § 275 Abs. 1 BGB aufgrund des Grundsatzes „Geld hat man zu haben", aus. Indes wird sie häufig nach § 326 Abs. 1 S. 1 BGB untergehen.

3. Ausschluss der Leistungspflicht wegen rechtlicher Unmöglichkeit bei genehmigungsbedürftigen Erfüllungshandlungen

Die obigen Ausführungen gelten für *Verbote* der Erfüllungshandlungen. Es stellt sich jedoch die Frage, ob Leistungspflichten, zu deren Erfüllung das Embargo nach Vertragsschluss eine Genehmigung verlangt, ebenfalls unmöglich werden.[550] Im Gegensatz zu Verboten wirkt die Genehmi-

---

550 Typische Anordnungen genehmigungsbedürftiger Erfüllungshandlungen finden sich etwa in Art. 4, 5 VO (EU) Nr. 269/2014 vom 17. März 2014; Art. 16 ff. VO (EU) Nr. 36/2012 vom 18. Januar 2012 über restriktive Maßnahmen angesichts der Lage in Syrien; Art. 4 VO (EG) Nr. 314/2004 vom 19. Februar 2004 über re-

gungsbedürftigkeit zunächst nicht absolut: Die Erfüllungshandlung darf durchgeführt werden, nachdem die Genehmigung eingeholt wurde. Der bloße Zeitraum des Abwartens der Genehmigungserteilung ebnet freilich nicht den Weg zur Unmöglichkeit. Obwohl Genehmigungsverfahren langwierig sein können, ist das Leistungshindernis nur vorübergehender Natur.[551] Daher ist bei Genehmigungsfähigkeit der Erfüllungshandlung grundsätzlich kein Raum für eine Unmöglichkeit.[552]

Liegen die Voraussetzungen für die Genehmigungserteilung hingegen nicht vor, ist Raum für § 275 BGB. Nachträglich unmöglich wird die Leistung bei endgültiger Versagung der Genehmigung.[553] Der Erlaubnisvorbehalt kann nicht eintreten, die Vornahme der Erfüllungshandlung ist endgültig verboten. Vor dem Erhalt des endgültigen ablehnenden Bescheids ist eine Klagbarkeit auf Leistungsbefreiung wegen Unmöglichkeit der Leistung allerdings noch nicht aussichtsreich, weil bis zur endgültigen Versagung eine Verurteilung des Schuldners zur Leistungserbringung noch möglich ist.[554] Es dürfte erst nach Erteilung der erforderlichen Genehmigung vollstreckt werden.[555]

Lediglich in Fällen, in denen sich die Erteilung der Genehmigung als völlig unwahrscheinlich abzeichnet, ist bereits vor der endgültigen Versagung Raum für eine Unmöglichkeit.[556] Bei Staatenembargos dürfte das angesichts der Komplexität der Güterlisten allenfalls der Fall sein, wenn das Gut seiner Art nach offensichtlich nicht genehmigungsfähig ist. Ist der Vertragspartner nach dem Vertragsschluss hingegen gelistet worden, ist eine Erteilung der Genehmigung offensichtlich ausgeschlossen, sofern das Embargo keine Rückausnahmen für vor der Listung abgeschlossene Verträge vorsieht.

---

striktive Maßnahmen gegenüber Simbabwe (unter anderem die Verbringung von humanitären Zwecken dienenden Gütern betreffend).
551 *Ernst*, in: Münchener Kommentar zum BGB, § 275 BGB, Rn. 63; *Löwisch*, in: *Staudinger* (Hrsg.), J. von Staudingers Kommentar zum Bürgerlichen Gesetzbuch mit Einführungsgesetz und Nebengesetzen, § 275 BGB, Rn. 25; *Unberath*, in: *Bamberger/Roth* (Hrsg.), BeckOK BGB, § 275 BGB, Rn. 30.
552 *Ernst*, ebenda, Rn. 60.
553 *Ernst*, ebenda, Rn. 63.
554 *Ernst*, in: Münchener Kommentar zum BGB, § 275 BGB, Rn. 61.
555 *Ernst*, ebenda.
556 BGH, NJW 1975, 1510, 1511; BGH, NJW 1969, 837; *Löwisch*, in: *Staudinger* (Hrsg.), J. von Staudingers Kommentar zum Bürgerlichen Gesetzbuch mit Einführungsgesetz und Nebengesetzen, § 275 BGB, Rn. 25 mwN.

Im Hinblick auf die Frage, ob Embargomaßnahmen dauerhafte Leistungshindernisse sind, gelten die im Rahmen der verbotenen Erfüllungshandlungen getroffen Feststellungen.[557]

Freilich kann sich derjenige Vertragspartner, der sich um eine Genehmigungserteilung nicht bemüht, obwohl er dazu verpflichtet ist, für die Unmöglichkeit der Leistungserbringung schadensersatzpflichtig machen.[558]

4. Fazit

Sofern Embargoverbote keine Ausnahmen für die Erfüllung vor Embargoerlass abgeschlossener Verträge vorsehen, wirken sie sich derart nachhaltig auf die Sachleistungspflichten aus, dass diese wegen rechtlicher Unmöglichkeit untergehen. Genehmigungsbedürftige Erfüllungshandlungen werden in der Regel erst nach endgültiger Versagung der Genehmigung unmöglich. Erfüllungsverbote untersagen in zahlreichen Embargoverordnungen die Erbringung der Geldleistung in den Zielstaat. Weil die Erfüllung der Geldleistungspflicht nicht dauerhaft unmöglich ist, entfällt sie zwar nicht nach § 275 Abs. 1 BGB, wird aber jedenfalls regelmäßig gemäß § 326 Abs. 1 S. 1 BGB untergehen.

5. Fortbestehen der Gegenleistungspflicht wegen Verantwortlichkeit des Gläubigers

Soweit eine Unmöglichkeit eintritt, entfällt die Pflicht zur Erbringung der synallagmatischen, in der Regel selbst nicht embargierten Waren- oder Geldleistung nach § 326 Abs. 1 S. 1 BGB. Sofern der Sachleistungsgläubiger einen Beitrag zur Unmöglichkeit geleistet hat, wird eine durch § 326 Abs. 1 S. 1 BGB bewirkte „Vertragsstornierung"[559] jedoch durch § 326 Abs. 2 BGB verhindert. In den Fällen des § 326 Abs. 2 Var. 1 und Var. 3 BGB darf den Sachleistungsschuldner keine Verantwortlichkeit hinsichtlich der Herbeiführung der Unmöglichkeit treffen.[560]

---

557 S. 134 ff.
558 Infra, S. 183 f.
559 *Ernst*, in: Münchener Kommentar zum BGB, § 326 BGB, Rn. 9a.
560 *Schmidt*, in: *Bamberger/Roth* (Hrsg.), BeckOK BGB, § 326 BGB, Rn. 14.

Damit wirft § 326 Abs. 2 BGB die Frage danach auf, inwiefern eine Partei für eine Embargomaßnahme *verantwortlich*[561] ist. Bei Embargomaßnahmen handelt es sich um Akte der Staatsgewalt, die ebenso wie Naturkatastrophen oder Kriegsausbrüche[562] unbeeinflussbar und deshalb als force majeure zu bestimmen sein könnten. Dies soll im Folgenden geklärt werden.

Die folgenden Ausführungen dienen nicht nur dazu, die Frage nach dem Ausschluss der Gegenleistungspflicht zu beantworten. Sie bilden vielmehr die Grundlage für all jene Bereiche dieser Arbeit, in denen eine Risikotragung und Risikozuweisung zu untersuchen ist, so etwa im Rahmen des Vertretenmüssens.[563]

a) Keine Verantwortlichkeit wegen embargobedingter force majeure-Situation

Der Begriff der force majeure ist der Terminologie des BGB und seinen Nebengesetzen zwar nicht gänzlich unbekannt, so ist seine deutsche Entsprechung „höhere Gewalt" etwa in §§ 206, 651 j, 701 Abs. 3 BGB sowie in den Nebengesetzen des BGB in §§ 7 StVG, 4 UmweltHG, 22 Abs. 2 WHG, Art. 54 Abs. 1 WG, § 48 Abs. 1 ScheckG zu finden.[564] Art. 79 CISG[565] schließt, die Tatbestandsmerkmale der höheren Gewalt umschreibend, eine Leistungspflicht des Schuldners aus. Der Terminus zählt jedoch

---

561 Immer noch umstritten ist, welche Anforderungen an eine Verantwortlichkeit zu stellen sind, wobei sich immer weniger Stimmen um die Sphärentheorie und um eine Anwendung der §§ 276 ff. BGB bemühen, sondern überwiegend auf die vertragliche oder gesetzliche Risikoübernahme abstellen. *Ernst*, in: Münchener Kommentar zum BGB, § 326 BGB, Rn. 52 mwN Fn. 56. Der Maßstab des §§ 276 ff. BGB kann jedenfalls angewandt werden, wenn die Verletzung von Haupt- oder Nebenpflichten in Rede steht, BGH, NJW 1980, 700; BGH, NJW 1976, 1315; *Otto*, in: *Staudinger* (Hrsg.), J. von Staudingers Kommentar zum Bürgerlichen Gesetzbuch mit Einführungsgesetz und Nebengesetzen, § 326 BGB, C 5.
562 Vgl. nur BGH, NJW 2002, 3700.
563 Dazu infra, S. 174 ff.
564 Vgl. *Filthaut*, in: *Filthaut* (Hrsg.), Haftpflichtgesetz, § 1 HaftpflG, Rn. 158.
565 Art. 79 Abs. 1 CISG: „Eine Partei hat für die Nichterfüllung einer ihrer Pflichten nicht einzustehen, wenn sie beweist, daß die Nichterfüllung auf einem außerhalb ihres Einflußbereichs liegenden Hinderungsgrund beruht und daß von ihr vernünftigerweise nicht erwartet werden konnte, den Hinderungsgrund bei Vertrags-

nicht zum typischen Begriffskanon, wenn es um die Identifikation einer Verantwortlichkeit für eine Störungsquelle im Rahmen vertraglicher Verpflichtungen geht.[566] Der Hauptanwendungsbereich der force majeure liegt in erster Linie im Bereich der Gefährdungshaftung, die etwa nach § 7 Abs. 2 StVG oder § 676 c Nr. 1 BGB[567] ihre Grenze findet, wenn ein Ereignis höherer Gewalt schadensverursachend war.[568] Embargofälle haben jedoch einen besonderen Bezug zu dem Begriff, weil er zur gängigen Terminologie von Außenhandelsverträgen zählt.[569] Verträge des Außenwirtschaftsrechts formulieren regelmäßig force majeure-Klauseln, die das Risiko für den Eintritt eines Ereignisses höherer Gewalt einer Vertragspartei zuweisen.[570]

Die Rechtsprechung[571] versteht unter höherer Gewalt seit frühen Reichsgerichtsentscheidungen ein „betriebsfremdes, von außen durch elementare Naturkräfte oder durch Handlungen Dritter herbeigeführtes Ereignis, das nach menschlicher Einsicht und Erfahrung unvorhersehbar ist, mit wirtschaftlich erträglichen Mitteln auch durch die äußerste, nach der Sachlage vernünftigerweise zu erwartende Sorgfalt nicht verhütet oder unschädlich gemacht werden kann und auch nicht wegen seiner Häufigkeit vom Betriebsunternehmer in Kauf zu nehmen ist."[572] Das Ereignis muss

---

abschluß in Betracht zu ziehen oder den Hinderungsgrund oder seine Folgen zu vermeiden oder zu überwinden."

566 *Ulmer*, AcP 1974, 167 (177); *Ridder/Weller*, European Review of Private Law 2014, 371 (372 f.).
567 Dazu *Schmalenbach*, in: *Bamberger/Roth* (Hrsg.), BeckOK BGB, § 676 c BGB, Rn. 3 f.; *Weick*, ZEuP 2014, 281 (284).
568 *Ridder/Weller*, European Review of Private Law 2014, 371 (373).
569 *Ulmer*, AcP 1974, 167 (177).
570 *Gesang*, Force-majeure, 1980, S. 30 f.; *Plate*, RIW 2007, 42 ff.
571 Diese ist wegen der Abwesenheit von Legaldefinitionen außerhalb der Begriffsumschreibungen etwa in Art. 79 CISG oder § 676 c Nr. 1 BGB in besonderer Weise maßgeblich, *Weick*, ZEuP 2014, 281 (287).
572 RGZ 109, 172; RGZ 171, 104, 105 f.; BGH, NJW-RR 2008, 335, 336; BGH, NJW-RR 1993, 311, 312; BGH, NJW-RR 1988, 986; BGH, NJW 1955, 1225 jeweils mwN. Zum Fehlen eines einheitlichen europäischen Begriffsverständnisses *Weick*, ZEuP 2014, 281 (300 ff.).

mithin unvorhersehbar, unvermeidbar und außergewöhnlich sein.[573] Typischerweise werden darunter Naturkatastrophen und Kriegsfälle gefasst.[574] Embargomaßnahmen sind politische Reaktionen auf akute Krisensituationen und damit grundsätzlich unvorhersehbar.[575] Als Akte der Staatsgewalt entziehen sie sich grundsätzlich der Steuerung durch den einzelnen Vertragspartner.[576] Embargomaßnahmen wurzeln als hoheitliche Eingriffe außerhalb des Rechtskreises, für den die privaten Vertragsparteien gegenseitig einstehen müssen.[577] Sie zählen typischerweise zu exogenen Leistungshindernissen[578] und können daher grundsätzlich unter den force majeure-Begriff subsumiert werden.[579] Fehlgehend wäre jedoch, Embargomaßnahmen *stets* als Ereignisse höherer Gewalt zu bewerten. Vielmehr können Risiken, die grundsätzlich ein Ereignis höherer Gewalt sein können, unter bestimmten Umständen von den Vertragsparteien zu tragen sein:

So kann das *Gesetz* eine Zurechnung von force majeure-Umständen zu Lasten einer Vertragspartei anordnen. Schreibt es bestimmte Maßstäbe zur Risikozuweisung fest, ist kein Raum für höhere Gewalt, weil insoweit das Gesetz einen rechtlich zu beachtenden Maßstab dafür vorgibt, welche Risiken der Schuldner zu tragen hat und wann er sich entlasten kann.[580] Im

---

573 *Filthaut*, in: *Filthaut* (Hrsg.), Haftpflichtgesetz, § 1 HaftpflG, Rn. 158; *Nolting*, RIW 1988, 511 (512); *Thüsing*, in: *Graf von Westphalen/Thüsing* (Hrsg.), Vertragsrecht und AGB-Klauselwerke, Höhere Gewalt, Rn. 2.

574 *Kahn*, Journal de droit international 102 (1975), 467 (470); *Weick*, ZEuP 2014, 281 (305).

575 *Mankowski*, in: *Schmidt* (Hrsg.), Münchener Kommentar zum Handelsgesetzbuch, Art. 79 CISG, Rn. 39; *Neumann*, Internationale Handelsembargos und privatrechtliche Verträge, 2001, S. 317.

576 RG, LZ 1918, 1145, 1146: „Akte der Staatsgewalt des Staates, dem eine Vertragspartei angehört, sind nicht Handlungen dieser Partei; sie hat privatrechtlich Akte ihrer Staatsgewalt nicht zu vertreten."

577 *Nolting*, RIW 1988, 511 (512).

578 *Mankowski*, in: *Schmidt* (Hrsg.), Münchener Kommentar zum Handelsgesetzbuch (34 ff.).

579 *Magnus*, in: *Staudinger* (Hrsg.), J. von Staudingers Kommentar zum Bürgerlichen Gesetzbuch mit Einführungsgesetz und Nebengesetzen, Art. 79 CISG, Rn. 28; *Mankowski*, in: *Schmidt* (Hrsg.), Münchener Kommentar zum Handelsgesetzbuch, Art. 79 CISG, Rn. 35; *Piltz*, Internationales Kaufrecht, 1993, S. 163; *Weick*, ZEuP 2014, 281 (304 f.).

580 *Mankowski*, in: *Schmidt* (Hrsg.), Münchener Kommentar zum Handelsgesetzbuch (23).

Hinblick auf Embargomaßnahmen ist eine solche gesetzliche Risikozuweisung jedoch nicht angeordnet.

Raum für höhere Gewalt ist jedoch auch in Embargofällen dann nicht, wenn eine Partei das Risiko für den Eintritt eines Umstands der höheren Gewalt *vertraglich* übernahm und damit eine Risikozuweisung an sie erfolgte.[581] In internationalen Verträgen geschieht dies typischerweise mit Hilfe der force majeure-Klauseln.[582] Nicht ausreichend für die Risikozuweisung ist hingegen die Verpflichtung, die außenwirtschaftsrechtliche Genehmigung einzuholen. Sie erschöpft sich in dem Willen, für die Einholung der Genehmigung, nicht indes für das embargobedingte Scheitern ihrer Erteilung verantwortlich zu sein.[583]

Außerhalb einer derartigen vertraglich ausdrücklich festgelegten Risikozuweisung nehmen vereinzelt die Rechtsprechung sowie einige Stimmen in der Literatur eine Risikozuweisung von grundsätzlich unbeeinflussbaren Umständen an eine Vertragspartei vor, wenn künftige Störungsquellen bei Vertragsschluss *vorhersehbar* waren, mithin keine force majeure-Situation vorliegt, sie den Vertrag jedoch trotzdem unverändert, ohne eine vertragliche Vorsorge für den Störungsfall zu treffen, abschloss.[584] Eine derartige Vorhersehbarkeit könnte bei Staatenembargos eine Verantwortlichkeit einer Vertragspartei für die Embargomaßnahme auslösen. Hingegen könnte das Risiko eines Personalembargos wegen der Beherrschbarkeit seines Erlasses von der gelisteten Person zu tragen sein. Dies soll im Folgenden untersucht werden.

b) Keine Verantwortlichkeit für die Embargomaßnahme wegen Risikozuweisung

Die Untersuchung erfolgt für staaten- und personenbezogene Embargomaßnahmen getrennt. Gesondert soll zudem der Fall untersucht werden, in

---

581 *Nolting*, RIW 1988, 511 (512).
582 Dazu infra, S. 195 ff.
583 *Lindemeyer*, RIW 1981, 10 (22).
584 LG KA, NJW-RR 1993, 311; *Mankowski*, in: *Schmidt* (Hrsg.), Münchener Kommentar zum Handelsgesetzbuch, Art. 79 CISG, Rn. 39; *Neumann*, Internationale Handelsembargos und privatrechtliche Verträge, 2001, S. 320; *Lüderitz/Dettmeier*, in: *Soergel* (Hrsg.), Bürgerliches Gesetzbuch mit Einführungsgesetz und Nebengesetzen, Art. 79 CISG, Rn. 8; *Ulmer*, AcP 1974, 167 (178).

dem ein privater Wirtschaftsteilnehmer mit einem Staatsunternehmen kontrahiert.

aa) Staatenbezogene Embargomaßnahmen: Keine Verantwortlichkeit wegen Vorhersehbarkeit oder Risikozuweisung

Zunächst soll der Frage nachgegangen werden, unter welchen Umständen Staatenembargos überhaupt vorhersehbare Ereignisse sind. Im Anschluss daran wird dargelegt, weshalb eine Vorhersehbarkeit des Embargos nach teilweise aufkommenden Stimmen in Rechtsprechung und Literatur die Rechtsfolge der Risikozuweisung auszulösen vermag. Es wird sich zeigen, dass diese Feststellung jedenfalls in ihrer Pauschalität fehl geht.

Es sind solche Störungen zu analysieren, die eintreten, wenn der Vertragsschluss vor dem Embargoerlass liegt.[585] Es steht also die Frage nach der Vorhersehbarkeit künftig erlassener Embargomaßnahmen in Rede.

Embargomaßnahmen als Akte der Staatsgewalt und akutes Reaktionsmittel auf Völkerrechtsverstöße sind in der Regel unvorhersehbar.[586] Weder ist der Völkerrechtsverstoß vorhersehbar noch dessen Erwiderung mit einem Embargo.[587]

Besteht hingegen eine deutliche Ähnlichkeit zu vergangenen Konflikten, auf die regelmäßig mit Embargos reagiert oder in denen der Erlass von Embargomaßnahmen angedroht wurde, kann das Embargo vorhersehbar sein.[588] So hat das LG Karlsruhe im Hinblick auf das Irak-Embargo eine Vorhersehbarkeit bejaht: „Wiederholt haben innerhalb eines nicht zu lange zurückliegenden Zeitraumes plötzliche Ereignisse in diesem Spannungsgebiet zu nachhaltigen Auswirkungen geführt und teilweise sogar die weltwirtschaftliche Situation bedeutsam beeinflußt. […] Die Bekl. wird wohl selbst nicht bestreiten können, daß jederzeit wegen der besonderen Situation in dem genannten Gebiet mit weiteren Änderungen des Außenwirtschaftsrechts zu rechnen ist.“[589]

---

585 Liegt der Vertragsschluss nach Embargoerlass, ist der Vertrag bereits nichtig, dazu supra, S. 64 ff.
586 Siehe Fn. 575.
587 *Neumann*, Internationale Handelsembargos und privatrechtliche Verträge, 2001, S. 317.
588 *Neumann*, ebenda.
589 LG Karlsruhe, NJW-RR 1993, 311, 312.

Auch nachdrückliche Androhungen einer Embargoverhängung auf UN-
oder EU-Ebene können Embargomaßnahmen vorhersehbar werden lassen.
Als Beispiel hierfür dienen die von der EU anlässlich der Ukraine-Krise
angedrohten Wirtschaftssanktionen. Ein Drei-Stufen-Plan sah den Erlass
von Sanktionen unterschiedlicher Eingriffsintensität vor, sollte der Konflikt andauern.[590] Freilich sind öffentliche Androhungen stets als strategi-
scher Warnschuss zu verstehen, ihre Ernsthaftigkeit lässt sich ihnen aber
nicht absprechen, wie der Ukraine-Fall demonstriert. Die Vorhersehbarkeit eines Embargos ist folglich eher Ausnahme- als Regelfall. Sie beschränkt sich vor allem auf Fälle nicht sofort nach Embargoanlass erlassener, sondern zuvor angedrohter Sanktionsmaßnahmen.[591]

Aus dem Wortlaut des § 326 Abs. 2 beziehungsweise des § 276 BGB
ergibt sich jedoch nicht, dass der Schuldner für vorhersehbare Vertragsstörungen verantwortlich ist. Sind Embargomaßnahmen vorhersehbar, soll
nach einigen Stimmen in Rechtsprechung und Literatur eine Risikozurech-
nung aus dem Gedanken der tatsächlichen Risikoübernahme heraus erfolgen.[592] Ist ein Embargo vorhersehbar, wurde der Vertrag jedoch ohne Risikozuweisung an eine Partei geschlossen, soll das Embargo wegen tatsächlicher Risikoübernahme im Gefahrenkreis der das Embargo voraussehenden Vertragspartei wurzeln: „Die fehlende Externalisierung oder Über-
wälzung des Risikos im Vertrag wirkt dann im Ergebnis wie eine implizite
Risikoübernahme durch den Schuldner."[593] Derjenige, der in ein Krisen-

---

590 Aktionsplan des Europäischen Rates vom 6. März 2014, abrufbar unter http://
      www.consilium.europa.eu/uedocs/cms_data/docs/pressdata/de/ec/141381.pdf,
      zuletzt abgerufen am 28.10.2014.
591 Ein zu langes Abwarten ist für den Erfolg des Embargos indes nicht förderlich,
      siehe supra S. 36.
592 LG KA, NJW-RR 1993, 311, wobei der Vertrag des dem Urteils zu Grunde lie-
      genden Sachverhalts eine Freizeichnung für force majeure-Ereignisse vorsah;
      Mankowski, in: *Schmidt* (Hrsg.), Münchener Kommentar zum Handelsgesetz-
      buch, Art. 79 CISG, Rn. 39 im Hinblick auf einen außerhalb des Parteieinflusses
      liegenden Hinderungsgrunds nach Art. 79 Abs. 1 CISG; siehe auch die Nachwei-
      se bei *Metschkoll*, Eingriffe in Außenhandelsverträge, 1992, S. 174; *Neumann*,
      Internationale Handelsembargos und privatrechtliche Verträge, 2001, S. 320;
      Lüderitz/Dettmeier, in: *Soergel* (Hrsg.), Bürgerliches Gesetzbuch mit Einfüh-
      rungsgesetz und Nebengesetzen, Art. 79 CISG, Rn. 8; *Ulmer*, AcP 1974, 167
      (178).
593 *Mankowski*, in: *Schmidt* (Hrsg.), Münchener Kommentar zum Handelsgesetz-
      buch, Art. 79 CISG, Rn. 39.

gebiet liefert, müsse mit einer Störung rechnen.[594] Eine unterlassene Risikovorsorge wirke sich zu seinen Lasten aus.[595]

Der Embargoerlass bleibt jedoch selbst dann unvermeidbar, wenn er vorhersehbar ist. Ein vorhersehbares Embargo ist zwar nicht als force majeure zu werten, weil sich diese nach den Kriterien der Rechtsprechung gerade durch Unvorhersehbarkeit auszeichnet. Force majeure ist jedoch kein Tatbestandsmerkmal, dessen Nichtvorliegen eine Verantwortlichkeit des Schuldners für ein leistungsstörendes Ereignis auslöst. Embargomaßnahmen werden von staatlichen Stellen verhängt und für den Schuldner daher unvermeidbar. Selbst wenn das drohende Embargo voraussehbar war, ist es für ihn nicht beherrschbar. Jedoch ist die Beherrschbarkeit Voraussetzung, um die Verantwortlichkeit des Schuldners zu begründen.[596] Die bloße Vorhersehbarkeit vermag daher keine pauschale Risikozuweisung und Verantwortlichkeit des Schuldners für den staatlichen Embargoerlass zu begründen.

Die Kategorie der Vorhersehbarkeit muss vielmehr in die Dimensionen tatbestandlichen Rechts übertragen werden: Die Vorhersehbarkeit der Embargomaßnahme ist von Bedeutung, soweit die Verletzung vertraglicher Nebenpflichten in Rede steht: Hat eine Vertragspartei den Embargoerlass tatsächlich antizipiert, schließt sie den Vertrag jedoch ab, ohne die andere Vertragspartei über die drohende Leistungsstörung informieren, verletzt sie Aufklärungspflichten. Sah sie das Embargorisiko nicht voraus, hätte das Embargorisiko aber erkennen können, kann ihr eine Verletzung ihrer Nachforschungspflichten anzulasten sein. Diese Pflichtverletzungen sind in Embargofällen im Wege der culpa in contrahendo auszugleichen.[597]

---

594 LG KA, NJW-RR 1993, 311: Das LG bejahte eine Risikozuweisung an die in den Irak liefernde Vertragspartei, da die Lieferung in ein allgemeines Spannungsgebiet erfolgen sollte und dabei mit ungewissen Ereignissen gerechnet werden musste.

595 *Neumann*, Internationale Handelsembargos und privatrechtliche Verträge, 2001, S. 320; *Lüderitz/Dettmeier*, in: *Soergel* (Hrsg.), Bürgerliches Gesetzbuch mit Einführungsgesetz und Nebengesetzen, Art. 79 CISG, Rn. 8.

596 *Bittner*, ZVglRWiss 93 (1994), 268 (283); *Tonner*, in: *Nettesheim* (Hrsg.), Das Recht der Europäischen Union, Art. 5 RL 90/314/EWG mit kritischem Blick auf § 651 c.

597 Siehe S. 104 ff., 177 ff.

bb) Zwischenergebnis

Es bleibt festzuhalten, dass eine unterlassene Risikoabsicherung keine Risikozuweisung auslöst. Staatenbezogene Embargomaßnahmen sind grundsätzlich als Ereignisse höherer Gewalt zu beurteilen. Selbst wenn sie im Einzelfall vorhersehbar und damit nicht als force majeure zu werten sind, wird keine pauschale Risikozuweisung an die voraussehende Vertragspartei begründet. Die voraussehende Vertragspartei schuldet einen nicht treuwidrigen Umgang mit der Gefahr[598] des Embargos, was Aufklärungspflichten und Nachforschungspflichten auslöst, für deren Missachtung sie verantwortlich ist.

cc) Personenbezogene Embargomaßnahmen

Im Gegensatz zu Staatenembargos könnten Personalembargos aufgrund ihres personellen Bezugs dem Risikobereich der gelisteten Person zuzuweisen und damit nicht als force majeure zu bewerten sein.

Ein Personalembargo liegt im Verantwortungsbereich der gelisteten Person, wenn es für diese beherrschbar und kontrollierbar[599] und damit nach den durch die Rechtsprechung gefestigten Begriffskategorien der force majeure vermeidbar ist. Es ist gezielt auf die natürliche oder juristische Person als Teilnehmer des Privatrechtsverkehrs und nicht lediglich auf einen zu sanktionierenden Staat gerichtet. Die gelistete Person kann steuern, ob sie terroristische Aktivitäten fördert oder Völkerrechtsverstöße begeht. Von ihrem Verhalten ist es abhängig, ob ein Embargo die Abwicklung der vertraglichen Verpflichtung verhindert. Das Embargo knüpft an ihre autonomen Verhaltensweisen an, für deren Konsequenzen sie einzustehen hat. Während die Zivilpartei des Zielstaates an den Völkerrechtsverstößen der Staatsmacht unbeteiligt ist, dient das Personalembargo als Sanktion für gesetzeswidriges Verhalten des Gelisteten. Die Störungsquelle ist kein exogener[600] Faktor. Weil der Erlass des Personalembargos für den Gelisteten beherrsch- und damit vermeidbar ist, bleibt kein Raum für force majeure.

---

598 *Grundmann*, in: Münchener Kommentar zum BGB, § 276 BGB, Rn. 32.
599 Siehe Fn. 572 f.
600 *Mankowski*, in: *Schmidt* (Hrsg.), Münchener Kommentar zum Handelsgesetzbuch (34 ff.).

Zudem fehlt Personalembargos regelmäßig das force majeure-Merkmal der Unvorhersehbarkeit, jedenfalls soweit die Listung im Zuge des Erlasses einer Änderungsverordnung erfolgt. Die gelistete Person kann anhand des Grundembargos voraussehen, dass Folge ihrer Handlungen die eigene Listung sein wird.

Freilich kann das Embargo nur unter der Voraussetzung der Rechtmäßigkeit der Listung der Risikosphäre des Gelisteten zugeordnet werden. Eine unrechtmäßige Listung ist nicht beherrschbar. Dann wirkt das Personalembargo ausnahmsweise als force majeure. Klargestellt sei auch, dass Personalembargos wie Ereignisse höherer Gewalt[601] auf Vertragsverhältnisse einwirken, an denen der Embargogegner nicht beteiligt ist. Kann etwa ein Lieferant die Ware nicht zum vereinbarten Termin liefern, weil der Hersteller in der Anti-Terror-Verordnung gelistet ist und er die Ware anderweitig besorgen muss, ist er für das *Embargo* nicht verantwortlich. Verantwortlich für die *Verzögerung* kann er freilich sein, wenn er seine Unternehmensorganisation nicht so eingerichtet hat, dass bei Überprüfung seiner Hersteller anhand geltender Embargovorschriften ein rechtzeitiger Bezug der Ware grundsätzlich gewährleistet werden kann.[602]

Damit bleibt festzuhalten, dass Personalembargos nicht als höhere Gewalt zu werten sind, sofern es sich nicht um eine unrechtmäßige, unvorhersehbare Listung handelt. Die Sanktionswirkung des Personalembargos erfährt durch die zivilrechtliche Verantwortlichkeit des Gelisteten für die Embargomaßnahme eine Intensivierung: Das Embargo führt nicht nur zur Einfrierung von Vermögenswerten, sondern bewirkt zugleich, dass Schadensersatzansprüche gegen den Gelisteten begründet werden und er trotz Unmöglichkeit der Warenlieferung zur Erbringung der Gegenleistung verpflichtet bleibt.

dd) Verantwortlichkeit bei Vertragsschluss zwischen privatem
     Wirtschaftsteilnehmer und Staatsunternehmen

Strukturell anders als im Fall des Vertragsschlusses zwischen privaten Wirtschaftsteilnehmern könnte es indes liegen, wenn Verträge mit Unter-

---

601 Als höhere Gewalt ist das Embargo nicht zu werten. Kritisch zu einer im deutschen Recht zu beobachtenden „Aufspaltung" der höheren Gewalt in Fällen der Drittverursachung *Weick*, ZEuP 2014, 281 (308).
602 *Puschke/Hohmann*, Basiswissen Sanktionslisten, 2012, S. 78.

nehmen geschlossen werden, die von der staatlichen Hand kontrolliert werden. Bei der Beurteilung, ob der Vertragspartner ein Staatsunternehmen ist, kommt es nicht auf die Eigentumslage, sondern auf die tatsächliche staatliche Aufsicht und Kontrolle an.[603] In manchen Ländern ist ein Vertragsschluss sogar ausschließlich mit Staatsunternehmen möglich, so im Irak.[604]

Das Problem der Verantwortlichkeit des Staatsunternehmens für Embargostörungen stellt sich in zweierlei Ausprägungen, danach differenzierend ob der Staat des angehörigen Staatsunternehmens Embargosender oder -adressat ist. Typische Konstellation der ersten Fallgestaltung ist, dass das Staatsunternehmen eine Freizeichnungsklausel für Fälle höherer Gewalt in den Vertrag aufnimmt, sodann aber selbst ein Embargo erlässt und damit den Vertrag zur Störung bringt.[605] Das Staatsunternehmen hat es in diesen Fällen selbst in der Hand, für den Eintritt des Leistungshindernisses zu sorgen.

In der zweiten Fallgruppe ist der hinter dem Unternehmen stehende Staat beziehungsweise bei Personalembargos dessen Staatsoberhaupt Adressat des Embargos. Weil sich Embargoadressat und Vertragspartner überschneiden, könnte das Embargo wie im Rahmen von Personalembargos dem Risikobereich des Staates zuzuweisen sein. Eine Risikozuweisung ist zu bejahen, wenn die Vertragsstörung beherrschbar und folglich für das Wirtschaftsunternehmen im Zielstaat vermeidbar war. Das Embargo richtet sich jedoch weder unmittelbar gegen das Unternehmen noch wird es durch dieses erlassen. Vielmehr ist der hinter dem Unternehmen als Eigentümer stehende Staat Adressat beziehungsweise Sender des Embargos. Während im Rahmen von Personalembargos unmittelbar das Verhalten des Gelisteten embargoauslösend wirkt, liegt der Grund für den Embargoerlass in den hier zu untersuchenden Fällen nicht beim Wirtschaftsunternehmen selbst. Das Embargo wird als Reaktion auf ein völkerrechtswidriges Verhalten der staatlichen Machthaber gegen diese verhängt beziehungsweise wird durch diese als Maßnahme der Außenpolitik erlassen.

---

603 *Fischer/Hoffmann*, Staatsunternehmen im Völkerrecht und im Internationalen Privatrecht, 1984, S. 36; *Nolting*, RIW 1988, 511 (511).
604 *Neumann*, Internationale Handelsembargos und privatrechtliche Verträge, 2001, S. 319.
605 *Lindemeyer*, RIW 1981, 10 (22); *Nolting*, RIW 1988, 511 (512).

Staat und Staatsunternehmen sind formell zu trennende Rechtssubjekte.[606] Die im Staat für völkerrechtswidrige Taten verantwortlichen Machthaber stehen zwar als Eigentümer hinter dem Staatsunternehmen. Die tatsächlichen Leitungsaufgaben sind über vielstufige Hierarchieebenen nach unten delegiert.[607] Vertragspartner wird nicht der Staat selbst, sondern das Unternehmen, dessen Leitung durch vom Staat zu unterscheidende Lenkungsorgane bestimmen. Staatliche und unternehmerische Interessen divergieren sogar in der Regel, denn aus der Perspektive eines Wirtschaftsunternehmens ist ein Embargoerlass stets ungünstig. Die abstrakte Beeinflussungsmöglichkeit der Unternehmensbeziehungen durch den staatlichen Eigentümer reicht nicht aus, um eine pauschale Verantwortlichkeit des Wirtschaftsunternehmens für die Vertragsstörung zu begründen. Daher muss die staatslenkende Sphäre des Sanktionsadressaten beziehungsweise -senders grundsätzlich von der zivilrechtlichen Sphäre des kontrahierenden Wirtschaftsunternehmens getrennt betrachtet werden.

Dieser Grundsatz findet jedoch dann seine Grenze, wenn sich der Staat in das Gewand einer privatrechtlichen Rechtsform hüllt, um staatliche Interessen wahrzunehmen.[608] Als Teilnehmer des Privatrechtsverkehrs ist er gleichermaßen wie private Wirtschaftsteilnehmer an für den Bürger geltende Rechtssätze[609] und damit an den Grundsatz der Vertragstreue gebunden.[610] Nach der herrschenden Auffassung ist es dem Staat daher zu Recht versagt, sich auf eine force majeure-Klausel zu berufen, wenn „das spezielle unternehmerische Interesse am Vertrag treibendes Motiv"[611] für den Erlass des Embargos war.[612] Aufgrund der tatsächlichen Beherrschbarkeit

---

606 *Böckstiegel*, RIW 1984, 1 (12 ff., 35 f.); vgl. auch *Fabry/Augsten*, Unternehmen der öffentlichen Hand, 2. Aufl. (2011), S. 183 ff.
607 *Nolting*, RIW 1988, 511 (513).
608 *Fischer/Hoffmann*, Staatsunternehmen im Völkerrecht und im Internationalen Privatrecht, 1984, S. 63.
609 *Ehlers*, Verwaltung in Privatrechtsform, 1984, S. 74.
610 *Böckstiegel*, RIW 1984, 1 (15); *Nolting*, RIW 1988, 511 (521); *Weller*, Die Grenze der Vertragstreue von (Krisen-)Staaten, 2013, S. 29.
611 *Nolting*, RIW 1988, 511 (521).
612 Entscheidung der Schiedskommission der sowjetischen Außenhandels-Arbitragekommission im Fall Sojusneftjeksport gegen Jordan Investments Ltd, RabelsZ 24 (1959), S. 540 ff.; kritisch zur Würdigung der Einflussnahme des sowjetischen Schiedsgerichts *Berman*, RabelsZ 24 (1959), 449 ff.; Entscheidung eines schweizerischen Schiedsgerichts im Fall eines polnischen Staatsunternehmens, das sich auf Unmöglichkeit der weiteren Vertragsdurchführung infolge von durch Polen erlassenen Importbeschränkungen berief, Yearbook Commercial Arbitration

des Embargoerlasses fällt das Embargo in den Verantwortungsbereich des Unternehmens. Das Staatsunternehmen, dessen Träger Sender des Embargos ist, kann sich dann nicht auf höhere Gewalt berufen. War der Erlass des Embargos für das Wirtschaftsunternehmen zum Zeitpunkt des Vertragsschlusses vorhersehbar, könnte ihm bei unterlassener Aufklärung über das drohende Risiko eine Nebenpflichtverletzung zur Last fallen. An ein staatliches Wirtschaftsunternehmen sind wegen des leichteren Zugangs zu staatlichen Informationen hinsichtlich der Voraussehbarkeit freilich erhöhte Anforderungen zu stellen als für die im Ausland ansässige Vertragspartei.

Außerhalb derartiger Sondersituationen kann dem Staatsunternehmen jedoch keine Verantwortlichkeit für den Embargoeintritt angelastet werden, sofern er nach dem Vertragsschluss erfolgt.

ee) Fazit

Es lassen sich folgende Ergebnisse festhalten: Den durch ein *Personalembargo* sanktionierten Gegenleistungsschuldner trifft eine alleinige Verantwortlichkeit für den Eintritt des Leistungshindernisses, weil der Embargoerlass auf sein Verhalten zurückzuführen ist und damit in seiner Risikosphäre wurzelt. Er bleibt gemäß § 326 Abs. 2 S. 1 Var. 1 BGB verpflichtet, die Gegenleistung zu erbringen.

Wird der Vertrag hingegen durch ein *Staatenembargo* gestört, kann eine Verantwortlichkeit des Schuldners selbst dann nicht begründet werden, wenn der Embargoerlass im konkreten Einzelfall vorhersehbar war. Ihm ist selbst bei Vorhersehbarkeit weder eine alleinige noch eine weit überwiegende Verantwortlichkeit für den Eintritt des Leistungshindernisses zuzuweisen. Die mangelnde Aufklärung oder Nachforschung im Hinblick auf das Embargohindernis kann jedoch eine Nebenpflichtverletzung begründen.

1987, S. 63 ff.; *Enderlein*, RIW 1988, 333 ff. (336); *Huber*, in: Münchener Kommentar zum BGB (11); *Lindemeyer*, RIW 1981, 10 (22); *Magnus*, in: *Staudinger* (Hrsg.), J. von Staudingers Kommentar zum Bürgerlichen Gesetzbuch mit Einführungsgesetz und Nebengesetzen, Art. 79 CISG, Rn. 29; *Mann*, RIW 1987, 186 ff. Nach Böckstiegel besteht sogar eine Vermutung dafür, dass der Staat nicht zum Schaden seiner eigenen Gesellschaften handelt, RIW 1984, 1 (74).

War der Embargoerlass für beide Vertragsparteien unvorhersehbar, liegt das Leistungshindernis als Ereignis höherer Gewalt außerhalb jeglicher Parteiverantwortlichkeit. Befindet sich der Gegenleistungsschuldner in einem solchen Fall in Annahmeverzug und wird währenddessen ein Embargo erlassen, bleibt er gemäß des § 326 Abs. 1 S. 1 Var. 3 BGB zur Gegenleistung verpflichtet.

6. Fortbestehen der Gegenleistungspflicht wegen vorgelagerten Übergangs der Preisgefahr

Die Ausführungen unter e) haben gezeigt, dass für § 326 Abs. 2 S. 1 Var. 1 BGB kein Raum ist, wenn Staatenembargos Auslöser der Leistungsstörung sind. Im Folgenden bleibt zu prüfen, ob sich dies im Lichte der §§ 446, 447 und 644, 645 BGB abweichend darstellt. Diese Gefahrtragungsregeln greifen nur für zufällige Ereignisse, mithin dann, wenn die konkrete Embargomaßnahme als höhere Gewalt zu werten ist.[613] Personalembargos sind daher von ihrem Anwendungsbereich ausgenommen. Die Preisgefahr verbleibt bereits nach § 326 Abs. 2 S. 1 Var. 1 BGB beim gelisteten Gegenleistungsschuldner.

a) Gefahrübergang nach § 446 BGB

§ 446 BGB könnte dem Gläubiger der embargobedingt unmöglich gewordenen Leistung im Rahmen von Kaufverträgen eine Zahlungspflicht auferlegen. Anknüpfung des durch § 446 BGB ausgelösten Übergangs der Preisgefahr ist die Übergabe der Kaufsache. Die Regelung wird von dem Gedanken getragen, dass derjenige, der die tatsächliche Sachherrschaft innehat, aufgrund dieser Nähe jedenfalls die Gefahr eines zufälligen Untergangs oder einer zufälligen Verschlechterung der Sache tragen soll.[614] Sie

---

613 *Otto*, in: *Staudinger* (Hrsg.), J. von Staudingers Kommentar zum Bürgerlichen Gesetzbuch mit Einführungsgesetz und Nebengesetzen, § 326 BGB, B 3. Zufall und höhere Gewalt sind zwar zu unterscheiden. Ein zufällig eintretender, leistungshindernder Umstand erfordert, dass keine Vertragspartei ein Verschulden trifft. Bei einem Umstand höherer Gewalt ist ein Verschulden nicht nachzuweisen, *Weick*, ZEuP 2014, 281 (284) mwN.

614 *Hager*, Die Gefahrtragung beim Kauf, 1982, S. 83 f.; *Weidenkaff*, in: *Palandt* (Hrsg.), Bürgerliches Gesetzbuch, § 446 BGB, Rn. 1.

ist in ihrem Anwendungsbereich nicht auf die physische Zerstörung der geschuldeten Ware beschränkt. Die Folge des Untergangs ist vielmehr wirtschaftlich zu verstehen, sodass trotz einer weiterhin bestehenden Nutzungsmöglichkeit des Käufers auch eine Beschlagnahme der Sache als Untergang zu werten ist.[615] Das Embargo berechtigt als öffentlich-rechtliche Beschränkung bei verbotswidriger Verbringung nach § 21 Abs. 1, 4 AWG zur Beschlagnahme der Sache[616] und veranlasst somit dazu, den Übergang der Preisgefahr nach § 446 BGB zu erwägen.

Auf den ersten Blick scheint fraglich, ob die Anwendung der Norm auf Embargostörungen nach deren Sinn und Zweck berechtigt ist. Denn das Eingreifen des Embargos ist gänzlich unabhängig davon, ob sich die Sache im Herrschaftsbereich der einen oder der anderen Partei befindet.[617] Berechtigt sind diese Zweifel nicht: § 446 BGB erfasst ausschließlich das Risiko eines Umstandes, für den keine Partei verantwortlich gemacht werden kann und der nicht *wegen*, sondern nur *zufälligerweise* während der tatsächlichen Sachherrschaft einer Partei eingetreten ist.[618]

Jedoch gibt es keinen Fall embargobedingter Störungen, auf den § 446 BGB Anwendung finden könnte: Der Anwendungsbereich der Norm beschränkt sich auf Leistungspflichten, die als Hol- und Bringschuld ausgestaltet sind. Wie supra festgestellt, führt der Erlass eines an die tatsächliche Verbringungshandlung anknüpfenden Staatenembargos im Hinblick auf Holschulden nicht zur rechtlichen Unmöglichkeit der schuldvertraglichen Pflichten.[619] Wurde eine Bringschuld vereinbart, steht zwar der Anwendungsbereich des § 446 BGB offen. Jedoch zeichnet sich der typische Embargofall gerade dadurch aus, dass die Verbringung der Ware über die Grenze scheitert. Es wird im Regelfall nicht zur Übergabe kommen.

Relevanz könnte § 446 BGB somit allenfalls in Fällen beanspruchen, in denen das Embargogut über die Grenze geschmuggelt wird. Ein verbotswidrig bewirkter Gefahrübergang vermag jedoch nicht zum Übergang der

---

615 RGZ 114, 405; *Beckmann*, in: *Staudinger* (Hrsg.), J. von Staudingers Kommentar zum Bürgerlichen Gesetzbuch mit Einführungsgesetz und Nebengesetzen, § 446 BGB, Rn. 34; *Westermann*, in: Münchener Kommentar zum BGB, § 446 BGB, Rn. 11.

616 *Bieneck*, in: *Bieneck* (Hrsg.), Handbuch des Außenwirtschaftsrechts, § 27 Rn. 18.

617 *Neumann*, Internationale Handelsembargos und privatrechtliche Verträge, 2001, S. 321 f. Metschkoll hingegen sieht die Risikoverteilung auch bei Embargomaßnahmen als zutreffend an, S. 163.

618 Siehe Fn. 613.

619 S. 122.

Preisgefahr zu führen. Das Embargorisiko ist bereits vor der Übergabe eingetreten. Lediglich seine konkreten Auswirkungen sind noch nicht zum Vorschein getreten.[620] Insoweit passt die in § 446 BGB vorausgesetzte Zeitenfolge nicht. Es besteht keine Berechtigung für eine Auslagerung der Preisgefahr auf den Gläubiger, wenn das Risiko des Embargoeintritts schon vor der Übergabe eingetreten ist.[621] Wird die Verbringung oder Bereitstellung durch ein Embargo erst dann untersagt, wenn sie bereits erfolgt ist, liegt kein Embargoverstoß vor.

b) Gefahrübergang nach § 447 BGB

Wenngleich § 446 BGB in Embargofällen nicht von Relevanz ist, könnte § 447 BGB einen Übergang der Preisgefahr auslösen. § 447 BGB ist von dem Gedanken getragen, dass der Transport gewisse Gefahren in sich trägt, auf die der Schuldner, sofern er eine zuverlässige Transportperson ausgewählt hat, keinen Einfluss mehr nehmen kann.[622] Folglich soll er nicht mit der Preisgefahr belastet werden.

Ein weiter Anwendungsbereich verbleibt der Norm im Hinblick auf embargogestörte Vertragsbeziehungen nicht. Erstens greift sie wie § 446 BGB nur in Fällen des zufälligen Eintritts von Leistungshindernissen,[623] mithin sofern das Embargo im konkreten Einzelfall als höhere Gewalt zu werten ist. Zweitens findet die Norm keine Anwendung in Fällen, in denen zum Zeitpunkt der Übergabe der Ware an die Transportperson bereits ein Embargo erlassen ist. Weil die Ware verbotswidrig zum Transport über die Grenze übergeben wird, unterliegt sie bereits zu diesem Zeitpunkt der Beschlagnahme. Ein Gefahrübergang einer der Beschlagnahme unterliegenden Ware, auf die lediglich der Zugriff noch nicht erfolgte, vermag nicht herbeigeführt werden.[624] Die Embargostörung realisiert sich in diesem Fall im Gefahrenkreis des Schuldners, sodass die Preisgefahr von ihm zu tragen ist.

---

620 *Faust*, in: *Bamberger/Roth* (Hrsg.), BeckOK BGB, § 447 BGB, Rn. 21.

621 Ähnlich *Bittner*, ZVglRWiss 93 (1994), 268 (284).

622 *Beckmann*, in: *Staudinger* (Hrsg.), J. von Staudingers Kommentar zum Bürgerlichen Gesetzbuch mit Einführungsgesetz und Nebengesetzen, § 446 BGB, Rn. 6.

623 *Stieper*, AcP 2008, 818 (819).

624 *Faust*, in: *Bamberger/Roth* (Hrsg.), BeckOK BGB, § 447 BGB, Rn. 21.

Wird das Embargo erst nach Übergabe der Ware an eine Transportperson erlassen, könnte einem Eingreifen des § 447 BGB dessen Sinn und Zweck entgegenstehen, wenn man die Zufälligkeit des Gefahreintritts mit der herrschenden Rechtsprechung und Literatur[625] auf die dem Transport typischerweise innewohnenden Gefahren reduziert[626]: Der Grund für einen vorzeitigen Gefahrübergang ist in den durch den Transport gesteigerten Risiken für den Untergang oder die Verschlechterung der Sache zu sehen, die der Verkäufer nicht beeinflussen kann.[627] Derartige Risiken verwirklichen sich durch den Erlass von Embargomaßnahmen nicht.[628]

Für die Nichtanwendung des § 447 BGB auf Embargofälle spricht zudem die Tatsache, dass ein embargobedingter Eingriff nach wirksamem Abschluss des schuldrechtlichen Vertrags zu dessen Stornierung führen sollte. Das Embargo fällt innerhalb des Anwendungsbereichs des § 447 BGB nicht in die Risikosphäre einer der Parteien. Eine Vertragspartei würde jedoch zufälligerweise begünstigt, wenn sie trotz gescheiterter Lieferung den Kaufpreis verlangen könnte. Daher ist es vorzugswürdig, ein Eingreifen des § 447 BGB abzulehnen. Die Pflicht zur Kaufpreiszahlung entfällt in Embargofällen dann regelmäßig nach § 326 Abs. 1 S. 1 BGB. Die somit entstehende Stornierung und Rückabwicklung des Vertrages ist für die Parteien die mildeste Folge.

---

625 BGH, NJW 1991, 915; BGH NJW 1965, 1324; vgl. nur *Weidenkaff*, in: *Palandt* (Hrsg.), Bürgerliches Gesetzbuch, 73. Aufl., § 447 BGB, Rn. 13.

626 *Fischer*, Probleme des Versendungskaufs unter besonderer Berücksichtigung des Eigentumsüberganges, 1962, S. 23 f.

627 *Beckmann*, in: *Staudinger* (Hrsg.), J. von Staudingers Kommentar zum Bürgerlichen Gesetzbuch mit Einführungsgesetz und Nebengesetzen, § 446 BGB, Rn. 6. Dies verkennt *Neumann*, Internationale Handelsembargos und privatrechtliche Verträge, 2001, S. 324, die dem Käufer die Preisgefahr aufbürden will, weil die Versendung zu seinen Gunsten erfolgt.

628 RGZ 106, 17; *Westermann*, in: Münchener Kommentar zum BGB, § 447 BGB, Rn. 20. A.A. *Metschkoll*, Eingriffe in Außenhandelsverträge, 1992, S. 164.

c) Gefahrübergang nach §§ 644, 645 BGB

§ 644 BGB schreibt die Preisgefahr für zufällige,[629] in Embargofällen also durch force majeure bedingte Leistungsstörungen bis zur Abnahme des Werkes dem Unternehmer zu.[630]

§ 645 BGB bewirkt eine (teilweise) Abwälzung der Preisgefahr auf den Besteller, wenn die Ursache der Unmöglichkeit auf die Mangelhaftigkeit eines vom Besteller gelieferten Stoffes oder auf eine Anweisung des Bestellers zurückzuführen ist, ohne dass der Besteller jedoch ein Verschulden trägt.[631] In Literatur und Rechtsprechung ist man dazu übergegangen, dem Besteller auch dann die Preisgefahr aufzubürden, wenn für die Unmöglichkeit andere als in § 645 BGB aufgeführte, aber ebenfalls aus seiner Sphäre stammenden Umstände verantwortlich sind.[632]

Eine staatenbezogene Embargomaßnahme ist außerhalb jeglichen Verantwortungsbereichs des Bestellers gelagert.[633] Der BGH jedoch wandte § 645 Abs. 1 S. 1 BGB in einem Fall aus dem Jahre 1982 in einem extensiveren Maße an: Ein in Deutschland ansässiger Werkbesteller hatte ein ebenfalls in Deutschland ansässiges Unternehmen als Subunternehmen zur Erfüllung eigener Verpflichtungen gegenüber dem iranischen Auftraggeber dazu beauftragt, ein Bauwerk im Iran zu errichten. Politische Unruhen verhinderten jedoch dessen Fertigstellung. Obwohl der Werkbesteller selbst nicht einmal im Iran ansässig war, sah der BGH ihn als der Gefahr näher stehend an, weil er - im Gegensatz zum Subunternehmer - in Geschäftsbeziehungen mit seinem iranischen Auftraggeber stand.[634] Der BGH betont aber auch, dass das Leistungshindernis *als solches* dem Besteller nicht angelastet werden kann.[635] Als entscheidend für seine Urteilsfindung benennt er die konkrete Vertragsausgestaltung zwischen den Par-

---

629 *Schwenker*, in: *Westermann* (Hrsg.), Erman BGB, § 447 BGB, Rn. 2; *Peters/Jacoby*, in: *Staudinger* (Hrsg.), J. von Staudingers Kommentar zum Bürgerlichen Gesetzbuch mit Einführungsgesetz und Nebengesetzen, § 644 BGB, Rn. 1.

630 *Busche*, in: Münchener Kommentar zum BGB, § 645 BGB, Rn. 1.

631 Vgl. § 645 Abs. 2 BGB und BGH, NJW 1996, 2372 f.

632 BGH, NJW 1982, 1458, 1459 mwN; BGH, NJW 1973, 318; BGH, NJW 1963, 1824; OLG München, NJW-RR 1992, 348, 349; *Busche*, in: Münchener Kommentar zum BGB, § 645 BGB, Rn. 2 mwN.

633 Bei Personalembargos geht die Preisgefahr bereits nach § 326 Abs. 2 BGB auf den Geldleistungsschuldner über.

634 BGH, NJW 1982, 1458, 1459.

635 Ebenda.

teien:[636] Der Besteller war umfassend durch Akkreditive abgesichert. Daher ist die Entscheidung als ergebnisorientierte Konstruktion des BGH zu werten, die - zumal sie vereinzelt[637] geblieben ist - nicht auf Embargofälle übertragen werden kann.[638]

d) Fazit

Der Erlass von Embargos wirkt derart nachhaltig[639] auf bestehende Leistungspflichten ein, dass deren Erfüllung zumeist rechtlich unmöglich wird. Die Gefahrtragungsregeln, die nach § 446, 447, 644, 645 BGB einen vorgelagerten Übergang der Preisgefahr bewirken, sind nicht auf Embargofälle anzuwenden.

Die Fälle sind selten, in denen Embargomaßnahmen nicht unmöglichkeitsauslösend auf die Leistungspflichten einwirken. Soweit Dauerschuldverhältnisse und langfristige Verträge von Sanktionsmaßnahmen betroffen sind, kann den Vertragsparteien ein Abwarten von dessen Aufhebung ausnahmsweise zumutbar sein. Dies hat zur Folge, dass die Leistungsverpflichtung bestehen bleibt. Ebenso verhält es sich in Fällen, in denen das Embargo lediglich eine Vereitelung des vom Sachleistungsgläubiger angestrebten Sekundärzwecks auslöst. Selbst wenn die Erfüllung der Leistungspflicht in diesen Fällen nicht unmöglich wird, führt dies nicht dazu, dass eine Abwicklung des Rechtsverhältnisses trotz des Embargoeintritts unverändert stattfinden muss. Zur Auflösung der zwischen den Parteien bestehenden Interessenkonflikte kommt das Rechtsinstrument der Störung der Geschäftsgrundlage in Betracht.

---

636 Ebenda.
637 *Busche*, in: Münchener Kommentar zum BGB, § 645 BGB, Rn. 18.
638 So auch *Bittner*, ZVglRWiss 93 (1994), 268 (268); *Busche*, in: Münchener Kommentar zum BGB, § 645 BGB, Rn. 18; *Neumann*, Internationale Handelsembargos und privatrechtliche Verträge, 2001, S. 330.
639 *Köhler*, Unmöglichkeit und Geschäftsgrundlage bei Zweckstörungen im Schuldverhältnis, 1971, S. 81 ff.

7. Wegfall der Geschäftsgrundlage

Wann ein Embargoerlass dazu führt, dass den Parteien ein Festhalten am unveränderten Vertrag unzumutbar ist, wird im Folgenden aufgearbeitet.

a) Verhältnis zur Unmöglichkeit

Das Rechtsinstrument des Wegfalls der Geschäftsgrundlage ist den Unmöglichkeitsregeln grundsätzlich nachrangig.[640] Daher wird zunächst untersucht, inwieweit § 275 BGB die Grenzen von Leistungspflichten regelt.

aa) Durch das Unmöglichkeitsrecht vorgegebene Grenzen der Störung der Geschäftsgrundlage

§ 313 BGB mit seiner grundsätzlich vertragsanpassenden Folge bietet zur Lösung von Embargostörungen das flexiblere Instrument als die „Alles-oder-nichts"-Wirkung des § 275 BGB.[641] Gleichwohl genießt das Unmöglichkeitsrecht eine Vorrangstellung[642] für Fälle derart nachhaltiger Störungen, in denen der Leistungserfolg nicht herbeigeführt oder dem Leistungsschuldner nach Maßgabe des § 275 Abs. 2, 3 BGB nicht zugemutet werden kann.[643] So liegt es bei den meisten Leistungsstörungen, die durch Personalembargos bedingt sind. Im Gegensatz zu Staatenembargos sind sie nicht grundsätzlich vorübergehender Natur, ihre Dauerhaftigkeit ist lediglich ungewiss.[644] Bestehen nicht ausnahmsweise Anhaltspunkte für die Aufhebung der Listung, wird der Schuldner bereits nach § 275 Abs. 1 BGB von seiner Leistungspflicht befreit. Damit wird § 313 BGB insbesondere für staatenbezogene Embargomaßnahmen relevant.

---

640 BGH, NJW-RR 1995, 853, 854; *Canaris*, JZ 2010, 499 (501). Besonders im Hinblick auf § 275 Abs. 2 BGB ist dies freilich umstritten, *Schulze*, in: *Schulze* (Hrsg.), Bürgerliches Gesetzbuch, § 275 BGB, Rn. 20. Genauer zum Wegfall der Geschäftsgrundlage und ihrem Verhältnis zur Unmöglichkeit infra, S. 160 ff.

641 *Medicus/Lorenz*, Schuldrecht I, 18. Aufl. (2009), Rn. 540; *Ridder/Weller*, European Review of Private Law 3/2014, 371.

642 BT-Drucks. 14/6040 vom 14.5.2001, S. 177; BGH, NJW-RR 1995, 854.

643 *Köhler*, Unmöglichkeit und Geschäftsgrundlage bei Zweckstörungen im Schuldverhältnis, 1971, S. 81 ff.

644 Supra S. 133.

Eine Zweckstörung im Rahmen des Wegfalls der Geschäftsgrundlage kann ausgelöst werden, wenn der primäre Leistungszweck zwar herbeigeführt werden kann, der Gläubiger jedoch kein Interesse mehr an der Leistung hat, weil deren *Sekundärzweck* vereitelt wird.[645]

Geschäftsgrundlagenrelevante Störungen können in Embargofällen auf weiteren Gründen beruhen: So kann die *Dauer des Embargos* ein Bereithalten der Leistung bis zum Embargoende unzumutbar werden lassen und daher zu einem Wegfall der Geschäftsgrundlage führen. Jedoch begrenzen die im Rahmen des Unmöglichkeitsrechts getroffenen Zumutbarkeitserwägungen zur Gleichstellung von vorübergehender und dauerhafter Unmöglichkeit das Eingreifen des § 313 BGB, dazu sogleich genauer infra unter cc).

Zudem sind die Vertragsparteien im Zusammenhang mit Staatenembargos häufig *Leistungserschwernissen* ausgesetzt. So kann eine Vertragspartei bei der Leistungserbringung einen Kostenanstieg treffen, weil die Verknappung des Embargogutes auf dem Weltmarkt deren Preis in die Höhe treibt. Zudem können der Embargoerlass und die allgemeine Krisenlage in einem Staat zu einer Veränderung dessen gesamtwirtschaftlichen Gefüges führen. Verschiebungen des wirtschaftlichen Gleichgewichts im Zielstaat münden nicht selten in Geldentwertungen und rufen Äquivalenzstörungen hervor.[646] Im Folgenden soll dargelegt werden, weswegen § 275 Abs. 2 BGB, der die faktische Unmöglichkeit regelt,[647] mit Blick auf Leistungserschwernisse keine Lösung anbietet.

bb) Leistungserschwernisse als Fall der wirtschaftlichen Unmöglichkeit

Das bekannte Schulbeispiel der faktischen Unmöglichkeit ist der auf den Meeresboden gesunkene Ring, dessen Trockenlegung wirtschaftlich sinnlos ist.[648] Fälle bloßer Leistungserschwerungen sind hingegen nicht unter das Unmöglichkeitsrecht zu fassen.[649] Die typischen Embargofälle, etwa

---

645 *Köhler*, Unmöglichkeit und Geschäftsgrundlage bei Zweckstörungen im Schuldverhältnis, 1971, S. 81 ff.; *Finkenauer*, in: Münchener Kommentar zum BGB, § 313 BGB, Rn. 11.

646 *Köhler*, ebenda.

647 *Dauner-Lieb*, in: *Dauner-Lieb/Heidel/Ring* (Hrsg.), Nomos Kommentar BGB, § 275 BGB, Rn. 29.

648 *Heck*, Grundriß des Schuldrechts, 1929, § 28, 5.

649 *Heck,* ebenda.

die Steigerung der Beschaffungs- und Herstellungskosten, die Erhöhung von Einlagerungskosten oder die Erschwerung der Leistung durch Inflation sind daher keine Fallgruppen der faktischen Unmöglichkeit. § 275 Abs. 2 BGB stellt seinem Wortlaut nach vorrangig auf die Gläubigerperspektive[650] ab und gibt einer Leistungsverweigerung keinen Raum, wenn die Gläubigerinteressen gemessen am Schuldneraufwand höher wiegen.[651] Dieser Perspektive ist es geschuldet, dass ein grobes Missverhältnis nicht bereits zu bejahen ist, wenn die Leistungserbringung aus neutraler Sicht unverhältnismäßig erschiene.[652] Es ist letztlich erst bei „einem als rechtsmissbräuchlich einzustufenden Erfüllungsverlangen des Gläubigers" [653] anzunehmen. Während § 275 Abs. 2 BGB „krass ineffiziente" Leistungen betrifft, erfasst § 313 BGB „krass ungerechte" Leistungen.[654] Faktische Unmöglichkeit ist also immer dann einschlägig, wenn die Kosten der Leistung für den Schuldner unverhältnismäßig ansteigen, das Leitungsinteresse des Gläubigers dabei aber gleich bleibt.[655] Typische Folge des Embargos ist der Anstieg der Beschaffungskosten einer Ware wegen Verknappung des Embargogutes auf dem Weltmarkt. Da in diesem Fall die Gläubigerinteressen proportional zum Schuldneraufwand ansteigen,[656] ist regelmäßig kein Raum für eine faktische Unmöglichkeit. Diese Fälle sind über § 313 BGB zu lösen, der die Leistungserschwerung für den Schuldner in den Fokus nimmt.[657] Damit bleibt festzuhalten, dass Fälle der Leistungserschwernisse nicht über das Unmöglichkeitsrecht abzuwickeln sind und der Anwendungsbereich des § 313 BGB insoweit keine Begrenzung erleidet.

---

650 BT-Drucks. 14/6040 vom 15.4.2001, S. 130.
651 *Dauner-Lieb*, in: *Dauner-Lieb/Heidel/Ring* (Hrsg.), Nomos Kommentar BGB, § 275 BGB, Rn. 43 f.; *Teichmann*, BB 2001, 1485 (1487).
652 *Weller*, Die Vertragstreue, 2009, S. 434.
653 *Weller*, ebenda.
654 *Eidenmüller*, Jura 2001, 824 ff. (832).
655 *Ernst*, in: Münchener Kommentar zum BGB, § 275 BGB, Rn. 77 ff. Über § 275 Abs. 2 BGB zu lösen ist etwa der Fall eines Lagervertrags, in dem das Lagergut infolge höherer Gewalt umgelagert werden muss und dadurch erhebliche Kosten entstehen, BGH NJW-RR 1995, 1117. Das Gläubigerinteresse bleibt gleich, lediglich der Aufwand des Schuldners steigt an, was ihn zur Leistungsverweigerung nach § 275 Abs. 2 BGB berechtigt.
656 *Finkenauer*, in: Münchener Kommentar zum BGB, § 313 BGB, Rn. 161; *Ridder/ Weller*, European Review of Private Law 3/2014, 371 (379).
657 *Schulze*, in: *Schulze* (Hrsg.), Bürgerliches Gesetzbuch, § 313 BGB, Rn. 8.

cc) Vorprägung der Zumutbarkeit der Leistungserbringung durch das Unmöglichkeitsrecht

Gemäß den im Rahmen der Gleichstellung von vorübergehender und dauerhafter Unmöglichkeit getroffenen Feststellungen hängt der Untergang der Leistungspflicht davon ab, ob die Interessen *beider* Parteien unter Berücksichtigung von Treu und Glauben ein Abwarten des Embargoendes als *zumutbar* erscheinen lassen.[658] Im Rahmen des § 313 BGB ist ebenfalls im Wege einer Zumutbarkeitsprüfung zu berücksichtigen, inwieweit sich die Parteien am Vertrag festhalten lassen müssen.[659] Dem Rechtsinstitut des § 313 BGB ist die Anwendung jedoch versagt, wenn ein Bereithalten der Leistung über die gesamte Embargodauer hinweg als unzumutbar beurteilt wurde und die Leistung damit nach § 275 Abs. 1 BGB unmöglich ist. Liegt hingegen keine dauerhafte Unmöglichkeit vor, bleibt grundsätzlich Raum für § 313 BGB. Jedoch stellt sich die Frage, inwieweit das Zumutbarkeitskriterium der Unmöglichkeit das Eingreifen des § 313 BGB gleichwohl vorprägt. Dies hängt davon ab, ob die Gründe der Unzumutbarkeit in der Dauer des Embargos oder sonstigen Störungsquellen liegen.

Die im Rahmen der Zumutbarkeitskriterien vorzunehmenden Abwägungen führen zu identischen Ergebnissen, wenn lediglich die Dauer des Embargos zu Störungen führt. In beiden Fällen ist aus der Perspektive beider Parteien[660] zu beurteilen, ob ein Festhalten am Vertrag angesichts der andauernden Embargostörung unter Berücksichtigung von Treu und Glauben zumutbar ist. Wurde das Erbringen der Leistung als zumutbar und damit als nicht unmöglich eingestuft, ist auch für eine Vertragsauflösung im Rahmen des § 313 BGB kein Raum. Das Ergebnis der Zumutbarkeitsprüfung kann an dieser Stelle kein anderes sein. Eine Anpassung der vertraglichen Verpflichtungen als weniger weit reichende Rechtsfolge ist hingegen denkbar, so etwa eine Korrektur hinsichtlich der Leistungszeit.

---

658 Supra, S. 134 ff.
659 *Lorenz*, Der Schutz vor dem unerwünschten Vertrag: eine Untersuchung von Möglichkeiten und Grenzen der Abschlußkontrolle im geltenden Recht, 1997, S. 66.
660 BGH, NJW 2007, 2777, 2779; BGH, NJW 1982, 1458; BGH, MDR 1954, 733 ff.; BGH, LM § 275 Nr. 3 Vereinzelt geblieben ist BGH, NJW 1967, 721, 722, wo zur Feststellung der Gleichstellung von vorübergehender und dauerhafter Unmöglichkeit vorrangig die Interessen der benachteiligten Vertragspartei in Betracht gezogen werden.

Erschöpft sich der Anknüpfungspunkt der Zumutbarkeitsprüfung jedoch nicht oder nicht ausschließlich in der Dauer des Embargos, sondern stören vielmehr andere Faktoren - sind etwa Leistung und Gegenleistung infolge eines Preisanstiegs der Embargoware auf dem Weltmarkt nicht mehr gleichwertig - sind die Zumutbarkeitskriterien nicht identisch. Die Abwägung im Rahmen des § 275 BGB befasst sich ausschließlich mit der Frage, ob eine vorübergehende einer dauernden Unmöglichkeit gleichsteht.

Der Ansatz des § 313 BGB hingegen hat die Gesamtheit aller störenden Umstände zum Gegenstand. Er erschöpft sich nicht in der Berücksichtigung von Störungsquellen, die in der Dauer des Embargos begründet liegen. Sein Fokus erfasst gerade auch die Änderung von wirtschaftlichen Verhältnissen.[661]

Zwischen den beiden Zumutbarkeitsprüfungen herrscht mithin nur dann eine Kohärenz, wenn lediglich die Dauer des Embargos in Rede steht. Stören neben der Ungleichheit der Leistung noch andere Faktoren, ist ein Eingreifen des § 313 BGB mit den Rechtsfolgen der Vertragsanpassung oder der Vertragsauflösung denkbar. Die Zumutbarkeitsprüfung im Rahmen des § 313 BGB ist daher weitergehend.

dd) Fazit

Der Anwendungsbereich des Wegfalls der Geschäftsgrundlage wird durch das vorrangige Unmöglichkeitsrecht begrenzt. Bei dauerhafter Unmöglichkeit der Leistungserbringung verbleibt kein Raum für § 313 BGB. Die primären Leistungspflichten werden in diesem Fall durch das Embargo so stark berührt, dass sie untergehen. Im Hinblick auf langfristige Verträge, bei denen eine Gleichstellung von dauernder und vorübergehender Unmöglichkeit abzulehnen sein kann, greift hingegen § 313 BGB. Auch Leistungserschwernisse fallen lediglich unter § 313 BGB und sind kein Fall der faktischen Unmöglichkeit.

Innerhalb dieses Rahmens, in dem sich der Anwendungsbereich des Wegfalls der Geschäftsgrundlage bewegt, soll im Folgenden genauer beleuchtet werden, ob und inwiefern mit Hilfe des Rechtsinstituts für beide

---

661 *Neumann*, Internationale Handelsembargos und privatrechtliche Verträge, 2001, S. 354.

Parteien zufriedenstellende Lösungen bei embargobedingten Vertragsstörungen gefunden werden können.

b) Schwerwiegende Änderung der zur Geschäftsgrundlage gewordenen Umstände

Voraussetzung des § 313 Abs. 1 BGB ist, dass sich zur Vertragsgrundlage gewordene Umstände nach Vertragsschluss derart verändert haben, dass den Vertragsparteien das Festhalten am unveränderten Vertrag nicht zugemutet werden kann. Abs. 2 betrifft dagegen die bereits vorvertragliche Änderung von Umständen[662] und scheidet damit im Hinblick auf die zu untersuchende Fallgruppe, in der das Embargo nach Abschluss des Vertrages erlassen wurde, aus.

Die Grundlage des Geschäfts ist nach ständiger Rechtsprechung betroffen, wenn es sich um einen Umstand handelt, der zwar nicht zum Vertragsinhalt erhoben wurde, aber bei Vertragsschluss zu Tage getreten ist.[663] Dies kann entweder dadurch geschehen sein, dass einseitig erkennbar und unbeanstandet Vorstellungen zu Grunde gelegt wurden oder dadurch, dass beide Vertragspartner von bestimmten Vorstellungen ausgingen.[664] Der BGH hat in seinem „Bierlieferungsfall", in dem die Vertragsdurchführung wegen eines nach Vertragsschluss erlassenen iranischen Importverbots für Alkohol scheiterte, zur Begründung der Geschäftsgrundlage die allgemeine Vorstellung der Parteien zugelassen, die Vertragsdurchführung werde durch keine unvorhergesehenen, außergewöhnlichen Umstände unterbrochen.[665] Vertrauen die Parteien zum Zeitpunkt des Vertragsschlusses auf den Fortbestand des embargofreien status quo und wird dieses Vertrauen ex post enttäuscht, ist die Geschäftsgrundlage gestört.[666]

Hat nur eine Vertragspartei Kenntnis von der künftigen Listung oder des Staatenembargoerlasses, ist die Embargofreiheit nur noch nach der

---

662 *Böttcher*, in: *Westermann* (Hrsg.), Erman BGB, § 313 BGB, Rn. 7 f., 30; *Finkenauer*, in: Münchener Kommentar zum BGB, § 313 BGB, Rn. 15; *Stadler*, in: *Jauernig* (Hrsg.), Kommentar zum BGB, § 313 Rn. 26.

663 Siehe nur BGH, NZM 2015, 227 mwN; BGH, NJW 1959, 2203.

664 BGH, NJW 2002, 3695, 3697; BGH, NJW 1995, 592, 593; BGH, NJW 1993, 259; zurückgehend auf *Oertmann*, Die Geschaeftsgrundlage, 1921, S. 37 f.

665 BGH, NJW 1984, 1746, 1747.

666 *Allwörden*, US-Terrorlisten im deutschen Privatrecht, 2014, S. 163 f.; *Bittner*, ZVglRWiss 93 (1994), 268 (278).

Vorstellung der anderen Partei Geschäftsgrundlage. Selbst wenn man in diesen Fällen fordert, dass die geschäftsgrundlegenden Umstände der Embargofreiheit für den voraussehenden Vertragsteil erkennbar[667] geworden sein müssen, ist dies freilich gegeben. Angesichts des Störungsrisikos kann er nicht davon ausgehen, der andere Vertragspartner würde den Vertrag gleichwohl schließen wollen.[668]

In Fällen, in denen das Embargo lediglich den Sekundärzweck des Vertrags vereitelt, wird die Geschäftsgrundlage indes nicht stets betroffen sein: So ist das außenwirtschaftliche Folgegeschäft völlig bedeutungslos für einen Vertrag, der zwischen einem inländischen Exporteur und seinem inländischen Lieferanten geschlossen wurde. Anders kann es im Einzelfall beispielsweise liegen, wenn der Vertragspartner im Ausland ansässig ist und der im Inland ansässige Vertragspartner über eine Weiterverarbeitung oder -veräußerung im Ausland in Kenntnis war.

c) Unzumutbarkeit des Festhaltens am unveränderten Vertrag

Der Zweck des Unzumutbarkeitskriteriums besteht darin, Vertragspflichten zu vermeiden, die mit Recht und Gerechtigkeit schlechthin unvereinbar sind.[669] Es wird als Kernstück des § 313 BGB bezeichnet, weil es ermöglicht, die verschiedenen Parteiinteressen zu erfassen und in Balance zu bringen.[670] Die beiderseitigen Parteiinteressen sind unter Berücksichtigung von Treu und Glauben unter Würdigung aller Umstände dahingehend abzuwägen und insbesondere daraufhin zu prüfen, welche Vor- und Nachteile die betroffene Partei im Einzelnen zu tragen hat.[671] Dabei ist zu berücksichtigen, ob zumindest eine der Vertragsparteien bei Kenntnis der störenden Umstände den Vertrag nicht oder mit anderem Inhalt geschlossen hätte.[672] Freilich vermag sich diejenige Vertragspartei nicht auf einen Wegfall der Geschäftsgrundlage zu berufen, die das Embargorisiko ver-

---

667 BGH, NJW-RR 2006, 1037; *Ernst*, in: Münchener Kommentar zum BGB, § 313 BGB, Rn. 10.

668 *Allwörden*, US-Terrorlisten im deutschen Privatrecht, 2014, S. 164.

669 BGH NZM 2005, 144; BAG, NJW 2001, 1300; BGH, NJW 1995, 592; BGH, NJW 1985, 313 f.

670 *Ridder/Weller*, European Review of Private Law 3/2014, 371 (384).

671 Siehe nur BGH, NJW 1995, 592.

672 *Hohloch*, in: *Westermann* (Hrsg.), Erman BGB, § 313 BGB, Rn. 28.

traglich übernommen hat.[673] Die selbstbestimmte vertragliche Risikoverteilung würde ausgehebelt,[674] wenn sie das Embargorisiko durch Vertragsanpassung beziehungsweise Auflösung abwenden könnte.

Im Folgenden soll ermittelt werden, wann die dem typischen Embargofall immanente Opfergrenze[675] überschritten wird und der Vertrag deshalb
nicht in seiner ursprünglichen Ausgestaltung hinzunehmen ist.

Die Unzumutbarkeit des Festhaltens am unveränderten Vertrag ist davon abhängig, welche Gründe für die Störung der Geschäftsgrundlage verantwortlich sind. Das Ergebnis der Zumutbarkeitsprüfung wird dabei teilweise durch die Vorgaben begrenzt, die das Unmöglichkeitsrecht nach den
oben dargelegten Ausführungen macht.

aa) Dauer des Embargos

Wie supra dargelegt, ist für § 313 BGB lediglich insoweit Raum, als im
Rahmen des § 275 Abs. 1 BGB festgestellt wird, dass es zumutbar ist, die
Aufhebung des Embargos abzuwarten. Ansonsten ist die Leistungserbringung bereits unmöglich. Zum einen ist ein Abwarten des Embargoendes
zumutbar, wenn der Warenaustausch bereits erfolgte und nur noch die
Geldleistung aussteht. Zum anderen wird eine Zumutbarkeit des Abwartens im Rahmen langfristiger Verträge und Dauerschuldverhältnisse bisweilen zu bejahen sein.

Eine bloß vorübergehende Unmöglichkeit vermag keine Unzumutbarkeit des Festhaltens am Vertrag auszulösen, sofern lediglich die Embargodauer als solche zur Störung führt. Im Rahmen langfristiger Verträge kann
es den Vertragsparteien eher zumutbar sein, die Beendigung des Embargos abzuwarten, weswegen bereits schon die Leistungserbringung nicht
unmöglich ist. Daher kann die Zumutbarkeitsabwägung im Rahmen des
§ 313 BGB auch nicht zur Rechtsfolge der Vertragsauflösung oder Kündigung führen.

---

673 *Lorenz*, Der Schutz vor dem unerwünschten Vertrag: eine Untersuchung von
   Möglichkeiten und Grenzen der Abschlußkontrolle im geltenden Recht, 1997,
   S. 67; *Fikentscher*, Die Geschaeftsgrundlage als Frage des Vertragsrisikos, 1971,
   S. 31 ff; *Teichmann*, BB 2001, 1485 (491).
674 *Weller*, Die Vertragstreue, 2009, S. 299.
675 *Hohloch*, in: *Westermann* (Hrsg.), Erman BGB, § 313 BGB, Rn. 27.

Im Hinblick auf den zu leistenden Zeitpunkt oder die zu leistende Menge kann aber im Einzelfall Raum für eine Vertragsanpassung nach § 313 BGB sein. Der Zeitpunkt darf ohnehin frühestens nach Embargoerlass liegen, ist aber freilich einer weiteren privatautonomen Anpassung zugänglich. Erfolgte im Rahmen eines langfristen Vertrags eine Vertragsorder für einen Großauftrag, der während des Embargos noch nicht abgewickelt wurde, und erfolgte üblicherweise eine Abnahme kleinerer Mengen, kann über eine Anpassung der zu leistenden Menge nachgedacht werden.

bb) Leistungserschwernisse

Treten zur bloßen Dauer des Embargos hingegen noch weitere Umstände hinzu, stehen beide Zumutbarkeitskriterien nicht mehr im Gleichlauf.

Zum einen können Leistungserschwernisse durch Faktoren ausgelöst werden, die nicht direkt aus dem Embargoerlass resultieren, aber typischerweise mit ihm einhergehen. Staatliche Krisensituationen können dazu führen, dass Leistung und Gegenleistung nach Aufhebung des (Staaten-)Embargos nicht mehr gleichwertig sind.[676] Zum anderen kann direkte Folge des Embargos die Verknappung eines Gutes auf dem Weltmarkt sein, sodass es zu einem Preisanstieg der Embargoware und damit zu einer Äquivalenzstörung kommt. Auch eine Inflation im Zielstaat kann zu einer wirtschaftlichen Leistungsunfähigkeit des Geldleistungsschuldners im Zielstaat führen, wenn er in der Fremdwährung zu leisten hat. Ebenso kann eine Inflation eine Äquivalenzstörung unter Benachteiligung des Sachleistungsschuldners begründen, wenn die Währung des Embargostaats maßgeblich ist. Die veränderten Umstände können es für die Parteien unzumutbar werden lassen, am unveränderten Vertrag festzuhalten.

cc) Sekundärzweckvereitelung

Wie oben dargelegt können Fälle, in denen die Primärpflicht zwar erfüllt, der Sekundärzweck indes vereitelt wird, zum Wegfall der Geschäftsgrundlage führen, weil keine dauernde Primärzweckstörung eintritt und damit Raum für den Anwendungsbereich des § 313 BGB verbleibt.

---

676 *Bittner*, ZVglRWiss 93 (1994), 268 (279).

Zunächst hätte der Sachleistungsgläubiger den Vertrag bei Kenntnis des Embargoerlasses und damit untersagter Erfüllung nicht abgeschlossen. Grundsätzlich fallen Sekundärzweckstörungen jedoch in die Risikosphäre des Käufers.[677] Er hätte das Vertragsmotiv zum Vertragsinhalt erheben können. Der Bierlieferungsfall des BGH bildet hingegen ein Beispiel dafür, dass auch eine Sekundärzweckvereitelung im Einzelfall zum Wegfall der Geschäftsgrundlage führen kann. Zwar stellt der BGH ebenso fest, dass „das Weiterverkaufsrisiko im Geschäftsleben in der Regel in die Sphäre des Käufers"[678] fällt. Allerdings war hier Grund der Lieferung nicht ein Kaufvertrag über das Bier, sondern ein Vergleichsvertrag mit dem Zweck, den Importeur durch Bierlieferungen zum Vorzugspreis zu entschädigen. Für diesen Vergleich war jedoch nicht festzustellen, dass allein der Käufer mit dem Risiko des Scheiterns des Entschädigungszwecks belegt werden sollte.[679]

Sicherheitshalber sollte die Embargofreiheit aus der Perspektive desjenigen Vertragspartners, der einen Sekundärzweck verfolgt, ausdrücklich zur Geschäftsgrundlage erhoben werden, um nicht bei vollständiger Zwecklosigkeit der Leistung einem weiterhin bestehenden Zahlungsanspruch ausgesetzt zu sein.

d) Rechtsfolge: Vertragsanpassung, Rücktritt, Kündigung

§ 313 BGB sieht mit der Anpassung (§ 313 Abs. 1 BGB) oder dem Rücktritt (§ 313 Abs. 3 BGB) beziehungsweise bei Dauerschuldverhältnissen der Kündigung, zwei Rechtsfolgen vor. Wegen des Grundsatzes der Vertragstreue ist eine Rettung des Vertrags durch Anpassung einer Auflösung vorzuziehen.[680]

Ob eine gerichtliche Anpassung des Vertrags eine Wiederherstellung der durch die Embargostörung verschobenen Proportionen leisten kann, ist freilich zweifelhaft. Dies umso mehr, da sich Fragen des Wegfalls der Geschäftsgrundlage vor allem im Kontext komplexer vertraglicher Langzeitbeziehungen stellen. Für den Richter dürfte es bisweilen eine kaum zu bewältigende Herausforderung darstellen, die gesamte Dimension der vom

---

677 BGH NJW 1984, 1747. Siehe auch BGH WM 1975, 917.
678 BGH NJW 1984, 1747.
679 Ebenda.
680 *Weller*, Die Vertragstreue, 2009, S. 299 mwN.

Embargo betroffenen Verträge zu erfassen und auf diese derart gestalterisch einzuwirken,[681] dass die Parteien eine auf ihre individuellen Bedürfnisse zugeschnittene Anpassung erhalten, um den Vertrag damit auch für die Zukunft in wirtschaftlich sinnvoller Weise am Leben zu erhalten. Die Parteien müssen selbst erst ermitteln und aushandeln, welche vertragliche Neugestaltung zu einer interessengerechten Anpassung der verschobenen Verhältnisse führen würde.[682] Vor diesem Hintergrund sollte die Vertragsverhandlung aus dem Gerichtssaal heraus an den Verhandlungstisch der Vertragsparteien verlagert und im Wege einer Neuverhandlung die Vertragsanpassung privatautonom durchgeführt werden.[683] Dem Wortlaut des § 313 BGB nach ist der Vertragsanpassung keine Pflicht zur Neuverhandlung vorgeschaltet.[684] Eine Verhandlungspflicht[685] wurde bei der Kodifizierung des § 313 BGB im Zuge der Schuldrechtsreform gerade nicht normativ verankert; aus den Gesetzmaterialien ergibt sich lediglich, dass „...die Parteien zunächst selbst über die Anpassung verhandeln" *sollen*.[686] Unterbleibt eine Neuverhandlung vor Klageerhebung, tragen die Vertragsparteien das Risiko der ungewissen richterlichen Entscheidung.[687] Die Aufnahme einer Neuverhandlungsklausel führt am Ehesten zu einer für beide Parteien akzeptablen Auflösung der Interessenkonflikte.

Zusammenfassend bleibt festzuhalten, dass das Rechtsinstitut des Wegfalls der Geschäftsgrundlage vor allem bei Störungen von Langzeitverträgen und Dauerschuldverhältnissen zum Tragen kommt. Es greift typischerweise dann durch, wenn ein Embargo zu Veränderungen im Wirtschaftsgefüge führt. Das bloße Andauern einer Embargomaßnahme führt,

---

681 *Neumann*, Internationale Handelsembargos und privatrechtliche Verträge, 2001, S. 368.

682 *Neumann*, ebenda, S. 368 f. mwN.

683 Grundlegend *Jickeli*, 1. Aufl. (1996), Der langfristige Vertrag, S. 251 ff.

684 Nach der überwiegenden Literaturmeinung fehlt die Pflicht zu Recht: *Diederichsen*, AcP 1982, 101 (109); *Martinek*, AcP 1998, 429 (339) erkennt in ihr einen Kontrahierungszwang; nach *Finkenauer*, in: Münchener Kommentar zum BGB, § 313 BGB, Rn. 122 sind einem kooperativen Neuverhandeln Zwangselemente wesensfremd. Dafür *Horn*, AcP 1981, 255 ff. Für eine Neuverhandlungspflicht aus § 242 BGB *Fecht*, Neuverhandlungspflichten zur Vertragsänderung, 1987, S. 36 ff.

685 Dafür *Horn*, AcP 1981, 255 ff.

686 BT-Drucks. 14/6040 vom 10.5.2001, S. 176.

687 *Eidenmüller*, Jura 2001, 824 (1071).

wenn die Leistungserbringung nicht bereits unmöglich ist, allenfalls zu einer Vertragsanpassung.

8. Wegfall der Leistungspflicht wegen Anfechtung und Kündigung von Dauerschuldverhältnissen

Die gegenseitigen Leistungspflichten können infolge der Embargostörung im Wege der §§ 275, 326, 313 BGB untergehen. Darüber hinaus könnten § 123 und § 119 Abs. 2 BGB sowie § 314 BGB für eine Vertragspartei den Weg eröffnen, sich vom embargogestörten Vertrag zu lösen.

a) Anfechtung

Die Anfechtung ist im Bereich embargobedingter Störungen jedoch ein Gestaltungsrecht von geringer Relevanz. Der Vertrag ist, wenn das Embargo zum Abschlusszeitpunkt bereits besteht, ohnehin nichtig.[688] Wird es nachträglich erlassen, ist die Leistungserbringung zumeist unmöglich, sofern es sich nicht um ein durch ein Staatenembargo gestörtes Dauerschuldverhältnis handelt. Für diese wenigen Fälle verbleibt ein Anwendungsbereich für § 123 BGB. Die Norm greift, sofern dem Vertragspartner der drohende Embargoerlass bekannt war. Offenbarungspflichten, die bei einer Täuschung durch Verschweigen relevant werden, bestehen bei Staatenembargos nach Maßgabe des oben Gesagten je nach Aufklärungsbedürftigkeit, bei Personalembargos hingegen regelmäßig.[689]

Die Listung ist keine *verkehrswesentliche* Eigenschaft einer Person im Sinne des § 119 Abs. 2 BGB. Es handelt sich nicht um einen Motivirrtum, der gerade auf der Divergenz zwischen Eigenschaften der Person und dem spezifischen Inhalt des Rechtsgeschäfts beruht und daher ausnahmsweise zur Anfechtung berechtigen soll.[690] Vielmehr löst die Listung dieselben Folgen für alle Rechtsbeziehungen aus, an denen die Person beteiligt ist. Auch die Embargofreiheit einer Sache zählt nicht zu den nach § 119

---

688 Auch nichtige Verträge können angefochten werden, *Kipp*, in: Festschrift der Berliner Juristischen Fakultät für Ferdinand von Martitz zum fünfzigjährigen Doktorjubiläum am 24. Juli 1911, S. 211 ff.

689 S. 106 ff., 108 ff.

690 *Allwörden*, US-Terrorlisten im deutschen Privatrecht, 2014, S. 164.

Abs. 2 BGB relevanten Eigenschaften. Die Zulassung einer Sache zum Außenwirtschaftsverkehr betrifft lediglich ihre wirtschaftliche Verwertungsmöglichkeit.[691]

b) Kündigung von Dauerschuldverhältnissen aus wichtigem Grund

Bei Dauerschuldverhältnissen steht den Parteien nach § 314 BGB die Möglichkeit der außerordentlichen Kündigung zu. Dauerschuldverträge zeichnen sich durch eine gesteigerte Vertragsdauer aus. Sie werden durch ein Spannungsverhältnis zwischen Stabilität, Flexibilität und Vertrauen geprägt.[692] Die gesteigerte Vertragsdauer hebt Dauerschuldverträge von punktuellen Austauschverträgen[693] ab, nicht jedoch von Langzeitverträgen.[694] Zu Langzeitverträgen, bei denen sich die Vertragserfüllung über einen längeren Zeitraum erstreckt, grenzen sich Dauerschuldverhältnisse dadurch ab, dass die Erfüllung der Leistungspflicht als solche nicht zur Vertragsbeendigung führt, sondern hierzu eine Bestimmung durch die Parteien notwendig ist.[695] Dieses Alleinstellungsmerkmal liefert zugleich den Grund für das außerordentliche Kündigungsrecht des § 314 BGB: Es „kompensiert die bei Dauerschuldverhältnissen nicht gegebene Vertragsbeendigungsfunktion der Naturalerfüllung."[696] Zu Dauerschuldverhältnissen, die typischerweise von Personalembargos betroffen werden, zählen Miet-, Dienst- oder Darlehensverträge[697].

Während punktuelle Austauschverträge und Langfristverträge bei fehlender Unmöglichkeit der Leistungserbringung nur über die Grundsätze des Wegfalls der Geschäftsgrundlage zur Beendigung gelangen können, ebnet § 314 BGB den Dauerschuldverhältnissen diesen Weg, wenn eine Zumutbarkeitsprüfung ergibt, dass der kündigende Teil „unter Berücksichtigung aller Umstände des Einzelfalls und unter Abwägung der beiderseiti-

---

691 *Metschkoll*, Eingriffe in Außenhandelsverträge, 1992, S. 203.
692 *Oetker*, Das Dauerschuldverhältnis und seine Beendigung, 1994, S. 27.
693 *Weller*, Die Vertragstreue, 2009, S. 203.
694 *Jickeli*, 1. Aufl. (1996), Der langfristige Vertrag, S. 20 ff. Typische Beispiele für besonders embargoanfällige Langzeitverträge sind etwa Verträge über (Groß)Bauprojekte, vgl. BGH, NJW 1982, 1458.
695 *Weller*, Die Vertragstreue, 2009, S. 203 f.
696 *Weller,* ebenda, S. 290.
697 Zu deren Dauerschuldcharakter im Einzelnen *Oetker*, Das Dauerschuldverhältnis und seine Beendigung, 1994, S. 146 ff., S. 152 ff.

gen Interessen" nicht an der „Fortsetzung des Vertragsverhältnisses bis zur vereinbarten Beendigung oder bis zum Ablauf einer Kündigungsfrist" festgehalten werden kann, § 314 Abs. 1 S. 2 BGB.

Wie § 313 BGB und die Gleichstellung von vorübergehender und dauerhafter Unmöglichkeit im Rahmen des § 275 BGB, wird also auch § 314 BGB durch die Frage nach der Zumutbarkeit des weiteren Festhaltens am Vertrag geprägt. Im typischen Embargofall ist es den Parteien im Rahmen dauerhafter Verträge wie supra gesehen[698] oftmals zumutbar, die Beendigung des Embargos abzuwarten. Rechtsfolge des § 314 BGB ist die Auflösung des Vertragsverhältnisses pro futuro. Ist die Vertragsstörung unter Berücksichtigung der beiderseitigen Parteiinteressen durch Anpassung zu beheben, sind die Parteien auf § 313 BGB zu verweisen. Zu § 313 BGB entfaltet § 314 BGB daher kein materielles Spannungsverhältnis. Der Streit um die Vorrangstellung[699] ist damit formeller Natur.

II. Kompensation der embargobedingten Störung

Supra wurde untersucht, inwieweit Kompensationsansprüche im Rahmen von Verträgen bestehen, die nach dem Eintritt der Embargomaßnahme geschlossen wurden. Da die Verträge in diesen Fällen - mit Ausnahme von Verträgen, die nach Anordnung der Genehmigungsbedürftigkeit der Erfüllungshandlung abgeschlossen wurden - nichtig sind, können keine Schadensersatzansprüche aus ihrer Nichterfüllung oder verzögerten Erfüllung hergeleitet werden.[700] Erfolgt der Vertragsschluss hingegen vor dem Embargoerlass beziehungsweise ist im Falle eines Vertragsschlusses vor Embargoerlass lediglich die Erfüllungshandlung genehmigungspflichtig, sind die mit einem Embargo typischerweise einhergehenden Verzögerungen oder Ausfälle in der Produktions- und Lieferkette grundsätzlich ersatzfähig. Für den typischen Embargofall, in dem keine individuellen Haftungsvereinbarungen im Sinne des § 276 Abs. 1, Hs. 2 Alt. 1 BGB getroffen wurden, soll untersucht werden, wann die Ansprüche im Einzelnen bestehen. Haftungsadressat ist dabei der Vertragspartner. Ferner soll beleuchtet werden, ob die für den inländischen Unternehmer entstandenen Schäden

---

698 S. 134 ff.
699 *Unberath*, in: *Bamberger/Roth* (Hrsg.), BeckOK BGB, § 314 BGB, Rn. 14.
700 Supra S. 103 ff.

über öffentlich-rechtliche Schadensersatz- oder Entschädigungsansprüche ersatzfähig sind.

1. Verbote der Erfüllungshandlung

Zunächst wird untersucht, inwieweit Schadensersatzansprüche bestehen, wenn die Leistungsstörung infolge eines Verbotes der Erfüllungshandlung eintritt. Davon zu unterscheiden sind Fallgestaltungen, in denen Leistungsstörungen als Folge der Genehmigungsbedürftigkeit der Erfüllungshandlung ausgelöst werden (2.).

a) Staatenbezogene Embargomaßnahmen: Vertragliche und quasi-vertragliche Ansprüche

Im Hinblick auf Staatenembargos ist zu untersuchen, inwiefern vertragliche und quasi-vertragliche Kompensationsansprüche bestehen. Sodann soll analysiert werden, ob auch Ansprüche aus Deliktsrecht zu einer Kompensation entstandener Schäden verhelfen. Die Verantwortlichkeit für den Erlass eines Personalembargos ist hingegen gänzlich anders zu beurteilen und soll daher gesondert unter b) abgehandelt werden.

Auch wenn Schadensersatzansprüche wegen vorvertraglicher Pflichtverletzungen zeitlich vor Schadensersatzpflichten wegen der Verletzung von Hauptleistungspflichten entstehen, sollen zunächst letztere in den Fokus genommen werden.

aa) Keine Kompensation wegen der Verletzung von Hauptleistungspflichten

Aufgrund ihrer unechten Rückwirkung[701] lassen Embargomaßnahmen zwar die vor Embargoerlass geschlossenen Altverträge vom Embargo unberührt, bringen jedoch die in der Zukunft liegenden primären Erfüllungsansprüche nach § 275 Abs. 1 BGB zum Erlöschen.[702] An die Nichterfüllung knüpft der Sekundäranspruch aus §§ 280 Abs. 1, 283 BGB an und ge-

---

701 S. 118.
702 S. 120 ff.

währt einen Ersatz des entstandenen Schadens, wenn der Schuldner die dem Leistungshindernis zu Grunde liegenden Umstände zu vertreten hat.[703] Die Pflichtverletzung liegt bereits in der Nichterfüllung der Leistung als solcher.[704] Die Frage, ob die Embargostörung als Leistungshindernis dem Schuldner zuzurechnen ist, wird sodann auf der Ebene des Vertretenmüssens relevant.[705] Die supra[706] getroffenen Ausführungen zur Verantwortlichkeit der Vertragsparteien für eine Embargomaßnahme sollen an dieser Stelle rekapituliert und auf die Anforderungen des § 276 BGB übertragen werden.

Der Haftungsmaßstab des § 276 BGB für Vorsatz und Fahrlässigkeit vermag in Embargofällen nicht zu einem Vertretenmüssen des Schuldners zu führen.[707] Zur Begründung einer Fahrlässigkeitshaftung muss die Leistungsstörung sowohl erkennbar als auch vermeidbar sein.[708] In den meisten Fällen wird es bereits an der Vorhersehbarkeit der Leistungsstörung scheitern.[709] Selbst wenn der Erlass der Embargomaßnahme und damit die Vertragsstörung ausnahmsweise vorhersehbar sind, lässt sich ein Vertretenmüssen nicht bejahen. Denn der Schuldner hat die der Nichterfüllung der Leistungspflicht zu Grunde liegenden Umstände weder vorsätzlich noch fahrlässig herbeigeführt; auch bei Vorhersehbarkeit des Embargos entscheiden staatliche Stellen über dessen Erlass.[710] Gegen den Embargoerlass kann er sich nicht wenden. Insoweit ist das Embargo höchstens vorhersehbar, aber nicht vermeidbar.[711] Beurteilte man dies mit einigen Stimmen[712] anders, würden zudem die Grenzen zu § 311 a Abs. 2 BGB ver-

---

703 *Unberath*, in: *Bamberger/Roth* (Hrsg.), BeckOK BGB, § 280 BGB, Rn. 19.

704 *Unberath*, ebenda, Rn. 20.

705 *Canaris*, JZ 2010, 499 (512); *Dauner-Lieb*, in: *Dauner-Lieb/Heidel/Ring* (Hrsg.), Nomos Kommentar BGB, § 283 BGB, Rn. 4; *Ernst*, in: Münchener Kommentar zum BGB, § 275 BGB, Rn. 4.

706 S. 141 ff.

707 *Schulze*, in: *Schulze* (Hrsg.), Bürgerliches Gesetzbuch, § 276 BGB, Rn. 21.

708 *Bittner*, ZVglRWiss 93 (1994), 268 (283); *Grundmann*, in: Münchener Kommentar zum BGB, § 276 BGB, Rn. 68 ff., 77 ff.; *Schulze*, in: *Schulze* (Hrsg.), Bürgerliches Gesetzbuch, § 276 BGB, Rn. 21.

709 Supra, S. 146.

710 *Bittner*, ZVglRWiss 93 (1994), 268 (283).

711 *Bittner*, ebenda.

712 Für eine Risikoübernahme bei Vorhersehbarkeit des Embargorisikos das LG Karlsruhe, NJW-RR 1993, 311; *Mankowski*, in: *Schmidt* (Hrsg.), Münchener Kommentar zum Handelsgesetzbuch, Art. 79 CISG, Rn. 39; *Neumann*, Internationale Handelsembargos und privatrechtliche Verträge, 2001, S. 320.

wischt. Freilich verdeutlicht die Norm, dass der Schuldner die Unkenntnis eines Leistungshindernisses zu vertreten haben kann. Dies gilt indes lediglich für bestehende Leistungshindernisse. Ist jedoch der Eintritt eines Leistungshindernisses ungewiss, ist es gesetzlich nicht vorgesehen, dem Schuldner die Verantwortlichkeit für die Nichterfüllung anzulasten.

Ferner vermag die bloße *Vorhersehbarkeit* eines Embargos als solche keine Übernahme eines Beschaffungsrisikos im Sinne des § 276 Abs. 1, Hs. 2 BGB zu begründen. Die Übernahme eines Beschaffungsrisikos durch den Schuldner muss sich dem Inhalt des Vertrags wenigstens in Verbindung mit §§ 157, 133 BGB entnehmen lassen.[713] Selbst wenn der Schuldner das Embargo tatsächlich vorhergesehen und den Vertrag gleichwohl abgeschlossen hat, kann aus diesem Verhalten nicht abgeleitet werden, dass er für die Embargostörung einstehen will. Eine Auslegung nach §§ 157, 133 BGB spricht vielmehr dafür, dass er auf eine ungestörte Abwicklung vor Embargoerlass hofft. Das Verhalten vermag Kompensationsansprüche wegen treuwidrigen Verhaltens auszulösen, aber kein Verschulden für die Embargostörung zu begründen. Ein Vertretenmüssen lässt sich daher nur bejahen, wenn das *Embargorisiko* explizit durch eine Vertragspartei übernommen und damit ein spezieller vertraglicher Haftungsmaßstab bestimmt wurde, § 276 Abs. 1, Hs. 2 Alt. 1 BGB. Hat der Schuldner hingegen lediglich im Hinblick auf die *Sachleistung* ausdrücklich im Vertrag ein Beschaffungsrisiko übernommen, hat er die Embargostörung nicht zu vertreten. Die mit dem Beschaffungsrisiko einher gehende verschuldensunabhängige Haftung bezieht sich ausschließlich auf Gründe, die seinem Geschäftskreis zurechenbar sind[714] und damit nicht auf Störungsfälle der höheren Gewalt.

Aufgrund dieser Folgerungen scheiden auch Schadensersatzansprüche wegen Verletzungen der Hauptleistungspflicht aus §§ 280 Abs. 1, Abs. 2, 286 BGB auf Ersatz des Verzugsschadens aus. Der Schuldner ist für den Eintritt des verzugsbegründenden Ereignisses nicht verantwortlich. Ohnehin führt der Erlass eines Embargos zumeist[715] zum Eintritt einer dauerhaften Unmöglichkeit, die wiederum verzugsbeendigend wirkt.[716] Der bereits vor Embargoerlass eingetretene und von der Embargostörung insoweit unabhängige Verzugsschaden bleibt freilich ersatzfähig.

---

713 *Stadler*, in: *Jauernig* (Hrsg.), Kommentar zum BGB, § 276 BGB, Rn. 49.
714 *Grüneberg*, in: *Palandt* (Hrsg.), Bürgerliches Gesetzbuch, § 276 BGB, Rn. 31.
715 S. 120 ff.
716 *Metschkoll*, Eingriffe in Außenhandelsverträge, 1992, S. 201.

Einzig § 287 S. 2 BGB vermag eine gesetzliche Haftung des Schuldners wegen des Embargohindernisses auszulösen. Befindet sich der Vertragspartner im Schuldnerverzug und wird währenddessen ein Embargo erlassen, das die Leistungserbringung dauerhaft oder vorübergehend stört, kann der Gläubiger den Nichterfüllungs- und Verzugsschaden ersetzt verlangen. Grundsätzlich ist der Schuldner für den Eintritt des Embargos nicht verantwortlich. Jedoch haftet er gemäß § 287 S. 2 Hs. 1 BGB auch für Zufall und damit für Fälle höherer Gewalt.[717] Ansonsten ist es nach gesetzlichem Haftungsmaßstab nicht vorgesehen, dem Schuldner die Verantwortlichkeit für die embargobedingte Störung der Hauptleistungspflicht anzulasten. Das Embargorisiko muss explizit von einer Partei vertraglich übernommen werden. Seine bloße Vorhersehbarkeit reicht zur Haftungsbegründung nicht aus.

bb) Kompensation im Wege der culpa in contrahendo

Da sich die Aufklärungs- beziehungsweise Nachforschungspflichtverletzung im vorvertraglichen Stadium ereignet, ist sie nach §§ 311 Abs. 2 in Verbindung mit 241 Abs. 2, 280 Abs. 1 BGB[718] zu ersetzen.[719] Bei Aufklärungsbedürftigkeit der anderen Vertragspartei läuft es vorvertraglichen Rücksichtnahmepflichten zuwider, die Partei glauben zu lassen, der Vertrag sei zweifelsohne wirksam und bei seiner Abwicklung gewiss keinen Leistungsstörungen ausgesetzt.

Zur Verletzung vorvertraglicher Aufklärungspflichten kann es auch bei einem wirksamen Vertragsschluss kommen,[720] weil der Zeitpunkt der Pflichtverletzung maßgeblich ist.[721] Da die Verletzung einer Aufklärungs-

---

717 Siehe Fn. 613.
718 Zu den Rücksichtspflichten aus § 241 Abs. 2 BGB und insbesondere der Abgrenzung zwischen leistungsbezogenen und nicht leistungsbezogenen Rücksichtspflichten *Weller*, Die Vertragstreue, 2009, S. 240 ff., 249 ff.
719 Ansprüche aus § 311 a Abs. 2 BGB scheiden freilich aus, weil die Leistungsstörung bei Vertragsschluss noch nicht besteht, *Ernst*, in: Münchener Kommentar zum BGB, § 311 a BGB, Rn. 32.
720 *Grüneberg*, in: *Palandt* (Hrsg.), Bürgerliches Gesetzbuch, § 311 BGB, Rn. 40.
721 *Emmerich*, in: Münchener Kommentar zum BGB, § 311 BGB, Rn. 199; *Grüneberg*, in: *Palandt* (Hrsg.), Bürgerliches Gesetzbuch, § 311 BGB, Rn. 40 ff. mwN. A.A. insbesondere Honsell, der darin eine Verletzung der vertraglichen Nebenpflichten sieht, die im Wege des Schadensersatzes neben der Leistung nach § 280

pflicht in Rede steht, beurteilt sich die Tatbestandsseite der Haftung grundsätzlich nicht anders als in den Fällen, in denen der Vertrag geschlossen wurde, nachdem die Embargomaßnahme in Kraft getreten ist.[722] Wurde der Vertrag jedoch zu einem Zeitpunkt geschlossen, zu dem das Embargo noch nicht erlassen war, wird den Vertragsparteien die Verletzung von Aufklärungspflichten weitaus seltener angelastet werden können. Der Erlass von Embargomaßnahmen ist nur in Ausnahmefällen vorhersehbar.[723] Eine Partei verletzt keine Aufklärungspflichten im Vorvertragsstadium, wenn sie selbst weder Kenntnis von der Beschränkung noch Zweifel[724] an der Embargofreiheit hatte.

Kennt die Vertragspartei das Leistungsstörungsrisiko, verletzt sie vorvertragliche Treuepflichten, wenn sie den Vertrag abschließt, ohne den Vertragspartner darauf hinzuweisen. Wenn Leistungsstörungen frühzeitig antizipiert werden können, ist die vorausschauende Vertragspartei zu einer entsprechenden Mitteilung an ihren Vertragspartner verpflichtet, um diesem jedenfalls eine Absicherung des Risikos zu ermöglichen. Beruft sich der Schuldner darauf, ein voraussehbares Embargo nicht vorhergesehen zu haben, kann ihm die Verletzung von Nachforschungspflichten angelastet werden; sofern es angesichts der selbst aus den Alltagsmedien zu filternden Information nicht ohnehin näher liegt, dass er sich der drohenden Embargostörung bewusst verschließt. Jedenfalls trifft ihn aus § 242 BGB zur Sicherung der Informationspflichten eine der Aufklärungspflicht vorgeschaltete Pflicht,[725] sich über derartige grundlegende Risikotendenzen, die den Zielstaat betreffen, zu informieren.[726]

Zu bedenken ist jedoch, dass der Embargoerlass häufig auch für den anderen Vertragspartner voraussehbar sein wird. Auch wenn er im Zielstaat ansässig ist, drängt sich die drohende Embargoverhängung medial oftmals auf. Nur in besonderen Fällen sind solche grundlegenden Risikotendenzen nicht für beide Parteien vorhersehbar, etwa wenn die Informationskanäle

---

Abs. 1 BGB kompensationsfähig ist, *Honsell*, in: *Beuthien/Fuchs/Roth u. a.* (Hrsg.), Perspektiven des Privatrechts am Anfang des 21. Jahrhunderts, 2009, S. 185.

722 Dazu supra, S. 104 ff.

723 Siehe S. 147.

724 Zur Maßgeblichkeit der Kenntnis des Umstandes *Gehrlein/Sutschet*, in: *Bamberger/Roth* (Hrsg.), BeckOK BGB, § 311 BGB, Rn. 70.

725 *Henssler*, Risiko als Vertragsgegenstand, 1994, S. 153.

726 *Finkenauer*, in: Münchener Kommentar zum BGB, § 313 BGB, Rn. 74; *Ulmer*, AcP 1974, 167 (185).

im Zielstaat wesentlich schlechter oder vollständig abgeschnitten sind. Ob eine Aufklärungspflicht besteht und ob diese verletzt wurde, ist letztlich nur für den individuellen Einzelfall zu beurteilen. Wie bereits supra gezeigt wurde, wird eine Haftung nicht bereits deshalb ausgelöst, weil die Partei im Senderstaat über Embargovorschriften aus dem eigenen Wirtschaftsgebiet nicht aufklärt.[727] Ist die Partei im Zielstaat nicht aufklärungsbedürftig, weil sie selbst im Außenhandelsverkehr erfahren ist und den Embargoerlass als grundlegende Risikotendenz selbst leicht hätte feststellen können, kann sie ihren Schaden nicht ersetzt verlangen. War das Embargo für beide Parteien gleichermaßen vorsehbar, bleibt es in Fällen nicht bedachter, aber realisierter Embargorisiken regelmäßig dabei, dass jede Partei lediglich für sich selbst die Embargorisiken trägt. Schadensersatz ist nur einer aufklärungsbedürftigen Partei zu gewähren.

Sofern eine Aufklärungspflichtverletzung ausnahmsweise bejaht werden kann, ergeben sich auf der Rechtsfolgenebene Unterschiede zu der supra beleuchteten Fallgestaltung, in der der Vertragsschluss zeitlich nach dem Embargoerlass liegt. Für diese wurde festgestellt, dass der ersatzfähige Schaden zumeist auf das negative Interesse beschränkt ist. Das positive Interesse ist zumeist nicht ersatzfähig, weil auch bei richtiger Aufklärung zwischen den Parteien kein wirksamer Vertrag zu Stande gekommen wäre.[728] Wurde jedoch der Vertrag bereits vor dem Inkrafttreten der Embargomaßnahme geschlossen, kann die geschädigte Partei neben dem erlittenen Vertrauensschaden auch geltend machen, dass sie bei ordnungsgemäßer Aufklärung einen günstigeren, weil erfüllbaren Vertrag abgeschlossen hätte. Falls der geschädigten Partei der Beweis gelingt, bei Kenntnis des drohenden Embargoerlasses das Geschäft zügiger abgewickelt zu haben, kann sie unter den Voraussetzungen des § 252 BGB den hierdurch entgangenen Gewinn geltend machen. Im Übrigen kann Inhalt des Schadensersatzanspruchs auch die Vertragsaufhebung als Naturalrestitution (§ 249 Abs. 1 BGB) sein.[729] Nach der ständigen Rechtsprechung hindern die entstehenden Spannungen zum Anfechtungsregime - insbesondere droht die Umgehung des Vorsatzdogmas des § 123 BGB[730] und damit die Haftung

---

727 Supra, S. 108.
728 Siehe S. 110.
729 BGH, NJW 2007, 3057 ff.; BGH, NJW 2001, 2163, 2165; BGH, NJW 1998, 302, 303 f.; BGH, NJW 1977, 1536.
730 *Emmerich*, in: Münchener Kommentar zum BGB, § 311 BGB, Rn. 89.

für gleichsam „fahrlässige" Täuschungen[731] - nicht an der Geltendmachung der Naturalrestitution, da die culpa Haftung autonom die Pflichtverletzung kompensieren will und eine Vorrangregelung im Gesetz im Übrigen nicht angeordnet ist.[732]

b) Personenbezogene Embargomaßnahmen

Soweit Staatenembargos den Vertrag stören, kann wegen des fehlenden Verschuldens des Schädigers am Erlass der Embargomaßnahme keine Kompensation wegen der Verletzung von Hauptleistungspflichten geltend gemacht werden. Abweichend von diesen Ausführungen ist hingegen die Verantwortlichkeit für das Scheitern der Hauptleistungspflichten aufgrund von Personalembargos zu beurteilen.

Im Rahmen von Personalembargos erfolgt die Zurechnung der Embargostörung durch Anwendung des gesetzlichen Haftungsmaßstabs der Fahrlässigkeit. Der gelistete Vertragspartner ist für die Nichterfüllung seiner Vertragspflichten verantwortlich: Die Listung und damit die Verhängung des Embargos sind für ihn sowohl vorhersehbar als auch vermeidbar und von ihm zu vertreten. Er vermag sich auch nicht darauf zu berufen, von der künftigen Listung nichts gewusst zu haben. Aus den Embargo-Grundverordnungen kann er absehen, für welches Verhalten der Erlass eines Personalembargos droht. Jedenfalls muss er bei Begehung seiner rechtswidrigen Taten damit rechnen, durch ein Personalembargo sanktioniert zu werden. Dass die EU ein Embargo gegen ihn verhängt, kann der Embargogegner - freilich nur bei rechtmäßiger Listung - durch sein eigenes Verhalten steuern. Er haftet damit wegen der Nichterfüllung. Zudem verletzt die gelistete Person im vorvertraglichen Bereich Treuepflichten, wenn sie einen Vertrag abschließt, obwohl sie ihre künftige Listung vorhersieht.

---

731 *Emmerich,* ebenda, Rn. 87 ff.
732 BGH NJW 1998, 302, 303 f. mwN. Auch die neuere Rspr., die teilweise zusätzlich einen Vermögensschaden fordert, veranlasst keine Änderungen, dazu ausführlich und kritisch *Emmerich*, in: Münchener Kommentar zum BGB, § 313 BGB, Rn. 89, vgl. BGH NZM 2008, 379.

c) Erfüllung

Zuletzt sei beleuchtet, ob die bestehenden Schadensersatzansprüche erfüllt werden dürfen. Hat eine gelistete Person Schadensersatz zu leisten, ist aufgrund der Einfrierung ihrer Vermögenswerte eine Erfüllung grundsätzlich nicht möglich.[733] Der Anspruch rührt jedoch aus einer Verpflichtung her, die bereits vor der Listung wirksam eingegangen wurde. Für derartige im Rahmen von Altverträgen begründete Ansprüche sehen Personalembargos regelmäßig Freigabeklauseln vor. Diese erlauben die Erfüllung nach Genehmigung der Freigabe durch die Bundesbank.[734]

Wurde ein Schaden durch ein Staatenembargo verursacht und besteht ein Anspruch zu Gunsten des Unternehmers im Senderstaat, ist eine Erfüllung trotz eines bestehenden Embargos zulässig. Die Geldleistung in den Senderstaat läuft dem Embargoziel nicht zuwider.[735] Auch Ansprüche der im Zielstaat ansässigen Partei sind der Erfüllung zugänglich. In den meisten Embargoverordnungen sind zwar Erfüllungsverbote angeordnet, die zum Schutz der inländischen Wirtschaft Schadensersatzansprüche versagen, die der Vertragspartei im Zielstaat gegen eine deutsche Partei wegen der Nichterfüllung des Vertrags aufgrund des Embargos zustehen. Wie im Hinblick auf Fallgestaltungen, in denen der Vertragsschluss nach Embargoerlass erfolgte, bereits dargelegt wurde, sind Schadensersatzansprüche wegen Verletzung vorvertraglicher Pflichten nicht vom Anwendungsbereich der Erfüllungsverbote erfasst. Diese Ansprüche sind keine Kompensation für eine infolge des Embargoverbots gehinderte Erfüllung.[736]

Damit wird deutlich, dass die Erfüllungsverbote bei staatenembargobedingten Störungen nur dann Relevanz beanspruchen, wenn die Parteien die Haftungsrisiken für den Embargofall vertraglich einer Partei zugewie-

---

733 Supra, S. 115.
734 Vgl. den Wortlaut von Art. 6 Abs. 1 VO (EU) Nr. 269/2014: „Schuldet eine in Anhang I aufgeführte […] Person Zahlungen aufgrund von Verträgen, Vereinbarungen oder Verpflichtungen, die von der betreffenden natürlichen oder juristischen Person, Einrichtung oder Organisation vor dem Tag geschlossen bzw. übernommen wurden, an dem diese natürliche oder juristische Person, Einrichtung oder Organisation in Anhang I aufgenommen wurde, so können die zuständigen Behörden der Mitgliedstaaten abweichend von Artikel 2 die Freigabe bestimmter eingefrorener Gelder oder wirtschaftlicher Ressourcen unter ihnen geeignet erscheinenden Bedingungen genehmigen… ."
735 Siehe bereits supra, S. 114 f.
736 Ebenda.

sen haben. Nach dem gesetzlichen Haftungsmaßstab hingegen haften die Vertragsparteien nicht wegen der Nichterfüllung.

d) Deliktsrecht: Kompensation wegen vorsätzlicher, sittenwidriger Schädigung nach § 826 BGB

Im Folgenden soll beleuchtet werden, inwiefern das Deliktsrecht einen Ersatz von Embargoschäden gewährt. Dies wurde bereits für Fälle untersucht, in denen der Vertrag nach dem Inkrafttreten des Embargos geschlossen wurde:[737] Ansprüche aus § 823 BGB bestehen nicht. Für Ansprüche aus § 826 BGB ist insoweit Raum, als der Vertragspartner von einem bestehenden Embargo positive Kenntnis hat, darüber jedoch bewusst täuscht oder nicht aufklärt. An dieser Stelle hingegen sind Fälle zu untersuchen, in denen der Vertragsschluss vor dem Embargoerlass liegt. Anknüpfungspunkt der sittenwidrigen Schädigung kann daher nicht die positive Kenntnis eines bestehenden Embargos sein, sondern allenfalls das Verschweigen von Anhaltspunkten, die für einen künftigen Embargoerlass sprechen.

Allerdings reicht ein bloßer Verdacht oder eine bloße Mutmaßung, dass ein Embargo erlassen werden könnte, nicht aus, um die hohen Hürden der Haftung für eine vorsätzliche, sittenwidrige Schädigung zu überschreiten, bei der das Unterlassen der Aufklärung selbst auf einer verwerflichen Gesinnung beruhen muss.[738] Daher ist für § 826 BGB nur dann Raum, wenn das Embargo vorhersehbar war und der mit Schädigungsvorsatz handelnde Vertragspartner den Erlass auch tatsächlich vorhersah. Während Staatenembargos als akutes Reaktionsmittel auf Völkerrechtsverstöße dazu tendieren, besonders plötzlich verhängt zu werden,[739] bleibt für § 826 BGB vor allem mit Blick auf Personalembargos Raum. Dessen Erlass vermag die gelistete Person als Folge ihrer rechtswidrigen Handlungen abzusehen.

---

737 Siehe S. 110
738 Fn. 422.
739 Siehe supra, S. 146.

2. Genehmigungsbedürftige Erfüllungshandlungen

Es wurde untersucht, inwieweit Kompensationsansprüche bestehen, wenn Embargomaßnahmen die Vornahme von Erfüllungshandlungen verbieten. Diese Frage soll nunmehr mit Blick auf genehmigungsbedürftige Erfüllungshandlungen beleuchtet werden.

Ein Genehmigungsbedürfnis ist ein präventives Verbot mit Erlaubnisvorbehalt.[740] Ist die Erfüllungshandlung genehmigungsbedürftig, aber nicht genehmigungsfähig, unterscheidet sich das Embargo in seiner Wirkung letztlich nicht von einem absoluten Verbot. Daher bestehen in diesem Fall Kompensationsansprüche aus denselben Gründen und im selben Umfang wie unter 1. a) dargelegt.

Resultiert die Leistungsstörung jedoch nicht aus dem Embargoerlass als solchem, sondern den Umständen des Genehmigungsverfahrens, bestehen weitere Haftungsansprüche: Trotz bestehenden Embargos kann das Erfüllungsgeschäft, sofern es genehmigungsfähig ist, durchgeführt werden. Grundsätzlich obliegt dem exportierenden Vertragspartner die Einholung der Export- und dem einführenden Vertragspartner die Einholung der Importgenehmigung. Denn als jeweils verwaltungsrechtlich Verantwortlicher sind sie bei fehlender abweichender vertraglicher Regelung dazu verpflichtet, die Genehmigung einzuholen.[741] Den hiernach nicht verpflichteten Vertragspartner trifft die leistungsbezogene vertragliche Rücksichtnahmepflicht,[742] bei der Einholung der Genehmigung mitzuwirken, etwa erforderliche Auskünfte zu erteilen oder Dokumente bereitzustellen.[743] Scheitert wegen unterlassener Mitwirkung die Genehmigungserteilung, haftet die Partei aus §§ 280 Abs. 1, 241 Abs. 2, 249 Abs. 1 BGB auf dasjenige, was die Gegenpartei bei erfolgreicher Genehmigungserteilung erhalten hätte.[744]

Auch die Verzögerung der Genehmigungserteilung kann eine Partei zu vertreten haben. Im Gegensatz zum Erlass des Embargos kann sie es ver-

---

740 *Maurer*, Allgemeines Verwaltungsrecht, 18. Aufl. (2011), Rn. 51.
741 RGZ 168, 343, 351; BGH, NJW 1977, 2030, 2032; BGH, VerwRspr 1973, 298, 299; *Mankowski*, in: *Wolffgang/Simonsen* (Hrsg.), AWR-Kommentar, § 31 AWG, Rn. 21.
742 *Mankowski*, in: *Wolffgang/Simonsen* (Hrsg.), AWR-Kommentar, 2013 (23); *Weller*, Die Vertragstreue, 2009, S. 249.
743 Fn. 741.
744 BGH, NJW 1977, 2030, 2032; *Mankowski*, in: *Wolffgang/Simonsen* (Hrsg.), AWR-Kommentar, § 31 AWG, Rn. 23.

meiden, dass die Genehmigung versagt wird: Blockierte derjenige, der für die Einholung der Genehmigung verantwortlich ist, die Einleitung oder Fortführung des behördlichen Genehmigungsverfahrens durch unterlassene Mitwirkung, ist eine Haftung wegen fahrlässiger Herbeiführung des verzugsbegründenden Ereignisses denkbar.[745] Ein Verschulden trifft ihn jedoch nicht, wenn die Verzögerungen aus behördeninternen Gründen herrühren.[746]

Im Hinblick auf die Erfüllung der Ansprüche gelten die unter 1. c) getroffenen Ausführungen.

3. Haftungsadressat UN, EU, BRD

Nunmehr ist deutlich geworden, inwiefern zwischen den Parteien des Privatrechtsverkehrs im Embargofall Schadensersatzansprüche bestehen. Haftungsansprüche könnten jedoch nicht nur gegenüber dem Vertragspartner, sondern auch gegenüber der UN, EU und BRD als Haftungsadressaten geltend gemacht werden. Die Embargogesetzgeber binden den Unternehmer als unbeteiligten Dritten[747] in die Durchführung der Embargomaßnahmen ein. Erleidet der Unternehmer dabei Schäden, könnten diese im Wege öffentlich-rechtlicher Schadensersatz- oder Entschädigungsansprüche auszugleichen sein, wenn er vor Embargoerlass geschlossene Verträge nicht mehr abwickeln kann.

Schadensersatz- oder Entschädigungspflichten sind in den Embargosanktionen nicht vorgesehen. Jedoch werden Embargomaßnahmen, die in laufende Verträge eingreifen und auch für die typische Sonderfolge der Insolvenz keine Entschädigung enthalten, teilweise als Verstoß gegen die Junktimklausel des Art. 14 Abs. 3 GG beurteilt.[748] Auch werden Stimmen laut, das mittelbare Bereitstellungsverbot verstoße gegen Art. 16 GR-Charta.[749] Da der Gesetzgeber jedoch keine Ausgleichsklausel geschaffen hat, besteht für den Unternehmer kein direkt einklagbarer Ersatzan-

---

745 *Metschkoll*, Eingriffe in Außenhandelsverträge, 1992, S. 243.; *Puschke/ Hohmann*, Basiswissen Sanktionslisten, 2012, S. 75, 78.

746 *Schulze*, in: *Schulze* (Hrsg.), Bürgerliches Gesetzbuch, § 286 BGB, Rn. 27.

747 Fn. 9.

748 *Epping*, Die Außenwirtschaftsfreiheit, 1998, S. 512 f.; *Ress*, Das Handelsembargo, 2000, S. 287 ff.

749 *Schöppner*, Wirtschaftssanktionen durch Bereitstellungsverbote, 2013, S. 183 ff.

spruch.[750] Auch Ansprüche aus enteignendem beziehungsweise enteignungsgleichem Eingriff und nach Art. 34 GG, § 839 BGB wegen Amtspflichtverletzung werden als nicht aussichtsreich beurteilt.[751]

Für die Zwecke dieser Untersuchung soll das Bestehen der Ansprüche und die damit verbundenen grundrechtlichen Fragestellungen nicht im Einzelnen aufgearbeitet werden. Denn für die inländischen Unternehmer, die durch Embargomaßnahmen betroffen sind, stellt ein Einklagen einer Entschädigung eine wenig effiziente und praxisferne Regelung zur Geltendmachung erlittener Schäden dar. Zum einen greifen Entschädigungen im Zusammenhang mit Eigentumsbeeinträchtigungen nur bei außergewöhnlichen Belastungen, also in Härtefällen, in denen Unternehmen die Insolvenz droht.[752] Zum anderen ist in der gerichtlichen Praxis eine Tendenz zur Haftungsabschottung[753] zu beobachten:

Der Vollzugsakt, durch den die Embargomaßnahme rechtliche Geltung erlangt und durch den es zu einem Eingriff in die Rechte des Einzelnen kommt, liegt auch bei völkerrechtlichem Ursprung der Sanktionsmaßnahme auf der Ebene des Unionsrechts.[754] In der Rechtssache *Dorsch/Consult* beurteilte das EuG,[755] das später durch den EuGH bestätigt wurde,[756] dies hingegen anders: Die deutsche Ingenieursgesellschaft hatte mit dem irakischen Staat bereits im Jahre 1975 einen Vertrag über die Erbringung von Planungs- und Überwachungsleistungen im Zusammenhang mit dem Ausbau eines irakischen Straßensystems geschlossen. Die irakischen Behörden verweigerten jedoch die Zahlung der erbrachten Leistungen. Grund für die Zahlungsverweigerung waren die sanktionellen Gegenmaßnahmen,

---

750 *Ress*, Das Handelsembargo, 2000, S. 329.

751 *Ress*, Das Handelsembargo, 2000, S. 307 ff., 320 ff.; *Schneider*, Wirtschaftssanktionen, 1999, S. 243 f.

752 Vgl. *Dahme*, Terrorismusbekämpfung durch Wirtschaftssanktionen, 2007, S. 340 mit Blick auf Personalembargos und *Ress*, Das Handelsembargo, 2000, S. 292 ff., 330.

753 Dies ist auch im Verhältnis zur rechtswidrig gelisteten Person zu beobachten: Das EuG lehnte eine Schadensersatzklage eines Gelisteten mit der Begründung ab, dass der rechtswidrige Listungsbeschluss des Rates angesichts der komplexen Sachverhaltswürdigung und unklaren Rechtsgrundlage keine hinreichend qualifizierte Rechtsverletzung begründet, EuG, EuZW 2012, 520. Dazu kritisch *Marsch*, EuZW 2012, 499.

754 *Bartmann*, Terrorlisten, 2011, S. 221 f.; *Dahme*, Terrorismusbekämpfung durch Wirtschaftssanktionen, 2007, S. 485 ff.

755 EuG, Urt. vom 28.4.1998, Rs. T-184/95 - Dorsch Consult.

756 EuGH, Urt. vom 15.6.2000, Rs. C-237/98 P - Dorsch Consult.

die der Irak als Reaktion auf das im Jahre 1990 gegen ihn verhängte europäische Handelsembargo erließ.[757] Da der Gesellschaft umfangreiche Schäden entstanden, machte sie gegenüber der EG eine Haftung für rechtmäßiges Handeln aufgrund enteignenden Eingriffs und hilfsweise eine Haftung für rechtswidriges Handeln durch Unterlassen des Schaffens einer gesetzlichen Entschädigungsregelung geltend. EuG und EuGH lehnten diese ab. Insbesondere im Urteil des EuG klingt eine Abweisung der Haftungsverantwortung mit,[758] weil es auf die UN als Haftungsadressat verweist und eine Kausalität zwischen der europäischen Embargosanktion und dem geltend gemachten Schaden ablehnt.[759] Auf völkerrechtlicher Ebene verwehrt jedoch Art. 50 UN-Charta[760] als einzige denkbare Anspruchsgrundlage den nichtstaatlichen Adressaten der Sanktion, sich an den Sicherheitsrat zu wenden.[761]

Auch in Entscheidungen nationaler Gerichte ist eine derartige Tendenz zur Haftungsabschottung zu erkennen. So lehnte der BGH eine Haftung im Zusammenhang mit § 69 a AWV ab. Durch den Erlass dieser Norm wurden Ein- und Ausfuhren in und aus dem Irak, die durch ein EG-Embargo untersagt worden waren, einer Straf- und Bußgeldbewehrung ausgesetzt.[762] Obwohl die Norm in einen bereits vor dem Embargoerlass wirksam geschlossenen Vertrag eingriff, sprach das Gericht dem deutschen Unternehmen weder Ansprüche aus enteignungsgleichem oder enteignendem Eingriff noch aus Amtshaftung zu. Die EG-Verordnung erlange ihren Geltungsanspruch nicht erst durch Erlass eines Transformationsgesetzes, sondern gelte unmittelbar.[763] Die Vorschrift des § 69 a AWV vermag das Eingreifen der nationalen Haftungsvorschriften ebenfalls nicht zu begründen: Das Verbot der Verordnung werde zwar in der nationalen Vorschrift wiederholt, jedoch liege der Grund darin, das Verbot mit einer Straf- und

---

757 Ebenda, Rn. 4, 11, 14. Vgl. zudem VO (EG) Nr. 2340/90 vom 8. August 1990.

758 *Bartmann*, Terrorlisten, 2011, S. 220.

759 EuG, Urt. vom 28.4.1998, Rs. T-184/95 - Dorsch Consult, Rn. 73 f.

760 Art. 50 UN-Charta: „Ergreift der Sicherheitsrat gegen einen Staat Vorbeugungs- oder Zwangsmaßnahmen, so kann jeder andere Staat, ob Mitglied der Vereinten Nationen oder nicht, den die Durchführung dieser Maßnahmen vor besondere wirtschaftliche Probleme stellt, den Sicherheitsrat zwecks Lösung dieser Probleme konsultieren."

761 *Ress*, Das Handelsembargo, 2000, S. 407.

762 So auch schon die Vorinstanz LG Bonn, NVwZ 1993, 916 ff. Zur fehlenden Strafrechtskompetenz der EU supra, S. 52.

763 BGH, NJW 1994, 858, 859.

Bußgeldbewehrung zu versehen.[764] Der BGH misst der Norm mithin lediglich eine deklaratorische Bedeutung zu.[765]

Selbst wenn man einen Verstoß gegen die Eigentumsfreiheit oder die Außenwirtschaftsfreiheit annehmen wollte, ist die erfolgreiche Durchsetzung öffentlich-rechtlicher Schadensersatz- und Entschädigungsansprüche wenig wahrscheinlich.

4. Fazit

Es ist für den inländischen Unternehmer nur begrenzt aussichtsreich, erlittene Embargoschäden ersetzt zu verlangen. Dies liegt daran, dass staatenbezogene Embargomaßnahmen als Ereignisse höherer Gewalt grundsätzlich von keiner Vertragspartei zu vertreten sind. Damit scheidet eine Kompensation von Schäden aus, die wegen der Verletzung von Hauptleistungspflichten entstanden sind. Anders liegt es hingegen, wenn der Unternehmer Schäden infolge des Erlasses einer Personalsanktion erlitten hat. Das Personalembargo ist für den gelisteten Vertragspartner vorhersehbar und vermeidbar. Zudem gewähren Ansprüche aus culpa in contrahendo und § 826 BGB einen Ausgleich für Schäden, die der Unternehmer infolge von Aufklärungspflichtverletzungen erlitten hat. Da der Embargoerlass jedenfalls bei Staatenembargos nur schwerlich voraussehbar ist, werden diese Ansprüche nur selten bestehen. Der Unternehmer kann freilich solche Schäden ersetzt verlangen, die aus von der anderen Vertragspartei verschuldeten Verzögerungen im Genehmigungsverfahren herrühren. Der Erfüllung der Ansprüche stehen keine Erfüllungsverbote entgegen.

Zusammenfassend bleibt festzuhalten, dass der Unternehmer durch Embargosanktionen umfangreiche Schäden erleiden kann, die er weder von seinem Vertragspartner noch von der UN, EU oder der Bundesrepublik ersetzt verlangen kann. Daher sollte das Interesse des Unternehmers, Schäden durch eine effiziente vertragliche Risikovorsorge von vorneherein zu vermeiden, umso größer sein.[766]

---

764 Ebenda.
765 Ebenda.
766 Vgl. schon supra, S. 117.

E. Vertragsgestaltung

Die unter C. und D. gefundenen materiell-rechtlichen Ergebnisse offenbaren, dass der Erlass von Embargomaßnahmen in weitreichendem Maße störend auf zu begründende und begründete Vertragsverhältnisse einwirkt. Erlittene Schäden sind kraft gesetzlichen Haftungsmaßstabs häufig nicht kompensationsfähig. Gerade bei Langzeitverträgen und Dauerschuldverhältnissen sind Instabilitäten in besonders geringem Maße antizipativer Berechnung zugänglich.[767] Eine umsichtige Vertragsvorsorge steigert die Effizienz des Vertrags, da im Falle einer privatautonomen Regelung nicht die staatlichen Gerichte oder Schiedsgerichte in wenig vorhersehbarer Weise ein Urteil fällen.[768] Im Folgenden soll untersucht werden, inwiefern die Vertragsparteien ihr Rechtsverhältnis von störenden Einflüssen durch vertragliche Vorsorge freizuhalten vermögen. Die gefundenen materiell-rechtlichen Ergebnisse werden dazu mit Blick auf die Vertragsgestaltung resümiert. Anschließend soll gezeigt werden, welche Klauselwerke der Praxis den Störungsfall des Embargos bewältigen.

I. Staatenbezogene Embargomaßnahmen

Die rechtlichen Wirkungen, die Staaten- und Personalembargos auf Rechtsverhältnisse zeitigen, sind nicht dieselben. Daher ist auch eine gesonderte Beleuchtung der Vertragsgestaltung erforderlich.

1. Ermittlung und Ausräumung der außenwirtschaftsrechtlichen Störungsquelle

Vertragliche Regelungen dürfen sich nicht darin erschöpfen, Sekundäransprüche zu sichern. Vielmehr sollte in Außenwirtschaftsverträgen festgehalten werden, welche Vertragspartei außenwirtschaftsrechtliche Störungsquellen zu ermitteln hat.

---

767 *Böckstiegel*, RIW 1984, 1 (1).
768 *Böckstiegel,* ebenda.

Es sollte geregelt werden, wer die identifizierten Störungsquellen, gegebenenfalls durch die Einholung einer Ein- oder Ausfuhrgenehmigung, innerhalb welcher Frist zu beseitigen hat und wer die Kosten dafür trägt.[769] Dabei bietet sich zur eindeutigen Pflichtenzuweisung die Regelung an, dass Ein- und Ausführer jeweils die Abwesenheit von Export- und Importhindernissen prüfen und die entsprechende Genehmigung einholen. Der im Erlassstaat ansässige Vertragspartner hat leichteren Zugang zu den Außenwirtschaftsbeschränkungen des eigenen Staates und den dort ansässigen Genehmigungsbehörden. Zudem trifft die in Deutschland ansässige Vertragspartei bei einem Embargoverstoß eine straf- und ordnungsrechtliche Verantwortung nach §§ 17-19 AWG.[770] Einer vollständigen Abwälzung des Embargorisikos sind durch die nationalen Sanktionsvorschriften damit faktisch Grenzen gesetzt.[771] Durch diese Vertragsgestaltung wird nicht nur eine effiziente, transaktionskostenarme Vertragsdurchführung sichergestellt. Die vertragliche Regelung, wer die eintretende Embargostörung zu ermitteln und zu beseitigen hat, ebnet darüber hinaus den Weg zu einem Ersatz des Nichterfüllungsschadens, wenn der Vertragspartner diesen Pflichten nicht nachkommt.

Aus der Perspektive der Vertragspartei, die zur Ermittlung und Beseitigung der außenwirtschaftsrechtlichen Störungsquelle verpflichtet ist, sollte sichergestellt werden, dass sie zur Erfüllung ihrer Pflichten im Stande ist. Daher sollte vertraglich festgelegt werden, dass

ihr die erforderlichen Auskünfte über das Vertragsgut zu erteilen sind.[772] Die Frage, ob das Vertragsgut mit einem Embargo belegt ist, kann sich als höchst komplex gestalten und erfordert eine genaue Kenntnis der einzelnen Produktkomponenten, die häufig nur unter Hinzuziehung von Chemikern und Ingenieuren sichergestellt werden kann.[773] Eine solche Pflicht sollte der Exporteur auch in rein inländischen Verträgen mit seinen Lieferanten vereinbaren.[774] Im Verhältnis zu dessen Abnehmer muss der Endverbleib der Ware geklärt sein, da ein Export ohne eine Erklärung

---

769 *Metschkoll*, Eingriffe in Außenhandelsverträge, 1992, S. 355.
770 In Verbindung mit der EU-Verordnung beziehungsweise der AWVO, siehe supra, S. 52.
771 *Landry*, Festschrift für Friedrich Graf von Westphalen, 2011, S. 459.
772 *Mankowski*, in: *Wolffgang/Simonsen* (Hrsg.), AWR-Kommentar, 2013, § 31 AWG, Rn. 38; *Landry*, Festschrift für Friedrich Graf von Westphalen, 2011, S. 461.
773 *Merz*, in: Corporate Compliance, § 33 Rn. 16; *Sachs/Krebs*, CCZ 2013, 12 (17 f.).
774 *Landry*, Festschrift für Friedrich Graf von Westphalen 2011, S. 461.

über den Endverbleib nicht möglich ist.[775] Durch diese ausdrückliche Regelung wird die zügige und erfolgreiche Abwicklung des Genehmigungsverfahrens gesichert, da sich die andere Vertragspartei von vorneherein über ihre Pflichten bewusst ist.

Neben dieser Übertragung einzelner Pflichten könnte sich die im Senderstaat ansässige Vertragspartei durch den Importeur oder Lieferanten bestätigen lassen, dass das Vertragsgut keinem Embargo unterliegt. Eine derart umfassende Risikoabwälzung ist jedoch deshalb nicht sinnvoll, weil der im Inland ansässige Vertragspartner als Ausführer und damit verwaltungsrechtlich Verpflichteter straf- und ordnungsrechtlich für Verstöße weiterhin verantwortlich bleibt.[776] Eine Fahrlässigkeitshaftung droht insbesondere dann, wenn er sich eine *globale* Embargofreiheit des Vertragsguts bestätigen lässt, da dieser eine solch weitgehende Überprüfung nicht zuverlässig leisten kann.[777] Zudem kann der Lieferant mangels Kenntnis der Endverwendung der Produkte keine Aussage über verwendungsspezifische Genehmigungspflichten treffen.[778]

2. Regelung zum Umgang mit Schwebephasen

Schwebephasen entstehen insbesondere vor und während des Verfahrens der Genehmigungs- erteilung. Soweit die Durchführung des Genehmigungsverfahrens als solches in Rede steht, sind die unter a) genannten Pflichten zu vereinbaren. Außerdem sollte klargestellt werden, dass die Lieferung der Vertragsware unter dem Vorbehalt der rechtzeitigen Erteilung der Ausfuhrgenehmigung erfolgt. Zwar wird ein Verzugsschaden nicht durchgreifen, weil behördeninterne Verzögerungen nicht zu verschulden sind. Jedoch verringert eine klare Regelung den Raum für Auseinandersetzungen.[779] Die Vereinbarung, während der Schwebephase Teilzahlungen zu leisten, kann zwar die Bereitschaft des Vertragspartners zur Mitwirkung am Genehmigungsverfahren fördern.[780] Jedoch ist sie für

---

775   http://www.ausfuhrkontrolle.info/ausfuhrkontrolle/de/antragstellung/endver-
       bleibsdokumente/, zuletzt abgerufen am 28.11.2014.
776   *Bieneck*, in: *Bieneck* (Hrsg.), Handbuch des Außenwirtschaftsrechts, § 24 Rn. 3.
777   *Landry*, Festschrift für Friedrich Graf von Westphalen 2011, S. 461, 463 f., der
       anzweifelt, dass eine solche weite Klausel einer gerichtlichen Kontrolle standhält.
778   *Landry*, Festschrift für Friedrich Graf von Westphalen 2011, S. 462.
779   *Landry*, ebenda, S. 466.
780   *Landry*, ebenda.

außenwirtschaftliche Verträge nur praktikabel, wenn das Embargo für Leistungen in den Zielstaat keine Zahlungsverbote anordnet.

Für Fälle, in denen sich das Genehmigungsverfahren unerwartet in die Länge zieht, bietet die Aufnahme eines vertraglichen Rücktrittsrechts eine sachgerechte Lösung.[781] Ein Rücktrittsrecht ist hinreichend flexibel ist, um Fortschritte im Genehmigungsverfahren abzuwarten.[782] Zudem ist es im Gegensatz zu § 313 BGB nicht durch unbestimmte Rechtsbegriffe angereichert, die letztlich durch die Wertungen des Richters ausgefüllt werden, und bietet daher Rechtssicherheit.

Eine zweite Schwebephase bildet der Transportweg, der sich gerade in außenwirtschaftlichen Sachverhalten in die Länge ziehen kann. Auch nach Vertragsschluss kann jederzeit ein Embargo erlassen werden, das die Vertragsdurchführung verhindert.[783] Aus der Perspektive des Sachleistungsschuldners ist daher eine möglichst frühzeitige Freizeichnung von seinen Leistungspflichten günstig. Dies kann etwa durch Aufnahme einer *fob (free on board)-Klausel* in den Vertrag geschehen. Sie befreit ihn von seinen Leistungspflichten bereits dadurch, dass er eine notwendige Ausfuhrgenehmigung eingeholt und die Ware zur Versendung am Verladeort bereitgestellt.[784] Die Klausel sichert den Kaufpreisanspruch des Leistungsschuldners. Er erfüllt seine Leistungspflichten so frühzeitig, dass die Leistungserbringung nicht rechtlich unmöglich wird, wenn während der Transportphase ein Embargo erlassen wird. Damit entfällt auch der Gegenleistungsanspruch nicht nach § 326 Abs. 1 S. 1 BGB. Die bloße Vereinbarung einer Schickschuld reicht hingegen nicht aus, um eine derart frühzeitige Erfüllung der Leistungspflichten zu bewirken. Die Pflicht zur Leistungserbringung wird trotz der Übergabe der zu leistenden Ware an eine Transportperson unmöglich, weil der Grenzübertritt aufgrund des Embargos nicht erfolgen darf.[785]

---

781 *Landry*, Festschrift für Friedrich Graf von Westphalen, 2011, S. 460, 467.
782 *Mankowski*, in: *Wolffgang/Simonsen* (Hrsg.), AWR-Kommentar, 2013, § 31 AWG, Rn. 39.
783 Zur unechten Rückwirkung supra, S. 119.
784 Dazu schon supra, S. 123.
785 Ebenda.

3. Vertragsgestaltung zur Bewältigung endgültiger Vertragsstörungen

Ferner sollte der Vertrag regeln, wie endgültige Vertragsstörungen zu bewältigen sind, die durch unerwartet auftretende außenwirtschaftliche Leistungshindernisse verursacht werden.

Für den Fall, dass ein Embargo*verbot* erlassen wird sollte festgelegt werden, dass der Sachleistungsschuldner von seiner Leistungspflicht frei wird, gegebenenfalls nach Ablauf einer bestimmten Frist. So entgehen die Vertragsparteien der unklaren, von der richterlichen Würdigung abhängigen Fragestellung, ob eine vorübergehende einer dauerhaften Unmöglichkeit gleichgestellt werden kann. Ein Recht zum Rücktritt oder zur außerordentlichen Kündigung sollte vertraglich fixiert werden.[786]

Rechnen die Parteien zum Zeitpunkt des Vertragsschlusses nicht mit einer embargobedingten *Genehmigung*spflicht, sollte diese Annahme dadurch vertraglich Niederschlag finden, dass die Genehmigungsfreiheit zur Geschäftsgrundlage des Vertrags erhoben wird.[787] Während in Fällen bekannter Genehmigungserfordernisse und Embargoverbote ein Rücktrittsrecht zur effizienten Rückabwicklung des Vertrags führt,[788] gewährt die Lösung über § 313 BGB für unvorhergesehene Störungen die erforderliche vertragliche Flexibilität.

Insbesondere der inländische Ausführer sollte darauf achten, die Genehmigungsfreiheit den Verträgen mit seinen Lieferanten zu Grunde zu legen. Im Verhältnis zwischen Exporteur und Importeur wird eine Geschäftsgrundlage auch ohne ausdrückliche vertragliche Regelung bereits dadurch begründet, dass die Parteien von einer durch außergewöhnliche Ereignisse unbeeinflussten Vertragsdurchführung ausgehen.[789] Hingegen wird die Vertragsbeziehung zwischen Exporteur und Lieferanten nicht durch das Embargo gestört. Der bloße Sekundärzweck des Exports bewirkt nicht, dass das Embargo auf die Rechtsbeziehung zwischen Exporteur und Lieferant durchschlägt, sodass der Exporteur auf der Ware sitzen

---

786 *Mankowski*, in: *Wolffgang/Simonsen* (Hrsg.), AWR-Kommentar, § 31 AWG, Rn. 39; *Weick*, ZEuP 2014, 281 (297).
787 *Landry*, Festschrift für Friedrich Graf von Westphalen 2011, S. 460; *Mankowski*, in: *Wolffgang/Simonsen* (Hrsg.), AWR-Kommentar, § 31 AWG, Rn. 48.
788 Dazu schon Fn. 781.
789 BGH, NJW 1984, 1746, 1747.

bliebe.[790] Jedenfalls sollte die Embargofreiheit aus der Perspektive des Exporteurs, der mit der grenzüberschreitenden Weiterveräußerung einen Sekundärzweck verfolgt, im Verhältnis zum Lieferanten zur Geschäftsgrundlage erhoben werden. So kann er sich bei Zwecklosigkeit der Leistung vom Vertrag nach § 313 BGB lösen oder ihn wenigstens anpassen. Die vertragliche Aufnahme einer Pflicht zur Neuverhandlung schützt vor der ungewissen Anpassung durch das Gericht.[791]

Jegliche Schadensersatzansprüche wegen des Leistungshindernisses sollten zur Klarstellung ausgeschlossen werden.

II. Personenbezogene Embargomaßnahmen

Personalembargos und die in ihnen normierten Bereitstellungsverbote fordern eine spezifische vertragliche Vorsorge. Bei Staatenembargos haben letztlich beide Vertragsparteien ein Interesse an der Identifikation des Embargogutes und der Einholung der Genehmigung, weil die Ware ansonsten an der Grenze beschlagnahmt wird, das Geschäft also nicht durchgeführt werden kann. Im Gegensatz hierzu ist das Interesse an der Identifikation des Personalembargos einseitiger Natur, da die Listung aus Sicht des gelisteten Vertragspartners nicht offenbar werden soll. Zudem können Personalembargos auch auf rein innerstaatliche Vertragsverhältnisse störend einwirken, da die Bereitstellung von Geldern und Wirtschaftsressourcen nicht an einen Grenzübertritt anknüpft. Daher muss sich eine vertragliche Vorsorge für den Störungsfall des Personalembargos auf sämtliche Vertragsverhältnisse erstrecken.

Supra wurde dargelegt, dass der Gelistete für eingetretene Embargoschäden nach den Regeln des BGB haftet, weil ihm ein Verschulden für den Embargoerlass anzulasten ist.[792] Seine Ersatzpflicht kann vertraglich klargestellt werden. Für den Fall einer Listung sollte im Verhältnis zum Gelisteten ein Rücktrittsrecht beziehungsweise ein außerordentliches Kündigungsrecht vereinbart werden, um den Vertrag zügig und transaktionskostenarm abzuwickeln.

---

790 BGH NJW 1984, 1747; BGH WM 1975, 917; *Landry*, Festschrift für Friedrich Graf von Westphalen, 2011, S. 460.
791 *Neumann*, Internationale Handelsembargos und privatrechtliche Verträge, 2001, S. 372.
792 S. 180 f.

Eine vertragliche Vorsorge sollte sich jedoch darüber hinaus auf Fälle beziehen, in denen die Vertragsstörung nicht durch die Listung des Vertragspartners eintritt, sondern vielmehr durch den inländischen Unternehmer als Adressat des Bereitstellungsverbots verursacht wird: Um sicherzustellen, einer gelisteten Person keine Gelder oder Wirtschaftsressourcen zur Verfügung zu stellen, ist ein Namensabgleich *aller* Vertragspartner mit den Embargolisten erforderlich.[793] Das Prüfungsverfahren ist aufwendig und von den Unternehmen autonom ohne behördliche Unterstützung durchzuführen, sodass Verzögerungen bei der Leistungserbringung nicht selten sind. Daher sollte eine Verzugshaftung für den Fall ausgeschlossen werden, dass er auf einem Abgleich der Daten mit den Namenslisten personenbezogener Embargomaßnahmen beruht.[794]

Da Personalembargos auch die mittelbare Bereitstellung von Geldern und Wirtschaftsressourcen verbieten, muss die Vertragsgestaltung gegen derartige Verstöße absichern. Daher sollte vertraglich vereinbart werden, dass der Lieferant als unmittelbarer Vertragspartner selbst die Prüfung seiner Geschäftspartner und Mitarbeiter zusichert und sich verpflichtet, alle Umstände mitzuteilen, die auf einen Treffer hindeuten.[795] Im Vertrag mit dem Endkunden sollte sich die Haftungsfreistellung daher auch auf solche Verzögerungen erstrecken, die aus einem Listenabgleich in vorgelagerten Vertragsbeziehungen entstehen.

III. Vertragsgestaltung mit Hilfe von Klauselwerken

Die obigen Ausführungen haben gezeigt, welche Inhalte die Vertragsparteien in Außenwirtschaftsverträgen zum Gegenstand ihrer vertraglichen Gestaltung machen sollten. Im Folgenden soll beleuchtet werden, ob und wie diese Anforderungen Bestandteil einer einzigen Klausel werden können, die Störungen im Embargofall abfedert. Im Zusammenhang mit Embargomaßnahmen wird die Vertragsgestaltung in der Kautelarpraxis regelmäßig unter dem Stichwort der force majeure-Klausel abgehandelt. Zunächst ist zu untersuchten, welche Regelungen diese Klauseln typischerweise vorsehen. Es soll deutlich werden, dass sie alleine den Eintritt des

---

793 Zu der Schwierigkeit, dies zu bewältigen und der Einschränkung der Weite des Bereitstellungsverbots genauer infra, S. 203 ff.
794 *Puschke/Hohmann*, Basiswissen Sanktionslisten, 2012, S. 75, 78.
795 *Puschke/Hohmann*, Basiswissen Sanktionslisten, 2012, S. 82.

Embargofalls nicht vollumfänglich absichern können. Zuletzt sollen die Anforderungen einer optimalen force majeure-Klausel resümiert werden.

1. Inhalt der force majeure-Klausel

Die force majeure-Klausel ist von besonderer Relevanz für internationale Wirtschaftsverträge. Im weltweiten Wirtschaftsverkehr ist eine ausgedehnte Kautelarpraxis vorzufinden, die Regelungen für den Eintritt unvorhergesehener Umstände trifft.[796] Die force majeure-Klausel ist nicht auf Embargofälle beschränkt, sondern erfasst sämtliche Fälle höherer Gewalt. Sie beschreibt, wann eine force majeure-Situation vorliegt und bestimmt die sich daraus nach der Parteibestimmung ergebenden Rechtsfolgen.

Im Fall höherer Gewalt gewährt sie eine Befreiung von den Leistungspflichten,[797] auch bei vorübergehender Unmöglichkeit. Die ergebnisunsichere Zumutbarkeitsprüfung im Rahmen der Unmöglichkeit wird damit vermieden. Force majeure-Klauseln versagen typischerweise jegliche Haftung wegen Nichterfüllung oder Verzögerung der Erfüllung.[798] Zwar haften die Vertragsparteien wegen der Embargostörung jedenfalls bei Staatenembargos auch nach den schuldvertraglichen Regeln des BGB nicht.[799] Jedoch ermöglicht die klare vertragliche Regelung eine besonders zügige, transaktionskostenarme Abwicklung des gestörten Geschäfts. Ein Recht zur Vertragsbeendigung[800] erspart den Parteien überdies den unsicheren Ausgang der Zumutbarkeitsprüfung im Rahmen der §§ 314, 313 BGB.

2. Keine Anwendung der force majeure-Klausel auf Personalembarostörungen und hardship-Fälle

Die force majeure-Klausel ist eine vertragliche Vorsorge für Fälle höherer Gewalt. Daher vermag sie nicht alle durch ein Embargo verursachten Störungen sachgerecht zu bewältigen.

---

796 *Kahn*, Journal de droit international 102 (1975), 467 ff.
797 *Kahn*, Journal de droit international 102 (1975), 467 (480 ff.); *Fontaine*, dpci 1979, 469 (499); *Weick*, ZEuP 2014, 281 (297).
798 *Kahn*, Journal de droit international 102 (1975), 467 (478 ff.).
799 Supra S. 174 ff.
800 *Weick*, ZEuP 2014, 281 (297).

Störungen, die durch den Erlass eines Personalembargos eintreten, sind nach der gesetzlichen Konzeption keine höhere Gewalt.[801] Sie könnten zwar kraft privatautonomer Bestimmung der Parteien in den Anwendungsbereich der force majeure-Klausel miteinbezogen werden. Dies sollte jedoch unterbleiben. Personalembargos zählen zu den Leistungshindernissen, die aus der Sphäre einer der Vertragsparteien herrühren. Die geschädigte Partei hat ein Interesse daran, für diesen Störungsfall viel härtere Rechtsfolgen festzulegen als die force majeure-Klausel - die einen Umstand regelt, der beide Parteien unverschuldet trifft - vorsieht. Daher sollte die force majeure-Klausel lediglich auf Staatenembargos angewandt werden. Zusätzlich kann sie ausnahmsweise auf Personalembargostörungen ausdehnt werden, wenn diese in einem Vertragsverhältnis eintreten, an dem die gelistete Person nicht unmittelbar beteiligt ist. Auf das Vertragsverhältnis zwischen einem Unternehmer und seinem Lieferanten wirkt ein Personalembargo des Endabnehmers wie ein Ereignis höherer Gewalt ein.[802]

Störungen der Geschäftsgrundlage, die durch Embargomaßnahmen verursacht werden, sind mit Hilfe von hardship-Klauseln zu bewältigen.[803] Während force majeure-Regelungen bei dauerhafter oder wenigstens vorübergehender Unmöglichkeit greifen, beanspruchen hardship-Klauseln bei bloßen Leistungserschwerungen Geltung.[804] Die Aufnahme von hardship-Klauseln bietet sich etwa mit Blick auf die Störung von Dauerschuldverhältnissen an. Die Parteien umgehen mit der Aufnahme einer hardship-Klausel den Risikofaktor der ungewissen richterlichen Entscheidung im Rahmen des § 313 BGB.[805] Sie legen die Hürden, wann es zu einer Störung der Geschäftsgrundlage kommt und welche Auswirkungen diese Störung auf die Vertragspflichten zeitigen soll, selbst fest.[806] Typisch sind die Aufnahme von Neuverhandlungspflichten und Preisanpassungsklauseln.[807] Effizient werden hardship-Klauseln freilich erst, wenn detailliert

---

801 Supra, S. 180.
802 Dazu supra, S. 601.
803 *Grau/Markwardt*, Internationale Verträge, 2011, S. 114.
804 *Fontaine*, dpci 1979, 469 (497).
805 *Pinnells/Eversberg*, Internationale Kaufverträge optimal gestalten, 3. Aufl. (2009), S. 115.
806 *Imbeck*, in: *Reithmann/Martiny* (Hrsg.), Internationales Vertragsrecht, Rn. 219.
807 *Imbeck*, in: *Reithmann/Martiny* (Hrsg.), Internationales Vertragsrecht, Rn. 219; *Pinnells/Eversberg*, Internationale Kaufverträge optimal gestalten, 3. Aufl. (2009), S. 114 f.

geregelt wird, für welchen Störungsfall die Parteien welche Anpassungs-folge wünschen.[808]

3. Die ausgereifte force majeure- (Muster-)Klausel

Die Praxis der Vertragsverhandlungen zeigt, dass es nach der erfolgrei-chen Einigung über die vertraglichen Hauptleistungspflichten als zäh und lästig empfunden wird, Störungsfälle umfassend zu regeln.[809] Daher sind viele force majeure-Klauseln unvollständig und oberflächlich.[810] Beson-ders in internationalen Wirtschaftsverträgen sollte die Vertragsvorsorge nicht vernachlässigt werden. Denn tritt in diesem Bereich eine Vertrags-störung ein, ist sie typischerweise sehr intensiv.

Gestalten die Parteien die force majeure-Klausel nicht mit der nötigen Präzision und Tiefe aus, hilft sie nicht weiter.[811] Die Literatur hat Kriteri-en für eine ausgereifte force majeure-Klausel aufgestellt, an denen sich Unternehmer orientieren sollten:

Eine ausgereifte force majeure-Klausel besteht aus drei[812] Teilen: Dem Tatbestand, der Regelung des Verfahrens und dem Rechtsfolgenteil.[813] Der Tatbestandsteil dient der genauen Identifikation der force majeure-Si-tuation.[814] Dabei empfiehlt es sich, in einem ersten Schritt die Umstände höherer Gewalt in einer allgemeinen Formel zu beschreiben. Sodann soll-ten Regelbeispiele aufgezählt werden, die unter die Formel subsumiert werden können und die für die Parteien zugleich die wichtigsten Fälle der Vertragsstörung darstellen.[815] Typisch in der internationalen Vertragspra-xis ist folgender Dreiklang des force majeure-Ereignisses: Externalität, Unvorhersehbarkeit zum Zeitpunkt des Vertragsschlusses und Unvermeid-

---

808 *Grau/Markwardt*, Internationale Verträge, 2011, S. 115.
809 *Böckstiegel*, RIW 1984, 1 (1 f., 6 f.).
810 *Böckstiegel,* ebenda, S. 2, 6 f.
811 *Böckstiegel*, RIW 1984, 1 (7); *Plate*, RIW 2007, 42 (42).
812 Für eine zweiteilige Gestaltung mit einem Tatbestands- und Rechtsfolgenteil *Fontaine*, dpci 1979, 469 ff. (473, 482); *Plate*, RIW 2007, 42 (43, 45).
813 *Weick*, ZEuP 2014, 281 (296).
814 Siehe die umfangreichen Beispiele aus der Vertragspraxis bei *Fontaine*, dpci 1979, 469 (473 ff.).
815 *Kahn*, Journal de droit international 102 (1975), 467 (470, 476); *Plate*, RIW 2007, 42 (44); *Weick*, ZEuP 2014, 281 (296, 310 f.).

barkeit des Ereignisses.[816] Diese Voraussetzungen decken sich im Wesentlichen mit dem Begriffsverständnis der gefestigten nationalen Rechtsprechung zur höheren Gewalt.[817] Damit sind beispielsweise Naturkatastrophen und Kriegssituationen von der force majeure-Klausel erfasst. Personalembargos sind wegen ihrer Vermeidbarkeit und Vorhersehbarkeit von der Klausel ausgenommen. Sie sind vertraglich als Leistungshindernis festzuhalten, für das die gelistete Vertragspartei verantwortlich ist. Jedoch sind auch Staatenembargos nicht stets als höhere Gewalt zu werten, wenn man mit der Rechtsprechung sowohl die Externalität als auch die Unvorhersehbarkeit und Unvermeidbarkeit des Ereignisses fordert. So kann der Embargoerlass im Einzelfall vorhersehbar sein.[818] Die Parteien sollten den Störungsfaktor Staatenembargo daher ausdrücklich im Wege der privatautonomen Risikoverteilung[819] als force majeure-Ereignis deklarieren. Denn auch wenn das Embargo im Einzelfall vorhersehbar sein mag, stört es so nachhaltig, dass ein Wegfall der Leistungspflichten für die Parteien häufig die sachgerechteste Lösung darstellt. Eine Haftung der vorhersehenden Partei wegen verletzten Aufklärungs- oder Nachforschungspflichten kann gesondert vereinbart werden,[820] auch damit sich die Parteien ihrer nebenvertraglichen Pflichten in besonderer Weise bewusst werden.

Dem Tatbestandsteil sollte sich die Regelung des Verfahrens anschließen, die das weitere Kommunikationsverfahren im Störungsfalle klärt und Aufklärungspflichten im Fall eines von einer Partei verifizierten Embargos ausdrücklich benennt.[821] Die Aufnahme einer Pflicht zur unverzüglichen schriftlichen Benachteiligung der anderen Vertragspartei ist dabei gängige Praxis.[822] Es kann vorgesehen werden, dass eine Berufung auf die Rechtsfolgen der force majeure-Klausel erst nach gescheiterten Neuverhandlungen möglich ist.[823]

In den Rechtsfolgen sollte dargelegt werden, wie sich das Ereignis der höheren Gewalt auf den Vertrag auswirkt; mithin inwiefern die Parteien

---

816 *Weick*, ZEuP 2014, 281 (297).
817 Supra, S. 122.
818 Supra S. 146.
819 *Pinnells/Eversberg*, Internationale Kaufverträge optimal gestalten, 3. Aufl. (2009), S. 120.
820 Zur Reichweite der gesetzlichen Haftung, S. 104 ff., 177 ff.
821 *Plate*, RIW 2007, 42 ff. (46); *Weick*, ZEuP 2014, 281 (296).
822 *Weick*, ZEuP 2014, 281 (297).
823 *Plate*, RIW 2007, 42 (45 f.); *Weick*, ZEuP 2014, 281 (297).

durch den störenden Umstand an der Leistung gehindert sind. [824] Alle von den Parteien gewünschten Rechtsfolgen für den Störungsfall sollten präzise geregelt werden.[825] Die unter 1. und 2. getroffenen Ausführungen sind an dieser Stelle zu berücksichtigen. Nicht unüblich ist es, die materiellen Regelungen um eine prozedurale Klausel zur Zuweisung der Streitigkeit zu einem Schiedsgericht anzureichern.[826]

Diesem Schema folgen im Wesentlichen die gängigen Musterklauseln, die aus der Praxis heraus entwickelt wurden.[827]

Zu weitverbreiteten Musterklauseln zählen die UNIDROIT *Principles of International Commercial Contracts* (UPICC) mit ihren Regelungen zur force majeure in Art. 7.1.7 UPICC.[828] Abstrakt werden zwei Voraussetzungen die force majeure aufgestellt: „Impediment beyond its [the parties] control; [that] at the time of the conclusion of the contract it could not be reasonably expected to have taken the impediment into account or to have avoided or overcome." Die Mustervertragsklauseln wurden erstmals 1994 vom International Institute for the Unification of Private Law mit Sitz in Rom veröffentlicht und werden in mehrjährigen Abständen aktualisiert. Die Veröffentlichung mit den prägnanten „Comments", die auf die Veranschaulichung durch Beispielsfälle nicht verzichten, erheben sie zu einem praxistauglichen Mustervertag.

Ausführlich behandelt die Musterklausel der *International Commercial Chamber* (ICC) die force majeure Problematik, aktuell in der Fassung aus dem Jahr 2003.[829] In Ziff. 2 a) werden Embargomaßnahmen ausdrücklich

---

824 *Weick*, ZEuP 2014, 281 (296 f., 311). Siehe auch *Fontaine*, dpci 1979, 469 ff. (482 ff.) mit Praxisbeispielen. Vgl. Nr. 65 FIDIC Baubestimmungen als Kombination aus Tatbestands- und Rechtsfolgenteil, abgedruckt bei *Böckstiegel*, RIW 1984, 1 (2 f.): „Wenn das Bauwerk oder Materialien auf oder nahe der Baustelle oder während des Transports dorthin oder anderes Eigentum des Unternehmen, das für Zwecke des Bauwerks genutzt wird oder werden soll, aufgrund eines der genannten besonderen Risiken zerstört oder beschädigt wird, hat der Unternehmer Anspruch auf Bezahlung..."

825 *Plate*, RIW 2007, 42 ff. (45).

826 *Böckstiegel*, RIW 1984, 1 (5).

827 *Weick*, ZEuP 2014, 281 (298).

828 Abrufbar unter http://www.unidroit.org/instruments/commercial-contracts/upicc-model-clauses, zuletzt aberufen am 28.10.2014. Kritische Anklänge zum UPICC Mustertext vor allem im Hinblick auf die wenig ausgereifte Rechtsfolgen finden sich bei *Weick*, ZEuP 2014, 281 (298).

829 Abgedruckt im Handbuch der ICC, ICC Force Majeure Clause 2003/ ICC Hardship Clause 2003.

als Ereignisse höherer Gewalt gewertet. Dies entbindet aber wegen Ziff. 1 c) nicht vom Beweis „that it could not reasonably have avoided or overcome the effects of the impediment."

Neben diesen allgemeinen Musterklauseln treffen sogenannte Sonderrisikoklauseln Vorsorge für spezielle Risiken in bestimmten Vertragssparten oder -typen.[830] Für den Bausektor stellen die Mustervertragsbedingungen[831] der *Fédération Internationale des Ingénieurs Conseils* (FIDIC) ein umfangreiches Regelwerk dar, wobei drei Mustervertragsbedingungen für verschiedene Verträge entwickelt wurden (Conditions of Contract for Construction; Conditions of Contract for Plant and Design-Build; Conditions of Contract for EPC/Turnkey Projects). Auch Verbände anderer Vertragssparten wie zum Beispiel *ORGALIME* (Organisme de Liaison des Industries Métalliques Européennes)[832] verfügen über eigene Mustervertragsklauseln.

Die Praxis hat demnach ihr eigenes Regelwerk für den Embargofall geschaffen. *Weick* spricht sogar schon von einer „Dogmatik" der rechtlichen Bewältigung des force majeure-Problems.[833]

4. Fazit

Staaten- und Personalembargos zeitigen unterschiedliche Auswirkungen auf Vertragsverhältnisse. Dies sollte bei der Vertragsgestaltung berücksichtigt werden. Eine pauschale Subsumtion des Embargofalls unter die force majeure Klausel ist nicht zu empfehlen.[834] Als ein aus der Sphäre des Gelisteten stammendes Leistungshindernis sollten Personalembargos härter sanktioniert werden. Bei der Vertragsgestaltung können sich die Parteien an den umfassenden Mustervertragswerken der Praxis orientieren. Die Klauseln sollten gleichwohl an die individuellen Vertragsumstände angepasst werden,[835] da sie ohne eine solche Anpassung die Störungsfolgen des Embargos nur in begrenztem Maße abzumildern vermögen.[836]

---

830 *Böckstiegel*, RIW 1984, 1 (1).
831 Auszugsweise abgedruckt bei *Böckstiegel*, RIW 1984, 1 (1, 2).
832 Teilweise abgedruckt bei *Böckstiegel*, RIW 1984, 1 (4 f.).
833 *Weick*, ZEuP 2014, 281 (297).
834 So auch *Plate*, RIW 2007, 42 (42 f.).
835 Kritische Anklänge zum UPICC Mustertext vor allem im Hinblick auf die Rechtsfolgen finden sich bei *Weick*, ZEuP 2014, 281 (298).
836 Hierzu rät auch Art. 7.1.7 comment no. 4 UPICC, Fn. 828.

F. Unternehmensorganisation

Embargomaßnahmen wirken nicht nur auf innerparteiliche Rechtsbeziehungen ein, sondern zeitigen auch Auswirkungen auf die Betriebsorganisation von im Außenwirtschaftsverkehr tätigen Unternehmen. Sie enthalten diesbezüglich zwar keine unmittelbaren Vorgaben, zwingen aber faktisch zur Einrichtung einer Organisationsstruktur, um (strafbewehrte) Verstöße gegen Embargomaßnahmen zu vermeiden.

Im Folgenden soll aufgezeigt werden, wie eine Organisation des Unternehmens erfolgen sollte, um den vom Embargogesetzgeber in den Embargomaßnahmen implizit gestellten Anforderungen gerecht zu werden. Das Einhalten dieser Anforderungen führt dazu, dass Embargoverstöße ausbleiben und damit rechtssichere Unternehmensabläufe geschaffen werden.

Die folgenden Ausführungen sind keine betriebswirtschaftlichen Vorschläge zur Unternehmensorganisation.[837] Sie befassen sich vielmehr mit den rechtlichen Anforderungen, die Embargomaßnahmen an inländische Unternehmen stellen und nehmen in den Blick, welche Folgen sich daraus für unternehmensinterne Strukturen ergeben: In einem ersten Schritt soll ermittelt werden, welche konkreten rechtlichen Anforderungen der Gesetzgeber in Staaten- und Personalembargos an die inländischen Unternehmen als Adressaten der Maßnahmen richtet. An dieser Stelle ist insbesondere auf die Weite des unmittelbaren und mittelbaren Bereitstellungsverbots einzugehen. Zudem soll gezeigt werden, weshalb es für Unternehmen lohnenswert ist, diese Anforderungen tatsächlich einzuhalten. In einem zweiten Schritt soll analysiert werden, wie Unternehmen diese Anforderungen bewältigen können, um Embargoverstöße zu vermeiden. An dieser Stelle soll vor allem die Frage in den Blick genommen werden, ob eine Pflicht zum Aufbau einer Compliance-Organisationsstruktur besteht.

---

[837] Mit in weiten Teilen betriebswirtschaftlichen Ansätzen *Pottmeyer*, Der Ausfuhrverantwortliche, 5. Aufl. (2014), S. 220; *Puschke/Hohmann*, Basiswissen Sanktionslisten, 2012.

I. Gesetzliches Anforderungsprofil

Die Anforderungen, die Staaten- und Personalembargos an die inländischen Unternehmen stellen, divergieren.

1. Staatenbezogene Embargomaßnahmen

Staatenembargos können in Gestalt von Total- oder Sektoralembargos erlassen werden und knüpfen in den meisten Fällen an den Grenzübertritt einer bestimmten Ware in einen bestimmten Staat oder aus einem bestimmten Staat an, wobei sich die moderne Embargopraxis auf den Erlass von Sektoralembargos beschränkt.[838] Im Gegensatz zu Personalembargos ist die Identifikation des Embargo*gegners* bei Staatenembargos freilich ein Leichtes. Das Sektoralembargo stellt den Unternehmer jedoch im Hinblick auf Identifikation des Embargosachverhalts, genauer gesagt der Embargoware, vor erhebliche Herausforderungen. Vielfach sind nur solche Waren Embargogüter, die eine besondere Verwendung ermöglichen.[839] Die embargierten Waren sind damit nicht leicht zu identifizieren: Oftmals ist hierzu spezifische technologische Kenntnis von Nöten.[840] Zudem sind Klein-, Kleinstteile mit bestimmtem Verwendungszweck Gegenstand der Beschränkungen.[841] Ferner sind zahlreiche Ausnahmen und Rückausnahmen zu beachten. Besonders aufwendig ist auch die Identifikation verbotener Bestandteile: „Der Zweck der in diesem Anhang genannten Verbote darf nicht dadurch unterlaufen werden, dass nicht verbotene Güter (einschließlich Anlagen) mit einem oder mehreren verbotenen Bestandteilen ausgeführt werden, wenn der (die) verbotene(n) Bestandteile ein Hauptelement des Ausfuhrgutes ist (sind) und leicht entfernt oder für andere Zwe-

---

838 Supra, S. 29.
839 Zu illustrativen Zwecken beispielhaft herausgegriffen sei Anhang VI, 2.A Nr. 2 der VO (EU) Nr. 267/2012 vom 23. März 2012 gegen den Iran: „Sensoren, besonders konstruiert zur Durchführung von Arbeiten in Erdgas- und Erdölbohrlöchern, einschließlich Sensoren für Messungen während des Bohrvorgangs, sowie zugehörige Ausrüstung, besonders konstruiert zur Erhebung und Speicherung der von diesen Sensoren übermittelten Daten."
840 *Sachs/Krebs*, CCZ 2013, 60 (61).
841 Vgl. VO (EH) Nr. 36/2012 vom 18. Januar 2012 gegen Syrien; VO (EU) Nr. 267/2012 vom 23. März 2012 gegen den Iran.

cke verwendet werden kann (können)."[842] Die Prüfung und Anwendung der Embargovorschriften auf den eigenen Unternehmenssachverhalt muss häufig unter Hinzuziehung des Sachverstandes von Ingenieuren oder Chemikern erfolgen.[843]

Staatenembargos sind jedenfalls komplexer als sie prima facie scheinen und stellen die Unternehmen bei der Identifikation des Embargogutes vor große Herausforderungen. Hinzu kommt der Aufwand des behördlichen Genehmigungsverfahrens.

2. Personenbezogene Embargomaßnahmen

Personalembargos richten sich nicht nur an exportorientierte Unternehmen, sondern an *alle* Teilnehmer des Rechtsverkehrs. Als gegen Personen gerichtete Totalembargos machen sie eine komplexe Prüfung des Embargogegenstandes entbehrlich. Die Ermittlung des Embargogegners kann mit Hilfe von EDV-Einrichtungen zwar relativ leicht erfolgen,[844] da keine über die bloße Nameneingabe hinausgehende Prüfung erforderlich ist. Allerdings ist die erforderliche Überprüfungsfrequenz im Rahmen von Personalembargos sehr hoch, da grundsätzlich jeder Vertragspartner in einem Embargo gelistet sein kann oder den Vermögensvorteil an den Embargogegner weiterleiten könnte. Ungeachtet des Unternehmenszweigs berühren Personalembargos nahezu alle Geschäftsbereiche vom Vertrieb und Einkauf über den Personalbereich hin zum Servicebereich.[845] Weil Personenlistungen häufigen Änderungen ausgesetzt sind, muss die Überprüfung im Rahmen von Dauerschuldverhältnissen fortwährend auf Basis der neuesten Listen erfolgen. Neben der hohen Änderungsfrequenz[846] der Listen erschwert der erhebliche Listenumfang[847] die Identifikation des Embargogegners.

---

842 Anhang VI der VO (EU) Nr. 267/2012 vom 23. März 2012 gegen den Iran. Siehe auch Anhang VI der VO (EU) Nr. 36/2013 vom 18. Januar 2012 gegen Syrien.

843 *Merz*, in: Corporate Compliance, § 33 Rn. 16; *Sachs/Krebs*, CCZ 2013, 12 (17 f.).

844 *Sachs/Krebs*, CCZ 2013, 12 (17).

845 *Hehlmann/Sachs*, EuZW 2012, 527, 528; *Schlarmann/Spiegel*, NJW 2007, 870 (871 f.).

846 *Otto/Lampe*, NZA 2011 2011, 1135 (1135); *Schlarmann/Spiegel*, NJW 2007, 870 (871).

847 Vgl. Anhänge VIII und IX im Gegensatz zu Anhängen I-VII der VO (EU) Nr. 267/2012 vom 23. März 2012 gegen den Iran.

a) Die Weite des Bereitstellungsverbots

Das Bereitstellungsverbot verbietet seinem Wortlaut nach jede unmittelbare und mittelbare Bereitstellung von Geldern oder sonstigen Wirtschaftsressourcen.[848] Der EuGH hat betont, dass ein weites Bereitstellungsverbot notwendig ist, um das Sanktionsziel zu erreichen und Umgehungen der Verbote zu vermeiden.[849] Für den Unternehmer entstünden dadurch jedoch Prüfungsanforderungen, die kaum zu bewältigen wären, weil jedes einzelne Rechtsverhältnis gleich welcher Art stets einer Überprüfung selbst mittelbarer Bereitstellungssituationen bedürfte. Angesichts dessen stellt sich die Frage, ob das Bereitstellungsverbot in allen Situationen unternehmerischer Tätigkeit so weit reicht, wie sein weiter Wortlaut dies prima facie vermittelt.

In Einzelhandelssituationen würde die Weite des Bereitstellungsverbots sogar dazu führen, dass alle Kunden an der Kasse den Personalausweis vorlegen müssten, um anschließend einen Abgleich ihrer Daten mit den Namenslisten geltender Embargoverordnungen vorzunehmen.[850] Im Rahmen des Einzelhandelsgeschäfts kann in der Kürze der für das einzelne Geschäft zur Verfügung stehenden Zeit realistischerweise kein Abgleich der Kundendaten mit Personalembargos vorgenommen werden. Zudem müsste der Unternehmer auf den Abschluss von Rechtsgeschäften mit all denjenigen Kunden verzichten, die eine Auskunft über ihre Identität verweigern, da nach § 1 Abs. 1 PersAuswG eine Ausweispflicht nur gegenüber Behörden besteht.[851] Ein pflichtgemäßes Verhalten würde daher den Betrieb des Einzelhandelsgeschäfts faktisch unmöglich machen.[852]

Lediglich Gegenstände des täglichen Bedarfs und zur Deckung des Lebensunterhalts sind regelmäßig wegen ihres Verbrauchscharakters sowie aus humanitären Gründen vom Bereitstellungsverbot ausgenommen.[853] Jedoch stellt sich die Frage, ob das Bereitstellungsverbot seinem Sinn und

---

848 Siehe supra, S. 67.
849 EuGH, Urt. vom 11.10.2007, Rs. C-117/06 - Möllendorf, Rn. 56 ff.
850 *Schlarmann/Spiegel*, NJW 2007, 870 (871).
851 *Schlarmann/Spiegel*, NJW 2007, 870 (875).
852 *Schlarmann/Spiegel,* ebenda.
853 Siehe das EU-Dokument „Bewährte Praktiken des Rates der Europäischen Union für die wirksame Umsetzung restriktiver Maßnahmen" vom 24.04.2008, Nr. 45, 51, 55. Vgl. auch etwa Art. 5 Abs. 2 Nr. 1 iVm Art. 2 Abs. 1 lit. b) VO (EG) Nr. 2580/2001.

Zweck nach weiteren Einschränkungen zugänglich ist.[854] Wirtschaftliche Ressourcen, die zwar nicht als Gegenstand des täglichen Bedarfs zählen, die aber nach ihrem geringen Wert „schwerlich als Ersatzwährung" [855] gelten können, könnten vom Bereitstellungsverbot auszunehmen sein. Die wirtschaftlichen Vorteile des Einzelgeschäfts mögen marginal sein. Gleichwohl sind sie und ihr Einsatz etwa zur Terrorismusförderung nicht ausgeschlossen, wenn die einzelnen Geschäfte nur häufig genug abgewickelt werden.[856] Daher muss zur restriktiven Auslegung des Bereitstellungsverbots weniger mit dessen Sinn und Zweck als mit Zumutbarkeitserwägungen argumentiert werden.[857] Denn die Unzumutbarkeit normgemäßen Verhaltens lässt nach herrschender Meinung bei Fahrlässigkeitsdelikten[858] die Schuld der Tat entfallen.[859] Damit droht dem Unternehmer bei einer unterlassenen Überprüfung keine Verhängung eines Ordnungsgeldes, die nach § 19 Abs. 1, 18 Abs. 1 AWG mindestens fahrlässiges Handeln voraussetzt.[860] Von einer Unzumutbarkeit normgemäßen Verhaltens kann man indes nicht sprechen, wenn die Kundendaten ohne großen Aufwand verfügbar sind - so im Versandhandel[861] oder im weniger massengeschäftlichen PKW-Einzelhandel - oder sogar bereits erhoben wur-

---

854 *Schlarmann/Spiegel*, NJW 2007, 870 (871).

855 *Schlarmann/Spiegel*, NJW 2007, 870 (872).

856 Sehr ähnlich *Schöppner*, Wirtschaftssanktionen durch Bereitstellungsverbote, 2013, S. 127.

857 So letztlich auch *Schlarmann/Spiegel*, NJW 2007, 870 (875), sich daran anschließend *Hehlmann/Sachs*, EuZW 2012, 527 (528).

858 Die Situation eines Vorsatzdelikts wird typischerweise nicht vorliegen, denn dazu wäre zumindest Eventualvorsatz und damit nicht nur ein kognitives, sondern auch ein voluntatives Element im Sinne einer billigenden Inkaufnahme von Nöten, an dem es regelmäßig fehlen wird. Vielmehr wird der Unternehmer bewusst fahrlässig handeln, also auf das Ausbleiben des Bereitstellungserfolgs ernsthaft vertrauen.

859 BGH, NJW 1990, 2560; BGH, NJW 1953, 551; BGH, NJW 1952, 593, 595; *Lackner*, in: *Kühl/Heger* (Hrsg.), Strafgesetzbuch, § 15 StGB, Rn. 51; *Lieben/Schuster*, in: *Schönke/Schröder* (Hrsg.), Strafgesetzbuch, § 15 StGB, Rn. 204.

860 Im Bereich von Ordnungswidrigkeiten wird sogar eine Ausdehnung der Entschuldigung wegen Unzumutbarkeit normgemäßen Verhaltens auf vorsätzliche Zuwiderhandlungen erwogen, so BayOblGSt. 1987, 116, 130; vgl. auch die weiteren Nachweise bei *Rengier*, in: *Senge* (Hrsg.), Karlsruher Kommentar zum Gesetz über Ordnungswidrigkeiten, Vorb. §§ 15, 16 StGB, Rn. 63.

861 Differenzierung nach *Hehlmann/Sachs*, EuZW 2012, 527 (528).

den, wie es etwa dann der Fall ist, wenn der Unternehmer gesetzlich zu Geldwäscheprüfungen verpflichtet ist.[862]

Wenngleich der weite Wortlaut des Bereitstellungsverbots eine Überprüfung in Einzelhandelssituation erforderlich macht, ist es dem Unternehmer nicht zumutbar, die gesetzlichen Anforderungen zu erfüllen. Straf- und ordnungsrechtliche Sanktionen drohen in diesen Fällen nicht.

b) Die mittelbare Bereitstellung

Aufwendig ist für den Unternehmer indes nicht lediglich die Überprüfung der unmittelbar gelisteten Person. Denn die Bereitstellungsverbote erfassen auch mehrkettige Verhältnisse, untersagen mithin mittelbare Bereitstellungen.[863] Ein Verstoß gegen das mittelbare Bereitstellungsverbot liegt vor, wenn die Bereitstellung zwar nicht direkt an die gelistete Person erfolgt, aber als Folge der Bereitstellung an einen nicht gelisteten Dritten eine Begünstigung des Embargogegners eintritt.[864] Aufgrund dessen kann sich der Unternehmer nicht gewiss sein, durch einen Listenabgleich seines unmittelbaren Vertragspartners einen Verstoß gegen das Bereitstellungsverbot zu vermeiden. Das Bereitstellungsverbot scheint eine derartige Weite anzunehmen, die es dem Unternehmer unmöglich macht, dessen Anforderungen gerecht zu werden. Dies soll im Folgenden genauer beleuchtet werden.

aa) Die Reichweite des mittelbaren Bereitstellungsverbots

Der europäische Embargogesetzgeber gibt keine klaren Vorgaben zur Auslegung des Tatbestandsmerkmals der mittelbaren Bereitstellung. Auch die „Bewährten Praktiken" der EU für die wirksame Umsetzung restrikti-

---

862 *Hehlmann/Sachs*, EuZW 2012, 527 (528).

863 *Morweiser*, AW-Prax 2008, 413 (416). Eine unmittelbare Bereitstellung liegt jedoch vor, wenn dem Embargogegner lediglich eine Gesellschaft vorgeschaltet ist, hinter der er als Eigentümer steht, *Schöppner*, Wirtschaftssanktionen durch Bereitstellungsverbote, 2013, S. 146.

864 BAFA-Merkblatt „Länderunabhängige Embargomaßnahmen zur Terrorismusbekämpfung" S. 5, abrufbar unter www.ausfuhrkontrolle.info/ausfuhrkontrolle/de/ arbeitshilfen/merkblaetter/merkblatt_ebt.de, S. 9, zuletzt abgerufen am 28.10.2014.

ver Maßnahmen schweigen zu Anforderungen und Weite des Bereitstellungsverbots.[865]

Nach dem Rechtsspruch im sogenannten „Keramiksinterofenfall" liegt eine indirekte Bereitstellung einer Wirtschaftsressource vor, wenn die nicht gelistete Person oder Organisation „im Namen, unter der Kontrolle oder auf Weisung" einer gelisteten Person handelt.[866] Deutlich wird daraus, dass ein gewisses Zugriffselement des Embargogegners bestehen muss und die bloße Bereitschaft der Mittelsperson zur Weitergabe sowie die Weitergabe nach Abschluss des Rechtsgeschäfts als Resultat eines neuen, eigenständigen Entschlusses der Mittelsperson für eine Bereitstellung nicht ausreicht.[867]

Auch das OLG Hamburg[868] hatte in einem Fall darüber zu entscheiden, ob die Belieferung einer Tochtergesellschaft, die Tankstellen in Deutschland betrieb, gegen das mittelbare Bereitstellungsverbot verstößt. Die Muttergesellschaft befand sich mehrheitlich im Eigentum der staatlichen Erdölgesellschaft Libyens, die ihrerseits von dem gelisteten Muammar Al-Gaddafi kontrolliert wurde.[869] Zunächst bejaht das Gericht eine indirekte Bereitstellung, um danach jedoch die Ausnahme des Art. 6 a) VO (EU) Nr. 296/2011 greifen zu lassen. Nach dieser Ausnahme ist es möglich auch Gesellschaften, an denen eine gelistete Person eine Beteiligung hält, zu beliefern, sofern dies tatsächlich nicht zu einer Bereitstellung an die gelistete Person führt. Weil „mit hinreichender Sicherheit"[870] nachgewiesen

---

865 Die nicht rechtsverbindlichen (vgl. Nr. 3) „Bewährte[n] Praktiken des Rates der Europäischen Union für die wirksame Umsetzung restriktiver Maßnahmen" vom 24.04.2008 statuieren in Nr. 32 hingegen das Gegenteil: „The Regulations imposing freezing measures do not create any additional obligation on economic operators to ‚know their customers'."

866 EuGH, Urt. vom 21.12.2011, Rs. C-72/11, Rn. 51 f. In dem Fall wollte ein in Deutschland ansässiger Unternehmer einen funktionstüchtigen, noch nicht verwendungsbereiten Keramiksinterofen an eine nicht gelistete Person im Iran liefern, von der zu befürchten war, dass sie den Ofen auf Weisung einer gelisteten Person zur Herstellung von Kernwaffen nutzt.

867 *Schöppner*, Wirtschaftssanktionen durch Bereitstellungsverbote, 2013, S. 143.

868 OLG Hamburg, Urt. vom 24.06.2011, BeckRS 2011, 16888.

869 Vgl. die Pressemitteilung des Hanseatischen OLG unter: justiz.hamburg.de/presseerklaerungen/2951354/pressemeldung-2011-06-24/, zuletzt abgerufen am 15.07.2014.

870 Der Nachweis wurde durch die freiwillige Überwachung der Zahlungsströme erbracht. Das Gericht stellt fest, dass die Überwachung Umgehungen des Embargos zwar nicht mit hundert prozentiger Wahrscheinlichkeit ausschließen könne,

werden konnte, dass durch den embargierten Staat oder seine Gesellschaften kein Zugriff möglich war, wurde eine Bereitstellung verneint: „Bereitstellen meint regelmäßig das Zurverfügungstellen einer Sache oder von Mitteln in der Weise, dass ungehindert darauf zugegriffen werden, die Mittel oder Sachen ohne Weiteres genutzt werden können. Ohne einen wesentlichen Zwischenschritt - nämlich die Anweisung, Mittel von der Klägerin an eine gelistete Person bzw. Unternehmung zu transferieren und ohne die Ausführung dieser Weisung - ergibt sich aus dem fraglichen Lieferverhältnis jedoch kein unmittelbar nutzbarer wirtschaftlicher Vorteil." Die Aufweichung des Bereitstellungsverbots muss wesentlich im Lichte der Rückausnahme gesehen werden. Grundsätzlich wäre bei den Beteiligungsstrukturen dieses Sachverhalts eine Bereitstellung zu bejahen gewesen.[871] Das Ergebnis muss auch vor dem Hintergrund betrachtet werden, dass andernfalls deutsche Tankstellen ihren Betrieb hätten einstellen müssen.[872]

Nach dem oben Gesagten liegt eine mittelbare Bereitstellung gemäß der europäischen und nationalen Rechtsprechung dann vor, wenn tatsächliche Kontroll- und Zugriffsmöglichkeiten des Embargogegners über die nicht gelistete Person und die erworbenen Vermögensvorteile bestehen.[873] Diese können durch gesellschaftsrechtliche Verhältnisse entstehen, aber auch durch Einzelweisungen vermittelt werden.[874] Folglich werden von der mittelbaren Bereitstellung Fälle ausgeklammert, in denen sich die Mittelsperson erst nach der Belieferung durch den Unternehmer zur Weitergabe an den Embargogegner entscheidet. Jedoch reduziert diese Einschränkung die Herausforderungen des Unternehmers nicht wesentlich, denn unklar bleibt, wie ihm bestehende Kontroll- und Zugriffsmöglichkeiten offenbar werden sollen.

---

aber dennoch ein effektives Mittel darstelle, um sicherzustellen, dass eine mittelbare Bereitstellung nicht stattfindet, OLG Hamburg, Urt. vom 24.06.2011, BeckRS 2011, 16888, unter a.) a) bb) (2) (b) (ee).

871 Die Entscheidung mutet daher widersprüchlich an, so *Wöhlert*, GWR 2011, 417 (417).

872 OLG Hamburg, Urt. vom 24.06.2011, BeckRS 2011, 16888, unter a.) a) bb) (2) (b) (dd).

873 Siehe auch *Hehlmann/Sachs*, EuZW 2012, 527 (529); *Schöppner*, Wirtschaftssanktionen durch Bereitstellungsverbote, 2013, S. 143.

874 So auch *Hehlmann/Sachs*, EuZW 2012, 527 (529); *Schöppner*, Wirtschaftssanktionen durch Bereitstellungsverbote, 2013, S. 143.

bb) Identifikation der tatsächlichen Kontroll- und Zugriffsmöglichkeit

Die Mittelsperson muss im Namen, unter der Kontrolle oder auf Weisung des Embargogegners handeln. Tritt ein Handeln im Namen oder auf Weisung des Embargogegners im Einzelfall zu Tage, kann der Unternehmer überprüfen, ob die hinter dem unmittelbaren Vertragspartner stehende Person gelistet ist. Größere Schwierigkeiten hingegen bereitet die Identifikation dauerhafter Kontrollmöglichkeiten zwischen Gelistetem und Mittelsperson. Um zu beurteilen, inwiefern es dem Unternehmer möglich ist, diese zu identifizieren, muss auch gewürdigt werden, wann überhaupt derartige Verbundenheiten zwischen unmittelbarem Vertragspartner und Gelistetem bestehen, die eine mittelbare Bereitstellung auslösen.

Verbundenheiten zwischen dem Gelisteten und einer nicht gelisteten natürlichen oder juristischen Person können in vielfältiger Weise bestehen. Von praktischer Relevanz ist der Fall, in dem die Leistung an ein Unternehmen erfolgt, das wiederum von einem weiteren Unternehmen kontrolliert wird, dessen Anteilseigner gelistet ist.[875] Dies zeigt der „Tankstellenfall" des OLG Hamburg.

Es gibt keine rechtlich verbindlichen und verlässlichen Vorgaben, wie die Kontrollverhältnisse ausgestaltet sein müssen und wann die Hürde für eine tatsächliche Kontrolle überschritten ist. *Schöppner* will aus Einzelembargos ableiten, dass eine Verbundenheit bei einem Überschreiten der fünfzigprozentigen Beteiligung des Gelisteten an der Gesellschaft anzunehmen ist:[876] So definiert Art. 1 Nr. 5 VO (EG) Nr. 2580/ 2001, dass für die Zwecke der Verordnung die Eigentümerstellung an einer juristischen Person, Vereinigung oder Körperschaft ab einer Beteiligung von fünfzig Prozent als gegeben anzusehen ist.[877] Dies ist letztlich Voraussetzung für die Listung der Gesellschaft, vgl. Art. 2 Abs. 3 iii).[878] Ist eine Gesellschaft

---

875 *Hehlmann/Sachs*, EuZW 2012, 527 (529).

876 *Schöppner*, Wirtschaftssanktionen durch Bereitstellungsverbote, 2013, S. 147.

877 „Für die Zwecke dieser Verordnung gelten folgende Begriffsbestimmungen: Nr. 5 „Eigentum an einer juristischen Person, Vereinigung oder Körperschaft" ist der Besitz von mindestens 50 % der Eigentumsrechte oder eine Mehrheitsbeteiligung an der juristischen Person, Vereinigung oder Körperschaft."

878 Der Rat erstellt, überprüft und ändert einstimmig und im Einklang mit Artikel 1 Absätze 4, 5 und 6 des Gemeinsamen Standpunkts 2001/931/GASP die Liste der dieser Verordnung unterfallenden Personen, Vereinigungen oder Körperschaften. In dieser Liste sind aufgeführt: „ [...] iii) juristische Personen, Vereinigungen oder Körperschaften, die im Eigentum oder unter der Kontrolle einer oder mehre-

gelistet, darf keine Bereitstellung an sie erfolgen. Art. 2 lässt jedoch für die Listung gerade auch die Kontrolle durch eine gelistete Person ausreichen. Für die Kontrollbeteiligung macht sie keine prozentualen Vorgaben. Es kommt letztlich zur Beurteilung der Kontrollsituation mehr auf die tatsächlichen, weniger auf die rechtlichen Verhältnisse an.[879] Dies leuchtet schon vor dem Hintergrund des Sinn und Zwecks des mittelbaren Bereitstellungsverbots ein, das Umgehungen - seien sie rechtlich, seien sie tatsächlich - unterbinden will. Zudem ist nicht die rechtliche Bereitstellungsverpflichtung, sondern nur die Vornahme der tatsächlichen Erfüllungshandlung verboten.[880] Beispiele einer tatsächlichen Kontrolle sind etwa die Bestellung der Mehrheit der Mitglieder der Verwaltungs-, Leitungs- oder Aufsichtsorgane durch den Embargogegner oder die Bürgschaft eines Embargogegners für eine Mittelsperson.[881]

Typischerweise zu einer tatsächlichen Kontroll- und Zugriffsmöglichkeit zwischen natürlichen Personen führen auch innerfamiliäre Beziehungen.[882] Aber auch Beziehungen zwischen Geschäftspartnern als Teilhaber oder Gesellschafter von Personengesellschaften[883] und die Weisungsgebundenheit zum gelisteten Arbeitgeber können in vermeintlich private Geschäfte des Arbeitnehmers hineinwirken.[884] Ob eine Verbundenheit besteht, ist freilich eine Frage des Einzelfalls. So hat der EuGH bereits einen Verstoß gegen das Bereitstellungsverbot verneint, soweit Sozialhilfeleistungen an die Ehefrau des gelisteten Ehemannes in Rede standen.[885] Vermutlich wäre die Entscheidung jedoch anders ausgefallen, wenn sich der Fall in einem Drittstaat außerhalb der EU abgespielt hätte, wo die europäischen Behörden die Ausgaben nicht hätten nachverfolgen können.[886]

Die Schwierigkeiten für den Unternehmer, die tatsächlichen Kontroll- und Zugriffsmöglichkeiten zu identifizieren, bestehen in zweierlei Hin-

---

rer der unter Ziffer i) oder ii) genannten natürlichen oder juristischen Personen, Vereinigungen oder Körperschaften […]."

879 So doch letztlich auch *Schöppner*, Wirtschaftssanktionen durch Bereitstellungsverbote, 2013, S. 148.

880 Supra, S. 67 ff.

881 *Schöppner*, Wirtschaftssanktionen durch Bereitstellungsverbote, 2013, S. 152.

882 *Schöppner*, ebenda, S. 166 f.

883 *Schöppner*, ebenda, S. 166.

884 *Schöppner*, ebenda, S. 167.

885 EuGH, Urt. vom 29.04.2010, Rs. C-340/08.

886 So auch *Schöppner*, Wirtschaftssanktionen durch Bereitstellungsverbote, 2013, S. 167.

sicht: Erstens muss er erkennen, dass der unmittelbare Vertragspartner in Beziehungen zu einer gelisteten Person steht. Die Beziehungen zwischen juristischen Personen, etwa die Beziehung der Tochtergesellschaft als unmittelbare Vertragspartnerin zur Muttergesellschaft sind dabei leichter zu durchschauen als die Beziehungen zwischen natürlichen Personen. Sofern der Vertrag keine weiteren Personen erwähnt oder nicht der Zufall von ihnen Kenntnis nehmen lässt, kann der Unternehmer nichts von weitergehenden Beziehungen wissen.

Zweitens ist der Unternehmer, selbst wenn er Anhaltspunkte für die Beziehungen zu einer dritten Person hat, erheblichen Schwierigkeiten ausgesetzt, wenn die Prüfung der *konkreten* Verbundenheit zwischen Embargo- und Mittelsperson in Rede steht. Lassen Umstände vermuten, dass eine dritte Person am Geschäft beteiligt sein könnte, muss er ermitteln, ob dieser Person im Einzelfall tatsächlich Kontrollmöglichkeiten zustehen. Ist dies nicht der Fall, dürfte er das Geschäft durchführen. Im Einzelfall mag dies gelingen, so etwa im Fall des OLG Hamburg: Tritt die Tochtergesellschaft eines in staatlicher Hand befindlichen Mutterunternehmens als unmittelbarer Vertragspartner auf, ist die Verbundenheit mit der Muttergesellschaft und damit dem Embargogegner als Staatsoberhaupt identifizierbar.

Letztlich bleibt die Identifikation der Kontrollmöglichkeiten für den Unternehmer jedoch unerfüllbar, da die für ihn nicht einsehbare tatsächliche Einflussmöglichkeit maßgebend ist. Um einen Embargoverstoß zu vermeiden, muss er vom Geschäft Abstand nehmen, sobald eine gelistete Person beteiligt sein könnte.

cc) Zwischenergebnis

Das mittelbare Bereitstellungsverbot ist tatsächlich so weit, wie es prima facie scheint. Dem Unternehmer ist es nur in Ausnahmefällen möglich, die Verbundenheiten zwischen Vertragspartner und Gelistetem zu erkennen.[887] Europäische oder innerstaatliche Stellen, die Auskünfte über Kontrollverhältnisse erteilen, sind nicht eingerichtet.[888] Zumal selbst diesen

---

887 *Schöppner*, Wirtschaftssanktionen durch Bereitstellungsverbote, 2013, S. 170.
888 *Schöppner*, ebenda.

der Überblick über transnationale Verflechtungen kaum noch gelingen wird.[889]

Allerdings wird eine straf- und auch ordnungsrechtliche Sanktionierung zumeist ausscheiden:

Nach § 18 Abs. XI Nr. 2 AWG ist eine Strafbarkeit nunmehr ausgeschlossen, wenn der Bereitstellende von einem Bereitstellungsverbot keine Kenntnis hatte. Mit dieser Ausnahmeregelung hat der nationale Gesetzgeber das strenge Sanktionsregime des § 34 Abs. 4 AWG a.F., der diese Ausnahme ursprünglich nicht vorsah, gelockert und auf diese Weise auf die Weite des Bereitstellungsverbots reagiert.[890] Beruht die fehlende Kenntnis auf einer Sorgfaltspflichtverletzung, droht eine Geldbuße, § 19 Abs. 1 AWG.

Auch diese wird der Unternehmer häufig nicht zu befürchten haben. Er handelt nicht objektiv sorgfaltspflichtwidrig, wenn er die Listen auf den Namen des Vertragspartners hin überprüft und aus den sonstigen Umständen keine Anhaltspunkte für eine Kontrolle oder Weitergabe hat. Kennt er die Beteiligung einer dritten Person oder die Verbundenheiten zwischen Gesellschaften, muss er auch diese überprüfen. Jedenfalls bei einem versierten Außenhandelsunternehmen besteht dabei an der subjektiven Sorgfaltspflichtverletzung auch kein Zweifel.

c) Die Frequenz eines Listenabgleichs

Eine besondere Weite erlangt das Bereitstellungsverbot auch dadurch, dass die Personenlistungen häufigen Änderungen ausgesetzt sind. Eine einmalige Überprüfung ist bei langfristigen und dauerhaften Schuldverhältnissen nicht ausreichend. Die neueste Listenfassung muss stets zur Verfügung stehen. Verlässliche Vorgaben zur Überprüfungsfrequenz gibt es nicht. Laut (nicht rechtsverbindlichem) BAFA-Merkblatt ist lediglich die regelmäßige Aktualisierung der Namenslisten „zu beachten".[891] Letztlich wird der Abgleichfrequenz durch Zumutbarkeitskriterien Grenzen ge-

---

889 *Schöppner,* ebenda.
890 Vgl. das Plädoyer für eine derartige Einschränkung von *Schlarmann/Spiegel,* NJW 2007, 870 (875).
891 Siehe im Hinblick auf die Anti-Terror-Verordnungen Fn. 519.

zogen.[892] Zur Beurteilung der Zumutbarkeit sind vor allem die Größe des Unternehmens und die Branche der Geschäftsbeziehung ausschlaggebend: Während Unternehmen mit hohem Umsatz und hoher Personalkapazität mit einem Kundenstamm aus embargosensiblen Regionen ein regelmäßiger Abgleich der Listen zugemutet werden kann, gelten für kleinere Unternehmen mit wenig embargosensiblem Kundenstamm geringere Anforderungen.[893] Da die Implementierung von Überprüfungstechniken selbst mit einem hohen Aufwand verbunden ist, ist eine regelmäßige Aktualisierung und eine Überprüfung nach jeder Änderung von kleinen Unternehmen nicht mehr mit einem zumutbaren Aufwand zu leisten, jedenfalls sofern sie nicht branchenbedingt häufig mit einem embargosensiblen Kunden- oder Mitarbeiterstamm kontrahieren.[894]

d) Fazit

Die unmittelbaren und mittelbaren Bereitstellungsverbote sind überaus weit gefasst. Dies stellt die Unternehmer vor nicht zu bewältigende Anforderungen. Deswegen können und müssen Zumutbarkeitskriterien, angepasst an die spezifische Situation des jeweiligen Unternehmens, als Korrektiv dienen. Auch das BAFA gesteht zu, dass die spezifische Unternehmenssituation „flexible Lösungen erfordert, [die] von der Ausgestaltung der betriebsinternen Abläufe des jeweiligen Unternehmens abhängig [sind].“[895] Im Rahmen des mittelbaren Bereitstellungsverbots wird der

---

892 *Hehlmann/Sachs*, EuZW 2012, 527 (528); *Schlarmann/Spiegel*, NJW 2007, 870 (875).

893 *Hehlmann/Sachs*, EuZW 2012, 527 (528).

894 *Hehlmann/Sachs,* ebenda. Ähnlich auch Otto/Lampe, die sich angesichts der hohen Änderungsfrequenz der Anti-Terror-Verordnungen an den AEO-Vorgaben orientieren, welche eine jährliche Prüfung als ausreichend ansehen. In sicherheitssensiblen Unternehmensbereichen kann allerdings je nach Größe, Art und Struktur des Unternehmens auch eine häufigere Überprüfung notwendig sein, *Otto/Lampe*, NZA 2011 2011, 1135 (1136 f.). Für einen Listenabgleich nach jeder Listungsänderung *Roeder/Buhr*, BB 2011, 1333 (1338). Vgl. auch die Praxis bei Daimler: „Angst vor Terrorismus: Daimler will Mitarbeiter durchleuchten – alle drei Monate", Spiegel online vom 04.01.2015, abrufbar unter http://www.spiegel.de/wirtschaft/unternehmen/daimler-ueberprueft-mitarbeiter-wegen-angst-vor-terror-a-1011135.html, zuletzt abgerufen am 04.01.2015.

895 BAFA-Merkblatt „Länderunabhängige Embargomaßnahmen zur Terrorismusbekämpfung", S. 9, abrufbar unter http://www.ausfuhrkontrolle.info/ausfuhrkontrol-

Unternehmer durch § 18 Abs. XI Nr. 2 AWG vor einer Haftung geschützt, wenn er vom Bereitstellungsverbot keine Kenntnis hatte.[896] Die Norm nimmt dem mittelbaren Bereitstellungsverbot letztlich etwas an Weite.

II. Gründe für die Einrichtung von Kontrollmechanismen

Das Anforderungsprofil, das die Staaten- und Personalembargos an den Unternehmer stellen, ist enorm, seine Beachtung jedoch aus verschiedenen Gründen zwingend. Zu ihnen zählen zunächst die unmittelbaren gesetzlichen Sanktionen, die sich aus den Strafvorschriften der §§ 17, 18 AWG sowie der Bußgeldvorschrift des § 19 AWG ergeben.[897] Das Entdeckungsrisiko von Embargoverstößen ist infolge der stringent durchgeführten Außenwirtschaftsprüfung, zu der § 44 AWG ermächtigt, als hoch einzustufen.[898] In diesem Zusammenhang ist nach § 20 AWG mit der Einziehung von Tatgegenständen und der Abschöpfung der aus dem verbotenen Geschäft erwirtschafteten Umsätze zu rechnen, wobei nach dem Bruttoprinzip der gesamte Erlös ohne Berücksichtigung der aufgewendeten Kosten für verfallen erklärt wird.[899]

Eine unzureichende Embargokontrolle kann auch verwaltungsrechtliche Folgen zeigen. Für die Erteilung einer Genehmigung sind neben dem Vorliegen der objektiven Genehmigungsvoraussetzungen auch Voraussetzungen aus der Sphäre des Antragsstellers maßgeblich: § 8 Abs. 2 S. 1 AWG bestimmt, dass die Genehmigungserteilung von sachlichen und persönlichen Voraussetzungen, insbesondere der Zuverlässigkeit des Antragsstellers, abhängig gemacht werden kann.[900] Schon die begründete Vermutung des Verstoßes gegen außenwirtschaftsrechtliche Normen kann dabei für die Versagung der Genehmigung ausreichend sein.[901] Die außenwirt-

---

le/de/arbeitshilfen/merkblaetter/merkblatt_ebt.de, zuletzt abgerufen am 28.10.2014.

896 Vgl. hierzu auch die Anordnungen in den Embargomaßnahmen, z.B. Art. 10 VO (EU) Nr. 269/2011 oder Art. 11 (EU) Nr. 270/2011.

897 Zu den besonderen Risiken des Ausfuhrverantwortlichen umfassend *Pottmeyer*, Der Ausfuhrverantwortliche, 5. Aufl. (2014), S. 117-198.

898 *Sachs/Krebs*, CCZ 2013, 12 (16).

899 *Bieneck*, in: Bieneck (Hrsg.), Handbuch des Außenwirtschaftsrechts, § 26, Rn. 10.

900 *Friedrich*, in: *Berwald/Maurer/Görtz u. a.* (Hrsg.), Außenwirtschaftsrecht, § 3 AWG, Rn. 25 f.

901 *Friedrich*, ebenda, Rn. 27.

schaftsrechtliche Unzuverlässigkeit kann überdies zu einem Entzug des Gewerbescheins führen, § 35 GewO. Relevant wird die Einrichtung einer zuverlässigen Außenwirtschaftskontrolle auch dann, wenn sich ein Unternehmen um ein AEO (Authorized Economic Operator)-Zertifkat bewirbt.[902] Das Zertifikat sieht zollrechtliche Erleichterungen im Handelsverkehr vor.[903] Die Erteilung des Zertifikats ist jedoch von der Einhaltung angemessener Sicherheitsstandards abhängig,[904] wozu auch der Abgleich der Mitarbeiterdaten mit den Sanktionslisten zur Terrorabwehr zählt.[905] Nicht zuletzt sind bei unterlassenem Abgleich auch Imageschäden der Unternehmen zu befürchten, wenn sie mit Terroristen oder diktatorischen Machthabern kontrahieren.[906]

Ferner sprechen Gründe des eigenen Unternehmensinteresses für die Einrichtung eines zuverlässigen Embargokontrollsystems. Nur mit Hilfe eines solchen können die Unternehmen sicherstellen, dass ihre Rechtsverhältnisse rechtssicher durchgeführt werden können, weil bestehende Verbote und Genehmigungserfordernisse frühzeitig erkannt und darauf zügig mit einer angepassten Vertragsabwicklung oder einem Rückzug vom Vertrag reagiert werden kann. Der Vertrag und seine Abwicklung werden dadurch weniger störungsanfällig.

III. Umsetzung der Anforderungen durch die Unternehmen

Dass eine Umsetzung erfolgen muss, wurde soeben deutlich. Im Folgenden geht es um die Frage nach dem ‚Wie‘ der Umsetzung.

---

902 *Otto/Lampe*, NZA 2011, 1135 (1136).
903 Hierzu im Einzelnen die Verordnungen (EG) 450/ 2008 sowie Art. 14 a Zollkodex-Durchführungsverordnung (EG) 2454/ 93.
904 *Witte*, in: *Witte* (Hrsg.), Zollkodex, Art. 5 a Zollkodex, Rn. 41. Zur Zulässigkeit dieses Kriteriums BFH, Urt. vom 19.06.2012, ZD 2013, 129.
905 Siehe die Dienstvorschrift „Zugelassener Wirtschaftsbeteiligter – AEO" des Bundesministeriums für Finanzen vom 22.6.2010, S. 19, abrufbar unter http:// www.potsdam.ihk24.de/linkableblob/pihk24/international/anlagen/PDFs/ 1071186/.3./data/VSF_Dienstanweisung_AEO-data.pdf, zuletzt abgerufen am 28.10.2014.
906 *Puschke/Hohmann*, Basiswissen Sanktionslisten, 2012, S. 46. „Victoria versichert Terroristen" lautete eine Schlagzeile der Süddeutschen Zeitung, abrufbar unter http://www.sueddeutsche.de/geld/trotz-verfassungsschutz-warnungenvictoria-versichert-terroristen-1.1169740, zuletzt abgerufen am 28.10.2014.

1. Umsetzungsstruktur

Die Umsetzung der embargospezifischen außenwirtschaftsrechtlichen Normenflut stellt die Unternehmen vor große Herausforderungen. Hinzu kommen weitere inner- aber auch außerhalb des Außenwirtschaftsrechts liegende Normen, die die Unternehmen einzuhalten haben, wie etwa solche der Rüstungs- oder Dual-Use Kontrolle, aber auch des Geldwäscherechts, des Datenschutzrechts, des Kapitalmarktrechts oder des Rechts der Arbeitssicherheit.[907] Angesichts dessen stellt sich die Frage, ob die Unternehmen diese Flut von Anforderungen außerhalb einer Compliance-Organisationsstruktur zu bewältigen vermögen.

Der Begriff der Compliance bezeichnet ursprünglich das Risikobewältigungssystem der angloamerikanischen Bankenwelt.[908] Nachdem sich der Compliance-Gedanke in Deutschland zunächst auf das Bank- und Kapitalmarktrecht beschränkte,[909] umfasst er nach heutigem Verständnis „die Gesamtheit aller Maßnahmen, um das rechtmäßige Verhalten aller Unternehmen, ihrer Organmitglieder, ihrer nahen Angehörigen und der Mitarbeiter im Blick auf alle gesetzlichen Gebote und Verbote zu gewährleisten",[910] wobei die Maßnahmen im Wege einer *systematisierten* Risikokontrolle ergriffen werden.[911]

a) Keine Rechtspflicht zur Einrichtung einer Compliance-Organisationsstruktur

Das *Außenwirtschaftsrecht* könnte selbst eine Pflicht für die Unternehmen vorschreiben, eine Unternehmensstruktur aufzubauen, die die Beachtung von außenwirtschaftsrechtlichen Vorschriften im Wege einer Compliance-Organisation sicherstellt. Weder das Außenwirtschaftsgesetz noch einzelne Verordnungen enthalten jedoch derartige Vorgaben, wie sie zum Beispiel in §§ 33 WpHG, 25 KWG zu finden sind.[912]

---

907 Beispiele nach *Schneider*, ZIP 2003, 645 (646).
908 *Fleischer*, in: *Spindler/Stilz* (Hrsg.), Kommentar zum Aktiengesetz, § 91 AktG, Rn. 47.
909 *Eisele/ Faust*, in: *Schimansky/Bunte/Lwowski* (Hrsg.), Bankrechts-Handbuch, 2011, § 109 Rn. 1 f.
910 *Schneider*, ZIP 2003, 645 (646).
911 *Reichert/Ott*, ZIP 2009, 2173 (2174) mwN.
912 *Sachs/Krebs*, CCZ 2013, 12 (13).

Gleichwohl könnten die Unternehmen kraft *allgemeiner* Rechtspflicht auch im Bereich des Außenwirtschaftsrechts zur Einrichtung einer Compliance-Organisationsstruktur verpflichtet sein.

Befürworter einer solchen Organisationspflicht ist allen voran *Uwe H. Schneider.* Er zieht aus einzelnen gesellschaftsrechtlichen und spezialgesetzlichen Organisationspflichten gesamtanalog[913] den Schluss, dass eine Verpflichtung zur Einrichtung einer Compliance-Organisation für alle Unternehmen besteht.[914] Zu Recht wird jedoch überwiegend bezweifelt, dass Spezialvorschriften, etwa über die Genehmigungsbedürftigkeit von Anlagen (§ 52 a Abs. 2 BImSchG), der Abfallentsorgung (§ 53 KrW/AbfG) oder der für Geldwäsche missbrauchsanfälligen Unternehmen (etwa Kreditinstitute, Versicherer, Finanzdienstleister § 14 Abs. 2 Geldwäschegesetz) eine Compliance-Pflicht für alle Unternehmen zu begründen vermögen.[915]

Aus der Leitungs- und Organisationsverantwortung des Leitungsorgans, so des Vorstands der Aktiengesellschaft aus §§ 76 Abs. 1, 93 Abs. 1 AktG, wollen andere Stimmen in der Literatur eine allgemeine Compliance-Pflicht ableiten.[916] Sicherlich ist die Compliance-Organisation, wenn sie durchgeführt wird, eine Aufgabe des Vorstandes beziehungsweise der Geschäftsführung. Die Leitungsorgane einer Gesellschaft müssen die Einhaltung der gesetzlichen Vorschriften sicherstellen und dies zwingend im Wege einer Compliance, soweit eine spezialgesetzliche Pflicht hierzu besteht.[917] Das Leitungsorgan trifft kraft seiner Leitungsstellung und den damit einzuhaltenden Sorgfaltspflichten eine Pflicht zur Überwachung des recht- und zweckmäßigen Verhaltens gleich- und untergeordneter Unternehmensangehöriger.[918] Das Gesetz schweigt dazu, wie es diese Pflicht zu erfüllen hat. Allenfalls für spezielle Gesellschaftsformen, etwa die Aktiengesellschaft, könnte man aus § 91 Abs. 2 AktG eine Pflicht zur Compliance-Organisation ableiten, da ausdrücklich von der Einrichtung eines

---

913 *Hauschka*, in: Corporate Compliance, § 1, Rn. 22.

914 *Schneider*, ZIP 2003, 645 (648 f.). Vgl. auch *Schneider*, NZG 2009, 1321 (1323).

915 *Hauschka*, in: Corporate Compliance, § 1 Rn. 23; *Liese*, BB-Special 2008, 17 ff. mwN.

916 *Fleischer*, in: *Spindler/Stilz* (Hrsg.), Kommentar zum Aktiengesetz, § 91 AktG, Rn. 47; *Hüffer/Koch* (Hrsg.), Aktiengesetz, 2014, § 76 AktG, Rn. 13 ff.

917 *Krieger/Sailer-Coceani*, in: *Schmidt, K./Lutter*, Aktiengesetz, § 93 Rn. 8.

918 *Fleischer*, in: *Spindler/Stilz* (Hrsg.), Kommentar zum Aktiengesetz, § 93 AktG, Rn. 12 für die AG.

„Überwachungs*systems*" die Rede ist.[919] Eine aus dieser Norm abgeleitete Compliance-Pflicht würde sich auf solche Entwicklungen (und damit auch Rechtsverstöße) beschränken, die den Fortbestand der Gesellschaft gefährden.

Zu Recht wird eine pauschale Übertragung spezieller Einzelpflichten auf alle Unternehmen gleich welcher Größe, Branche und Struktur kritisch gesehen.[920] Die Risikoanfälligkeit für den Eintritt von Rechtsverstößen ist für jedes Unternehmen gesondert zu betrachten.[921] Für Unternehmen mit geringer Betriebsgröße oder wenig störungsanfälligem Tätigkeitsfeld würde eine Pflicht zur Compliance-Organisation eine unnötige und unzumutbare Überreglementierung auslösen.[922] Es liegt vielmehr in der Hand der Leitungsorgane eine entsprechende Risikobewertung ihres Unternehmens durchzuführen und dann zu entscheiden, ob zur Vermeidung von Rechtsverstößen ein institutionalisiertes Risikobewältigungssystem erforderlich ist.[923] Die Einrichtung einer Compliance-Organisation ist stets auch mit Kosten verbunden, die für wenig risikoanfällige Unternehmen zur unverhältnismäßigen Belastung werden können.[924]

Obwohl das Außenwirtschaftsrecht allein zur Vermeidung von Embargoverstößen hohe Anforderungen an jedes international ausgerichtete Unternehmen stellt, kann eine Pflicht zur Compliance-Organisation auch für diese Unternehmen eine Überreglementierung darstellen. Denn außenwirtschaftlich tätige Unternehmen können durch übersichtliche Strukturen geprägt sein, wenn sie eine überschaubare Kunden- und Mitarbeiteranzahl aufweisen, sodass die Geschäftsführung die Mitarbeiter leicht überwachen kann und die Einhaltung der Vorschriften mit geringem Aufwand zu bewältigen ist. Zudem können sie den Fokus ihrer Geschäftsbeziehungen auf wenig embargosensible Gebiete legen beziehungsweise ihr Tätigkeitsfeld auf eine außenwirtschaftlich unkritische Produktpalette (keine Rüstungs- und Dual-Use Güter) ausgerichtet haben. Derartige Unternehmen sind

---

919 *Hüffer/Koch* (Hrsg.), Aktiengesetz, 2014, § 91 AktG, Rn. 10; *Berg*, AG 2007, 271 (274 ff.); *Schwintowski*, NZG 2005, 200 (201 f.).

920 *Busekist/Hein*, CCZ 2012, 41 (43); *Hüffer/Koch* (Hrsg.), Aktiengesetz, 2014, § 76 AktG, Rn. 13 ff.;
Fleischer, in: *Spindler/Stilz* (Hrsg.), Kommentar zum Aktiengesetz, § 91 AktG, Rn. 50; *Reichert/Ott*, ZIP 2009, 2173 (2174).

921 *Hauschka*, in: Corporate Compliance, § 1, Rn. 23.

922 *Hauschka*, ebenda.

923 *Hauschka*, ebenda.

924 *Sachs/Krebs*, CCZ 2013, 12 (17).

einem geringen Risiko ausgesetzt, gegen außenwirtschaftsrechtliche Vorschriften zu verstoßen. Vor diesem Hintergrund überzeugt es nicht, aus den strafrechtlichen Sanktionsrisiken die zwingende Notwendigkeit der Einrichtung eines Compliance-Systems abzuleiten. Auf eine Vielzahl von Unternehmen mag dies zwar zutreffen. In einfach strukturierten Betrieben lassen sich Sanktionen jedoch auch ohne ein kostenintensives Risikomanagementsystem vermeiden.

a) Unmittelbare Vorteile der Compliance-Organisation

Wenngleich keine Rechtspflicht zur Compliance-Organisation besteht, ist in der außenwirtschaftsrechtlichen Praxis eine zunehmende Implikation von Compliance-Programmen zu verzeichnen.[925] Für die meisten Unternehmen führt die Compliance-Organisation gerade im Außenwirtschaftsrecht zu Vorteilen, die ihre Kosten überwiegen: Sie liegen zum einen in dem unmittelbaren Nutzen, den die Compliance-Organisation bei der Teilnahme am Außenwirtschaftsverkehr mit sich bringt. Zum anderen sind sie darin begründet, dass die Kosten der Non-Compliance reduziert werden.[926]

Der unmittelbare Nutzen der Compliance-Organisation besteht darin, dass sie außenwirtschaftlich tätigen Unternehmen den Zugang zum Außenwirtschaftsverkehr und zu Erleichterungen in außenwirtschaftsrechtlichen Genehmigungs- sowie Zollverfahren gewährt.

aa) Zugang zum Außenwirtschaftsverkehr

Eine Teilnahme am Außenwirtschaftsverkehr ist erst dann möglich, wenn zuvor ein Außenwirtschaftsverantwortlicher bestellt wurde. Seine Aufgabe besteht darin, sicherzustellen, dass alle Vorgänge mit Auslandsbezug unter Achtung der gesetzlichen Regeln abgewickelt werden.[927] Zwar ist in Embargofällen gesetzlich keine Pflicht angeordnet, einen solchen Posten zu schaffen. Diese besteht nur in besonders sensiblen Bereich der Ausfuhr und Verbringung von Kriegswaffen nach dem KWKG und von Waffen,

---

925 *Sachs/Krebs*, CCZ 2013, 12 (12).
926 Differenzierung nach *Sachs/Krebs*, CCZ 2013, 12 (12, 15).
927 *Pottmeyer*, Der Ausfuhrverantwortliche, 5. Aufl. (2014), S. 79.

Munition und Rüstungsmaterial nach dem AWG (Aufuhrliste-Teil I Abschnitt A) und der Ausfuhr von Dual-Use-Gütern außerhalb privilegierter Staaten.[928] Jedoch werden Ausfuhrgenehmigungen nur erteilt, wenn das Unternehmen den Posten eines Ausfuhrverantwortlichen schafft[929] und mit Verantwortlichen aus der ersten Führungsebene[930] besetzt. Das BAFA sieht ein Unternehmen grundsätzlich und ungeachtet einer Prüfung im Einzelfall[931] nur dann als zuverlässig im Sinne des § 8 Abs. 2 S. 1 AWG an, wenn ein Ausfuhrverantwortlicher bestellt wurde.[932] Für das im genehmigungspflichtigen Außenhandel tätige Unternehmen ist die Bestellung eines Ausfuhrverantwortlichen daher lebensnotwendige Voraussetzung.

Die Pflichten des Ausfuhrverantwortlichen fokussieren sich auf verschiedene Pflichtenkreise: Ihn treffen erstens Organisations- und Überwachungspflichten um sicherzustellen, dass alle außenwirtschaftsrechtlichen Vorgänge ohne Gesetzesverstöße abgewickelt werden. Zweitens ist er für die Personalauswahl von Mitarbeitern der Exportkontrolle verantwortlich.[933] Letztens hat er sicherzustellen, dass er selbst und die Unternehmensmitarbeiter in Fragen des schnelllebigen Außenwirtschaftsrechts ständig weitergebildet werden.[934] Der Ausfuhrverantwortliche muss gewährleisten, dass die Arbeitsabläufe des Unternehmens so organisiert werden, dass die Außenwirtschaftsgeschäfte ohne Rechtsverstöße durchgeführt werden.[935] Die Einhaltung der eingerichteten Abläufe ist durch den

---

928 *Pottmeyer*, Der Ausfuhrverantwortliche, 5. Aufl. (2014), S. 62 f.

929 *Sachs/Krebs*, CCZ 2013, 12 (13).

930 *Friedrich*, in: *Berwald/Maurer/Görtz u. a.* (Hrsg.), Außenwirtschaftsrecht, § 3 AWG, Rn. 32, Vorstand, Geschäftsführer oder zur Vertretung berechtiger Gesellschafter.

931 *Friedrich*, in: *Berwald/Maurer/Görtz u. a.* (Hrsg.), Außenwirtschaftsrecht, § 3 AWG, Rn. 30; *Sachs/Krebs*, CCZ 2013, 12 (13): „Ob sich das BAFA indes in der Praxis an diese selbst auferlegte Beschränkung des Anwendungsbereichs immer hält, ist ungewiss. Eine zügige Genehmigungs- oder Nullbescheiderteilung dürfte ohne Benennung eines Ausfuhrverantwortlichen kaum zu erreichen sein."

932 *Friedrich*, in: *Berwald/Maurer/Görtz u. a.* (Hrsg.), Außenwirtschaftsrecht § 3 AWG, Rn. 30, auch zur Zulässigkeit dieser Praxis. Dazu, dass die Rechtsfigur des Ausfuhrverantwortlichen nicht auf ein Gesetz, sondern auf eine Ermessensrichtlinie (Grundsätze der Bundesregierung zur Prüfung der Zuverlässigkeit von Exporteuren von Kriegswaffen und rüstungsrelevanten Gütern) zurückgeht, siehe *Pottmeyer*, Der Ausfuhrverantwortliche, Aufl. (2014), S. 46.

933 *Pottmeyer*, 5. Aufl. (2014), Der Ausfuhrverantwortliche, S. 80.

934 *Pottmeyer,* ebenda, S. 80, 114.

935 *Pottmeyer,* ebenda, S. 88 mit Beispielen aus der Praxis S. 9 f.

Ausfuhrverantwortlichen zu überwachen. Die Verletzung der Überwachungspflicht ist eigens bußgeldbewehrt, § 130 OWiG.[936] Allgemein trägt der Ausfuhrverantwortliche, insbesondere weil straf- und bußgeldbewehrte Fragestellungen in seinen Verantwortungsbereich fallen, ein enormes Haftungsrisiko. Im Vergleich zur übrigen Leitungsebene ist er mit gesteigerten Pflichten zur Organisation und Überwachung außenwirtschaftsrechtlicher Vorgänge betraut.[937]

Der Posten des Ausfuhrverantwortlichen ist notwendige Voraussetzung für die Teilnahme eines Unternehmens am außenwirtschaftlichen Rechtsverkehr. Seine Pflichten müssen nicht zwingend im Wege eines innerbetrieblichen Exportkontrollsystems umgesetzt werden. Daher führt die faktische Pflicht, den Posten des Ausfuhrverantwortlichen zu schaffen, nicht zugleich zu einer faktischen Pflicht zur Compliance-Organisation.[938] In kleineren Unternehmen mit übersichtlichen Strukturen und einer geringen außenwirtschaftlichen Tätigkeitsfrequenz wird die Umsetzung seiner Pflichten daher nicht in ein innerbetriebliches Exportkontrollsystem münden.[939] Allerdings sollte der Ausfuhrverantwortliche angesichts seiner erheblichen Haftungsrisiken jedenfalls in Betrieben mit komplexeren Strukturen auf ein systematisiertes Risikomanagement bestehen, welches ihm ermöglicht, seine Pflichten einzuhalten.[940]

bb) Erleichterungen im außenwirtschaftsrechtlichen Verfahren

Eine Compliance-Organisationsstruktur eröffnet nicht nur den Zugang zum Außenwirtschaftsverkehr, sondern bringt zugleich Vorteile für die außenwirtschaftliche Tätigkeit mit sich: So ist die Einrichtung eines Compliance-Systems Voraussetzung für die Erteilung des AEO-Zertifikats[941]

---

936 *Kreuzer*, AW-Prax 2003, 189 (189 f.).

937 *Pottmeyer*, Der Ausfuhrverantwortliche, 5. Aufl. (2014), S. 189 ff.

938 Anders *Kreuder*, CCZ 2008, 166 (167); *Sachs/Krebs*, CCZ 2013, 12 (13).

939 Siehe supra S. 218.

940 *Merz*, in: Corporate Compliance, § 33 Rn. 66; *Pottmeyer*, Der Ausfuhrverantwortliche, 5. Aufl. (2014), S. 79.

941 AEO steht für „Authorized Economic Operator", *Sachs/Krebs*, CCZ 2013, 12 (14).

nach § 5 a Zollkodex, Art. 14 a-x Zollkodex DVO.[942] Die Zertifizierung als zugelassener Wirtschaftsbeteiligter erübrigt im Zollverfahren die Prüfung solcher Voraussetzungen, die bereits für die Erteilung des Zertifikats Voraussetzung waren, wodurch das Verfahren durch einen geringeren Prüfungsaufwand und eine geringere Prüfungsdauer gestrafft wird.[943] Außerdem werden bei AEO-zertifizierten Unternehmen weniger Kontrollen notwendig, die zudem zügiger abgewickelt werden.[944] Bei der Beantragung des Zertifikats hat das Unternehmen jedoch derart umfangreiche Sicherheitsmaßnahmen nachzuweisen, dass dies praktisch nur mit Hilfe einer Compliance-Organisation zu leisten ist.[945]

Außerdem führt die Erteilung von Sammelausfuhrgenehmigungen für außenwirtschaftlich tätige Unternehmen zu erheblichen Transaktionskostensenkungen.[946] Sie berechtigen den Inhaber dazu, eine Vielzahl von Ausfuhren an bestimmte Empfänger vorzunehmen.[947] Dafür muss jedoch ein Zertifikat nach § 2 a AWG erteilt worden sein. § 2 a AWVO findet auf die innergemeinschaftlichen Lieferungen von Rüstungsgütern Anwendung und ist für Embargomaßnahmen im Zusammenhang mit § 4 Dual Use-VO relevant. Für die Erteilung des Zertifikats ist nicht nur erforderlich, dass ein Ausuhrverantwortlicher bestellt wurde, sondern ferner, dass ein betriebsinternes Exportkontrollprogramms eingerichtet wurde.[948]

---

942 *Aigner*, AW-Prax 2005, 281 (281); *Däubler-Gmelin*, DuD 2011, 455 (455); *Sachs/Krebs*, CCZ 2013, 12 (15); *Witte*, in: *Witte* (Hrsg.), Zollkodex, Art. 5a Zollkodex, Rn. 34, 41 ff.

943 *Witte*, in: *Witte* (Hrsg.), Art. 5 a Zollkodex, Rn. 54 ff.

944 *Witte*, in: *Witte* (Hrsg.), Art. 5 a Zollkodex, Rn. 60 ff.

945 *Sachs/Krebs*, CCZ 2013, 12 (15). Zu den vorzunehmenden Sicherheitsmaßnahmen zählt auch eine Überprüfung der Unternehmensmitarbeiter mit den Anti-Terror-VO (EU) Nr. 2580/2011 und Nr. 881/2002, BFH, Urt. vom 19.6.2012, VII R 43/11; vgl. schon FG Düsseldorf, Urt. vom 1.6.2011, 4 K 3063/10 Z.

946 *Sachs/Krebs*, CCZ 2013, 12 (14).

947 http://www.zoll.de/DE/Fachthemen/Aussenwirtschaft-Bargeldverkehr/Genehmigungsarten-Bescheinigungen/Sammelausfuhrgenehmigung/sammelausfuhrgenehmigung_node.html, zuletzt abgerufen am 15.11.2014.

948 *Beutel*, AW-Prax 2009, 299 (300).

c) Vermeidung der Nachteile der Non-Compliance

Negativ gewendet liegen die Vorteile der Compliance in einer Vermeidung der Kosten der Non-Compliance.[949] Diese werden vor allem durch straf- und ordnungswidrigkeitsrechtliche Sanktionen verursacht, die gegen das Unternehmen verhängt werden. Aus Sicht der Unternehmensmitarbeiter erfordern zivilrechtliche Haftungsrisiken eine Compliance-Struktur. Das Entdeckungsrisiko von Embargoverstößen ist infolge der stringent durchgeführten Außenwirtschaftsprüfung, zu der § 44 AWG ermächtigt, als hoch einzustufen.[950] Neben der Minimierung des Haftungsrisikos kann eine Compliance zudem Transkationskosten gering halten und Reputationsschäden vermeiden.

Im Folgenden wird untersucht, welche Sanktionen dem Unternehmen bei Embargoverstößen drohen. Zudem werden die straf-, ordnungs- und zivilrechtlichen Haftungsrisiken analysiert, denen sich die Leitungs- und Delegiertenebene bei Verstößen aussetzt. Es soll aufgezeigt werden, dass ein Compliance-System zur Reduktion dieser Haftungsrisiken beiträgt.

aa) Minimierung von ordnungswidrigkeitsrechtlichen Sanktionsrisiken des Unternehmens

Die ordnungswidrigkeitsrechtlichen Sanktionen können gegen das Unternehmen gerichtet sein, § 30 Abs. 1 OWiG in Verbindung mit § 19 AWG, sodass die Gesellschaft selbst für die Ordnungswidrigkeit haftet. Bei fahrlässiger Tatbegehung kommt nach § 19 Abs. 1, Abs. 6 AWG eine Geldbuße in Betracht, die bis zu 500.000 Euro betragen kann. Diese Obergrenze ist jedoch nicht starr, da § 17 Abs. 4 OWiG eine Überschreitung des angegebenen Höchstmaßes ermöglicht, wenn die Geldbuße den gezogenen wirtschaftlichen Vorteil nicht übersteigt.[951] Empfindlich treffen das Unternehmen auch (erweiterte) Einziehung und (erweiterter) Verfall nach § 20 AWG aufgrund der Anwendung des Bruttoprinzips, das zur Abschöpfung

---

949 *Sachs/Krebs*, CCZ 2013, 12 (16).
950 *Sachs/Krebs*, ebenda.
951 *Mitsch*, in: *Senge* (Hrsg.), Karlsruher Kommentar zum Gesetz über Ordnungswidrigkeiten, § 17 OWiG, Rn. 140; *Pottmeyer*, Der Ausfuhrverantwortliche, 5. Aufl. (2014), S. 139.

des gesamten erzielten Erlöses ohne Berücksichtigung der Aufwendungen führt.[952]

bb) Minimierung von straf-, ordnungs- und zivilrechtlichen Sanktionsrisiken der Leitungsebene

Einer umfassenden Haftung sind die Leitungsorgane der Gesellschaft ausgesetzt. Die strafrechtliche Sanktionierung von Embargoverstößen erfolgt nach § 17, 18 AWG, wonach der Strafrahmen bei vorsätzlichen Taten eine Freiheitsstrafe von einem bis zu zehn Jahren (§ 17 Abs. 1) beziehungsweise drei Monaten bis zu fünf Jahren (§ 18 Abs. 1) vorsieht. Die Leitungsorgane werden die außenwirtschaftlichen Pflichten regelmäßig auf untergeordnete Ebenen delegieren. Gleichwohl trifft sie eine fortwährende Pflicht, die Mitarbeiter ebenso wie den Ausfuhrverantwortlichen bei der Aufgabenerfüllung zu überwachen.[953]

Die Leitungsorgane einer Gesellschaft trifft eine Garantenpflicht, Straftaten von Unternehmensangehörigen zu verhindern, die bei Ausübung der beruflichen Tätigkeit begangen werden.[954] Bei fehlendem Einschreiten gegen Verstöße nach §§ 18, 19 AWG droht eine Strafbarkeit wegen Beihilfe durch Unterlassen.[955] Da sich der Gehilfenvorsatz auch auf die Haupttat erstrecken muss, wird er lediglich dann nachzuweisen sein, wenn die Leitungsebene die Straftaten bewusst ignoriert.[956] Schaffen die Leitungsorgane keine geeigneten Maßnahmen und Organisationsstrukturen zur Verhinderung betriebsbezogener Straftaten, reicht dies alleine nicht für eine strafrechtliche Haftung wegen Beihilfe aus.[957]

---

[952] BGH, NJW 2002, 3339, 3340; BGH, NStZ 1995, 491; BGH, NJW 2012, 1159.

[953] *Bieneck*, in: *Bieneck* (Hrsg.), Handbuch des Außenwirtschaftsrechts, § 24 Rn. 29 f.

[954] BGH NJW 2009, 3173, 3175 im Hinblick auf den Compliance-Beauftragten; *Bürkle*, CCZ 2010, 4 (6); *Rönnau/Schneider*, ZIP 2010, 53 (56); *Rübenstahl*, NZG 2009, 1341 (1343).

[955] *Lackhoff/Schulz*, CCZ 2010, 81 (83).

[956] *Lackhoff/Schulz*, ebenda, Rn. 84.

[957] Vgl. *Lackhoff/Schulz*, CCZ 2010, 81 (83). Vgl. auch den Lederspray-Fall, in dem eine Haftung der Geschäftsführer wegen fahrlässiger Körperverletzung durch Unterlassen bejaht wurde, weil sie selbst eine Gefahr für die Gesundheit der Abnehmer setzten und nicht alles Erforderliche zu deren Abwendung unternommen hatten, BGH, NJW 1990, 2560.

Allerdings kann auch bei fahrlässig begangener Aufsichtspflichtverletzung ein Bußgeld nach § 130 OWiG verhängt werden. Die Norm belegt auch die fahrlässige Unterlassung von Aufsichtsmaßnahmen mit einer Geldbuße, wenn die Zuwiderhandlung auf der Delegationsebene durch die „gehörige Aufsicht" verhindert oder wesentlich erschwert worden wäre. Um seinen Aufsichtspflichten nachzukommen muss das Mitglied des Leitungsorgans die Tätigkeiten der ordnungsgemäß ausgewählten und angewiesenen, mit Ausfuhrfragen betrauten Mitarbeiter zumindest dadurch überwachen, dass es die Dokumentationen und Ergebnisse ihrer Tätigkeiten überprüft.[958] Es gelten dabei umso strengere Anforderungen, je hochrangigere Schutzgüter die Ausfuhrfragen zum Gegenstand haben, je schwierigere Rechtsfragen sich stellen und je höher die Änderungsfrequenz der zu beachtenden Rechtsgrundlagen ist.[959] Die Leitungsorgane haften selbst dann nach § 130 OWiG für Verletzungen ihrer Aufsichtspflicht, wenn sie den Verstoß nicht kannten, er aber durch gehörige Aufsicht hätte verhindert oder erschwert werden können.[960]

Der Grundsatz, dass eine Delegation nicht zur Enthaftung führt, gilt auch mit Blick auf zivilrechtliche Haftungsrisiken. Die Delegation der außenwirtschaftsrechtlichen Verantwortung auf den Ausfuhrverantwortlichen oder sonstige nachgelagerte Mitarbeiter führt dazu, dass sich die originären Pflichten der Mitglieder der Leitungsebene in Pflichten zur ordnungsgemäßen Auswahl, Anweisung und Überwachung der Mitarbeiter umwandeln.[961] Unterlassen die Delegationsempfänger schuldhaft die Beantragung einer Genehmigung zur Ausfuhr von Embargogütern und wird daher ein Anspruch des Vertragspartners auf Ersatz erlittener Verzögerungsschäden gegenüber der Gesellschaft begründet, wird der Leitungsebene das Verschulden der Mitarbeiter zwar weder über § 278 Abs. 1 S. 1 BGB noch über § 831 BGB zugerechnet. Denn die Mitarbeiter sind nicht Erfüllungs- oder Verrichtungsgehilfen der Leitungsebene, sondern der Gesellschaft, deren Direktionsrecht die Delegierenden durch die Weisungserteilung als Organe ausüben.[962] Die Mitglieder der Leitungsebene haften damit nicht für fremdes Verschulden. Jedoch kann ihnen eine Verletzung ihrer gegenüber der Gesellschaft bestehenden Sorgfaltspflichten anzulas-

---

958 *Bieneck*, in: *Bieneck* (Hrsg.), Handbuch des Außenwirtschaftsrechts, § 24, Rn. 29.
959 *Göhler*, in: *Gürtler/Seitz* (Hrsg.), § 130 OWiG, Rn. 13.
960 *Bieneck*, in: *Bieneck* (Hrsg.), Handbuch des Außenwirtschaftsrechts, § 24, Rn. 27.
961 *Fleischer*, AG 2003, 291 (291 ff.); *Lackhoff/Schulz*, CCZ 2010, 81 (84).
962 *Schmidt-Husson*, in: Corporate Compliance, § 7 Rn. 9.

ten sein, wenn sie die mit außenwirtschaftlichen Fragestellungen betrauten Mitarbeiter nicht ordnungsgemäß ausgewählt, angewiesen oder überwacht haben. Der Gesellschaft daraus erwachsende Schäden sind dieser zu ersetzen, etwa gemäß § 93 Abs. 1, Abs. 2 S. 1 AktG oder § 43 Abs. 1, 2 GmbHG.[963]

Ferner kann den Mitgliedern der Leitungsebene eine Außenhaftung gegenüber den Gesellschaftsgläubigern drohen: Die Gesellschafter von Personengesellschaften haften akzessorisch für die Verbindlichkeiten der Gesellschaft.[964] Wenngleich Kapitalgesellschaften vor einer solchen Haftung Schutz bieten, könnten die Mitglieder der Leitungsebene für begangene Aufsichtspflichtverletzungen persönlich haften. Diese ist unstrittig möglich, wenn das Leitungsorgan absolute Rechtsgüter durch eigenes, positives Tun verletzte.[965] Auch wenn sich sein Beitrag zur Rechtsgutsverletzung in einem Unterlassen erschöpfte, kann eine Außenhaftung drohen. Der BGH hat in seiner *Baustoff*-Entscheidung festgestellt, dass die Missachtung von Pflichten zum Schutz absoluter Rechtsgüter zu einer deliktischen Eigenhaftung des Geschäftsführers führen kann, denn er ist Garant der ihm übertragenen organisatorischen Aufgaben.[966] In welchem Umfang die deliktische Außenhaftung von Organwaltern besteht, wird immer noch kontrovers diskutiert.[967] In Embargofällen sind die Vermögensschäden nicht die Folge absoluter Rechtsgutsverletzungen,[968] sodass eine Außenhaftung nicht virulent wird.

Der Leitungsebene von Kapitalgesellschaften droht in Embargofällen damit zwar keine deliktische Außenhaftung. Gleichwohl birgt das Außenwirtschaftsrecht so umfangreiche straf- und zivilrechtliche Haftungsrisi-

---

963 *Sachs/Krebs*, CCZ 2013, 12 (16).
964 Vgl. nur § 128 HGB, zu deren analogen Anwendung auf die GbR siehe BGH, NJW 2008, 2330.
965 Dann ist eine Außenhaftung unstrittig möglich, *Wagner*, VersR 2001, 1057 (1059 f.).
966 BGH, NJW 1990, 976.
967 Teilweise wird eine positive Kenntnis des Verstoßes gefordert, so von *Lutter*, ZHR 157 (1993), 464 (469 ff.). Teilweise wird für eine sehr weite Haftung aus jeder Verletzung von Kontroll- und Instruktionspflichten plädiert, *Altmeppen*, ZIP 1995, 881 (887 ff.). Für die Beschränkung der Haftung auf Vorgänge im eigenen, nicht delegierten Zuständigkeitsbereich *Wagner*, VersR 2001, 1057 (1061).
968 Dazu supra, S. 110.

ken, angesichts deren die Leitungsebene ein Interesse daran haben dürfte, ihr eigenes Haftungsrisiko durch interne Kontrollmechanismen zu senken.

cc) Minimierung von straf-, ordnungs- und zivilrechtliche
    Sanktionsrisiken der Delegationsebene

Auch auf der Delegationsebene treffen die Mitarbeiter, die mit außenwirtschaftlichen Fragen betraut sind, Haftungsrisiken.

Da diese dem Risiko ausgesetzt sind, fahrlässige Verstöße gegen außenwirtschaftsrechtliche Vorschriften zu begehen, haben sie ein Interesse an einem internen Risikomanagementsystem mit verlässlichen Ansprechpartnern, nachgelagerten Kontrollstellen und Weiterbildungsmaßnahmen. Für den Compliance-Officer bestehen noch weitergehende strafrechtliche Sanktionsrisiken als für den aktiv verstoßenden Sachbearbeiter. Er ist für den Aufbau und die Überwachung des Compliance-Systems zuständig,[969] das die Einhaltung außenwirtschaftsrechtlicher Vorschriften gewährleistet. Der Compliance-Officer ist, anders als Ausfuhrverantwortliche, Angehöriger der nachgelagerten Delegationsebene.[970] Als notwendige Kehrseite der gegenüber der Unternehmensleitung übernommenen Pflicht hat er im Zusammenhang mit der Unternehmenstätigkeit stehende Straftaten von Unternehmensangehörigen zu unterbinden.[971] Er kann sich wie die Leitungsebene der Beihilfe durch Unterlassen schuldig machen, da ihn eine strafrechtliche Garantenstellung im Sinne von § 13 StGB trifft.[972]

In zivilrechtlicher Hinsicht sind die Mitarbeiter auf der nachgelagerten Delegationsebene arbeitsrechtlichen Sanktionierungen (Kündigung)[973] ausgesetzt. Im Rahmen des innerbetrieblichen Schadensausgleichs droht eine (anteilsmäßige) Haftung für Schäden der Gesellschaft, die durch ihr Handeln verursacht wurden.[974]

---

969 *Kraft/Winkler*, CCZ 2009, 29 (31).
970 *Kraft/Winkler,* ebenda.
971 BGH, NStZ 2009, 686, 688.
972 Siehe nur BGH NStZ 2009, 686, 687. Dazu *Rieble*, CCZ 2010, 1.
973 *Merz*, in: Corporate Compliance, § 33 Rn. 76.
974 BGH, NZA 2013, 640; BGH, NZA 1989, 796; LAG Bremen, NZA-RR 2000, 126.

dd) Beitrag der Compliance zur Reduktion der Haftungsrisiken

Ein Compliance-System stellt sicher, dass die haftungsauslösenden Aufsichtspflichten auf der Leitungs- und Delegationsebene eingehalten werden können, indem es systematisierte Abläufe zur internen Überprüfung der Embargosachverhalte schafft. Dies ist für die in außenwirtschaftsrechtliche Vorgänge Eingebundenen umso wichtiger, da das Risiko mit einer Geldstrafe oder -buße belegt zu werden nicht versicherbar ist.[975] Eine sorgfältige Auswahl, Anweisung und Überwachung der mit außenwirtschaftsrechtlichen Fragestellungen betrauten Mitarbeiter minimiert Embargoverstöße und damit die Haftungsrisiken der Beteiligten. Aufgrund der im Rahmen des Compliance-Systems vorzunehmenden Dokumentationen können die Leitungsorgane den Nachweis erbringen, dass sie ihren Überwachungspflichten nachgekommen sind. Aus Sicht der Mitarbeiter steigert eine funktionierende Compliance die Unternehmensattraktivität, weil sie eigene Haftungsrisiken wegen fahrlässiger Verstöße minimiert.[976] Zudem werden durch Compliance-Systeme langfristig die hohen Kosten für externe Rechtsberater und die Blockade der Betriebsabläufe durch staatsanwaltliche Ermittlungen vermieden.[977]

ee) Minimierung von Transaktionskosten infolge instabiler
    Unternehmensabläufe

Durch das Eingreifen von Embargoverboten können sogar vor Embargoerlass wirksam begründete Vertragsverhältnisse nachhaltig gestört werden.[978] Zudem droht die Versagung, der Widerruf oder die verzögerte Erteilung von Genehmigungen. Infolgedessen können Störungen in der Vertragsabwicklung auftreten. Eine Compliance-Organisationsstruktur identifiziert drohende Verstöße gegen Embargovorschriften frühzeitig und kann so Störungen in der Vertragsabwicklung verhindern oder abmildern. Eine

---

975 D&O-Versicherungen als Berufshaftpflichtversicherung für Mitglieder der Führungsebene wegen Pflichtverletzungen decken nur die Verfahrenskosten ab, *Pottmeyer*, Der Ausfuhrverantwortliche, 5. Aufl. (2014), S. 200; *Merz*, in: Corporate Compliance, § 33 Rn. 66.
976 *Sachs/Krebs*, CCZ 2013, 12 (16).
977 *Pottmeyer*, Der Ausfuhrverantwortliche, 5. Aufl. (2014), S. 207.
978 Supra, S. 118 ff.

Compliance-Struktur macht Rechtsverstöße weniger wahrscheinlich und Vertragsverhältnisse folglich rechtssicherer und voraussehbarer. Die Prozessstabilität im Unternehmen steigt an und Transaktionskosten werden gering gehalten.[979]

d) Vermeidung von Reputationsschäden

Das Compliance-System vermittelt einen positiven Unternehmenseindruck nach außen, zum einen bei den Behörden, zum anderen in der Privatwirtschaft, die von Verstößen durch mediale Berichterstattung erfährt.[980] Gerade wenn Verstöße gegen Personalembargos in Rede stehen, ist die mediale Aufmerksamkeit groß, sodass sich Geschäftspartner distanzieren könnten. Aber auch zu Tage getretene Verstöße gegen Staatenembargos können dazu führen, dass sich Geschäftspartner abwenden, weil Zweifel an der Zuverlässigkeit des verstoßenden Vertragspartners hervorgerufen werden und zudem die eigene Lieferkette störungsfrei gehalten werden soll.[981]

e) Fazit

Es bleibt festzuhalten, dass ein Compliance-System von erheblichem Nutzen sein kann, weil es Schutz vor straf- und ordnungsrechtlichen Sanktionen und zivilrechtlicher Haftung bietet. Zudem hilft es, Steigerungen der Transaktionskosten infolge von Störungen des Vertragsverhältnisses und Reputationsschäden zu vermeiden. Ein funktionsfähiges Compliance-System kann zudem zur Steigerung des Unternehmenswertes führen.[982]

Seine Einrichtung geht jedoch mit erheblichen Kosten einher.[983] Die Kosten sind außerhalb des konkreten Einzelfalls (Branche, Güter, Unternehmensgröße) freilich nur schwer zu bestimmen.[984] Grundsätzlich ist der Mehrzahl der Unternehmen anzuraten auf eine Compliance-Organisation

---

979 *Sachs/Krebs*, CCZ 2013, 12 (18).
980 *Sachs/Krebs,* ebenda, S. 17.
981 *Sachs/Krebs,* ebenda.
982 *Sachs/Krebs,* ebenda.
983 *Pottmeyer*, Der Ausfuhrverantwortliche, 5. Aufl. (2014), S. 207.
984 *Sachs/Krebs*, CCZ 2013, 12 (18).

nicht zu verzichten, mag dies auch der Devise, Kontrolle sei gut, Vertrauen jedoch billiger,[985] widersprechen: Embargos sind unkalkulierbare Risikofaktoren im Außenwirtschaftsverkehr, die jedes international tätige Unternehmen treffen können. Da Personalembargos nicht an einen Grenzübertritt anknüpfen, betreffen sie zwar auch rein national ausgerichtete Unternehmen. Weil die embargierten Personen jedoch regelmäßig im Ausland wohnhaft beziehungsweise niedergelassen sind, erlangen auch Personalembargos in außenwirtschaftlichen Sachverhalten Bedeutung. Personalembargos mit staatlichen Bezügen[986] können sogar einem bestimmten Staat zugeordnet werden.

Bestehen Geschäftsbeziehungen zu Embargostaaten, sollten Unternehmen auf die Einrichtung einer Compliance nicht verzichten.[987] Die Wahrscheinlichkeit, gegen die komplexen Embargovorschriften zu verstoßen und damit das Unternehmen, dessen Leitungsorgane und Mitarbeiter Sanktionsrisiken auszusetzen, ist hoch. Sie kann durch ein funktionsfähiges Risikomanagementsystem reduziert werden. Eine Compliance-Organisation spricht für die außenwirtschaftliche Zuverlässigkeit des Unternehmens und stellt daher eine zügige Genehmigungserteilung sicher.

Erweitert man den Blick auf außenwirtschaftliche Vorschriften, die neben den Embargovorschriften einzuhalten sind, ist außenwirtschaftlich tätigen Unternehmen erst recht eine Compliance-Organisation anzuraten.[988] Vorschriften der Dual-Use-Verordnung und der Ausfuhrliste als Pendant der Verordnung, belegen dies ebenso wie die einzuhaltenden Zollvorschriften. Nach Art. 3 Abs. 1, 5 und 6 VO (EG) Nr. 428/2009 vom 5. Mai 2009 ist die Ausfuhr, Vermittlung und Durchfuhr von Gütern mit doppeltem Verwendungszweck genehmigungspflichtig, gleich in welches Land sie erfolgt. Die Prüfung der Tatbestandsvoraussetzungen ist ähnlich aufwendig wie bei Staatenembargos, reicht aber aufgrund ihrer länderunabhängigen Geltung deutlich weiter. Die Vorschriften des Zollkodex[989] und deren Durchführungsverordnung[990] begründen umfangreiche Pflichten, et-

---

985 *Pottmeyer*, Der Ausfuhrverantwortliche, 5. Aufl. (2014), S. 207.
986 Dazu supra, S. 33 f.
987 *Sachs/Krebs*, CCZ 2013, 12 (18).
988 So auch *Sachs/Krebs*, CCZ 2013, 12 (18).
989 VO (EWG) Nr. 2913/92 vom 12.10.1993.
990 VO (EWG) Nr. 2454/93 vom 02.07.1993.

wa die Anmeldung zu exportierender Waren.[991] Verstöße gegen die Vorschriften werden in ähnlichem Umfang wie Embargoverstöße sanktioniert.[992] Darüber hinaus statuiert eine Fülle embargounabhängiger Ein- und Ausfuhrregeln EU- und nationalen Ursprungs Genehmigungsbedürfnisse für die Ein- oder Ausfuhr einzelner Waren. [993]

Vor diesem Hintergrund ist die Einrichtung eines Compliance-Systems für exportorientierte Unternehmen in der Regel unerlässlich.[994] Allenfalls für Unternehmen, die ihren Schwerpunkt internationaler Tätigkeit auf das Gebiet des europäischen Binnenmarktes beschränken und ausschließlich zivil nutzbare Güter herstellen, liegt es anders.[995] Auch für kleinere Unternehmen, die kaum internationale Beziehungen pflegen, dürften die Kosten den Nutzen der Compliance überwiegen. Abgesehen von Personalembargos, deren Eingriffsrisiko jedoch vor allem bei einer außenwirtschaftlichen Tätigkeit ansteigt, treffen sie keine außenwirtschaftlichen Risiken. Das bei Personalembargos durchzuführende Namens-Screening, das durch EDV-implementierte Lösungen strukturell recht leicht zu bewältigen ist.[996] Kleine Unternehmen mit geringem Kunden-, Lieferanten- und Mitarbeiterstamm könnten auf eine Implikation sogar verzichten.[997] Dies gilt allen voran für Unternehmen mit national ausgerichtetem Geschäftsschwerpunkt. Personalsanktionen fordern zwar keinen Auslandsbezug, weisen ihn aber zumeist auf, zumal Staaten- und Personalembargos häufig parallel verhängt werden. Daher können sich auch kleine Unternehmen, die schwerpunktmäßig Beziehungen zu Staaten unterhalten, gegen die eine Embargoverhängung wenig wahrscheinlich scheint, auf eine manuelle Überprüfung der Personalsanktionen beschränken.

---

991 *Wolffgang*, in: *Bieneck* (Hrsg.), Handbuch des Außenwirtschaftsrechts, § 13, Rn. 28 ff.

992 Sanktionierung eines Dual-Use-Verstoßes nach § 18 Abs. 5 AWG, Sanktionierung der Nicht- oder nicht rechtzeitigen Abgabe einer Ausfuhranmeldung etwa gemäß § 82 Abs. 2 AWV.

993 Vgl. die EU-Einfuhrverordnungen VO (EG) Nr. 260/2009 als gemeinsame Einfuhrregelung, VO (EG) Nr. 625/2009 betreffend Länder ohne Marktwirtschaft, VO (EG) Nr. 3030/93 für Textilwaren, die Vorschriften des KrWaffKontrG, des CWÜ und die Einfuhrregelungen nach §§ 30 ff. AWVO.

994 *Sachs/Krebs*, CCZ 2013, 12 (18).

995 *Sachs/Krebs,* ebenda.

996 *Sachs/Krebs*, CCZ 2013, 12 (17).

997 *Puschke/Hohmann*, Basiswissen Sanktionslisten, 2012, S. 87; der Verzicht auf eine technisierte Lösung begründet dann keinen Fahrlässigkeitsverstoß.

2. Ausgestaltungsstruktur

Obwohl keine gesetzliche Verpflichtung zur Compliance-Organisation besteht, ist sie im Außenwirtschaftsverkehr regelmäßig lohnenswert. Ob die Unternehmen in der Ausgestaltung frei sind oder ob sie gesetzliche Vorgaben beachten müssen, wird sich im Folgenden zeigen.

a) Unmittelbare Vorgaben

Während in den Vereinigten Staaten fast zweihundertseitige Compliance Guidelines[998] herausgegeben wurden, an denen sich die außenwirtschaftlich tätigen Unternehmen orientieren können, existieren hierzulande aus der Feder des nationalen oder supranationalen Gesetzgebers keine vergleichbaren Regelwerke.[999]

Verbindliche Vorgaben zur Betriebsorganisation als Voraussetzung für die Erteilung des AEO-Zertifikats stellt Art. 14i Zollkodex-DVO auf. Die Leitlinien der EU Kommission zur Erteilung des AEO-Zertifikats[1000] entfalten zwar rechtlich keine unmittelbare Bindungswirkung, können und sollten im Rahmen der Zertifizierung aber berücksichtigt werden.[1001] Für den Bereich der Embargomaßnahmen sind die Merkblätter der EU und des BAFA[1002] von besonderem Interesse, wenngleich sie teilweise auch zweifelhafte Rechtsansichten enthalten.[1003]

So wenig Orientierungshilfe der Gesetzgeber für den Aufbau einer funktionsfähigen Compliance-Struktur leistet, so frei sind die Unternehmen in der Ausgestaltung eines auf sie zugeschnittenen Systems.

---

998 Vgl. http://www.bis.doc.gov/index.php/forms-documents/doc_view/7-compliance-guidelines, zuletzt abgerufen am 28.10.2014.

999 *Sachs/Krebs*, CCZ 2013, 60 (65).

1000 Abrufbar unter http://ec.europa.eu/taxation_customs/resources/documents/customs/policy_issues/customs_security/aeo_guidelines2012_de.pdf., zuletzt abgerufen am 28.10.2014. Die Leitlinien stellen Maßstäbe zur Einrichtung eines Verfahrens für die Handhabung von Einfuhr-, bzw. Ausfuhrgenehmigungen und zur Sicherstellung der Sicherheit der Handelspartner auf, vgl. etwa S. 49 ff.

1001 *Sachs/Krebs*, CCZ 2013, 60 (65).

1002 Zu den Merkblättern vgl. Fn. 218, 435, 864.

1003 So auch *Sachs/Krebs*, CCZ 2013, 60 (66) und siehe schon supra, Fn. 865.

b) Mittelbare Vorgaben

Diese Freiheit könnte allenfalls durch mittelbare Vorgaben dergestalt beschränkt werden, dass eine bestimmte Compliance-Organisation gegen Rechtsvorschriften verstoßen würde. Im Rahmen der Sanktionslistenprüfung stellt sich die Frage, ob ein Datenscreening im Lichte des BDSG zulässig ist. Als allgemeine Frage der Compliance-Organisation soll geklärt werden, ob und inwieweit die Compliance-Aufgaben auf Dritte ausgelagert werden dürfen.

aa) Die EDV-basierte Überprüfung von Sanktionslisten

Fraglich ist, ob das Datenscreening mit datenschutzrechtlichen Bestimmungen vereinbar ist. Bei Verstößen gegen datenschutzrechtliche Bestimmungen könnte dem Unternehmer eine Strafbarkeit nach § 44 BDSG oder die Verhängung eines Bußgeldes nach § 43 BDSG drohen. Ein Datenscreening kann dann nicht sinnvoller Bestandteil einer kostenreduzierenden Compliance-Organisation sein.[1004]

Nach § 4 Abs. 1 BDSG ist eine Erhebung, Verarbeitung und Nutzung personenbezogener Daten ohne Einwilligung des Betroffenen nur auf Grundlage einer gesetzlichen Ermächtigung zulässig. In der Literatur werden verschiedene Normen des BDSG herangezogen, aus denen sich die Zulässigkeit der Überprüfung ergeben könnte. So wird vielfach für die Anwendung des § 32 Abs. 1 S. 1 BDSG[1005] und § 28 Abs. 1 Nr. 2 BDSG plädiert.[1006] *Brink/Schmidt* wollen die Zulässigkeit aus § 4 BDSG in Verbindung mit der EU-Verordnung herleiten.[1007] Zudem findet man Stimmen, die den Datenabgleich für gänzlich unzulässig halten.[1008]

1004 Wie Personalembargos ohne die Nutzbarmachung von EDV-Systemen jedenfalls für Unternehmen mit internationalem Bezug dann sichergestellt werden kann, bliebe dann freilich schleierhaft.

1005 *Bongers*, ArbRAktuell 2009, 81 (81); *Däubler-Gmelin*, DuD 2011, 455 ff. (458 f.); *Pottmeyer*, Der Ausfuhrverantwortliche, 5. Aufl. (2014), S. 105.

1006 *Pottmeyer*, Der Ausfuhrverantwortliche, 5. Aufl. (2014), S. 107; *Roeder/Buhr*, BB 2011, 1333 (1336).

1007 *Brink/Schmidt*, MMR 2010, 592 (595).

1008 *Hehlmann/Sachs*, EuZW 2012, 527 (531 f.); *Maschmann*, NZA-Beil. 2012, 50 (55).

Der Rechtsspruch des Bundesfinanzhofs vom 19. Juni 2012 brachte Klarheit: Es begegnet keinen datenschutzrechtlichen Bedenken, die Erteilung eines AEO-Zertifikats von einem Datenabgleich der Arbeitnehmer mit den Anti-Terror-Sanktionslisten abhängig zu machen.[1009] Er beurteilt den Abgleich der personenbezogenen Daten von Bediensteten mit den Embargolisten nach § 32 Abs. 1 S. 1 BDSG als zulässig.[1010] Screenings von Bewerbern und Mitarbeitern fallen hierunter, weil der Unternehmer gewiss sein muss, ob er die zu begründenden oder begründeten Verträge überhaupt erfüllen darf.[1011] Im Gegensatz zur Vorinstanz nimmt BFH sogar eine unmittelbare Verwendung der Daten für Zwecke des Beschäftigungsverhältnisses an.[1012] § 32 Abs. 1 S. 2 BSDG steht dem nicht entgegen, weil dem Unternehmen nicht darum geht, die Strafbarkeit des Bewerbers oder Mitarbeiters zu überprüfen.[1013] Nachdrücklich weist der BFH darauf hin: „Den Vergleich dieser Stammdaten mit den Namen der Listen […] als datenschutzrechtlich unzulässig anzusehen, käme einem an Arbeitgeber mit Tätigkeit im sicherheitsrelevanten Bereich gerichteten Verbot gleich, das für jedermann zugängliche Amtsblatt einzusehen und aus diesem Informationen über in unionsrechtlichen Verordnungen - d.h. in den Mitgliedsstaaten unmittelbar geltendem Recht - enthaltene […] Verbote zu gewinnen. Damit bestünde ein Verbot, sich über gesetzlich bestehende Verbote zu informieren, was zweifellos ein absurdes Ergebnis wäre." Zusätzlich bejaht er eine Verhältnismäßigkeit der AEO-Regelung, da ein Screening weniger Informationen als ein polizeiliches Führungszeugnis preisgibt.[1014]

Soweit nicht wie im Fall des BFH das Screening von Mitarbeitern, sondern dasjenige von Kunden und Lieferanten in Rede steht, greift § 28 Abs. 1 Nr. 1 BDSG: „Das Erheben, Speichern, Verändern oder Übermitteln personenbezogener Daten […] ist zulässig

---

1009 BFH, Urt. vom 19.6.2012, VII R 43/11, Rn. 10 f.

1010 BFH, Urt. vom 19.6.2012, VII R 43/11, Rn. 12.

1011 BFH, Urt. vom 19.6.2012, VII R 43/11, Rn. 12; *Pottmeyer*, Der Ausfuhrverantwortliche, 5. Aufl. (2014), S. 105 f.

1012 BFH, Urt. vom 19.6.2012, VII R 43/11, Rn. 13.

1013 *Pottmeyer*, Der Ausfuhrverantwortliche, 5. Aufl. (2014), S. 105 f. Ein Abgleich außereuropäischer Terrorlisten (auch solche der UN) - was insbesondere wegen der US-amerikanischen Reexportklauseln empfehlenswert sein kann - ist allerdings unter Rekurs auf § 32 Abs. 1 S. 1 BDSG unzulässig, da die Listen keine Rechtswirkung in Deutschland zeitigen, *Brink/Schmidt*, MMR 2010, 592 (595).

1014 BFH, Urt. vom 19.6.2012, VII R 43/11, Rn. 22.

1. wenn es für die Begründung, Durchführung oder Beendigung eines rechtsgeschäftlichen oder rechtsgeschäftsähnlichen Schuldverhältnisses mit dem Betroffenen erforderlich ist [...]." Der Unternehmer muss gewiss sein, dass ihm die Vertragserfüllung erlaubt ist und nicht gegen das Bereitstellungsverbot verstößt.[1015] Ein Datenscreening ist rechtlich zulässig und kann in die Compliance-Struktur eingebunden werden.

bb) Delegation von Embargokontrollpflichten an externe Dritte

Der EDV-basierte Abgleich von Sanktionslisten ist datenschutzrechtlich zulässig, sodass den Unternehmen, die bei der Ausgestaltung ihres Compliance-Systems auf Screening-Softwareanwendungen zurückgreifen, keine rechtlichen Grenzen gesetzt werden. Die totale oder sektorale Auslagerung der Compliance-Abteilung an Konzernunternehmen und externe Dienstleister[1016] scheint indes nicht mehr innerhalb des Rahmens freien unternehmerischen Organisationsermessens zu liegen: Erstens ist Compliance „Chefsache"[1017], denn sie zählt zu den zentralen Aufgaben der Unternehmensleitung.[1018] Zweitens sind die ausgelagerten Pflichten des Embargokontrollrechts strafbewehrt.[1019] Zudem hat der BFH in seinem Urteil zur Zulässigkeit des Mitarbeiterscreenings angedeutet, dass Art. 14k Abs. 1 lit. f) ZKDVO eine Sicherheitsprüfung durch den Antragssteller selbst und nicht durch einen Dritten fordert.[1020]

Die Pflicht zur Vermeidung von Rechtsverstößen gegen außenwirtschaftsrechtliche Vorschriften obliegt der Leitungsebene im Rahmen ihrer Vorstands- beziehungsweise Geschäftsführerpflichten.[1021] Freilich ist die Leitungsebene nicht zur persönlichen Erledigung aller Aufgaben im Stande, weswegen sich die Pflicht vielfach auf die Wahrnehmung der Lei-

---

1015 *Pottmeyer*, Der Ausfuhrverantwortliche, 5. Aufl. (2014), S. 107.
1016 *Ziemons/Jaeger*, in: *Ziemons/Jaeger* (Hrsg.), BeckOK GmbHG, § 43 GmbHG, Rn. 242.
1017 *Fleischer*, CCZ 2008, 1 (3).
1018 *Bürkle*, in: Corporate Compliance, § 8, Rn. 58; *Fleischer*, in: *Fleischer* (Hrsg.), Handbuch des Vorstandsrechts, § 8, Rn. 40; *Lösler*, WM 2007, 676 (679); *Schneider*, ZIP 2003, 645 (647).
1019 Siehe supra, S. 223 ff.
1020 BFH, Urt. vom 19.6.2012, VII R 43/11, Rn. 21.
1021 Supra, Fn. 954.

tungsverantwortung beschränkt.[1022] Die Leitungsebene muss sich lediglich mit den Richtlinien der Unternehmenspolitik befassen und Strukturen zur funktionsfähigen Unternehmensorganisation schaffen.[1023] Einzelfragen kann sie horizontal oder vertikal delegieren, sofern die auszulagernde Pflicht nicht innerhalb ihres ureigenen Leistungsbereichs liegt.[1024] Für Aktiengesellschaften ist anerkannt, dass eine Delegation von Pflichten außerhalb des Leitungsbereichs möglich ist.[1025] Der nicht delegationsfähige Kernbereich der Vorstandstätigkeit umfasst neben der Unternehmensplanung und -kontrolle auch die Organisation und Koordination der mit Führungsaufgaben ausgestatteten Teilbereiche des Unternehmens.[1026] Im GmbH-Recht zählt die Festlegung oder Änderung der Unternehmensorganisation zum Kernbereich der nicht an einen Einzelgeschäftsführer delegierbaren Gesamtaufgaben, weswegen sie erst recht nicht an nachgelagerte Unternehmensebenen oder an Dritte delegierbar sind.[1027] Nach diesen Grundsätzen scheidet eine Auslagerung der kompletten Compliance-Verantwortung aus, weil diese als ureigene Aufgabe der Leitungsebene nicht delegationsfähig ist.[1028] Vorstand und Geschäftsführung müssen Entscheidungen über die grundlegende Compliance-Struktur als Frage der Unternehmensorganisation mithin selbst treffen, bleiben jedoch zum Outsourcing kernbereichsperipherer Durchführungsmaßnahmen wie der des EDV-Screenings[1029] befugt.[1030] Außerhalb der Grundsatzentscheidungen über die Compliance-Struktur ist sogar ein Totaloutsourcing aller anfallenden Compliance-Aufgaben denkbar. Aus Perspektive der Leitungsebene bringt

---

1022 BGH, WM 1980, 1190; *Fleischer*, in: *Spindler/Stilz* (Hrsg.), Kommentar zum Aktiengesetz, § 76 AktG, Rn. 20.

1023 *Haas/Ziemons*, in: *Michalski* (Hrsg.), Kommentar zum Gesetz betreffend die Gesellschaften mit beschränkter Haftung (GmbH-Gesetz), § 43 GmbHG, Rn. 75; *Fleischer*, in: *Spindler/Stilz* (Hrsg.), Kommentar zum Aktiengesetz, § 76 AktG, Rn. 20.

1024 *Hölters*, in: *Hölters* (Hrsg.), Aktiengesetz, § 93 AktG, Rn. 44, 46; *Fleischer*, in: *Spindler/Stilz* (Hrsg.), Kommentar zum Aktiengesetz § 76 AktG, Rn. 18.

1025 *Fleischer*, in: *Spindler/Stilz* (Hrsg.), Kommentar zum Aktiengesetz, § 76 AktG, Rn. 20.

1026 *Fleischer*, in: *Spindler/Stilz* (Hrsg.), Kommentar zum Aktiengesetz, § 76 AktG, Rn. 18.

1027 *Fleischer*, in: *Fleischer/Goette* (Hrsg.), Münchener Kommentar zum GmbHG, § 43 GmbHG, Rn. 116, 128 f. mwN.

1028 *Bürkle*, in: Corporate Compliance, § 8, Rn. 58; *Fleischer*, CCZ 2008, 1 (3).

1029 *Hehlmann/Sachs*, EuZW 2012, 527 (529).

1030 *Bürkle*, in: Corporate Compliance, § 8, Rn. 58.

eine derart umfassende Auslagerung allerdings den Nachteil mit sich, dass im Unternehmen selbst keine Haftungsebene mehr verbleibt, die eine Haftung der oberen Ebenen abfedern könnte.[1031] Denn auch bei einer zulässigen Auslagerung von Durchführungsmaßnahmen darf die Unternehmensführung den ausgelagerten Bereich wie bei einer Delegation an nachgelagerte Unternehmensebenen trotz der haftungsrechtlichen Verantwortlichkeit des Delegationsempfängers nicht völlig unbeachtet lassen.[1032] Ihre Compliance-Verantwortung wandelt sich in eine Auswahl-, Instruktions- und Überwachungspflicht,[1033] die durch die Einräumung von Informations-, Kontroll- und Prüfungsrechten im Auslagerungsvertrag sichergestellt werden muss.[1034] Die Leitungsebene sollte zudem einen Compliance-Beauftragten bestellen, der die Überwachungstätigkeiten gegenüber dem Delegationsempfänger durchführt, da es ihr im Regelfall an spezifischer Fachkenntnis und zeitlichen Kapazitäten zur ordnungsgemäßen Überwachung fehlen wird.[1035] Die Überwachung kann sich dann im Regelfall auf den Compliance-Beauftragten beschränken und damit unternehmensintern gehalten werden.[1036] Kommt die Unternehmensleitung diesen Pflichten nach, muss sie nicht mit einer Haftung rechnen, weil ihr kein Fahrlässigkeitsvorwurf angelastet werden kann.[1037]

Dieser Vorwurf würde allerdings dann aufrechterhalten, wenn eine externe Delegation der Embargokontrollpflichten wegen des Inhalts des auszulagernden Pflichtenprogramms nicht zulässig wäre. Die zu beachtenden Vorschriften leisten einen Beitrag zur Bekämpfung des internationalen Terrorismus, zur Beendigung von Kriegszuständen und zum Kampf gegen menschenunwürdige Systeme. Der Verstoß gegen Embargovorschriften ist strafbewehrt.[1038] Allerdings lässt sich für eine Delegationsfähigkeit dieser Pflichten an Externe fruchtbar machen, dass auch strafbewehrte Verkehrs-

---

1031 *Bürkle,* ebenda, Rn. 61.
1032 *Hehlmann/Sachs*, EuZW 2012, 527 (530); supra, Fn. 953.
1033 BGH NJW 1987, 2669, 2670; BGH, VersR 1983, 152; BGH, NJW 1976, 46, 47; *Bürkle,* in: Corporate Compliance, § 8, Rn. 58.
1034 *Hehlmann/Sachs*, EuZW 2012, 527 (529).
1035 Vgl. *Bürkle*, in: Corporate Compliance, § 8, Rn. 62.
1036 *Fischer*, DStR 2007, 1083 (1087); *Schneider/Schneider*, GmbHR 2005, 1229 (1231).
1037 *Hehlmann/Sachs*, EuZW 2012, 527 (530).
1038 Siehe supra, S. 223 ff.

sicherungspflichten an Dritte ausgelagert werden können.[1039] Die Auslagerung führt nicht zur Pflichtentledigung des originär Verantwortlichen, sondern zu einer Pflichtenwandlung. Je sensibler die durch die ausgelagerten Pflichten betroffenen Rechtsgüter sind, desto strengere Auswahl-, Instruktions-, und Überwachungspflichten treffen den Delegierenden.[1040] Außerdem führt die Auswahl eines über Spezialkenntnisse verfügenden Delegationsempfängers dazu, dass strafbewehrte Pflichten noch zuverlässiger beachtet werden, zumal der Delegationsempfänger selbst strafrechtlich verantwortlich wird.[1041] Zwischen der Auslagerung von Verkehrssicherungspflichten und derjenigen von Außenwirtschaftspflichten kann eine Parallele gezogen werden. Denn in beiden Fällen steht die Einhaltung eigener Pflichten in Rede, die lediglich abweichend begründet werden.[1042]

Vor diesem Hintergrund ist das BFH-Urteil mit seinem scheinbaren Postulat gegen ein „Outsourcing" genauer zu beleuchten. Der BFH hatte sich mit einem Sachverhalt zu befassen, in dem sich ein Unternehmen darauf berief, keine eigene Sicherheitsprüfung der Mitarbeiter des Unternehmens durchführen zu müssen. Denn eine solche werde bereits durch das von ihm angewiesene Kreditinstitut gemäß § 25 c Abs. 2 KWG durchgeführt.[1043] Diese konkrete Ausgestaltung des Outsourcings hielt der BFH ausdrücklich für unzulässig.[1044] Die Prüfung erfolgt in diesem Fall durch einen Dritten aufgrund eigener Rechtspflicht. Bei einer Auslagerung hingegen prüft der Dritte nicht aufgrund eigener Rechtspflicht, sondern zur Erfüllung seiner vertraglichen Verpflichtung gegenüber dem Unternehmen, sodass die Prüfung diesem als eigene zugerechnet werden kann.

1039 BGH, NJW 2002, 1887, 1888 f.- Wuppertaler Schwebebahn; BGH, NJW-RR 1999, 532, 533; OLG Stuttgart, NStZ 1985, 124; *Hehlmann/Sachs*, EuZW 2012, 527 (529) mit Verweis auf *Spindler*, in: *Bamberger/Roth* (Hrsg.), BeckOK BGB, § 823, Rn. 262 ff.

1040 *Göhler*, in: *Gürtler/Seitz* (Hrsg.), § 130 OWiG, Rn. 13.

1041 *Spindler*, in: *Bamberger/Roth* (Hrsg.), BeckOK BGB, § 823, Rn. 263.

1042 Durch das Schaffen einer Gefahrenquelle, Ingerenz oder vertragliche Übernahme einerseits und durch unmittelbar gesetzlich normierte Pflicht der Gesellschaft und damit deren Leitungsorganen andererseits. Den Vergleich ebenfalls heranziehend *Hehlmann/Sachs*, EuZW 2012, 527 (529).

1043 BFH, Urt. vom 19.6.2012, VII R 43/11, Rn. 21; vgl. auch *Salder*, SteuK 2013, 15 (15).

1044 BFH, Urt. vom 19.6.2012, VII R 43/11, Rn. 21.

c) Fazit

Damit bleibt festzuhalten, dass die Unternehmen in der Ausgestaltung der Compliance-Organisation weitgehend frei sind. Für die meisten außenwirtschaftlich tätigen Unternehmen lohnt die Einrichtung eines systematisieren Risikomanagements, um einerseits von den Vorteilen der Compliance zu profieren, aber auch um die Kosten der Non-Compliance zu verhindern. In der Ausgestaltung des Organisationssystems sind die Unternehmen frei. Die Überprüfung von Personalembargos dürfte ohne EDV-Implikationen zumeist nicht möglich sein,[1045] ist jedoch auch gesetzlich zulässig. Die Auslagerung außenwirtschaftlicher Pflichten erfordert eine hinreichende Kontrolle des externen Dienstleisters.

1045 *Sachs/Krebs*, CCZ 2013, 60 (67).

G. Zusammenfassung in Thesenform

Der Erlass von Embargomaßnahmen führt für Unternehmer zu umfassenden Einschränkungen im Außenwirtschaftsverkehr. Mit dem Inkrafttreten von Personalembargos wird die unternehmerische Freiheit beschränkt, rechtlich wirksam Geschäftsbeziehungen mit gelisteten Unternehmen oder Einzelpersonen zu begründen. Staatenembargos beeinträchtigen sogar die Geschäftsbeziehungen zu ganzen Staaten. Dabei wirken Embargomaßnahmen nicht lediglich pro futuro. Vielmehr erstrecken sie sich häufig auf vor Embargoerlass abgeschlossene Altverträge, deren Durchführung sie verbieten. Die Kompensation von Schäden, die auf embargobedingte Lieferausfälle oder Verzögerungen zurückzuführen sind und nicht aus einer Treuepflichtverletzung herrühren, ist zumeist nicht aussichtsreich. Zuletzt stellen Staaten- und Personalembargos die inländischen Unternehmen vor große Herausforderungen, die Embargobeschränkungen einzuhalten. Die dazu notwendigen Organisationsstrukturen sind kostenintensiv und belasten die Unternehmen wirtschaftlich zusätzlich neben den Einbußen, die die Unternehmen wegen der embargobedingten Stilllegung von Geschäftsbeziehungen und nicht kompensationsfähigen Embargoschäden erleiden. Vor diesem Hintergrund ist es für die Mehrzahl außenwirtschaftlich tätiger Unternehmen unausweichlich, das Risiko „Embargo" in ihren Verträgen vorzusehen und ihre Unternehmensorganisation auf eine funktionierende Außenwirtschaftskontrolle auszurichten. Aus einer sicherheitspolitischen Perspektive können die umfangreichen zivilrechtlichen Ausstrahlungswirkungen von Embargomaßnahmen und die scharfe strafrechtliche Sanktionierung von Embargoverstößen die Vertragsparteien dazu bewegen, die gesetzlichen Verbote einzuhalten. Die Ausstrahlungswirkungen der öffentlich-rechtlichen Embargobeschränkungen auf das Privatrecht sollen in den folgenden Thesen resümiert werden.

Grundlagen

1. Ein Embargo ist eine hoheitliche Maßnahme auf dem Gebiet des Außenhandels, durch die die Handelsbeziehungen mit einem Staat teilweise oder vollumfänglich verboten werden und die das Ziel verfolgt, den Embargogegner durch den so ausgeübten Druck zu einem bestimmten Verhalten zu veranlassen. Da der Begriff des Embargos kein

legaldefinierter Rechtsbegriff ist, kann er über diese klassische, auf Staatenembargos zugeschnittene Definition hinaus auf Personalembargos ausgeweitet werden.

2. Personalembargos verfolgen das Ziel, die Vermögenswerte gelisteter Personen und Organisationen einzufrieren. Unter der Einfrierung von Vermögenswerten ist die Verhinderung der Verwendung von Geldern und wirtschaftlichen Ressourcen des gelisteten Embargogegners zu verstehen. Die Anordnung der Einfrierung statuiert nicht nur ein Verbot für den Gelisteten, seine Vermögenswerte zu verwenden, sondern sie enthält zugleich ein Verfügungsverbot an Dritte, die Verwendung der Gelder und Wirtschaftsressourcen zu verhindern.

   Staatenembargos sollen beim Embargogegner eine Willensbeugung auslösen. Während Staatenembargos einen Grenzübertritt verlangen, wirken Personalembargos auch auf rein innerstaatliche Rechtsverhältnisse ein.

3. Personalembargos entbehren nicht jeden Staatenbezugs und Staatenembargos nicht jeden Personalbezugs. Eine Zuordnung zur jeweiligen Sanktionsart kann dadurch erreicht werden, dass man identifiziert, ob die Sanktion primär den Gesamtstaat oder vereinzelte Bevölkerungsgruppen oder Individuen treffen soll.

4. Außerhalb des Bereichs der Terrorismussanktionen wird das Embargoziel häufig kumulativ unter Kombination staaten- und personenbezogener Elemente in einem Rechtsakt verfolgt. Derartige „Mischembargos" können für die zivilrechtliche Untersuchung in ihre Einzelteile aufgespalten werden.

5. Der Erfolg von Staaten- und Personalembargos ist von vielschichtigen politischen und ökonomischen Umständen im Ziel- und Senderstaat abhängig. Vor diesem Hintergrund begegnet es Bedenken, eine der beiden Embargokategorien als grundsätzlich effektiver einzustufen.

6. Die meisten Embargomaßnahmen werden durch die Europäische Union erlassen. Diese setzt auch völkerrechtliche Verpflichtungen um. Die nationale Ebene nimmt überwiegend die Rolle eines bloßen Um- und Durchsetzungsmechanismus unionsrechtlicher Bestimmungen ein.

Nach Inkrafttreten der Embargomaßnahme geschlossene
Rechtsgeschäfte: Primäre Ansprüche

7. Rechtsgeschäfte, die nach einem in Kraft getretenen Embargo begründet werden, sind nach § 134 BGB in Verbindung mit dem Embargo-

verbot nichtig, wenn das Embargo den Abschluss des *Rechtsgeschäfts* ausdrücklich verbietet.

8. Die in den Personalembargos normierten Bereitstellungsverbote untersagen nicht den Abschluss des Rechtsgeschäfts, sondern die Vornahme der tatsächlichen *Erfüllungshandlung*. Staatenembargos verbieten die tatsächliche Verbringung einer Ware über die Grenze.

9. Verbietet das Embargo die Vornahme der Erfüllungshandlung, wird das Rechtsgeschäft nach § 134 BGB mit der Nichtigkeit sanktioniert, wenn *erstens* Sinn und Zweck des Verbots die Nichtigkeit erfordern und *zweitens* der Vertragsinhalt sowie die Vertragsumstände darauf hindeuten, dass die Durchführung der schuldrechtlichen Verpflichtung zu einem Embargoverstoß führen wird.

   a) Embargosanktionen haben regelmäßig zum Ziel, das erfolgreiche Begründen von Wirtschaftsbeziehungen zu verhindern, sodass für eine Vertragswirksamkeit einzig unter dem zweiten Gesichtspunkt Raum bleibt.

   b) Da die verbotene Bereitstellung regelmäßig Vertragsinhalt ist, ist ein Vertrag, der entgegen eines Personalembargos geschlossen wird, nach § 134 BGB unwirksam.

   c) Die gegen ein Staatenembargo verstoßende Verbringung ist oftmals, aber nicht notwendigerweise Vertragsinhalt. Ergibt sich aus den sonstigen Vertragsumständen, dass das Rechtsgeschäft ohne Embargoverstoß erfüllt werden kann, verbleibt Raum für eine Wirksamkeit des Vertrags: Schließen zwei inländische Unternehmer nach Embargoerlass einen Vertrag, der nur die Lieferung einer Ware zum Gegenstand hat, ohne dass sich daraus deren embargowidriger Erstbezug ergibt, ist der Vertrag wirksam.

10. Die dingliche Einigung ist unmittelbar auf die Durchführung der tatsächlichen Erfüllungshandlung gerichtet und erst recht mit der Nichtigkeit nach § 134 BGB zu sanktionieren.

11. Im Gegensatz zu Personalembargos vermögen staatenbezogene Verbringungsverbote lediglich die Nichtigkeit der Einigung auszulösen, die Sachleistung zu erbringen.

    a) Verbringungsverbote beziehen sich auf die Einigung über die Erbringung der Sachleistung. Sie verbieten nicht, die Gegenleistung zu erbringen. Ein einseitiger Vermögensfluss kann durch ausdrückliche Verbote verhindert werden.

    b) Personalembargos verbieten die Erbringung der Gegenleistung. Ist die Gegenleistung durch die nicht gelistete Person zu erbringen, ist dies als unmittelbarer Anwendungsfall des Bereitstellungsverbots untersagt. Soll sie durch den Gelisteten erbracht werden, ist sie wegen des Verstoßes gegen das Verbot der Verwendung eingefrorener Vermögenswerte verboten.

12. In Embargomaßnahmen angeordnete *Genehmigungsbedürfnisse*, die den genehmigungslosen Abschluss von *Rechtsgeschäften* untersagen, führen zur Nichtigkeit der Rechtsgeschäfte, § 5 Abs. 1 S. 1 AWG.

13. Genehmigungsbedürfnisse, die sich auf *Erfüllungshandlungen* beziehen, lösen keine Nichtigkeit des genehmigungslos vorgenommenen Rechtsgeschäfts aus. Das schuldrechtliche Kausalgeschäft verpflichtet aufgrund der Möglichkeit, die Genehmigung vor der Vornahme der Erfüllungshandlung einzuholen, nicht notwendigerweise zu einem Verstoß. Deuten jedoch Vertragsinhalt und Vertragsumstände darauf hin, dass die Erteilung der Genehmigung ausgeschlossen ist, verbleibt kein Raum für die Wirksamkeit des Rechtsgeschäfts.

14. Die ohne Genehmigung erfolgte dingliche Einigung über eine genehmigungsbedürftige Erfüllungshandlung ist nichtig. Sinn und Zweck des Embargos verlangen ihre Nichtigkeit, da ansonsten rechtlich wirksam Eigentum an den Embargogegner übertragen werden könnte.

15. Die bereicherungsrechtliche Rückabwicklung stellt sicher, dass die embargowidrige Handelsbeziehung letztlich erfolglos bleibt. Dieses Ziel wird durch das Eingreifen der Kondiktionssperre des § 817 S. 2 BGB unterlaufen, wenn der Embargogegner Leistungsempfänger ist. Ein Eingreifen der Kondiktionssperre hätte zur Folge, dass Vermögenswerte im Embargostaat beziehungsweise bei der gelisteten Person verbleiben. § 817 S. 2 BGB muss daher telelogisch reduziert werden.

Nach Inkrafttreten der Embargomaßnahme geschlossene Rechtsgeschäfte: Kompensationsansprüche und deren Erfüllung

16. Eine Kompensation der embargobedingten Störung ist angesichts der Nichtigkeit des Kausalgeschäfts nur möglich, wenn der Schadensposten nicht auf das Embargo als solches zurückzuführen ist, sondern aus der Verletzung einer Pflicht resultiert, die sich von der Pflicht zur Leistung des Embargogutes unterscheidet.

17. Ein Haftungsanspruch aus culpa in contrahendo besteht, wenn eine Partei ihre vorvertraglichen Aufklärungspflichten verletzt. Während einer gelisteten Person regelmäßig eine Aufklärungspflicht zuzuweisen ist, ist das Bestehen des Anspruchs im Zusammenhang mit Staa-

tenembargos von den Aufklärungsbedürfnissen des Einzelfalls abhängig. Den im Senderstaat ansässigen Unternehmer trifft keine grundsätzliche Pflicht zur Aufklärung über Embargomaßnahmen, die seinem Wirtschaftsgebiet entstammen.

18. Eine Kompensation erlittener Vermögensschäden aus § 826 BGB ist aussichtsreich, wenn eine Vertragspartei aktiv über das Bestehen eines Embargos täuscht oder ein erkennbares Vertrauen der geschädigten Partei in die Beseitigung außenwirtschaftlicher Hindernisse durch die andere Partei missachtet wird.

19. Die Geltendmachung von Schadensersatzansprüchen gegen eine gelistete Person ist wegen der Einfrierung deren Vermögens nicht aussichtsreich, solange das Embargo besteht. Im Zusammenhang mit Staatenembargos ist eine sofortige Erfüllung in den Senderstaat zulässig, weil sie dem Embargoziel nicht zuwider läuft.

20. Erfüllungsverbote verbieten zum Schutz der inländischen Wirtschaft die Erfüllung von Schadensersatzansprüchen, die der Vertragspartei im Zielstaat gegen eine deutsche Partei wegen der Nichterfüllung des Vertrags aufgrund des Embargos zustehen. Sie hindern nicht die Erfüllung solcher Ansprüche, die der im Zielstaat ansässigen Vertragspartei gegen den im Senderstaat ansässigen Vertragspartner zustehen und ein treuwidriges Fehlverhalten kompensieren.

Vor Inkrafttreten der Embargomaßnahme geschlossene und danach zu erfüllende Rechtsgeschäfte: Primäre Ansprüche

21. Embargomaßnahmen zeitigen unechte Rückwirkungen: Die vor Embargoerlass geschlossenen Altverträge bleiben wirksam. Die Erfüllung der in ihnen begründeten Verpflichtungen wird jedoch untersagt.

22. Wird nach dem Abschluss des Rechtsgeschäfts ein Staaten- oder Personalembargo erlassen, wird die schuldrechtliche Verpflichtung, die *Sachleistung* zu erbringen, grundsätzlich rechtlich unmöglich, § 275 Abs. 1 BGB. Genehmigungsbedürftige Erfüllungshandlungen werden in der Regel erst nach der endgültigen Versagung der Genehmigung unmöglich.

   a) Staatenembargos als vorübergehende Leistungshindernisse und Personalembargos als in ihrer Dauerhaftigkeit jedenfalls ungewisse Leistungshindernisse stehen dauerhaften Leistungshindernissen zumeist gleich. Es ist für den Leistungsschuldner angesichts der völligen Ungewissheit der Dauer von Embargomaßnahmen auch unter

Berücksichtigung des Leistungsinteresses des Gläubigers unzumutbar, am Vertrag festzuhalten.

b) Dauerschuldverhältnisse und langfristige Verträge sind einer kritischeren Prüfung der Interessenlagen zu unterziehen. Die Dispositionsfreiheit ist weniger stark berührt, wenn die Parteien ohnehin wiederkehrende oder längerfristig angelegte Leistungspflichten treffen.

c) Staatenembargos verbieten neben der Verbringung der Ware über eine Grenze auch die Ein- oder Ausfuhr über Drittstaaten. Nur wenn die geschuldete Ware aus einem anderen Staat beschafft werden soll, sind die vertraglichen Leistungspflichten so weit gefasst, dass sie eine Vertragserfüllung erlauben, die nicht gegen das Embargo verstößt. Personalembargos untersagen Umgehungskonstruktionen durch das weit reichende mittelbare Bereitstellungsverbot.

d) Keine rechtliche Unmöglichkeit wird ausgelöst, wenn das Embargo die Durchführung vor Embargoerlass begründeter Altverträge explizit erlaubt. Personalembargos ordnen in diesem Zusammenhang an, dass die eingefrorenen Gelder zum Zwecke der Erfüllung vor Embargoerlass begründeter Verbindlichkeiten freigegeben werden können. Damit beschränken sie die ausnahmsweise zulässige Durchführung auf den Leistungsfluss zur nicht gelisteten Person hin.

e) Die Leistungspflicht des im Senderstaat ansässigen Unternehmers geht außerhalb der ausdrücklich angeordneten Rückausnahmen zur Erfüllung von Altverträgen auch dann nicht nach § 275 Abs. 1 BGB unter, wenn sie sich in der Aussonderung und Bereitstellung der zu übereignenden Ware an seinem Wohnsitz erschöpft und damit ohne Verstoß gegen ein Staatenembargo erfüllbar ist.

f) Sekundärzweckvereitelungen lösen keine rechtliche Unmöglichkeit aus, die Sachleistung zu erbringen. Sekundärzwecke sind rechtlich unbeachtlich, sofern sie nicht durch Parteivereinbarung zum Vertragsinhalt aufrücken.

23. Die Pflicht zur Erbringung der *Geldleistung* kann nicht nur nach § 326 Abs. 1 S. 1 BGB untergehen, sondern bereits nach § 275 Abs. 1 BGB unmöglich werden. In Embargofällen trifft die Überlegung „Geld hat man zu haben" nicht zu, da die Leistungspflichten nicht aus tatsächlichen, sondern wegen des Embargoverbots aus *rechtlichen* Gründen unmöglich werden.

a) Die Leistungspflicht des im Senderstaat ansässigen Geldleistungs-schuldners ist wegen rechtlicher Unmöglichkeit ausgeschlossen, wenn Erfüllungsverbote angeordnet und keine Rückausnahmen für die Durchführung von Altverträgen vorgesehen sind.

b) Die Erbringung der Geldleistungspflicht durch den Schuldner im Zielstaat ist nicht rechtlich unmöglich, weil Erfüllungsverbote den Vermögensfluss zum Senderstaat hin nicht untersagen.

c) Die Pflicht zur Geldleistung an die gelistete Person ist jedenfalls schon deshalb rechtlich unmöglich, weil sie gegen das Bereitstel-lungsverbot verstößt. Die nicht gelistete Person kann trotz des Em-bargos Zahlung verlangen, wenn die Embargomaßnahmen Freiga-beklauseln für Altverträge enthalten.

24. Die Pflicht, die Gegenleistung zu erbringen, bleibt bei *Staatenembar-gos* nicht nach § 326 Abs. 2 S. 1 Var. 1 BGB bestehen.

a) Staatenembargos sind unvorhersehbare, unvermeidbare sowie au-ßergewöhnliche Ereignisse und damit als *force majeure* außerhalb jeder Verantwortlichkeit der Parteien gelagert.

b) Ist der Erlass eines Staatenembargos ausnahmsweise vorhersehbar, stellt er kein Ereignis höherer Gewalt dar. Aufgrund seiner fort-währenden Unbeherrschbarkeit bleibt er jedoch außerhalb der Par-teiverantwortlichkeit gelagert.

c) Die vorausschauende Partei kann sich allenfalls einer Haftung aus culpa in contrahendo aussetzen, wenn sie ihren aufklärungsbedürf-tigen Vertragspartner nicht über das drohende Leistungshindernis informiert.

25. Die Pflicht, die Gegenleistung zu erbringen, bleibt bei *Personalem-bargos* nach § 326 Abs. 2 S. 1 Var. 1 BGB bestehen. Der Erlass des Embargos ist für den Gelisteten beherrsch- und damit vermeidbar. Er kann anhand des Grundembargos voraussehen, dass Folge seiner Handlungen die eigene Listung sein wird.

26. Bei Vertragsschlüssen zwischen privaten Wirtschaftsteilnehmern und Staatsunternehmen ist dem staatlichen Unternehmen eine Verantwort-lichkeit für den Embargoerlass anzulasten, wenn sein unternehmeri-sches Interesse treibendes Motiv für den Erlass des Embargos war.

27. Wird die Erfüllung der Leistungspflichten zwar nicht unmöglich, aber durch das Embargo erschwert, eröffnet das Rechtsinstitut des Weg-falls der Geschäftsgrundlage den Weg zu einer Vertragsanpassung, § 313 Abs. 1, 3 BGB.

28. Liegt der Grund für die Beeinträchtigung der Leistungspflichten ausschließlich in der *Dauer des Embargos* begründet, ist den Parteien das Festhalten am unveränderten Vertrag zumutbar. Die Erfüllung der Leistungspflicht wäre bereits nach § 275 Abs. 1 BGB rechtlich unmöglich, wenn es den Parteien unzumutbar wäre, das Embargoende abzuwarten. Im Hinblick auf den zu leistenden Zeitpunkt oder die zu leistende Menge verbleibt Raum für eine Vertragsanpassung nach § 313 BGB.

29. Erschweren neben der Dauer des Embargos weitere Faktoren das Erbringen der Leistungspflicht (Verknappung des Embargogutes auf dem Weltmarkt mit der Folge des Preisanstiegs, Inflation im Zielstaat, etc.), ist Raum für eine Vertragsanpassung.

30. Sekundärzweckvereitelungen fallen grundsätzlich in die Risikosphäre des Sachleistungsgläubigers. Sie sollten im Wege der vertraglichen Vorsorge ausdrücklich zur Geschäftsgrundlage erhoben werden.

Vor Inkrafttreten der Embargomaßnahme geschlossene und danach zu erfüllende Rechtsgeschäfte: Kompensationsansprüche

31. Die Vertragsparteien haften nicht für Verletzungen der *Hauptleistungspflicht*, die auf den Erlass eines *Staatenembargos* zurückzuführen sind. Zur Begründung einer Fahrlässigkeitshaftung muss die Leistungsstörung sowohl erkennbar als auch vermeidbar sein. Gegen den staatlichen Embargoerlass als force majeure-Ereignis können sich die Parteien nicht wenden. (vgl. These Nr. 24 a).

32. Die bloße Vorhersehbarkeit eines Embargos begründet keine Übernahme eines Beschaffungsrisikos im Sinne des § 276 Abs. 1, Hs. 2 BGB. Aus der Verpflichtungserklärung der das Embargo antizipierenden Vertragspartei lässt sich nach §§ 157, 133 BGB nicht ableiten, dass sie für die Embargostörung einstehen will.

33. Die gelistete Person haftet für Verletzungen der *Hauptleistungspflicht*, die auf den Erlass eines *Personalembargos* zurückzuführen sind. Die Listung ist für sie sowohl vorhersehbar als auch vermeidbar.
    Die Einfrierung ihrer Vermögenswerte steht einer Erfüllung nicht entgegen. Personalembargos sehen für im Rahmen von Altverträgen begründete Ansprüche Freigabeklauseln vor.

34. Kommt diejenige Vertragspartei, die zur Einholung einer außenwirtschaftsrechtlichen Genehmigung verpflichtet ist, dieser Pflicht nicht oder nicht ordnungsgemäß nach, sind der anderen Vertragspartei ent-

standene Schäden nach §§ 280 Abs. 1, 241 Abs. 2 BGB bzw. §§ 280 Abs. 1, Abs. 2, 286 BGB zu ersetzen. Dasselbe gilt für die Schadensersatzpflicht der nicht zur Einholung verpflichteten Vertragspartei, die im Genehmigungsverfahren notwendige Mitwirkungshandlungen unterlässt (z.b. Abgabe einer Endverbleibserklärung).

35. Eine Kompensation wegen Verschuldens bei Vertragsschluss (§§ 311 Abs. 2, 280 Abs. 1, 241 Abs. 2 BGB) ist nicht aussichtsreich, wenn ein treuwidriges Verhalten im Zusammenhang mit dem Erlass eines *Staatenembargos* in Rede steht. Der Erlass von Staatenembargos ist in der Regel nicht vorhersehbar. Kann er ausnahmsweise vorhergesehen werden, können sich beide Vertragspartner über diese grundlegende, medial präsente Risikotendenz zumeist gleichermaßen informieren.

36. Die *gelistete* Vertragspartei verletzt indes vorvertragliche Treuepflichten, wenn sie den Vertrag abschließt, ohne den Vertragspartner auf eine drohende Listung hinzuweisen, die aufgrund des Grundembargos antizipiert werden kann.

37. Für eine Haftung aus § 826 BGB verbleibt Raum, wenn das Embargo vorhersehbar war und der mit Schädigungsvorsatz handelnde Vertragspartner den Erlass tatsächlich vorhersah. Da Staatenembargos als akutes Reaktionsmittel auf Völkerrechtsverstöße dazu tendieren, besonders plötzlich verhängt zu werden, beansprucht § 826 BGB vor allem mit Blick auf Personalembargos Relevanz.

38. Kompensationsansprüche gegen UN, EU oder BRD als Haftungsadressaten sind mangels Bestehens von direkt aus den Embargomaßnahmen einklagbaren Ersatzansprüchen wenig aussichtsreich. In der gerichtlichen Praxis ist mit Blick auf öffentlich-rechtliche Entschädigungsansprüche zudem eine Tendenz zur Haftungsabschottung zu beobachten.

Vertragsgestaltung

39. Eine umsichtige Vertragsvorsorge sollte Regelungen zur Ermittlung und Beseitigung außenwirtschaftsrechtlicher Störungsquellen, zum Umgang mit Schwebephasen und zur Abwicklung endgültiger Vertragsstörungen enthalten.

40. Die in Deutschland ansässige Vertragspartei trifft bei einem Embargoverstoß eine straf- und ordnungsrechtliche Verantwortung nach §§ 17-19 AWG. Einer vollständigen Abwälzung des Embargorisikos

auf den Vertragspartner sind durch die nationalen Sanktionsvorschriften damit faktisch Grenzen gesetzt.

41. Der inländische Unternehmer sollte angesichts des mittelbaren Bereitstellungsverbots im Verhältnis zu seinen Lieferanten vertraglich vereinbaren, dass diese die Prüfung ihrer Geschäftspartner und Mitarbeiter zusichern und sich verpflichten, alle Umstände mitzuteilen, die auf eine Listung einer Person hindeuten.

42. In Verträgen mit Endkunden sollte der inländische Unternehmer eine Haftungsfreistellung auf solche Verzögerungen erstrecken, die aus der Durchführung eines Listenabgleichs in vorgelagerten Vertragsbeziehungen entstehen.

43. Force majeure-Klauseln sollten nur zur Regelung solcher Störungen in den Vertrag aufgenommen werden, die durch Staatenembargos verursacht werden. Die geschädigte Partei hat ein Interesse daran, für den Störungsfall des Personalembargos, dessen Erlass die gelistete Person zu verantworten hat, härtere Rechtsfolgen festzulegen als force majeure-Klauseln vorsehen.

44. Ausnahmsweise können force majeure-Klauseln auf Personalembargostörungen ausdehnt werden, wenn diese in einem Vertragsverhältnis eintreten, an dem die gelistete Person nicht unmittelbar beteiligt ist. Auf das Vertragsverhältnis zwischen einem Unternehmer und seinem Lieferanten wirkt ein Personalembargo des Endabnehmers wie ein Ereignis höherer Gewalt ein.

Unternehmensorganisation

45. Embargomaßnahmen wirken nicht nur auf innerparteiliche Rechtsbeziehungen ein, sondern zeitigen auch Auswirkungen auf die interne Betriebsorganisation international tätiger Unternehmen. Die Überprüfung von Embargomaßnahmen ist derart komplex, dass sie zur Einrichtung von unternehmensinternen Organisationsstrukturen zwingt.

   a) Staatenembargos stellen die Unternehmen bei der Identifikation des Embargogutes vor große Herausforderungen, weil zur Identifikation der embargierten Güter spezifische technologische Kenntnis von Nöten ist und zahlreiche Ausnahmen und Rückausnahmen von den Embargobeschränkungen zu beachten sind.

   b) Nach dem weiten Wortlaut der Bereitstellungsverbote müssen Unternehmen bei jedem rechtsgeschäftlichen Tätigwerden sicherstellen, dass einer gelisteten Person weder unmittelbar noch mittelbar Gelder oder Wirtschaftsressourcen zur Verfügung gestellt werden.

aa) In Einzelhandelssituationen würde ein Abgleich der Daten jedes Kunden mit den Namenslisten der Personalembargos den Geschäftsverkehr zum Erliegen bringen. Den Unternehmen ist ein normgemäßes Verhalten unzumutbar. Ihnen kann ein schuldhaft begangener Embargoverstoß nicht angelastet werden.

bb) Ein Verstoß gegen das Verbot mittelbarer Bereitstellungen tritt ein, wenn tatsächliche Kontroll- und Zugriffsmöglichkeiten des Embargogegners über die Mittelsperson und die erworbenen Vermögensvorteile bestehen.

(1) Um nicht gegen das mittelbare Bereitstellungsverbot zu verstoßen, muss der Unternehmer *erstens* identifizieren, ob der unmittelbare Vertragspartner in Beziehungen zu einer gelisteten Person steht.

(2) *Zweitens* muss er ermitteln, inwieweit dieser Person im Einzelfall tatsächlich Kontrollmöglichkeiten zustehen.

(3) Rechtlich verbindliche und verlässliche Vorgaben, wie Kontrollverhältnisse identifiziert werden können und wann die Hürde einer tatsächlichen Kontrolle überschritten ist, bestehen nicht.

cc) Nach § 18 Abs. XI Nr. 2 AWG scheidet eine Strafbarkeit als Reaktion auf die Weite des Bereitstellungsverbots nunmehr aus, wenn der Bereitstellende von einem Bereitstellungsverbot keine Kenntnis hatte.

46. Das Außenwirtschaftsrecht *verpflichtet* Unternehmen nicht dazu, die Einhaltung von Embargovorschriften im Wege einer Compliance-Organisation sicherzustellen. Auch aus dem Gesellschaftsrecht lässt sich keine derartige Pflicht ableiten.

47. Die Einrichtung eines Compliance-Systems ist außenwirtschaftlich tätigen Unternehmen jedoch anzuraten. *Erstens* ermöglicht es den Zugang zum Außenwirtschaftsverkehr und gewährt *zweitens* Erleichterungen in außenwirtschaftsrechtlichen Verfahren. *Drittens* stellt ein Compliance-System sicher, dass die haftungsauslösenden Aufsichtspflichten auf der Leitungs- und Delegationsebene eingehalten werden, indem es systematisierte Abläufe zur internen Überprüfung der Embargosachverhalte schafft. *Viertens* sichert es die frühzeitige Identifi-

kation drohender Embargovorschriften und kann damit Störungen in der Vertragsabwicklung verhindern oder abmildern. *Letztens* trägt es dazu bei, geschäftsschädigende Reputationsschäden zu vermeiden.

48. Für Unternehmen, die ihren Schwerpunkt internationaler Tätigkeit auf das Gebiet des europäischen Binnenmarktes beschränken und ausschließlich zivil nutzbare Güter herstellen, können die Kosten indes den Nutzen der Compliance überwiegen. Kleine Unternehmen mit geringem Kunden-, Lieferanten- und Mitarbeiterstamm können zudem auf EDV-Implementationen zur Durchführung des Sanktionslistenabgleichs verzichten.

49. In der Ausgestaltung der Compliance-Organisation sind die Unternehmen frei. Dem EDV-basierten Abgleich von Sanktionslisten steht Datenschutzrecht nicht entgegen. Die Auslagerung der Compliance-Abteilung an Konzernunternehmen oder externe Dienstleister ist zulässig.

Literaturverzeichnis

Aigner, Susanne, Der Status des zugelassenen Wirtschaftsbeteiligten, AW-Prax (2005), 281 ff.

Allwörden, Sebastian von, US-Terrorlisten im deutschen Privatrecht, Zur kollisions- und sachrechtlichen Problematik drittstaatlicher Sperrlisten mit extraterritorialer Wirkung, Tübingen 2014

Altmeppen, Holger, Haftung der Geschäftsführer einer Kapitalgesellschaft für Verletzung von Verkehrssicherungspflichten, ZIP (1995), 881 ff.

Anderegg, Ausländische Eingriffsnormen im internationalen Vertragsrecht, Projektstudie II zum Internationalen Wirtschaftsrecht, Tübingen 1989

Andrews, David M., International monetary power, Ithaca, N.Y. 2006

Arnauld, Andreas von, UN-Sanktionen und gemeinschaftsrechtlicher Grundrechtsschutz, AVR (2006), 201 ff.

Arnauld, Andreas von, Der Weg zu einem „Solange I ½", EuR (2013), 236 ff.

Bamberger, Heinz-Georg/Roth, Herbert, Beck'scher Online Kommentar BGB, 28. Auflage, München 2013

Bar, Christian von/Mankowski, Peter, Internationales Privatrecht, Allgemeine Lehren, 2. Auflage, München 2003

Bartmann, Julia, Terrorlisten, Ebenenübergreifende Sanktionsregime zur Bekämpfung der Terrorismusfinanzierung, Stuttgart 2011

Baum, Georg, Anmerkung zu RG, JW 1924, 1710, JW (1924), 1710

Beckmann, Michael/Busche, Jan/Coester, Michael, J. von Staudingers Kommentar zum Bürgerlichen Gesetzbuch: Eckpfeiler des Zivilrechts, Bearbeitung 2005, 12. Auflage, Berlin 2005

Berg, Cai, Korruption in Unternehmen und Risikomanagement nach § 91 Abs. 2 AktG, AG (2007), 271 ff.

Berman, Harold J., Force majeure and the denial of an export license under soviet law: a comment on Jordan Investments Ltd. v. Soiuznefteksport, RabelsZ 24 (1959), 449 ff.

Berwald, Siegfried/Maurer, Heinz Dieter/Görtz, Günther u. a. (Hrsg.), Außenwirtschaftsrecht, Gesetze, Verordnungen und Erlasse zum Außenwirtschaftsrecht mit Kommentar, Heidelberg 2013

Beutel, Holger, Compliance in der Exportkontrolle, Begriff, Systematik und aktuelle Entwicklung, AW-Prax (2009), 299 ff.

Beuthien, Volker, Zweckerreichung und Zweckstörung im Schuldverhältnis, Tübingen 1969

Bieneck, Klaus (Hrsg.), Handbuch des Außenwirtschaftsrechts, mit Kriegswaffenkontrollrecht, 2. Auflage, Köln 2005

Bittner, Claudia, Die Auswirkungen des Irak-Embargos für Warenlieferungsverträge: Zivilrechtliche Folgen von Handelsbeschränkungen, RIW (1994), 458 ff.

Bittner, Claudia, Zivilrechtliche Folgen von Handelsbeschränkungen, Die Auswirkungen des Irak-Embargos für Warenlieferungsverträge, ZVglRWiss 93 (1994), 268 ff.

Bockslaff, Klaus, Das völkerrechtliche Interventionsverbot als Schranke außenpolitisch motivierter Handelsbeschränkungen, Berlin 1987

Böckstiegel, Karl-Heinz, Vertragsklauseln über nicht zu vertretende Risiken im internationalen Wirtschaftsverkehr, RIW (1984), 1 ff.

Bogdandy, Armin von, Die außenwirtschaftsrechtliche Genehmigung: Rechtsnatur und Rechtsfolgen, Verwaltungsarchiv (1992), 53 ff.

Bongers, Frank, Mitarbeiterdatenscreening zur Terrorismusbekämpfung, ArbRAktuell (2009), 81 ff.

Brandl, Ulrike, Die Umsetzung der Sanktionsresolutionen des Sicherheitsrats in der EU, AVR 38 (2000), 376 ff.

Brink, Stefan/Schmidt, Stephan, Die rechtliche (Un-)Zulässigkeit von Mitarbeiterscreenings, Vom schmalen Pfad der Legalität, MMR (2010), 592 ff.

Bürkle, Jürgen, Grenzen der strafrechtlichen Garantenstellung des Compliance-Officers, CCZ (2010), 4 ff.

Busekist, Konstantin von/Hein, Oliver, Der IDW PS 980 und die allgemeinen rechtlichen Mindestanforderungen an ein wirksames Compliance Management System (1) - Grundlagen, Kultur, Ziele, CCZ (2012), 41 ff.

Calliess, Christian/Ruffert, Matthias (Hrsg.), EUV/AEUV, Das Verfassungsrecht der Europäischen Union mit Europäischer Grundrechtecharta, 4. Auflage, München 2011

Calliess, Christian/Ruffert, Matthias (Hrsg.), EUV/EGV, Das Verfassungsrecht der Europäischen Union mit Europäischer Grundrechtecharta, 3. Auflage, München 2007

Canaris, Claus-Wilhelm, Gesetzliches Verbot und Rechtsgeschäft, Heidelberg 1983

Canaris, Claus-Wilhelm, Die Reform des Rechts der Leistungsstörungen, JZ (2010), 499 ff.

Dahme, Gudrun, Terrorismusbekämpfung durch Wirtschaftssanktionen, Witten 2007

Däubler-Gmelin, Herta, AEO-Zertifizierung, Terrorlisten und Mitarbeiterscreening, DuD (2011), 455 ff.

Dauner-Lieb, Barbara/Heidel, Thomas/Ring, Gerhard (Hrsg.), Nomos Kommentar BGB, Band 2/1 Schuldrecht, 2. Auflage, Baden-Baden 2012

Di Fabio, Udo, Sicherheit in Freiheit, NJW (2008), 421 ff.

Diederichsen, Uwe, Zur gesetzlichen Neuordnung des Schuldrechts, AcP (1982), 101 ff.

Donges, Juergen B., Erfahrungen mit Handelssanktionen, Eine Geschichte der Mißerfolge, Kiel 1982

Dörr, Oliver, "Privatisierung" des Völkerrechts, JZ (2005), 905 ff.

Doxey, Margaret P., International sanctions in contemporary perspective, 2. Auflage, New York 1996

Drezner, Daniel W., Sanctions Sometimes Smart: Targeted Sanctions in Theory and Practice, International Studies Review 13 (2011), 96 ff.

Drobnig, Ulrich, Internationale Schiedsgerichtsbarkeit und wirtschaftsrechtliche Eingriffsnormen, in: *Musielak, Hans-Joachim/Schurig, Klaus* (Hrsg.), Festschrift für Gerhard Kegel, zum 75. Geburtstag 26. Juni 1987, Stuttgart 1987

Ehlers, Dirk, Verwaltung in Privatrechtsform, Berlin 1984

Eidenmüller, Horst, Der Spinnerei-Fall: Die Lehre von der Geschäftsgrundlage nach der Rechtsprechung des Reichsgerichts und im Lichte der Schuldrechtsmodernisierung, Jura (2001), 824 ff.

Elliott, Kimberly Ann, Analysing the Effects of Targeted Financial Sanctions, Interlaken II Report, Interlaken 1999

Enderlein, Fritz, Zur rechtlichen Selbständigkeit sozialistischer staatlicher Unternehmen in den internationalen Wirtschaftsbeziehungen, RIW (1988), 333 ff.

Epping, Volker, Die Außenwirtschaftsfreiheit, Tübingen 1998

Fabry, Beatrice/Augsten, Ursula, Unternehmen der öffentlichen Hand, Handbuch, 2. Auflage, Baden-Baden 2011

Fecht, Gabriele, Neuverhandlungspflichten zur Vertragsänderung, unter besonderer Berücksichtigung des bundesdeutschen Rechts und der UN-Kodizes über Technologietransfer und das Verhalten transnationaler Unternehmen, München 1987

Fikentscher, Wolfgang, Die Geschaeftsgrundlage als Frage des Vertragsrisikos, dargestellt unter besonderer Berücksichtigng des Bauvertrages, München 1971

Fikentscher, Wolfgang/Heinemann, Andreas, Schuldrecht, 10. Auflage, Berlin 2006

Filthaut, Werner (Hrsg.), Haftpflichtgesetz, Kommentar zum Haftpflichtgesetz und zu den konkurrierenden Vorschriften anderer Haftungsgesetze, 8. Auflage, München 2010

Fischer, Knut, Probleme des Versendungskaufs unter besonderer Berücksichtigung des Eigentumsüberganges, Berlin 1962

Fischer, Peter/Hoffmann, Bernd von, Staatsunternehmen im Völkerrecht und im Internationalen Privatrecht, Heidelberg 1984

Fischer, Reinfrid, Haftung und Abberufung von Bankvorständen, DStR (2007), 1083 ff.

Fleischer, Holger (Hrsg.), Handbuch des Vorstandsrechts, 1. Auflage, München 2006

Fleischer, Holger, Informationsasymmetrie im Vertragsrecht, Eine rechtsvergleichende und interdisziplinäre Abhandlung zu Reichweite und Grenzen vertragsschlußbezogener Aufklärungspflichten, München 2001

Fleischer, Holger; Goette, Wulf Münchener Kommentar zum Gesetz betreffend die Gesellschafter mit beschränkter Haftung - GmbHG, Bd. 2, 2. Auflage, München 2014

Fleischer, Holger, Corporate Compliance im aktienrechtlichen Unternehmensverbund, CCZ (2008), 1 ff.

Fleischer, Holger, Vorstandsverantwortlichkeit und Fehlverhalten von Unternehmensangehörigen - von der Einzelüberwachung zur Errichtung einer Compliance-Organisation, AG (2003), 291 ff.

Flume, Werner, Allgemeiner Teil des bürgerlichen Rechts, Berlin 1965

Fontaine, Marcel, Les clauses de force majeure dans les contrats internationaux, dpci (1979), 469 ff.

Friese, Christian, Kompensation von Embargoschäden bei Embargomaßnahmen der Europäischen Union, Köln 2000

Fürstenwerth, Jörg Freiherr Frank von, Ermessensentscheidungen im Außenwirtschaftsrecht 1985

Galtung, Johan, On the Effects of International Economic Sanctions: With Examples from the Case of Rhodesia, World Politics (1967), 378 ff.

Garçon, Gérardine, Handelsembargen der Europäischen Union auf dem Gebiet des Warenverkehrs gegenüber Drittländern, Im Lichte der Änderungen durch den Maastrichter Vertrag und des Völkerrechts, Baden-Baden 1997

Geimer, Reinhold, Internationales Zivilprozessrecht, 5. Auflage, Köln 2005

Gesang, Jochen, Force-majeure, und ähnliche Entlastungsgründe im Rahmen der Lieferungsverträge von Gattungsware, Königstein/Ts. 1980

Gornig, Gilbert, Die völkerrechtliche Zulässigkeit eines Handelsembargos, JZ (1990), 113 ff.

Gramlich, Ludwig, Außenwirtschaftsrecht, Ein Grundriß, Köln 1991

Grau, Carsten/Markwardt, Karsten, Internationale Verträge, Berlin, 2011

Großfeld, Bernhard/Junker, Abbo, Das CoCom im Internationalen Wirtschaftsrecht, Tübingen 1991

Gürtler, Franz/Seitz, Helmut (Hrsg.), Göhler, Ordnungswidrigkeitengesetz, 16. Auflage, München 2012

Haberkamp de Antón, Gisela, Langenscheidt Universal-Wörterbuch Spanisch, Spanisch-Deutsch /Deutsch-Spanisch, Berlin 2008

Habermann, Norbert (Hrsg.), J. von Staudingers Kommentar zum Bürgerlichen Gesetzbuch, Buch 1: Allgemeiner Teil 4 a, Neubearbeitung 2014, Berlin

Habermann, Norbert (Hrsg.), J. von Staudingers Kommentar zum Bürgerlichen Gesetzbuch, Buch 1: Allgemeiner Teil 3, Neubearbeitung 2011, Berlin

Hager, Günter, Die Gefahrtragung beim Kauf, Eine rechtsvergleichende Untersuchung, Frankfurt am Main 1982

Hager, Johannes (Hrsg.), J. von Staudingers Kommentar zum Bürgerlichen Gesetzbuch, Buch 2: Recht der Schuldverhältnisse, Neubearbeitung 2009, Berlin

Hasse, Rolf, Theorie und Politik des Embargos, Köln 1973

Hasse, Rolf, Wirtschaftliche Sanktionen als Mittel der Außenpolitik, Das Rhodesien Embargo, Berlin 1977

Hasse, Rolf, Why Economic Sanctions Always Fail - The Case of Rhodesia, Intereconomics (1978), 194 ff.

Hauschka, Christoph E., Corporate Compliance, Handbuch der Haftungsvermeidung im Unternehmen, 2. Auflage, München 2010

Heck, Philipp, Grundriß des Schuldrechts, Tübingen 1929

Hehlmann, Karoline/Sachs, Bärbel, Europäische Compliance-Vorgaben und ihr Konflikt mit dem deutschen Datenschutzrecht, EuZW 2012, 527 ff.

Henssler, Martin, Risiko als Vertragsgegenstand, Tübingen 1994

Herberger, Maximilian/Martinek, Michael/Rüßmann, Helmut u. a. (Hrsg.), juris PraxisKommentar BGB, 7. Auflage 2014

Herdegen, Matthias, Die Befugnisse des UN-Sicherheitsrates, Aufgeklärter Absolutismus im Völkerrecht, Karlsruhe 1998

Herdegen, Matthias, Völkerrecht, 9. Auflage, München 2010

Herrnfeld, Hans-Holger, Rechtsgrundlage für "smart sanctions" zur Bekämpfung des Terrorismus, Anmerkungen zum Urteil des Gerichtshofs in der Rs. C-130/10, Europäisches Parlament/Rat, v. 19.7.2012, EuR (2013), 87 ff.

Hofmann, Rainer, Grundrechte und grenzüberschreitende Sachverhalte, Berlin 1994

Hölters, Wolfgang (Hrsg.), Aktiengesetz, Kommentar, 2. Auflage, München 2014

Honsell, Heinrich, Negatives oder positives Interesse wegen Verletzung der Aufklärungspflicht bei culpa in contrahendo und Delikt, in: *Beuthien, Volker/Fuchs, Maximilian/Roth, Herbert u. a.* (Hrsg.), Perspektiven des Privatrechts am Anfang des 21. Jahrhunderts, Festschrift für Dieter Medicus zum 80. Geburtstag am 9. Mai 2009, Köln 2009

Hopt, Klaus J./Merkt, Hanno (Hrsg.), Handelsgesetzbuch, mit GmbH & Co., Handelsklauseln, Bank- und Börsenrecht, Transportrecht (ohne Seerecht), München 2010

Horn, Norbert, Neuverhandlungspflicht, AcP (1981), 255 ff.

Horn, Norbert, Zwingendes Recht in der internationalen Schiedsgerichtsbarkeit, SchiedsVZ (2008), 208 ff.

Huber, Ulrich, Verpflichtungszweck, Vertragsinhalt und Geschäftsgrundlage, JuS (1972), 57 ff.

Hufbauer, Gary Clyde/Schott, Jeffrey J./Elliott, Kimberly Ann/Oegg, Barbara, Economic Sanctions Reconsidered, 3. Auflage 2007, Washington D.C.

Hufbauer, Gary Clyde/Schott, Jeffrey J./Elliott, Kimberly Ann, Economic Sanctions Reconsidered, 1. Auflage 1985, Washington D.C.

Hüffer, Uwe (begr.)/Koch, Jens (Hrsg.), Aktiengesetz, München 2014

Ipsen, Knut, Auf dem Weg zur Relativierung der inneren Souveränität bei Friedensbedrohung, Vereinte Nationen (1992), 41 ff.

Jauernig (Hrsg.), Kommentar zum BGB, 15. Auflage, München 2014

Jickeli, Joachim, Der langfristige Vertrag, eine rechtswissenschaftliche Untersuchung auf institutionen-ökonomischer Grundlage, 1. Auflage, Baden-Baden 1996

Kahn, Philippe, Force majeure et contrats internationaux de longue durée, Journal de droit international 102 (1975), 467 ff.

Kämmerer, Jörn Axel, Die Urteile "Kadi" und "Yusuf" des EuG und ihre Folgen, EuR Beiheft (2008), 65 ff.

Kaplowitz, Donna Rich, Anatomy of a failed embargo, U.S. sanctions against Cuba, London 1998

Kegel, Gerhard/Rupp, Hans/Zweigert, Konrad, Die Einwirkung des Krieges auf Verträge, in der Rechtsprechung Deutschlands, Frankreichs, Englands und der Vereinigten Staaten von Amerika, Berlin 1941

Kipp, Theodor, Über Doppelwirkungen im Recht, insbesondere über die Konkurrenz von Nichtigkeit und Anfechtbarkeit, in: Festschrift der Berliner Juristischen Fakultät für Ferdinand von Martitz zum fünfzigjährigen Doktorjubiläum am 24. Juli 1911, Berlin 1911

Kirschner, Adele J., Security Council Resolution 1904 (2009): A Significant Step in the Evolution of the Al-Qaida and Taliban Sanctions Regime?, ZaöRV (2010), 585 ff.

Klein, Eckhard, Sanctions by International Organizations and Economic Communities, AVR 30 (1992), 101 ff.

Klingler, Joachim, Aufklärungspflichten im Vertragsrecht, Hypothese zu ihrer richterlichen Instrumentalisierung, Düsseldorf 1981

Klinke, Ulrich, Causa und genetisches Synallagma, Zur Struktur der Zuwendungsgeschäfte, Berlin 1983

Köhler, Helmut, Unmöglichkeit und Geschäftsgrundlage bei Zweckstörungen im Schuldverhältnis, München 1971

Köhler, Helmut, Wettbewerbsverstoß und Vertragsnichtigkeit, JZ (2010), 767 ff.

Kotzur, Markus, Eine Bewährungsprobe für die Europäische Grundrechtsgemeinschaft/ Zur Entscheidung des EuG in der Rs. Yusuf u.a. gegen Rat, EuGRZ (2006), 19 ff.

Kraft, Oliver/Winkler, Klaus, Zur Garantenstellung des Compliance-Officers - Unterlassungsstrafbarkeit durch Organisationsmangel?, CCZ (2009), 29 ff.

Kreuder, Thomas, Rechts- und Organisationsfragen zur Trade Compliance, CCZ (2008), 166 ff.

Kreuzer, Karl, Ausländisches Wirtschaftsrecht vor deutschen Gerichten, Zum Einfluß fremdstaatlicher Eingriffsnormen auf private Rechtsgeschäfte, Heidelberg 1986

Kreuzer, Olaf, Die Aufsichtspflichtverletzung (§ 130 OWiG) - Ein Mauerblümchen., AW-Prax (2003), 189 ff.

Kühl, Kristian/Heger, Martin (Hrsg.), Strafgesetzbuch, Kommentar, 28. Auflage, München 2014

Kuschka, Marius, Amerikanische Exportkontrollen und deutsches Kollisionsrecht, Münster 1989

Lackhoff, Klaus/Schulz, Martin, Das Unternehmen als Gefahrenquelle? Compliance-Risiken für Unternehmensleiter und Miarbeiter, CCZ (2010), 81 ff.

Laggner, UN-Politik der Schweiz: Handlungsmöglichkeiten eines Staates mittlerer Größe, in: *Klein, Eckhard/Volger, Helmut* (Hrsg.), Die Vereinten Nationen in den internationalen Beziehungen, 9. Potsdamer UNO-Konferenz am 28. Juni 2008, Potsdam 2009

Landry, Klaus, Exportkontrolle und Terrorismusbekämpfung: Auswirkungen auf privatrechtliche Verträge, Festschrift für Friedrich Graf von Westphalen, Köln 2010

Lange, Hermann/Schiemann, Gottfried, Handbuch des Schuldrechts, Schadensersatz, 3. Auflage, Tübingen 2003

Lange, Otto, Die behördliche Genehmigung und ihre zivilrechtlichen Auswirkungen, Archiv für die civilistische Praxis 1952/1953, 241 ff.

Lavranos, Nikolaos, UN Sanctions and Judicial Review, Nordic Journal of Law (2007), 1 ff.

Liese, Jens, Much Adoe About Nothing? oder: Ist der Vorstand einer Aktiengesellschaft verpflichtet, eine Compliance-Organisation zu implementieren?, BB-Special (2008), 17 ff.

Lindemeyer, Bernd, Schiffsembargo und Handelsembargo, Völkerrechtliche Praxis und Zulässigkeit, Baden-Baden 1975

Lindemeyer, Bernd, Das Handelsembargo als wirtschaftliches Zwangsmittel der staatlichen Außenpolitik, Das Iran-Embargo und seine Auswirkungen auf den Außenhandel, RIW (1981), 10 ff.

Lohmann, Arnd, Parteiautonomie und UN-Kaufrecht, Tübingen 2005

Looschelders, Dirk, Schuldrecht Allgemeiner Teil, 10. Auflage, München 2012

Lorenz, Stephan, Der Schutz vor dem unerwünschten Vertrag: eine Untersuchung von Möglichkeiten und Grenzen der Abschlußkontrolle im geltenden Recht, München 1997

Lorenz, Stephan, BGH: Keine Kondiktionssperre nach § 817 S. 2 BGB , Anmerkung zu BGH, Urt. vom 10.11.2005 - III ZR 72/05 (LG Koblenz), LMK (2006), 164413

Lösler, Thomas, Spannungen zwischen der Effizienz der internen Compliance und möglichen Reporting-Pflichten des Compliance Officers, WM (2007), 676 ff.

Lutter, Marcus, Zur persönlichen Haftung des Geschätsführers aus deliktischen Schäden im Unternehmen, ZHR 157 (1993), 464 ff.

Macke, Julia, UN-Sicherheitsrat und Strafrecht, Legitimation und Grenzen einer internationalen Strafgesetzgebung, Berlin.

Mann, F.A, Staatsunternehmen in internationalen Handelsbeziehungen, RIW (1987), 186 ff.

Marsch, Nikolaus, Die Haftung der EU für das rechtswidrige Einfrieren des Vermögens eines Terrorverdächtigen, EuZW (2012), 499 ff.

Martinek, Michael, Die Lehre von den Neuverhandlungspflichten - Bestandsaufnahme, Kritik … und Ablehnung, AcP (1998), 429 ff.

Martinek, Michael, J. von Staudingers Kommentar zum Bürgerlichen Gesetzbuch, Wiener UN-Kaufrecht (CISG), Neubearbeitung 2005, Berlin

Maschmann, Frank, Compliance versus Datenschutz, NZA-Beil. (2012), 50 ff.

Maurer, Hartmut, Staatsrecht I, Grundlagen, Verfassungsorgane, Staatsfunktionen, 6. Auflage, München 2010

Maurer, Hartmut, Allgemeines Verwaltungsrecht, 18. Auflage, München 2011

Mayer-Maly, Theo, Das Bewußtsein der Sittenwidrigkeit, Heidelberg 1971

Medicus, Dieter, Allgemeiner Teil des BGB, 9. Auflage, Heidelberg 2006

Medicus, Dieter/Lorenz, Stephan, Schuldrecht I , Allgemeiner Teil, 18. Auflage, München 2008

Medicus, Dieter/Petersen, Jens, Bürgerliches Recht, Eine nach Anspruchsgrundlagen geordnete Darstellung zur Examensvorbereitung, 22. Auflage, Köln 2009

Metschkoll, Michael, Eingriffe in Außenhandelsverträge, Die privatrechtliche Bedeutung außenwirtschaftlicher Maßnahmen im Warenverkehr, München 1992

Michalski, Lutz (Hrsg.), Kommentar zum Gesetz betreffend die Gesellschaften mit beschränkter Haftung (GmbH-Gesetz), 2. Auflage, München 2010

Mittag, Jochen, Handelsembargo und Entschädigung, Ansprühe gegen die Bundesrepublik Deutschland und die Europäische Gemeinschaft 1994

Morweiser, Stephan, Die strafrechtliche Umsetzung des Iranembargos, AW-Prax (2008), 413 ff.

Nettesheim, Martin (Hrsg.), Das Recht der Europäischen Union, 40. Ergänzungslieferung, München 2009

Neumann, Nicola C., Internationale Handelsembargos und privatrechtliche Verträge, Baden-Baden 2001

Neuss, Jobst Joachim, Handelsembargos zwischen Völkerrecht und IPR, München 1989

Nolting, Ekkehard, Hoheitliche Eingriffe als Force Majeure bei internationalen Wirtschaftsverträgen mit Staatsunternehmen?, RIW (1988), 511 ff.

Oertmann, Paul, Die Geschaeftsgrundlage, ein neuer Rechtsbegriff, Leipzig 1921

Oeter, Stefan, Das UN-Embargo gegen Serbien, Sachlicher Anwendungsbereich und zivilrechtliche Folgen, IPrax (1996), 73 ff.

Oetker, Hartmut, Das Dauerschuldverhältnis und seine Beendigung, Bestandsaufnahme und kritische Würdigung einer tradierten Figur der Schuldrechtsdogmatik, Tübingen 1994

Oetker, Hartmut/Maultzsch, Felix, Vertragliche Schuldverhältnisse, 4. Auflage, Berlin 2013

Ohler, Christoph, Die Verhängung von „smart sanctions" durch den UN-Sicherheitsrat – eine Herausforderung für das Gemeinschaftsrecht, EuR (2006), 848 ff.

Osteneck, Kathrin, Die Umsetzung von UN-Wirtschaftssanktionen durch die Europäische Gemeinschaft, Völker- und europarechtliche Rahmenbedingungen für ein Tätigwerden der Europäischen Gemeinschaft im Bereich von UN-Wirtschaftssanktionsregimen unter besonderer Berücksichtigung der Umsetzungspraxis der EG-Organe, Berlin 2004

Otto, Björn/Lampe, Julia, Terrorabwehr im Spannungsfeld von Mitbestimmung und Datenschutz, NZA (2011), 1135 ff.

Paefgen, Walter G., Haftung für mangelhafte Aufklärung aus culpa in contrahendo, Zur Täuschung über den Vertragsinhalt und ihren Folgen im Zivilrecht, Baden-Baden 1999

Palandt, Otto (Begr.), Bürgerliches Gesetzbuch, 73. Auflage, München 2014

Petersmann, Ernst Ulrich, Internationale Wirtschaftssanktionen als Problem des Völkerrechts und des Europraechts, ZVglRWiss 80 (1981), 1 ff.

Piltz, Burghard, Internationales Kaufrecht, Das UN-Kaufrecht (Wiener Übereinkommen von 1980) in praxisorientierter Darstellung, München 1993

Pinnells, James/Eversberg, Arndt, Internationale Kaufverträge optimal gestalten Leitfaden mit zahlreichen Musterklauseln, 3. Auflage, Wiesbaden 2009

Plate, Tobias, Die Gestaltung von "force majeure"-Klauseln in internationalen Wirtschaftsverträgen, RIW (2007), 42 ff.

Poeschke, Olaf, Politische Steuerung durch Sanktionen?, Effektivität, Humanität und völkerrechtliche Aspekte, Wiesbaden 2003

Pottmeyer, Klaus, Der Ausfuhrverantwortliche, Aufgaben und Haftung im exportierenden Unternehmen, 5. Auflage, Köln 2014

Prütting, Hans/Wegen, Gerhard/Weinrich, Gerd (Hrsg.), BGB Kommentar, 9. Auflage, Köln 2014

Puschke, Marcus/Hohmann, Harald, Basiswissen Sanktionslisten, Hintergrund und Praxis der Integration von Sanktionslisten in Ihre Geschäftsprozesse, Köln 2012

Quinke, David, Schiedsvereinbarungen und Eingriffsnormen, Zugleich Anmerkung zu OLG München, Urt. v. 17. Mai 2006, Az. 7 U 1781/06, SchiedsVZ (2008), 246 ff.

Rauscher, Thomas (Hrsg.), Europäisches Zivilprozess- und Kollisionsrecht EuZPR/ EuIPR, Kommentar, Bearbeitung 2011, München

Rebmann, Kurt (Hrsg.), Münchener Kommentar zum BGB, Bd. 10, Internationales Privatrecht, 5. Auflage, München 2010

Reichert, Jochem/Ott, Nicolas, Vorstandspflichten in der AG- Vorstandspflichten im Zusammenhang mit der Vermeidung, Aufklärung und Sanktionierung von Rechtsverstößen, ZIP (2009), 2173 ff.

Reithmann, Christoph/Martiny, Dieter (Hrsg.), Internationales Vertragsrecht, Das internationale Privatrecht der Schuldverträge, 6. Auflage, Köln 2004

Remien, Oliver, Außenwirtschaftsrecht in kollisionsrechtlicher Sicht, Zur internationalen Reichweite von Ein- und Ausfuhrverboten, RabelsZ 54 (1990), 431 ff.

Ress, Hans-Konrad, Das Handelsembargo, Völker-, europa- und außenwirtschaftsrechtliche Rahmenbedingungen, Praxis und Entschädigung, Berlin 2000

Reuter, Alexander, Außenwirtschafts- und Exportkontrollrecht Deutschland - Europäische Union, Systematische Darstellung mit Praxisschwerpunkten ; Exportkontrollrecht (mit neuer EG-Dual-Use-Verordnung und deutscher Umsetzung), EU-Binnenmarkt, Antidumpingrecht, GATT 1994 (Uruguay-Runde), München 1995

Ridder, Philip/Weller, Marc-Philippe, Unforeseen Circumstances, Hardship, Impossibility and Force Majeure under German Contract Law, European Review of Private Law (2014), 371 ff.

Rieble, Volker, Zivilrechtliche Haftung der Compliance Agenten, CCZ (2010), 1 ff.

Rittner, Fritz, Wirtschaftsrecht, 2. Auflage, Heidelberg 1987

Röben, Volker, Außenverfassungsrecht, Tübingen 2007

Roeder, Jan-Jacob/Buhr, Martina, Die unterschätzte Pflicht zum Terrorlistenscreening von Mitarbeitern, BB 2011, 1333 ff.

Rönnau, Thomas/Schneider, Frédéric, Der Compliance Beauftragte als strafrechtlicher Garant, ZIP (2010), 53 ff.

Roth, Wulf-Henning, Zur Anwendung der §§ 134 und 306 BGB bei Importverboten, IPrax (1984), 76 ff.

Rübenstahl, Markus, Zur "regelmäßigen" Garantenstellung des Compliance Officers, NZG (2009), 1341 ff.

Rühl, Gisela, Die Wirksamkeit von Gerichtsstands- und Schiedsvereinbarungen im Lichte der Ingmar-Entscheidung des EuGH, IPrax (2007), 294 ff.

Sachs, Bärbel/Krebs, David, Anforderungen an ein außenwirtschaftliches Compliance-Programm und seine Ausgestaltung in der Praxis, CCZ (2013), 60 ff.

Sachs, Bärbel/Krebs, David, Quid pro Quo im Außenhandel: Compliance gegen Verfahrensprivilegien, CCZ (2013), 12 ff.

Säcker, Franz Jürgen (Hrsg.), Münchener Kommentar zum BGB, Bd. 1-5, 6. Auflage, München 2012

Sailer, Peter Wolf-Dieter, Einige Grundfragen zum Einfluss zwingender Normen, insbesondere der Wirtschaftsgesetzgebung, auf die inhaltliche Gültigkeit international-privatrechtlicher Verträge, Zugleich ein Beitrag zur Lehre von der Parteiautonomie im Internationalen Privatrecht 1969

Salder, Christian, Mitarbeiterprüfung anhand Terrorismuslisten als Voraussetzung für AEO-Zertifikat, SteuK (2013), 15 ff.

Sauer, Heiko, Rechtsschutz gegen völkerrechtsdeterminiertes Gemeinschaftsrecht? Die Terroristenlisten vor dem EuGH, NJW (2008), 3685 ff.

Schaller, Christian, Die Richtigen treffen, Die Vereinten Nationen und die Probleme zielgerichteter Sanktionen, Vereinte Nationen (2005), 132 ff.

Schimansky, Herbert/Bunte, Hermann-Josef/Lwowski, Hans-Jürgen (Hrsg.), Bankrechts-Handbuch, München 2011

Schlarmann, Hans/Spiegel, Jan-Peter, Terror und kein Ende - Konsequenzen der EG-Verordnungen zur Bekämpfung des internationalen Terrorismus für in Deutschland tätige Unternehmen, NJW (2007), 870 ff.

Schlechtriem, Peter H., Vertragsordnung und außervertragliche Haftung, Eine rechtsvergleichende Untersuchung zur Konkurrenz von Ansprüchen aus Vertrag und Delikt im französischen, amerikanischen und deutschen Recht, Frankfurt am Main 1972

Schmidt, Karsten/ Lutter, Marcus (Hrsg.), Aktiengesetz, 3. Auflage, Köln 2015

Schmidt, Karsten (Hrsg.), Münchener Kommentar zum Handelsgesetzbuch, Bd. 5, 3. Auflage, München 2012

Schmucker, Andrea, Anmerkung zu EuGH, Urteil vom 11.10.2007 - Rs. C-117/06, DNotZ 2008 (2008), 688 ff.

Schneider, Henning C., Wirtschaftssanktionen, Die VN, EG und die Bundesrepublik Deutschland als konkurrierende Normgeber beim Erlaß paralleler Wirtschaftssanktionen, Berlin 1999

Schneider, Uwe H., Compliance im Konzern, NZG (2009), 1321 ff.

Schneider, Uwe H., Hawala- Multikulti im Zahlungsverkehr, EuZW (2005), 513 ff.

Schneider, Uwe H., Compliance als Aufgabe der Unternehmensleitung, ZIP (2003), 645 ff.

Schneider, Uwe H./Schneider, Sven H., Die zwölf goldenen Regeln des GmbH-Geschäftsführers zur Haftungsvermeidung und Vermögenssicherung, GmbHR (2005), 1229 ff.

Schnyder, Anton K., Anwendung ausländischer Eingriffsnormen durch Schiedsgerichte, Überlegungen und Grundsatzentscheid des Schweizer Bundesgerichts, RabelsZ 59 (1995), 293 ff.

Schönke/Schröder (Hrsg.), Strafgesetzbuch, Kommentar, 29. Auflage, München 2014

Schöppner, Tobias, Wirtschaftssanktionen durch Bereitstellungsverbote, Witten 2013

Schreuer, Christoph, Die Bindung Internationaler Organisationen an völkerrechtliche Verträge ihrer Mitgliedsstaaten, in: *Ginther, Konrad/Hafner, Gerhard/Lang, Winfried u. a.* (Hrsg.), Völkerrecht zwischen normativem Anspruch und politischer Realität, Festschrift für Karl Zemanek zum 65. Geburtstag, Berlin 1984

Schulze (Hrsg.), Bürgerliches Gesetzbuch, 8. Auflage, Baden-Baden 2014

Schwintowski, Hans-Peter, Gesellschaftsrechtliche Anforderungen an Vorstandshaftung und Corporate Governance durch das neue System der kartellrechtlichen Legalausnahme, NZG (2005), 200 ff.

Senge, Lothar (Hrsg.), Karlsruher Kommentar zum Gesetz über Ordnungswidrigkeiten, 3. Auflage, München 2006

Shagabutdinova, Ella/Berejikian, Jeffrey, Deploying Sanctions while Protecting Human Rights: Are Humanitarian "Smart" Sanctions Effective?, Journal of Human Rights (2006), 59 ff.

Simma, Bruno (Hrsg.), Charta der Vereinten Nationen, Kommentar, München 1991

Simonsen, Olaf, Entscheidungsprärogative der Genehmigungsbehörde, in: *Ehlers, Dirk/Wolffgang, Hans-Michael/Lechleitner, Marc* (Hrsg.), Risikomanagement im Exportkontrollrecht, Tagungsband zum 8. Münsteraner Außenwirtschaftsrechtstag 2003, Heidelberg 2004

Soergel (Hrsg.), Bürgerliches Gesetzbuch mit Einführungsgesetz und Nebengesetzen, Schuldrechtliche Nebengesetze 2 Übereinkommen der Vereinten Nationen über Verträge über den internationalen Warenkauf (CISG), Stuttgart 2001

Spindler, Gerald/Stilz, Eberhard (Hrsg.), Kommentar zum Aktiengesetz, 2. Auflage, München 2010

Staudinger, Julius von (Begr.), Kommentar zum Bürgerlichen Gesetzbuch, Buch 3: Sachenrecht, Neubearbeitung 2006, Berlin

Stieper, Malte, Gefahrtragung und Haftung des Verkäufers bei Versendung fehlerhaft verpackter Sachen, AcP (2008), 818 ff.

263

UN Strategic Planning Unit, Executive Office of the Secretary General, UN Sanctions: How Effective? How Necessary? Interlaken II Report, S. 101 ff., Interlaken 1999

Streinz, Rudolf (Hrsg.), EUV/AEUV, Vertrag über die Europäische Union und Vertrag über die Arbeitsweise der Europäischen Union, 2. Auflage, München 2012

Teichmann, Arndt, Strukturänderungen im Recht der Leistungsstörungen nach dem Regierungsentwurf eines Schuldrechtsmodernisierungsgesetzes, BB (2001), 1485 ff.

Thorn, Art. 9 Rom I-VO, in: *Rauscher, Thomas* (Hrsg.), Europäisches Zivilprozess- und Kollisionsrecht EuZPR/ EuIPR, Kommentar, Bearbeitung 2011, München

Thüsing, Höhere Gewalt, in: *Graf von Westphalen, Friedrich/Thüsing, Gregor* (Hrsg.), Vertragsrecht und AGB-Klauselwerke, München 2013

Ulmer, Peter, Wirtschaftslenkung und Vertragserfüllung, Zur Bedeutung staatlicher Lenkungsmaßnahmen für die vertragliche Geschäftsgrundlage, AcP (1974), 167 ff.

Vitzthum, Wolfgang Graf, Völkerrecht, 5. Auflage, Berlin 2010

Wagner, Gerhard, Prozessverträge, Privatautonomie im Verfahrensrecht, Tübingen 1998

Wagner, Gerhard, Persönliche Haftung der Unternehmensleitung: die zweite Spur der Produkthaftung?, VersR (2001), 1057 ff.

Wahlers, Kristin, Die rechtliche und ökonomische Struktur von Zahlungssystemen inner- und außerhalb des Bankensystems, Heidelberg 2013

Wehlau, Andreas, Internationalprivatrechtliche und zivilrechtliche Probleme des UN-Embargos gegen Serbien und Montenegro, DZWir (1994), 37 ff.

Weick, Günter, Incoterms 2010 - Ein Beispiel für die "neue lex mercatoria", ZJS (2012), 584 ff.

Weick, Günter, Force Majeure, Rechtsvergleichende Untersuchung und Vorschlag für eine einheitliche europäische Lösung, ZEuP (2014), 281 ff.

Weller, Marc-Philippe, Die Vertragstreue, Vertragsbindung - Naturalerfüllungsgrundsatz - Leistungstreue, Tübingen 2009

Weller, Marc-Philippe, Die Grenze der Vertragstreue von (Krisen-)Staaten, Zur Einrede des Staatsnotstands gegenüber privaten Anleihegläubigern, Tübingen 2013

Weller, Matthias, Ordre-public-Kontrolle internationaler Gerichtsstandsvereinbarungen im autonomen Zuständigkeitsrecht, Tübingen 2004

Westermann, Harm-Peter (Hrsg.), Erman BGB, Kommentar, 13. Auflage, Köln 2011

Westphal, Thomas, Zivilrechtliche Vertragsnichtigkeit wegen Verstoßes gegen gewerberechtliche Verbotsgesetze, Berlin 1985

Willamowski, Fremdwährungs- und Devisengeschäfte, in: *Derleder, Peter/ Knops, Kai-Oliver/ Bamberger, Heinz Georg* (Hrsg.), Handbuch zum deutschen und europäischen Bankrecht, 2. Auflage, Berlin 2009

Witte, Art. 5a, in: *Witte, Peter* (Hrsg.), Zollkodex, mit Durchführungsverordnung und Zollbefreiungsverordnung, 6. Auflage, München 2013

Wöhlert, Helge-Torsten, Anmerkung zur Entscheidung des Oberlandesgerichts Hamburg vom 26.06.2011, 13 U 83/11, GWR (2011), 417

Wolffgang, Hans-Michael; Simonsen, Olaf (Hrsg.), AWR-Kommentar, Kommentar für das gesamte Außenwirtschaftsrecht, Köln 2013

Ziemons, Hildegard/Jaeger, Carsten, Beck'scher Online-Kommentar GmbHG, München 2014